四川省委党校图书馆藏

线装书图录

主编　吴刚强

西南交通大学出版社
·成都·

图书在版编目（CIP）数据

四川省委党校图书馆藏线装书图录 / 吴刚强主编．—成都：西南交通大学出版社，2019.12
ISBN 978-7-5643-7270-5

Ⅰ．①四… Ⅱ．①吴… Ⅲ．①党校图书馆－线装－古籍－图书目录－四川 Ⅳ．①G259.256

中国版本图书馆 CIP 数据核字（2019）第 273435 号

Sichuan Shengwei Dangxiao Tushuguan Cang Xianzhuangshu Tulu
四川省委党校图书馆藏线装书图录

主编　吴刚强

责任编辑　吴　迪
封面设计　原谋书装

出版发行　西南交通大学出版社
（四川省成都市金牛区二环路北一段 111 号
西南交通大学创新大厦 21 楼）
邮政编码　610031
发行部电话　028-87600564　028-87600533
网址　http://www.xnjdcbs.com
印刷　四川玖艺呈现印刷有限公司

成品尺寸　210 mm × 285 mm
印张　14.5
字数　331 千
版次　2019 年 12 月第 1 版
印次　2019 年 12 月第 1 次
定价　560.00 元
书号　ISBN 978-7-5643-7270-5

四川省委党校图书馆藏线装书图录

编委会

一蓑烟雨任平生（代序）

盛世修史，乃自古以来的传统。明修《永乐大典》，清修《四库全书》，皆为后代保存文献无数。今四川省委党校图书馆续继其志，在文化强国的背景下，将其所藏古籍文献目录汇编成册，既与读者方便，又摸清了自己的家底，一举两得，善莫大焉。

四川刻书，渊源有自。从宋代以来，四川一直都是刻书的中心，第一部《开宝大藏经》即刻于成都。今眉山所刻宋版之书，是藏书家奉若拱璧之宝。生于斯、长于兹，无论是个人，还是单位，都会收藏一些珍贵的文献。而党校图书馆，始于1949年成都解放后新建的中共中央第七中级党校图书馆，其藏书则来自中共四川省委办公厅、西南人民革命大学、东北协会南京分会等。

岁月留痕，粒粒成珍。一本书，一个故事；一本书，一抹彩云。看其书目，有刻本、抄本、稿本；就其范围，自古代到现代；从其内容，由中国到日本，以及西方。既有区域性的，又有通论性的，还有国际性的图书。细梳一过，方觉珍贵无比：

清黄鼎撰、方兆及阅《管窥辑要》，为清顺治间刻本，乃四库全书存目之本。

清张英、王士禛等编《渊鉴类函》四百五十卷目录四卷，虽版本较多，但此本乃康熙四十九年最早的刻本。

宋范仲淹，作为一代名臣，历来被后世所景仰。其《范文正公集》自宋以来就有刻本，代代相沿，直至今天。清康熙四十四年（1705）由范氏后裔范时崇捐赀，范能浚主其事，以家藏诸旧本，集众裔孙校勘，于岁寒堂刻成《范文正公忠宣公全集》，并将各种附录“稍为序次而条分诸目”，又新辑遗文等为《补编》五卷附后。是为有清以来刊刻最全、“欹劂精工”之本，即使仅存《范文正公全集》，也意义巨大。

明张溥论正之《历代史论》十二卷、《宋史论》《元史论》各一卷，有朱笔圈点及天头批注，为光绪九年（1883）都城苍松山房朱墨套印本。朱墨套印因印刷繁复，成本高昂，历来较为珍贵。目前所知最早为台湾“中央图书馆”收藏的元至正元年（1341）中兴路资福寺刊刻之《金刚般若波罗蜜经》一卷。降及明代，得以广泛出现，至清，达到了繁荣时期。据现存数量初步统计，全国所存套印本明代有186部以上，清代有438部以上。而此为全套足本，殊不易也。不仅如此，还收藏有袁枢撰、张溥论正的大开本单色印制的《通鉴纪事本末》。

李宝淦撰，民国十六年（1927）商务印书馆第五版《诸子文粹》六十二卷《续编》十卷（初版于民国六年），节选部分篇章，有简注，有版本比较，并补正了脱讹。南京大学著名目录学家汪辟疆先生在《读书举要》一书中特别推荐了该书。1965年台北艺文印书馆将其《老子文粹》一卷抽出，置于影印本《无求备斋老子集成续编》中。近年国家图书馆出版社出版的《子海》，分别将其《邓析子文粹》《淮南子文粹》《慎子文粹》《商子文粹》《庄子文粹》等置于相关卷次中。

目录学家杨立城先生以邵懿辰《四库简明目录标注》、莫友芝《郘亭知见录》为基础编纂的、民国十八年（1929）出版的《四库目略》一书，为四库学研究重要著作。哈佛大学引得编纂处洪业先生云“常用”。

题署清曹沾撰，民国石印本《增评加批金玉缘图说》十六卷一百二十回首一卷，有图有文，生动有趣。

邱渭璜，重庆梁平人，曾任梁平中学校长，著有《诗序释疑》《尚书古文断案》《易经集注》《春秋释义》等。后者有民国二十年（1931）永聚兴石印馆十二卷本，亦极有价值。

关于稿本、抄本，则富矣。

李庸，字辛夫。有稿本《瓶水斋诗选注》以及《中国学术要略疏证》。前者系节选抄录清代著名诗人、戏曲家舒位《瓶水斋诗集》，并加注。后者是将孙德谦《中国学术要略》在民国三十二年（1943）“历时百有余日”，“于古昌州之英井中学”完成疏证。“自序”后，录有钱基博《现代中国文学史》之《孙德谦事略》，其后为正文，末有跋。初稿完成后，曾“请人抄录”，但“鲁鱼之讹不免”。由此可见李庸对自己喜欢的文，以注、疏证的形式表现出来：“近读孙氏《中国学术要略》，爱其文辞尔雅，情韵深厚。夫以寥寥三千余言，竟能索源探本，提要钩玄，是亦难能可贵也。”

朱笔稿本《为学日记》不分卷，以“读书心得为主”，记录了作者民国三十四年（1945）九月六日至三十五年（1946）六月九日间在川大师从刘少咸、庞石帚、林山腴、丁山、徐中舒、向楚诸先生时读书学习之情形，极有史料价值。

张国铨，字白珩，民国三十七年（1948）校注有稿本《说苑》二十卷附佚文校辑一卷，集诸家之说，并加铨案，阐发己见，不能确定者，“存以俟考”。足见其严谨。在此之前，张国铨于成都万里桥西完成有《新序校注》一书，末附佚文校辑一卷五十二条，有民国三十三年（1944）五月成都茹古书局排印本。而此《说苑》校注本，一承其例，是在完成《新序校注》后所撰，故未及刊也。

抄本则有《藏务》、《手抄函件》不分卷、《川藏边务有关交通档案抄》、《川滇边务档案抄》等。

蜀地文风盛汉时。党校坐落于成都之西，对乡邦文献的收集得近水楼台之便，这是研究天府文化不可或缺之书。

清刘沅，字止唐，一字讷如，号清阳居士。因居处有三槐树，故号曰槐轩，成都双流人。槐轩学派的创始人，被称为“川西夫子”，为近代中国开端时期的启蒙思想家。著有《周易恒解》六卷、《诗经恒解》六卷、《书经恒解》六卷、《周官恒解》四卷、《仪礼恒解》四卷、《礼记恒解》十卷、《春秋恒解》八卷、《四书恒解》十卷、《大学古本质言》一卷、《孝经直解》一卷、《史存》十六卷、《槐轩文集》四卷、《诗集》两卷、《约言》一卷、《拾余四种》两卷，以及《蒙训》《豫诚堂家训》《保身立命要言》《下学梯航》《子问》《又问》《俗言》等，后人汇编为《槐轩全书》。而其馆藏中，则有最早为成都豫诚堂道光八年（1828）所刻的《礼记恒解》四十九卷，还有清刻本《诗经恒解》六卷、《春秋恒解》八卷（存七卷），民国间刻《子问》二卷等。

《蜀伶选粹初编》不分卷，成都涤砚斋校，民国三十八年（1949）成都新民书局铅印，是研究四川梨园史的重要文献。

华阳人张仲和，曾任四川大学教授，编纂有《西史纲要》《东洋现代政治史》《东洋近世政治史》，后者民国间由国立四川大学铅印（2017年河南人民出版社出版有整理本），而我们所见的大都是民国二十三年（1934）北平文化学社印行本。这是研究四川成都出版史、四川大学校史重要的资料。

刘掞藜1928—1930年应国立成都大学（今四川大学）之聘，任历史学系教授，撰有《中国政治史略》《中国民族史》《史学与史法简编》。其《中国政治史略》一书，由民国四川敬业学院刊行，该书极为罕见。而此四川敬业学院，是由刘咸炘、唐迪风（唐君毅之父）、彭云生等创办于20世纪20年代，刘咸炘曾任其哲学系主任。此外，还收藏有敬业学院出版之日本冈田著、屏山许泽新编辑的《法学通览》等，这本书是民国初四川法学深受日本影响的一个缩影。当然，这也是研究四川成都出版史、四川大学校史重要的资料。

四川女子法政学院（私立），是全国最早的法政类女子高等教育学校，1932年成立于成都奎星楼街，可谓开风学之先河。这不仅是民国时期法政热潮的体现，更是女子社会地位提高的具体体现。而藏书中由夔州（今奉节）唐南熏编、四川女子法政学院印行的《法学通论》讲义，则是一个历史的见证。唐南熏毕业于国立北平大学，1928 年 7 月至 1930 年 7 月任成都女师校长。其后，任职于该校，并主讲“法学通论”一课。

民国时私立成城初级中学校铅印本《中国文学史》不分卷，是由中学印制的教材书籍，尤为注目。该校 1925 年创立于成都马棚街，初名成城公学，1936 年改新名。这也说明《中国文学史》印制于 1936 年之后。

四川比邻西藏，故其馆藏中有关于西藏的文献。除抄本外，还有刻本、铅印本：

清松筠撰，道光二十七年（1847）刻《西招图略》，为最早所刻《西招五种》之一。

日本山县初男编，四川西藏研究会翻译，宣统元年（1909）出版的《西藏通览》尤其值得注意。编著者山县初男为日本陆军大佐。此书从日本购得后，由方旭（方苞后裔，四川五老七贤之一）、吴季昌、权奇甫等人在蜀中组织翻译印刷。该书记述了日本企图以“文明开化”为借口，展露入侵西藏之手段，从而掠夺西藏之物产，以资助日本国内的经济，反映了中国在内忧外患的处境下，四川先知先觉的知识分子在面对时代巨浪冲袭下所做出的积极反应。

张其勤编，清末民初铅印的《西藏宗教源流考》《炉藏道里最新考》，以及杜明怿撰，民国元年（1912）石印的《峨马雷屏边务调查表》不分卷，是研究西藏相关问题的重要资料。民国时朱绣编，民国印《西藏六十年大事记》（青海人民出版社 1996 年出版有吴均整理本），更是一部近代西藏史的纲要性历史文献。该书着重记述了英帝国主义如何处心积虑地妄图把西藏从我国分裂出去的阴谋，具有很高的史学价值。

当然，还有嘉庆《四川通志》、民国影印《四部丛刊》等，也是极具版本文献价值的。

一蓑烟雨任平生。笔者从事古籍整理几四十年，与省委党校图书馆原副馆长于君琳相识近四十年，承蒙馆长邓君卫国、副馆长肖君友国抬爱，嘱序于我。我感其在学校的支持下，历经数年，考订详慎，终成此书，而筚路蓝缕，功在千秋，故不揣冒昧，赘序焉尔。

尹 波

2019 年 6 月于四川大学古籍所

编纂凡例

一、收录范围

四川省委党校图书馆藏线装图书，包括古籍及民国线装书。部分连续出版物出版时间晚于1949年，仍收录在内。

二、著录款目

包括：索书号、分类、题名卷数、著者、版本、册数、版式、存缺卷、子目，另附54种书目提要。

三、著录原则

以《全国古籍普查登记手册·汉文古籍著录规则》为著录依据，客观登记，规范描述。

1. 索书号：为便于厘清家底，同一种书，著录为不同索书号。

2. 分类：依据《汉文古籍分类表》，遵循“分类到位”原则。

3. 题名卷数：古籍题名以首卷卷端所题为准，民国线装书题名以版权页为准，若无版权页，则参照古籍著录方式。卷数为原书应有卷数。

4. 著者：著者、主编者在前，编纂者在后，若著者有多人，则只列主要著者二至三人，后加“等”字。著者前皆有朝代名，以卒年为依据，民国及其后著者前不加朝代。著者无法考证，则以“□□”表示。外国著者，不著录时代，只著录国别。

5. 版本：包括出版年（以朝代名及年号纪年表示，辛亥革命后用民国纪年）、出版者、出版地、版本类型、批校题跋等。

6. 册数：各条目现存册数。

7. 版式：包括各条目板框尺寸、行格字数、书口、边框及鱼尾等信息。每部书存在的版式不同，依原书著录；部分线装书无板框等传统版式内容，则不著录。

8. 存缺卷：卷数完整不填此项；卷数不完整，则以统计方便为主，可著录存卷数，也可著录缺卷数。

9. 子目：著录此条丛书现存子目的题名卷数、著者等信息。

10. 提要：以善本及馆藏特色文献为选择依据。

四、排列顺序

书目以索书号顺序排序，提要以年代先后为序。

五、索引编排

书名索引，依汉语拼音排序。

目录

CONTENTS

CHAPTER ONE

馆藏线装书书目

0001　**五经合纂大成五种**　（清）同文书局辑
清光绪十一年（1885）上海同文书局石印本　五册
经部/群经总义　10.9 × 7.5 厘米　行字不等　四周双边　单黑鱼尾
存十四卷　（春秋合纂大成八至十六，礼记合纂大成一至二、六，诗经合纂大成一至二）
春秋合纂大成十六卷||礼记合纂大成十卷||诗经合纂大成八卷

0002　**经解入门八卷**　（清）江藩纂
清刻本　二册
经部/群经总义　12.7 × 9 厘米　十行二十四字　四周双边　单黑鱼尾

0003　**周易十卷**　（三国魏）王弼注
民国上海中华书局四部备要铅印本　三册
经部/易类/正文之属　12.1 × 8.4 厘米　十行二十字　小字双行同　上下黑口　四周单边　顺黑鱼尾

0004　**经学辑要二十四卷**　（清）吴颎炎辑
清光绪十三年（1887）点石斋石印本　三十一册
经部/群经总义　13.1 × 8 厘米　二十四行五十五字　四周单边　单黑鱼尾

0005　**周礼政要二卷**　（清）孙诒让著
清光绪二十八年（1902）铅印本　二册
经部/周礼类/专著之属　18.6 × 12.3 厘米　十行三十二字　黑口　四周双边　单黑鱼尾

0006　**周礼六卷**　（汉）郑玄注　（唐）陆德明音义
清清芬阁刻本　六册
经部/周礼类/正文之属　19.9 × 14.5 厘米　十二行二十五字　左右双边　单黑鱼尾

0007　**子略四卷**　（宋）高似孙撰
民国上海中华书局铅印四部备要本　一册
史部/目录类/书志之属/提要　12.2 × 8.3 厘米　十三行二十字　上下黑口　四周单边　对黑鱼尾

0008　**东莱吕太史春秋左传类编一卷**　（宋）吕祖谦撰
民国二十三年（1934）上海涵芬楼影印四部丛刊本　二册
经部/春秋左传类　14 × 10.5 厘米　十行二十四字　左右双边　单白鱼尾

0009　**左传集评□卷**　（清）于在衡裁定　（清）于光华编辑
民国贵阳文通书局铅印本　三册
经部/春秋左传类　19.5 × 12.3 厘米　九行二十二字　下黑口　四周双边　单黑鱼尾
存三卷　（一至三）

0010　**春秋释义十二卷**　邱渭璜注　刘鼎铭　赵良知校
民国二十年（1931）永聚兴石印馆印本　四册
经部/春秋总义类/传说之属　18.6 × 14.3 厘米　行字不等　四周单边　单黑鱼尾
存八卷　（一至八）

0011　**礼记恒解四十九卷**　（清）刘沅辑注
清道光八年（1828）豫诚堂刻本　十册
经部/礼记类/传说之属　19 × 14 厘米　九行二十二字　小字双行二十字　白口　左右双边　单黑鱼尾

0012　**周易集义八卷**　（清）强汝谔纂
一九八四年北京文物出版社影印本　四册
经部/易类/传说之属　13.5 × 11 厘米　十行二十一字　白口　四周单边　单黑鱼尾

0013　**公是先生七经小传三卷**　（宋）刘敞著
民国二十三年（1934）上海涵芬楼影印四部丛刊续编本　一册
经部/群经总义类/传说之属　14.4 × 10 厘米　十一行二十字　小字双行十九字　白口　左右双边　单黑鱼尾

0014　**汉上易传十一卷附汉上先生履历**
（宋）朱震撰
民国二十三年（1934）上海涵芬楼影印四部丛刊续编本　八册
经部/易类/传说之属　13.9 × 9.5 厘米　十行二十一字　白口　左右双边　单黑鱼尾

0015　**周易郑康成注一卷**　（宋）王应麟纂辑
民国二十五年（1936）上海涵芬楼影印四部丛刊三编本　一册
经部/易类/传说之属　14 × 7.8 厘米　十行二十字　小字双行同　白口　左右双边　双黑鱼尾

0016　**周易十卷**　（三国魏）王弼注
民国上海涵芬楼影印四部丛刊本　二册
经部/易类/传说之属　13 × 9.6 厘米　十行十六字　小字双行二十四字　白口　四周双边　双黑鱼尾

0017　**周易十卷**　（三国魏）王弼注
民国上海涵芬楼影印四部丛刊本　一册
经部/易类/传说之属　13.2 × 9.5 厘米　十行十六字　小字双行二十四字　白口　四周双边　双黑鱼尾

0018　**周易要义十卷**　（宋）魏了翁撰
民国二十三年（1934）上海涵芬楼影印四部丛刊续编本　三册
经部/易类/传说之属　13.9 × 9.9 厘米　九行十八字　白口　左右双边　双黑鱼尾
存六卷　（一至二、七至十）

0019　**论语十卷**　（宋）朱熹集注
清刻本　一册
经部/四书类/论语之属/传说　19.3 × 14 厘米　九行十七字　小字双行同　白口　四周单边　单黑鱼尾
存五卷　（六至十）

0020　**礼记二十卷**　（汉）郑玄注
民国上海中华书局四部备要铅印本　八册
经部/礼记类/传说之属　15.4 × 10.9 厘米　十行二十字　小字双行同　白口　四周单边　双顺黑鱼尾

0021　**诗二十卷**　（宋）朱熹传
民国上海涵芬楼影印四部丛刊三编本　八册
经部/诗类/传说之属　14.2 × 10.8 厘米　七行十五字　小字双行十四字　白口　左右双边　单黑鱼尾

0022　**吕氏家塾读诗记三十二卷**　（宋）吕祖谦撰
民国上海涵芬楼影印四部丛刊续编本　十二册
经部/诗类/传说之属　13.8 × 9.4 厘米　九行十九字　小字双行同　白口　左右双边　双花鱼尾

0023　**毛诗二十卷**　（汉）郑玄笺
民国上海中华书局四部备要铅印本　四册
经部/诗类/传说之属　12.2 × 8.2 厘米　十行二十字　小字双行同　下黑口　四周单边　双黑鱼尾

0024　**毛诗二十卷**　（唐）陆德明释文
民国上海涵芬楼影印四部丛刊本　四册
经部/诗类/传说之属　13.8 × 9.6 厘米　十行十七字　小字双行二十二字　白口　双黑鱼尾　四周双边

0025　**诗本义十五卷郑氏诗谱一卷**　（宋）欧阳修撰
民国二十三年（1934）上海涵芬楼影印四部丛刊三编本　三册
经部/诗类/传说之属　14.1 × 9.6 厘米　十行二十字　白口　左右双边　单黑鱼尾

0026　**尚书十三卷**　（汉）孔安国传
民国上海中华书局四部备要铅印本　四册
经部/书类/传说之属　12 × 8.1 厘米　十行二十字　小字双行同　上下黑口　四周单边　双黑鱼尾

0027 **尚书十三卷** （汉）孔安国传
民国上海中华书局四部备要铅印本 四册
经部/书类/传说之属 12×8.1 厘米 十行二十字 小字双行同 上下黑口 四周单边 双黑鱼尾

0028 **礼记二十卷** （汉）郑玄注
民国上海中华书局四部备要铅印本 七册
经部/书类/传说之属 12.2×8.3 厘米 十行二十字 小字双行同 上下黑口 四周单边 双黑鱼尾
存十七卷 （一至十七）

0029 **监本纂图重言重意互注点校尚书十三卷** （汉）孔安国传
民国上海涵芬楼影印四部丛刊本 二册
经部/书类/传说之属 14.1×8.6 厘米 十行十八字 小字双行二十四字 上下黑口 四周双边 双黑鱼尾

0030 **尚书大传五卷** （汉）伏胜撰 （汉）郑玄注 （清）陈寿祺辑校
民国上海涵芬楼影印四部丛刊本 二册
经部/书类/传说之属 14.1×10.7 厘米 十行二十字 小字双行同 上下黑口 左右双边 单黑鱼尾

0031 **仪礼十七卷** （汉）郑玄注
民国上海涵芬楼影印四部丛刊本 五册
经部/仪礼类/传说之属 13.7×10.1 厘米 十七行 小字双行同 白口 四周双边 单白鱼尾

0032 **仪礼疏五十卷** （唐）贾公彦等撰
民国二十三年（1934）上海涵芬楼影印四部丛刊本 八册
经部/仪礼类/传说之属 14.5×10.3 厘米 十五行二十七字 白口 左右双边 单黑鱼尾

0033 **诗外传十卷** （汉）韩婴撰
民国上海涵芬楼影印四部丛刊本 二册
经部/诗类/三家诗之属 14.5×10.5 厘米 九行十七字 白口 左右双边 单白鱼尾

0034 **诗外传十卷** （汉）韩婴撰
民国上海涵芬楼影印四部丛刊本 二册
经部/诗类/三家诗之属 14.5×10.5 厘米 九行十七字 白口 左右双边 单白鱼尾

0035 **纂图互注礼记二十卷礼记图一卷** （汉）郑玄注
民国上海涵芬楼影印四部丛刊本 五册
经部/礼记类/传说之属 14.4×9.8 厘米 十二行二十四字 小字双行字数不等 白口 左右双边 顺黑鱼尾

0036 **书经六卷** （宋）蔡沈注
民国十六年（1927）贵阳文通书局铅印本 三册
经部/书类/传说之属 20×12.5 厘米 十一行二十六字 小字双行五十二字 白口 左右双边 单黑鱼尾

0037 **御案诗经备旨八卷** （清）邹圣脉辑
清刻本 三册
经部/诗类/传说之属 19.1×13.5 厘米 上下两栏行款不等 白口 四周单边 单黑鱼尾

0038 **周易精义二卷** （□）杨钟洌著
民国石印本 一册
经部/易类/传说之属 17.3×12.3 厘米 九行二十一字 白口 四周双边 单黑鱼尾
存一卷 （上）

0039 **易简义不分卷** 周善培撰
民国铅印本 一册
经部/易类/传说之属 17.5×12.2 厘米 十二行二十六字 白口 四周单边 单黑鱼尾

0040 **诗经恒解六卷** （清）刘沅辑注
清刻本 三册
经部/诗类/传说之属 18.8×13.8 厘米 九行二十一字 小字双行二十二字 白口 左右双边 单黑鱼尾
存三卷 （四至六）

0041　**经籍纂诂一百零六卷首一卷**　（清）阮元撰
清嘉庆十七年（1812）扬州阮氏琅环仙馆刻本　四十六册
经部/小学类/训诂之属/字诂　14.2×10.8 厘米　八行行字不等　小字双行二十字　白口　左右双边　单黑鱼尾

0042　**中庸说三卷**　（宋）张九成撰
民国二十五年（1936）上海涵芬楼影印四部丛刊三编本　一册
经部/四书类/中庸之属/传说　14×10.2 厘米　十行十八字　白口　左右双边　双黑鱼尾

0043　**论语十卷**　（三国魏）何晏集解
民国上海涵芬楼影印四部丛刊本　二册
经部/四书类/论语之属　12.5×11 厘米　六行十三字　小字双行同　白口　四周单边

0044　**论语十卷**　（三国魏）何晏集解
民国上海涵芬楼影印四部丛刊本　二册
经部/四书类/论语之属　12.5×11 厘米　六行十三字　小字双行同　白口　四周单边

0045　**四书今译四种**　张佩严著
民国十三年（1924）上海商务印刷馆铅印本　三册
经部/四书类　16.8×11 厘米　十行行字不等　小字双行不等　白口　四周双边　单黑鱼尾

0046　**四书今译四种**　张佩严著
民国四年（1915）上海商务印刷馆铅印本　三册
经部/四书类　16.2×11.2 厘米　十行行字不等　小字双行不等　白口　四周双边　单黑鱼尾

0047　**张状元孟子传二十九卷**　（宋）张九成撰
民国二十五年（1936）上海涵芬楼影印四部丛刊三编本　五册
经部/四书类/孟子之属　13.8×9.6 厘米　十四行二十五字　白口　左右双边　单黑鱼尾

0048　**论语十卷**　（宋）朱熹集注
清光绪三十三年（1907）学部图书局影印本　四册
经部/四书类/论语之属/传说之属　15×11.5 厘米　九行十七字　小字双行同　白口　单黑鱼尾
存八卷　（一至八）

0049　**新式标点四书白话注解□卷**　琴石山人批注
民国上海会文堂书局石印本　一册
经部/四书类　17.3×12 厘米　十二行二十六字　小字双行同　白口　四周双边　单黑鱼尾
存二卷　（九至十）

0050　**为学日记不分卷**　刘氏著
民国三十四年（1945）稿本　一册
史部/传记类/日记之属　20.2×15.1 厘米　十行行字不等　小字双行字数不等　白口　四周单边　朱栏

0051　**尚书正义二十卷**　（唐）孔颖达撰
民国二十四年（1935）上海涵芬楼影印四部丛刊三编本　八册
经部/书类/传说之属　14×10.1 厘米　十五行二十字　白口　左右双边　单黑鱼尾

0052　**新式标点四书白话批注四种**　汤寿铭注　沈悲盦校
民国二十八年（1939）上海会文堂书局石印本　十三册
经部/四书类/总义之属/传说　17.7×11.6 厘米　十二行二十六字　小字双行同　上下黑口　四周双边　单黑鱼尾
存四种十七卷　（大学一卷、中庸一卷、论语一至八、孟子七卷）
大学一卷||中庸一卷||论语十卷||孟子七卷

0053 **经典释文三十卷校勘记三卷** （唐）陆德明释文
民国上海涵芬楼影印四部丛刊本　十一册
经部/群经总义类/传说 13.9 × 10.5 厘米 十一行十七字 小字双行二十四字 白口 左右双边 双黑鱼尾

0054 **四书集注四种** （宋）朱熹章句
民国上海中华书局四部备要铅印本 六册
经部/四书类/总义之属/传说 12.2 × 8.3 厘米 十行二十字 小字双行同 上下黑口 四周单边 双黑鱼尾
大学一卷||中庸一卷||论语十卷||孟子七卷

0055 **四书集注四种** （宋）朱熹章句
民国上海中华书局四部备要铅印本 六册
经部/四书类/总义之属/传说 12.2 × 8.3 厘米 十行二十字 小字双行同 上下黑口 四周单边 双黑鱼尾
大学一卷||中庸一卷||论语十卷||孟子七卷

0056 **四书集注四种** （宋）朱熹章句
民国上海中华书局四部备要铅印本 六册
经部/四书类/总义之属/传说 12.2 × 8.1 厘米 十行二十字 小字双行同 上下黑口 四周单边 双黑鱼尾
大学一卷||中庸一卷||论语十卷||孟子七卷

0057 **群经音辨七卷** （宋）贾昌朝撰
民国二十三年（1934）上海涵芬楼影印四部丛刊续编本 二册
经部/群经总义类/文字音义之属 14.1 × 9.1 厘米 八行十四字 小字双行同 上下黑口 左右双边 双黑鱼尾

0058 **尔雅三卷音释三卷** （晋）郭璞注
民国上海涵芬楼影印四部丛刊本 一册
经部/小学类/训诂之属/尔雅 14.8 × 9.7 厘米 十行二十字 小字双行三十字 白口 左右双边 单黑鱼尾

0059 **尔雅疏十卷** （宋）邢昺撰
民国二十三年（1934）上海涵芬楼影印四部丛刊本 一册
经部/小学类/训诂之属/尔雅 14.1 × 9.8 厘米 十五行三十字 白口 左右双边 单黑鱼尾
存五卷 （六至十）

0060 **释名八卷** （汉）刘熙撰
民国上海涵芬楼影印四部丛刊本 一册
经部/小学类/训诂之属/群雅 14.7 × 9.5 厘米 十行二十字 白口 四周双边

0061 **春秋恒解八卷** （清）刘沅辑注
清刻本 七册
经部/春秋总义类/传说之属 18.8 × 14 厘米 九行二十二字 小字双行同 左右双边 单黑鱼尾
存七卷 （二至八）

0062 **春秋公羊传十一卷** （汉）何休学 （唐）陆德明音义
清同治七年（1868）湖北崇文书局刻本 六册
经部/春秋公羊传类/文字音义之属 19.7 × 14.2 厘米 九行十七字 小字双行同 左右双边 单黑鱼尾

0063 **春秋谷梁传十二卷** （晋）范宁集解 （唐）陆德明音义
清同治七年（1868）湖北崇文书局刻本 四册
经部/春秋谷梁传类/文字音义之属 19.7 × 14.3 厘米 九行十七字 小字双行同 左右双边 单黑鱼尾

0064 **孟子今译七卷** 张佩严撰
民国十三年（1924）上海中华书局铅印本 三册
经部/四书/孟子之属 16.8 × 10.8 厘米 十行行字不等 四周双边 单黑鱼尾
存六卷 （二至七）

0065　四书朱注□卷（宋）朱熹集注
清光绪二十五年（1899）渝城精宏书局刻本　五册
经部/四书类/总义之属　19.3 × 14 厘米　九行十七字　小字双行同　四周单边　单黑鱼尾
大学一卷||中庸一卷||论语五卷||孟子七卷

0066　四书旁训□卷（□）□□撰
清光绪二十七年（1901）竹桥斋刻本　五册
经部/四书类/总义之属　21.1 × 14.7 厘米　上下两栏　上栏十八行八字　下栏九行十八字　四周单边　单黑鱼尾
大学一卷||论语二卷||孟子二卷

0067　春秋谷梁传十二卷（晋）范宁集解
民国上海涵芬楼影印四部丛刊本　二册
经部/春秋谷梁传类/传说之属　13.8 × 9.6 厘米　十一行十九字　小字双行二十七字　上下黑口　左右双边　顺黑鱼尾

0068　春秋谷梁传二十卷（晋）范宁集解（明）金蟠校订
民国中华书局四部备要铅印本　四册
经部/春秋谷梁传类/传说之属　15.3 × 10.6 厘米　十行二十字　小字双行同　上下黑口　四周单边　顺黑鱼尾

0069　春秋公羊解诂十二卷（汉）何休学
民国上海涵芬楼影印四部丛刊本　三册
经部/春秋公羊传类/传说之属　14.5 × 10 厘米　十一行十九字　上下黑口　左右双边　顺黑鱼尾

0070　春秋左传五十卷（晋）杜预注释（宋）林尧叟注释
清光绪三十一年（1905）直隶官书局刻本　十五册
经部/春秋左传类/传说之属　17.2 × 13.3 厘米　十行二十字　小字双行同　左右双边　单黑鱼尾
缺三卷（四十一至四十三）

0071　诗经正文□卷（□）□□撰
清刻本　三册
经部/诗类/正文之属　20.7 × 13.4 厘米　上下两栏　下栏九行十八字　小字双行同　白口　左右双边　单黑鱼尾
存三卷（二至四）

0072　书经精华十卷首一卷（清）王巨源辑
清刻本　一册
经部/书类/传说之属　22.8 × 15.2 厘米　上下两栏　下栏十五字　小字双行三十字　白口　左右双边　单黑鱼尾
存三卷（一至二，首一卷）

0073　新刻书经备旨辑要善本六卷（清）马大猷辑
清刻本　一册
经部/书类/传说之属　21.5 × 14.1 厘米　上下两栏　下栏九行二十四字　小字双行同　白口　四周单边　单黑鱼尾
存二卷（三至四）

0074　春秋经传集解三十卷年表一卷（晋）杜预撰（唐）陆德明释文　**春秋名号归一图二卷**（五代）冯继先撰
民国上海中华书局四部备要铅印本　十二册
经部/春秋左传类/传说之属　15.4 × 10.8 厘米　十行二十字　小字双行同　上下黑口　四周单边　顺黑鱼尾

0075　春秋经传集解三十卷年表一卷（晋）杜预撰（唐）陆德明释文
民国上海涵芬楼影印四部丛刊本　六册
经部/春秋左传类/传说之属　14.6 × 10.9 厘米　十三行二十四字　小字双行同　白口　四周双边　单黑鱼尾

0076　礼记要义三十三卷（宋）魏了翁撰
民国二十三年（1934）上海涵芬楼影印四部丛刊本　十册

经部/礼记类/传说之属 14.2 × 10.4 厘米 九行十八字 白口 左右双边 顺黑鱼尾
缺二卷 （一至二）

0077 **礼记正义七十卷** （唐）孔颖达撰
民国二十四年（1935）上海涵芬楼影印四部丛刊本 三册
经部/礼记类/传说之属 13.9 × 9.5 厘米 五行行字不等 白口 四周单边
存八卷 （六十三至七十）

0078 **析城郑氏家塾重校三礼图二十卷** （宋）聂崇义集注
民国二十五年（1936）上海涵芬楼影印四部丛刊本 四册
经部/三礼总义类/图说之属 14.1 × 10.7 厘米 十三行二十一字 小字双行三十字 上下黑口 左右双边 对黑鱼尾

0079 **后汉书一百二十卷末一卷** （宋）范晔撰 （唐）李贤注
民国十一年（1922）扫叶山房石印本 十六册
史部/纪传类/正史之属 16.4 × 11.1 厘米 十四行三十字 小字双行同 白口 四周双边 单黑鱼尾
存九十四卷 （一至十六、二十五至六十七、八十二至九十五、一百零一至一百二十，末一卷）

0080 **附释文互注礼部韵略五卷附韵略条式一卷** （宋）丁度撰
民国二十三年（1934）上海涵芬楼影印四部丛刊本 三册
经部/小学类/音韵之属 14 × 10.2 厘米 十行十八字 小字双行不等 白口 左右双边 单黑鱼尾

0081 **史记一百三十卷** （汉）司马迁撰 （南朝宋）裴骃集解 （唐）司马贞索隐 （唐）张守节正义
民国二十五年（1936）上海涵芬楼影印四部丛刊本 三十册
史部/纪传类/正史之属 13.8 × 9.3 厘米 十行十八字 小字双行二十三字 白口 左右双边 双黑鱼尾

0082 **史记一百三十卷** （汉）司马迁撰 （南朝宋）裴骃集解 （唐）司马贞索隐 （唐）张守节正义 （明）归有光断句
民国十一年（1922）中华图书馆石印本 二十四册
史部/纪传类/正史之属 16.8 × 11.6 厘米 十四行二十九字 小字双行同 白口 四周双边 单黑鱼尾

0083 **史记一百三十卷** （汉）司马迁撰 （南朝宋）裴骃集解 （唐）司马贞索隐 （唐）张守节正义 （明）归有光断句
民国十一年（1922）中华图书馆石印本 二十四册
史部/纪传类/正史之属 16.8 × 11.6 厘米 十四行二十九字 小字双行同 白口 四周双边 单黑鱼尾

0084 **二十四史辑要六十四卷附总目一卷四库提要一卷** 赵华基编
民国十七年（1928）中华书局铅印本 三十一册
史部/目录类/书志之属/提要 15.9 × 10.9 厘米 十三行三十二字 白口 四周单边 单黑鱼尾
缺十卷 （四十至四十九）

0085 **孝经一卷** （唐）李隆基注
民国上海涵芬楼影印四部丛刊本 一册
经部/孝经类/传说之属 15 × 9.3 厘米 八行十七字 小字双行同 白口 四周双边 单黑鱼尾

0086 **孝经一卷** （唐）李隆基注
民国上海涵芬楼影印四部丛刊本 一册
经部/孝经类/传说之属 9.4 × 14.9 厘米 八行十七字 小字双行同 白口 单黑鱼尾 四周双边

0087 **切韵指掌图一卷** （宋）司马光撰
民国二十三年（1934）上海涵芬楼影印四部丛刊续编本 一册
经部/小学类/音韵之属/等韵 14×9.4厘米 九行十六字 白口 左右双边

0088 **大戴礼记十三卷** （汉）戴德撰
民国上海涵芬楼影印四部丛刊本 二册
经部/大戴礼记类 14×10厘米 十行十八字 小字双行同 白口 左右双边 双黑鱼尾

0089 **孝经今译一卷** 张佩严著
民国十八年（1929）上海商务印刷馆铅印本 一册
经部/孝经类/传说之属 15.9×10.7厘米 十行行字不等 小字双行不等 白口 四周双边 单黑鱼尾

0090 **韵学源流不分卷** （清）莫友芝著
民国十二年（1923）贵阳文通书局石印本 一册
经部/小学类/音韵之属 16.5×11.8厘米 九行二十一字 下黑口 四周单边 单黑鱼尾

0091 **輶轩使者绝代语释别国方言十三卷** （汉）扬雄撰 （晋）郭璞注
民国上海涵芬楼影印四部丛刊本 一册
经部/小学类/训诂之属/方言 13.8×9.2厘米 八行十七字 小字双行同 白口 四周双边 双黑鱼尾

0092 **孟子十四卷** （汉）赵岐注
民国上海涵芬楼影印四部丛刊本 三册
经部/四书类/孟子之属/传说 13.8×9.8厘米 八行十六字 小字双行二十一字 白口 左右双边

0093 **读四书丛说四种八卷** （元）许谦撰
民国二十三年（1934）上海涵芬楼影印四部丛刊续编本 三册
经部/四书类/总义之属/传说 14.5×9.2厘米 十六行二十五字 上下黑口 左右双边 双黑鱼尾
读大学丛说一卷||读中庸丛说二卷||读论语丛说三卷||读孟子丛说二卷

0094 **春秋传三十卷** （宋）胡安国撰
民国二十三年（1934）上海涵芬楼影印四部丛刊续编本 四册
经部/春秋总义类/传说之属 14.6×9.9厘米 十四行二十五字 白口 四周双边 双黑鱼尾

0095 **春秋正义三十六卷** （唐）孔颖达撰
民国二十三年（1934）上海涵芬楼影印四部丛刊续编本 十二册
经部/春秋总义类/传说之属 14×10.1厘米 十五行二十五字 白口 四周双边

0096 **周礼十二卷** （汉）郑玄注
民国上海涵芬楼影印四部丛刊本 六册
经部/周礼类/传说之属 14.8×9.4厘米 八行十七字 小字双行同 白口 四周双边 双黑鱼尾

0097 **分段加评注释东莱博议四卷** （宋）吕祖谦撰 刘钟英辑注 许慕羲加评
民国二十年（1931）上海广益书局石印本 四册
经部/春秋左传类/传说之属 16.9×11.1厘米 十四行三十字 小字双行同 下黑口 四周单边 单黑鱼尾

0098 **后汉书一百二十卷** （南朝宋）范晔撰 （南朝梁）刘昭补志 （唐）李贤注 （清）缪焕章等校
清同治十年（1871）成都书局刻本 二十八册
史部/纪传类/正史之属 22.5×14.5厘米 十行二十一字 小字双行同 白口 左右双边 单黑鱼尾

0099 **古今正俗字诂二卷** 郑诗笠辑
民国二十一年（1932）石印本 一册
经部/小学类/训诂之属/字诂 17.1×12.7厘米 十行二十字 白口 四周单边

0100 **古香斋鉴赏袖珍史记一百三十卷** （汉）司马迁撰 （南朝宋）裴骃集解 （唐）司马贞索隐 （唐）张守节正义 **补史记一卷** （唐）司马贞撰并注 **正义论例谥法解列国分野一卷** （唐）张守节撰
清末刻本 三十六册
史部/纪传类/正史之属 10.2 × 7.7 厘米 十行二十一字 小字双行同 白口 四周双边 单黑鱼尾

0101 **新定三礼图二十卷** （宋）聂崇义集注
一九八五年上海古籍出版社影印宋淳熙二年刻本 二册
经部/三礼总义类/图说之说 17.8 × 13.7 厘米 十六行二十七字 左右双边 顺黑鱼尾

0102 **春秋左传旁训十八卷** （清）魏朝俊辑
清光绪十年（1884）魏氏古香阁刻本 一册
经部/春秋左传类/传说之属 22.8 × 15.1 厘米 上下两栏 左右双边 单黑鱼尾
存十一卷 （一至十一）

0103 **礼记旁训六卷** （清）徐立纲撰
清光绪十年（1884）魏氏古香阁刻本 五册
经部/礼记类/传说之属 23 × 15.1 厘米 上下两栏 左右双边 单黑鱼尾
存五卷 （二至六）

0104 **礼记精华释义一卷** 黄云鹏编
民国三十七年（1948）重庆白鹤公司影印本 二册
经部/礼记类/传说之属 21.8 × 14.2 厘米 十行二十四字 四周单边

0105 **辞源十二集** 陆尔奎等辑
民国十二年（1923）商务印书馆铅印本 十一册
经部/小学类/文字之属 22.4 × 15.4 厘米 行字不等 四周单边
缺一卷 （丑集）

0106 **类篇十五卷** （宋）司马光纂
一九八四年上海古籍出版社影印汲古阁影宋钞本 十册
经部/小学类/文字之属/字书/字典 18.6 × 14.4 厘米 八行十六字 左右双边

0107 **说文解字研究法** 马叙伦撰
一九五五年上海商务印书馆石印本 二册
经部/小学类/文字之属/说文/传说 无板框 十二行二十三字

0108 **说文解字十五卷** （汉）许慎记 （宋）徐铉等校定 （清）朱筠雕 （清）徐瀚校字
清同治十年（1871）刻本 九册
经部/小学类/文字之属/说文 21 × 15.9 厘米 七行十五字 左右双边 单黑鱼尾

0109 **史记一百三十卷** （汉）司马迁著
民国上海涵芬楼影印南宋黄善夫刻本 三十册
史部/纪传类/正史之属 14 × 9.1 厘米 九行十八字 小字双行二十字 黑口 左右双边 对黑鱼尾

0110 **史记一百三十卷** （汉）司马迁著
民国上海中华书局四部备要铅印本 二十四册
史部/纪传类/正史之属 15.3 × 10.8 厘米 十三行二十字 小字双行同 黑口 四周单边 单黑鱼尾

0111 **康熙字典十二集三十六卷** （清）张玉书等纂
民国上海锦章图书局石印本 三册
经部/小学类/文字之属/字书/字典 17.5 × 12 厘米 四十八行六十六字 白口 四周双边 单黑鱼尾
存十八卷 （巳集三卷、午集三卷、酉集三卷、戊集三卷、未集三卷、申集三卷）

0112 **康熙字典十二集三十六卷检字一卷辨似一卷等韵一卷备考一卷补遗一卷** （清）张玉书等纂
民国石印本 一册
经部/小学类/文字之属/字书/字典 17.4 × 11.9 厘米 四十八行六十六字 白口 四周双边 单黑鱼尾
存六卷 （未集三卷、申集三卷）

0113 **康熙字典十二集三十六卷检字一卷辨似一卷等韵一卷备考一卷补遗一卷** （清）张玉书等纂
清末民初天宝书局石印本 一册
经部/小学类/文字之属/字书/字典 16.9 × 11.6 厘米 四十二行六十字 白口 四周双边 单黑鱼尾
存五卷 （亥集三卷、备考一卷、补遗一卷）

0114 **康熙字典十二集三十六卷检字一卷辨似一卷等韵一卷备考一卷补遗一卷** （清）张玉书等纂
清光绪三十二年（1906）上海商务印书局石印本 四册
经部/小学类/文字之属/字书/字典 16.9 × 11.6 厘米 四十二行六十字 白口 四周双边 单黑鱼尾
缺十五卷 （未集三卷、申集三卷、亥集三卷、备考一卷、补遗一卷）

0115 **康熙字典十二集三十六卷检字一卷辨似一卷等韵一卷备考一卷补遗一卷** （清）张玉书等纂
清道光七年（1827）刻本 三十九册
经部/小学类/文字之属/字书/字典 19.6 × 13.3 厘米 十六行二十四字 白口 四周双边 单黑鱼尾
缺一卷 （备考一卷）

0116 **康熙字典十二集三十六卷检字一卷辨似一卷等韵一卷备考一卷补遗一卷** （清）张玉书等纂
民国中华书局石印本 六册
经部/小学类/文字之属/字书/字典 15.6 × 11.5 厘米 三十六行四十八字 白口 四周双边 单黑鱼尾

0117 **前汉书一百卷** （汉）班固撰 （唐）颜师古注（清）缪焕章等校
清同治十年（1871）成都书局刻本 二十六册
史部/纪传类/正史之属 22.5 × 14.5 厘米 十行二十一字 小字双行同 白口 左右双边 单黑鱼尾
缺三卷 （一、九十六、九十七）

0118 **后汉书一百二十卷** （南朝宋）范晔撰（南朝梁）刘昭补志 （唐）李贤注
民国十一年（1922）上海扫叶山房石印本 二十四册
史部/纪传类/正史之属 16.3 × 10.8 厘米 十行三十字 小字双行同 白口 四周双边 单黑鱼尾

0119 **前汉书一百卷** （汉）班固撰 （唐）颜师古注
民国十二年（1923）上海中华书局影印本 八册
史部/纪传类/正史之属 19.5 × 12.9 厘米 二十行四十二字 小字双行同 白口 左右双边 单黑鱼尾

0120 **诗韵集成十卷** （清）余照辑
清光绪八年（1882）刻本 四册
经部/小学类/音韵之属 15.7 × 10 厘米 上下两栏 下栏九行十二字 小字双行二十五字 白口 四周单边

0121 **广韵五卷** （宋）陈彭年等撰
民国上海涵芬楼影印四部丛刊本 五册
经部/小学类/音韵之属 13.8 × 11 厘米 十行十四 小字双行同 白口 四周双边 单黑鱼尾

0122　**广韵五卷**　（宋）陈彭年等撰
民国上海涵芬楼影印四部丛刊本　五册
经部/小学类/音韵之属/韵书　13.8×11 厘米　十行十四　小字双行同　白口　四周双边　单黑鱼尾

0123　**春秋繁露十七卷附录一卷**　（汉）董仲舒撰
民国上海中华书局铅印四部备要本　二册
经部/春秋公羊传类/传说之属　14.6×10.8 厘米　十三行十九字　上下黑口　四周单边　对黑鱼尾

0124　**春秋繁露十七卷**　（汉）董仲舒撰
民国上海涵芬楼影印四部丛刊本　二册
经部/春秋公羊传类/传说之属　14×9.2 厘米　九行二十字　白口　四周双边　单黑鱼尾

0125　**春秋繁露十七卷**　（汉）董仲舒撰
民国上海涵芬楼影印四部丛刊本　一册
经部/春秋公羊传类/传说之属　14×9.2 厘米　九行二十字　白口　四周双边　单黑鱼尾
存九卷　（九至十七）

0126　**汉书一百卷**　（汉）班固撰（唐）颜师古注
一九六二年中华书局铅印本　二十册
史部/纪传类/正史之属　16.5×11.3 厘米　十五行三十八字　上下黑口　四周单边

0127　**汉书一百卷**　（汉）班固撰（唐）颜师古注
民国十九年（1930）上海涵芬楼影印四部丛刊本　三十一册
史部/纪传类/正史之属　13.9×9.7 厘米　十行十九字　小字双行二十六字　白口　左右双边　单黑鱼尾
缺二卷　（十八至十九）

0128　**汉书一百卷**　（汉）班固撰　（唐）颜师古注
民国十九年（1930）上海涵芬楼影印四部丛刊本　十七册
史部/纪传类/正史之属　13.9×9.7 厘米　十行十九字　小字双行二十六字　白口　左右双边　单黑鱼尾
存五十五卷　（一至五十五）

0129　**前汉书一百卷**　（汉）班固撰　（唐）颜师古注
民国十一年（1922）扫叶山房石印本　二十三册
史部/纪传类/正史之属　16.4×11.5 厘米　十四行三十字　小字双行同　白口　四周双边　单黑鱼尾

0130　**后汉书九十卷**　（宋）范晔撰　（唐）李贤注
民国影印本　三十一册
史部/纪传类/正史之属　13.2×10.4 厘米　九行十六字　小字双行二十字　白口　左右双边　单黑鱼尾
缺六卷　（一至三、八十八至九十）

0131　**龙龛手鉴四卷**　（辽）释行均撰
民国二十三年（1934）上海涵芬楼影印四部丛刊续编本　三册
经部/小学类/文字之属/字书/字典　14.2×10.3 厘米　十行行字不等　小字双行不等　白口　左右双边　单黑鱼尾

0132　**大广益会玉篇三十卷附玉篇总目偏旁篆书之法**　（南朝梁）顾野王撰
民国上海涵芬楼影印四部丛刊本　三册
经部/小学类/文字之属/字书/字典　13.8×9 厘米　十三行行字不等　小字双行不等　上下黑口　左右双边　双黑鱼尾

0133　**复古编二卷**　（宋）张有撰
民国二十五年（1936）上海涵芬楼影印四部丛刊三编本　四册

经部/小学类/文字之属/字书/字典 11.2×10.5 厘米 五行行字不等 小字双行十三字 白口 四周单边

0134 班马字类五卷附补遗 （宋）娄机撰
民国二十五年（1936）上海涵芬楼影印四部丛刊三编本 四册
经部/小学类/训诂之属/字诂 14×9.2 厘米 八行行字不等 小字双行二十字 白口 左右双边

0135 说文解字通释四十卷 （宋）徐锴撰
民国上海涵芬楼影印四部丛刊本 八册
经部/小学类/文字之属/说文 14.1×10 厘米 七行行字不等 小字双行二十二字 白口 左右双边

0136 汗简七卷 （宋）郭忠恕撰
民国二十三年（1934）上海涵芬楼影印四部丛刊续编本 一册
经部/小学类/文字之属/字书/古文 13.9×10.3 厘米 八行行字不等 小字双行不等 白口 左右双边

0137 急就篇一卷 （汉）史游撰 （唐）颜师古撰
民国二十三年（1934）上海涵芬楼影印四部丛刊续编本 一册
经部/小学类/文字之属/字书/古文 14.2×10.9 厘米 八行行字不等 小字双行十七字 白口 四周单边 单白鱼尾

0138 说文解字十五卷 （汉）许慎撰
民国上海涵芬楼影印四部丛刊本 四册
经部/小学类/文字之属/说文 13.8×9.8 厘米 十行十八字 小字双行不等 白口 左右双边 单黑鱼尾

0139 三国志六十五卷 （晋）陈寿撰
民国二十年（1931）上海涵芬楼影印四部丛刊本 二十册
史部/纪传类/正史之属 13.8×9.9 厘米 十行十九字 小字双行二十一字 白口 左右双边 单黑鱼尾

0140 三国志六十五卷 （晋）陈寿撰
民国二十年（1931）上海涵芬楼影印四部丛刊本 二十册
史部/纪传类/正史之属 13.8×9.9 厘米 十行十九字 小字双行二十一字 白口 左右双边 单黑鱼尾

0141 三国志六十五卷 （晋）陈寿撰 （南朝宋）裴松之注
民国中华图书馆铅印本 十二册
史部/纪传类/正史之属 16.6×10.7 厘米 十四行三十字 小字双行同 上下白口 四周双边 单黑鱼尾
魏书三十卷 ‖ 蜀书十五卷 ‖ 吴书二十卷

0142 百大家评注史记十卷 （明）朱子蕃汇辑 （明）汤宝尹校正
民国十六年（1927）锦章图书局铅印本 十册
史部/史评类/考订之属 16×11.4 厘米 十四行三十字 小字双行同 上下黑口 四周双边 单黑鱼尾

0143 史传文附录不分卷史记附录不分卷 国立四川大学编
民国协美印刷公司铅印本 四册
史部/纪传类/正史之属 17.9×11 厘米 十三行三十五字 小字双行不等 白口 四周单边 单黑鱼尾

0144 前汉书一百卷 （汉）班固撰 （唐）颜师古注
民国上海中华书局铅印本 三十册
史部/纪传类/正史之属 15.4×10.4 厘米 十三行二十字 小字双行同 上下黑口 四周单边 单黑鱼尾

0145　宋书一百卷　（南朝梁）沈约撰
民国二十二年（1933）上海商务印书馆影印四部丛刊本　三十六册
史部/纪传类/正史之属　12.7 × 10 厘米　九行行字不等　上下黑口　左右双边

0146　宋书一百卷　（南朝梁）沈约撰
民国二十二年（1933）上海商务印书馆影印四部丛刊本　三十五册
史部/纪传类/正史之属　12.7 × 10 厘米　九行行字不等　上下黑口　左右双边
缺本纪二卷　（一至二）

0147　三国志六十五卷　（晋）陈寿撰　（南朝宋）裴松之注
民国中华图书馆铅印本　十二册
史部/纪传类/正史之属　16.6 × 10.7 厘米　十四行三十字　小字双行同　上下白口　四周双边单黑鱼尾
魏书三十卷‖蜀书十五卷‖吴书二十卷

0148　说文古音谱三卷　刘赜著
一九六三年湖北武汉人民出版社影印本　三册
经部/小学类/字书/说文　版式不等

0149　北史一百卷　（唐）李延寿撰
民国十二年（1923）上海中华书局铅印本　八册
史部/纪传类/正史之属　19.4 × 12.7 厘米　二十行四十二字　白口　左右双边　单黑鱼尾

0150　北史一百卷　（唐）李延寿撰
民国上海涵芬楼影印四部丛刊本　三十一册
史部/纪传类/正史之属　14 × 9.6 厘米　十行二十二字　上下黑口　四周双边　双黑鱼尾
缺三卷　（九十八至一百）

0151　史记一百三十卷　（汉）司马迁撰　（南朝宋）裴骃集解　（唐）司马贞索隐
民国上海中华书局铅印本　三十册
史部/纪传类/正史之属　12.2 × 8.5 厘米　十三行二十字　小字双行同　四周单边　白口　单黑鱼尾

0152　史记一百三十卷　（汉）司马迁撰　（南朝宋）裴骃集解　（唐）司马贞索隐
民国铅印本　八册
史部/纪传类/正史之属　17.5 × 11.2 厘米　二十行四十二字　小字双行同　左右双边　白口　单黑鱼尾

0153　后汉书一百二十卷　（南朝宋）范晔撰　（唐）李贤注
民国十二年（1923）上海中华书局石印本　八册
史记/纪传类/正史之属　19.5 × 13.5 厘米　二十行四十二字　小字双行同　左右双边　白口　单黑鱼尾

0154　后汉书一百二十卷　（南朝宋）范晔撰　（唐）李贤注
民国影印本　十三册
史部/纪传类/正史之属　12.6 × 13 厘米　九行十六字　小字双行二十字　左右双边　白口　单黑鱼尾
存三十四卷　（列传五十至八十、志一至三）

0155　前汉书一百卷　（汉）班固撰　（唐）颜师古注
民国十一年（1922）上海扫叶山房石印本　二十四册
史部/纪传类/正史之属　16.5 × 11.5 厘米　十四行三十字　小字双行同　白口　四周双边　单黑鱼尾

0156　前汉书七十卷　（汉）班固撰　（唐）颜师古注
民国十九年（1930）上海涵芬楼影印本　十五册
史部/纪传类/正史之属　14 × 9.5 厘米　十行二十字　小字双行不等　白口　左右双边　单黑鱼尾
存四十二卷　（二十九至七十）

0157 **三国志六十五卷** （晋）陈寿撰 （南朝宋）裴松之注
清同治十年（1871）成都书局刻本 十四册
史部/纪传类/正史之属 22.8 × 15 厘米 十行二十二字 小字双行二十一字 左右双边 白口 单黑鱼尾

0158 **魏书一百十四卷** （北齐）魏收撰
民国上海涵芬楼影印本 二十八册
史部/纪传类/正史之属 13 × 10.3 厘米 九行十八字 小字双行不等 白口 左右双边 单黑鱼尾
存七十卷 （一至七十）

0159 **宋书一百卷** （南朝梁）沈约撰
民国十二年（1923）上海中华书局铅印本 六册
史部/纪传类/正史之属 19.2 × 13.4 厘米 二十行四十二字 白口 左右双边 单黑鱼尾

0160 **三国志六十五卷** （晋）陈寿撰 （南朝宋）裴松之注
民国十二年（1923）上海中华书局铅印本 四册
史部/纪传类/正史之属 16.4 × 13 厘米 二十行四十二字 小字双行同 白口 左右双边 单黑鱼尾

0161 **晋书一百三十卷** （唐）太宗李世民御撰 **晋书音义三卷** （唐）何超撰
民国十二年（1923）上海中华书局铅印本 八册
史部/纪传类/正史之属 19.1 × 13 厘米 二十行四十二字 白口 左右双边 单黑鱼尾

0162 **旧唐书二百卷** （五代）刘昫等撰
民国十二年（1923）上海中华书局铅印本 十六册
史部/纪传类/正史之属 19.1 × 13.2 厘米 二十行四十二字 白口 左右双边 单黑鱼尾

0163 **北史一百卷** （唐）李延寿纂修
民国二十四年（1935）上海涵芬楼影印本 三十二册
史部/纪传类/正史之属 14.1 × 10.2 厘米 十行二十二字 黑口 四周双边 双黑鱼尾

0164 **南史八十卷** （唐）李延寿撰
民国二十四年（1935）上海涵芬楼影印本 二十册
史部/纪传类/正史之属 14 × 10 厘米 十行二十二字 白口 左右双边 双黑鱼尾

0165 **南史八十卷** （唐）李延寿撰
民国二十四年（1935）上海涵芬楼影印本 十九册
史部/纪传类/正史之属 13.8 × 9.9 厘米 十行二十二字 白口 左右双边 双黑鱼尾
缺二卷 （一至二）

0166 **南史八十卷** （唐）李延寿撰
民国十二年（1923）上海中华书局铅印本 六册
史部/纪传类/正史之属 19.4 × 13 厘米 二十行四十二字 左右双边 白口 单黑鱼尾

0167 **史记一百三十卷** （汉）司马迁撰
清同治十一年（1872）成都书局刻本 二十四册
史部/编年类/正史之属 22.5 × 15.3 厘米 十行二十字 小字双行二十一字 白口 左右双边 单黑鱼尾
缺六卷 （十九至二十四）

0168 **石经汇函九种** （清）王秉恩辑
清光绪十六年（1890）四川尊经书局刻本 一册
经部/群经总义类/石经之属/通考 19.8 × 14.8 厘米 十一行二十三字 黑口 左右双边 双黑鱼尾
存四种五卷 （石经考一、汉石经残字考一、魏三体石经遗字考叙一、石经考异二）
石经考一卷 （清）顾炎武辑 ‖汉石经残字考一卷 （清）翁方纲撰 ‖魏三体石经遗字考叙

一卷 （清）孙星衍撰 ‖石经考异二卷 （清）杭世骏撰

0169 **御纂周易折中二十二卷** （清）李光地等撰
清刻本 四册
经部/易类/专著之属 22.7 × 16.3 厘米 八行十八字 小字双行二十一字 白口 四周双边 单黑鱼尾
存八卷 （七至十、十九至二十二）

0170 **前汉书一百卷** （汉）班固撰
民国扫叶山房石印本 十三册
史部/纪传类/正史之属 16.9 × 11.6 厘米 十四行三十字 小字双行同 白口 四周双边 单黑鱼尾
缺三十卷 （一至三十）

0171 **南齐书五十九卷** （梁）萧子显撰
民国二十二年（1933）上海涵芬楼影印本 十四册
史部/纪传类/正史之属 12.7 × 10.6 厘米 九行十八字 白口 左右双边 单黑鱼尾

0172 **南齐书五十九卷** （梁）萧子显撰
民国二十二年（1933）上海涵芬楼影印本 十四册
史部/纪传类/正史之属 12.7 × 10.6 厘米 九行十八字 白口 左右双边 单黑鱼尾

0173 **北齐书五十卷** （唐）李百药撰
民国二十三年（1934）上海涵芬楼影印本 十册
史部/纪传类/正史之属 12.7 × 10.6 厘米 九行十八字 白口 左右双边 单黑鱼尾

0174 **北齐书五十卷** （唐）李百药撰
民国二十三年（1934）上海涵芬楼影印本 十册
史部/纪传类/正史之属 12.7 × 10.6 厘米 九行十八字 白口 左右双边 单黑鱼尾

0175 **晋书一百三十卷** （唐）房玄龄等撰
民国二十三年（1934）上海涵芬楼影印本 十十四册
史部/纪传类/正史之属 14.2 × 9.7 厘米 十四行二十七字 白口 左右双边 双黑鱼尾

0176 **三国志集解六十五卷** （晋）陈寿撰
一九五七年古籍出版社铅印本 十八册
史部/纪传类/正史之属 19.9 × 14.3 厘米 十行二十六字 黑口 四周单边 单黑鱼尾

0177 **晋书一百三十卷** （唐）房玄龄等撰
民国二十三年（1934）上海涵芬楼影印本 十十四册
史部/纪传类/正史之属 14.2 × 9.7 厘米 十四行二十七字 白口 左右双边 双黑鱼尾

0178 **旧唐书二百卷** （五代）刘昫等撰
民国二十五年（1936）上海涵芬楼影印本 三十六册
史部/纪传类/正史之属 13.8 × 9.5 厘米 十行二十六字 小字双行不等 白口 左右双边 双黑鱼尾

0179 **旧唐书二百卷** （五代）刘昫等撰
民国二十五年（1936）上海涵芬楼影印本 三十六册
史部/纪传类/正史之属 13.8 × 9.5 厘米 十行二十六字 小字双行不等 白口 左右双边 双黑鱼尾

0180 **旧唐书二百卷** （五代）刘昫等撰
民国二十五年（1936）上海涵芬楼影印本 三册
史部/纪传类/正史之属 13.8 × 9.5 厘米 十行二十六字 小字双行不等 白口 左右双边 双黑鱼尾
存十五卷 （志二十三至三十、列传一至七）

0181 **后汉书九十卷** （唐）李贤注 （宋）范晔撰
一九六五年中华书局铅印本 十八册
史部/纪传类/正史之属 16.5×11.1 厘米 版式不等

0182 **战国策三十三卷** （汉）高诱注
民国上海中华书局四部备要铅印本 六册
史部/杂史类/通代之属 12.2×8.7 厘米 十三行二十字 小字双行同 白口 四周单边 对黑鱼尾

0183 **吴越春秋十卷** （汉）赵晔撰
民国上海涵芬楼影印四部丛刊本 二册
史部/载记类 14.6×9.5 厘米 九行十八字 小字双行二十七字 白口 左右双边 单黑鱼尾

0184 **吴越春秋十卷** （汉）赵晔撰
民国上海涵芬楼影印四部丛刊本 二册
史部/载记类 14.6×9.5 厘米 九行十八字 小字双行二十七字 白口 左右双边 单黑鱼尾

0185 **越绝书十五卷** （汉）袁康撰
民国上海涵芬楼影印本 二册
史部/载记类 14×9.3 厘米 八行十七字 白口 左右双边 单白鱼尾

0186 **越绝书十五卷** （汉）袁康撰
民国上海涵芬楼影印四部丛刊本 二册
史部/载记类 14×9.1 厘米 八行十七字 白口 左右双边 单白鱼尾

0187 **汲冢周书十卷** （晋）孔晁注
民国上海涵芬楼影印四部丛刊本 一册
史部/纪传类/别史之属 13.8×10.5 厘米 九行二十字 小字双行同 白口 左右双边

0188 **战国策详注三十三卷** 郭希汾辑注
民国二十五年（1936）上海文明书局铅印本 六册
史部/杂史类/通代之属 16.7×11.6 厘米 十四行二十九字 小字双行不等 黑口 四周单边 单黑鱼尾

0189 **战国策三十三卷札记三卷** （汉）高诱注
民国上海中华书局四部备要铅印本 四册
史部/杂史类/通代之属 15.4×10.2 厘米 十三行二十字 小字双行同 黑口 四周单边 黑对鱼尾
缺十四卷 （七至十四、二十一至二十六）

0190 **战国策三十三卷** （汉）高诱注
民国影印本 一册
史部/杂史类/通代之属 16.7×11.4 厘米 十四行行字不等 小字双行三十字 白口 四周双边 单黑鱼尾
存十卷 （八至十七）

0191 **史记一百三十卷** （汉）司马迁著 （宋）裴骃集解 （唐）司马贞索隐 （唐）张守节正义
民国十二年（1923）上海中华书局石印本 八册
史部/纪传类/正史之属 19.3×13.3 厘米 二十行四十二字 小字双行同 白口 左右双边 单黑鱼尾

0192 **后汉书一百二十卷** （五代宋）范晔撰
民国上海涵芬楼影印四部丛刊本 二十九册
史部/纪传类/正史之属 13×10.5 厘米 九行十六字 小字双行二十字 左右双边 单黑鱼尾
存九十三卷 （帝纪一至十、列传一至五十、七十八至八十、志一至三十）

0193 **后汉书一百二十卷** （五代宋）范晔撰
民国上海涵芬楼影印四部丛刊本 五册
史部/纪传类/正史之属 13×10.5 厘米 九行十六字 小字双行二十字 左右双边 单黑鱼尾
存二十七卷 （四至三十）

0194 **周书五十卷** （唐）令狐德棻等撰
民国十二年（1923）上海中华书局铅印本 二册
史部/纪传类/别史之属 19.4 × 13.4 厘米 二十行四十二字 左右双边 单黑鱼尾

0195 **周书五十卷** （唐）令狐德棻等撰
民国上海涵芬楼影印四部丛刊本 十二册
史部/纪传类/别史之属 13.5 × 11 厘米 九行十八字 上下黑口 左右双边 对黑鱼尾

0196 **周书五十卷** （唐）令狐德棻等撰
民国上海涵芬楼影印四部丛刊本 十二册
史部/纪传类/别史之属 13.5 × 11 厘米 九行十八字 上下黑口 左右双边 对黑鱼尾

0197 **魏书一百十四卷** （北齐）魏收撰
民国上海涵芬楼影印宋蜀刻大字本 五十册
史部/纪传类/正史之属 13.2 × 10.6 厘米 九行十八字 左右双边 对黑鱼尾

0198 **五代史记七十四卷** （宋）欧阳修撰 （宋）徐无党注
民国上海涵芬楼影印宋庆元刻本 十四册
史部/杂史类/断代之属 14.1 × 10 厘米 十行十八字 左右双边 顺黑鱼尾

0199 **五代史记七十四卷** （宋）欧阳修撰 （宋）徐无党注
民国上海涵芬楼影印宋庆元刻本 十四册
史部/杂史类/断代之属 14.1 × 10 厘米 十行十八字 左右双边 顺黑鱼尾

0200 **新唐书二百五十卷** （宋）欧阳修撰
民国上海涵芬楼影印北宋嘉佑刻本 三十九册
史部/纪传类/正史之属 13.9 × 9.5 厘米 行字不等 左右双边 单黑鱼尾

0201 **隋书八十五卷** （唐）魏徵等撰
民国二十四年（1935）上海涵芬楼影印本 二十册
史部/纪传类/正史之属 13.8 × 11.7 厘米 十行二十二字 上下黑口 四周双边 单黑鱼尾

0202 **隋书八十五卷** （唐）魏徵等撰
民国二十四年（1935）上海涵芬楼影印本 二十册
史部/纪传类/正史之属 13.8 × 11.7 厘米 十行二十二字 上下黑口 四周双边 单黑鱼尾

0203 **隋书八十五卷** （唐）魏徵等撰
民国十二年（1923）上海中华书局石印本 六册
史部/纪传类/正史之属 19.4 × 13.3 厘米 二十行四十二字 白口 左右双边 单黑鱼尾

0204 **陈书三十六卷** （唐）姚思廉撰
民国十二年（1923）上海中华书局石印本 一册
史部/纪传类/正史之属 19.4 × 13.3 厘米 二十行四十二字 白口 左右双边 单黑鱼尾

0205 **旧五代史一百五十卷目录二卷** （宋）薛居正撰
民国二十五年（1936）上海涵芬楼影印本 二十四册
史部/纪传类/正史之属 13.8 × 9.7 厘米 十行二十一字 小字双行同 白口 左右双边 单黑鱼尾

0206 **新唐书二百五十卷** （宋）欧阳修等撰
民国二十五年（1936）上海涵芬楼影印本 四十册
史部/纪传类/正史之属 14 × 9.7 厘米 行字不等 白口 左右双边 单黑鱼尾

0207 **金史一百三十五卷** （元）脱脱等撰
民国二十年（1931）上海涵芬楼影印本 三十二册
史部/纪传类/正史之属 14 × 10.2 厘米 十行二十二字 小字双行同 黑口 四周双边 双黑鱼尾

0208　**金史一百三十五卷**　（元）脱脱等撰
民国二十年（1931）上海涵芬楼影印本　二十九册
史部/纪传类/正史之属　14 × 10.3 厘米　十行二十二字　小字双行同　黑口　四周双边　双黑鱼尾
缺十三卷　（十一至十九、二十三至二十六）

0209　**金史一百三十五卷**　（元）脱脱等撰
民国十二年（1923）上海中华书局铅印本　八册
史部/纪传类/正史之属　19.2 × 12.7 厘米　二十行四十二字　小字双行同　白口　左右双边　双黑鱼尾

0210　**清朝画征录二卷**　（清）张庚著
民国七年（1918）裕记书庄石印本　二册
子部/艺术类/书画之属　16.3 × 11.2　厘米　十五行三十二字　黑口　四周双边　单黑鱼尾

0211　**梁书五十六卷**　（唐）姚思廉撰
民国十二年（1923）上海中华书局影印本　二册
史部/纪传类/正史之属　19.4 × 13.5 厘米　二十行四十二字　白口　左右双边　单黑鱼尾

0212　**梁书五十六卷**　（唐）姚思廉撰
民国上海涵芬楼影印四部丛刊本　十四册
史部/纪传类/正史之属　12.5 × 10.5 厘米　九行十八字　左右双边　白口　单黑鱼尾

0213　**新五代史七十四卷**　（宋）欧阳修撰
民国十二年（1923）上海中华书局影印本　二册
史部/纪传类/正史之属　19.4 × 13.5 厘米　二十行四十二字　白口　左右双边　单黑鱼尾

0214　**旧五代史一百五十卷**　（宋）薛居正等撰
民国十二年（1923）上海中华书局影印本　六册
史部/纪传类/正史之属　19.4 × 13.5 厘米　二十行四十二字　白口　左右双边　单黑鱼尾

0215　**梁书五十六卷**　（唐）姚思廉撰
民国二十二年（1933）上海涵芬楼影印四部丛刊本　十四册
史部/纪传类/正史之属　12.5 × 10.5 厘米　九行十八字　白口　左右双边　单黑鱼尾

0216　**资治通鉴考异三十卷**　（宋）司马光编集
民国上海涵芬楼影印四部丛刊本　六册
史部/编年类/通代之属　14.2 × 9.1 厘米　十一行二十字　小字双行二十三字　上下黑口　左右双边　单黑鱼尾

0217　**国语二十一卷札记一卷**　（三国吴）韦昭撰　**国语明道本考异四卷**　（清）汪远孙撰
民国上海中华书局铅印四部备要本　六册
史部/杂史类/通代之属　12.2 × 8.8 厘米　十三行二十字　小字双行同　上下黑口　四周单边　对黑鱼尾

0218　**尺木堂纲鉴易知录九十二卷明鉴十五卷**　（清）吴乘权　（清）周之炯　（清）周之灿辑
清光绪二十九年（1903）上海商务印书馆铅印本　十六册
史部/编年类/通代之属　16 × 11 厘米　十四行四十二字　小字双行同　白口　四周双边　单黑鱼尾

0219　**国语二十一卷札记一卷**　（三国吴）韦昭撰　**国语明道本考异四卷**　（清）汪远孙撰
民国上海中华书局铅印四部备要本　六册
史部/杂史类/通代之属　15.5 × 10.8 厘米　十三行二十字　小字双行同　上下黑口　四周单边　对黑鱼尾

0220　**国语二十一卷**　（三国吴）韦昭解
民国上海涵芬楼影印四部丛刊本　四册
史部/杂史类/通代之属　12.6 × 9.9 厘米　十行二十字　小字双行同　白口　左右双边　单黑鱼尾

0221　**魏书一百一十四卷**　（南朝齐）魏收撰
民国十二年（1923）上海中华书局影印本　八册

史部/纪传类/正史之属 19.3×12.8 厘米 二十行四十二字 白口 左右双边 单黑鱼尾

0222 **北齐书五十卷** （唐）李百药撰
民国十二年（1923）上海中华书局影印本 二册
史部/纪传类/正史之属 19.3×12.7 厘米 二十行四十二字 白口 左右双边 单黑鱼尾

0223 **南齐书五十九卷** （南朝梁）萧子显撰
民国十二年（1923）上海中华书局影印本 二册
史部/纪传类/正史之属 19.3×12.7 厘米 二十行四十二字 白口 左右双边 单黑鱼尾

0224 **魏书一百一十四卷** （南朝齐）魏收撰
民国二十三年（1934）上海涵芬楼影印百衲本二十四史本 二十二册
史部/纪传类/正史之属 13.4×10.7 厘米 九行十八字 白口 左右双边 单黑鱼尾

0225 **陈书三十六卷** （唐）姚思廉撰
民国二十二年（1933）上海涵芬楼影印百衲本二十四史本 八册
史部/纪传类/正史之属 13×10.4 厘米 九行十八字 白口 左右双边 单黑鱼尾

0226 **陈书三十六卷** （唐）姚思廉撰
民国二十二年（1933）上海涵芬楼影印百衲本二十四史本 八册
史部/纪传类/正史之属 13×10.4 厘米 九行十八字 白口 左右双边 单黑鱼尾

0227 **增修补注历代通鉴辑览一百四十卷** 文明书局辑
民国十二年（1923）上海文明书局铅印本 六十四册
史部/编年类/正史之属 16.8×11.7 厘米 十九行二十九字 小字双行三十八字 下黑口 四周单边 单黑鱼尾

0228 **御批历代通鉴辑览一百二十卷**
（清）高宗弘历敕撰
民国上海商务印书馆铅印本 四十册
史部/编年类/通代之属 15.8×11.7 厘米 十五行二十八字 小字双行四十二字 白口 四周单边

0229 **御批历代通鉴辑览一百二十卷**
（清）高宗弘历敕撰
清末刻本 三册
史部/编年类/通代之属 18×12.7 厘米 十一行二十二字 小字双行同 白口 四周双边 双黑鱼尾
存六卷 （七十一至七十二、九十五至九十六、九十九至一百）

0230 **贰臣传十二卷逆臣传四卷** （清）国史馆编
清末民初铅印本 一册
史部/传记类/总传之属/仕宦 15.3×10.6 厘米 十五行三十字 下黑口 四周单边 单黑鱼尾
存八卷 （贰臣传九至十二、逆臣传四卷）

0231 **唐书二百二十五卷** （宋）宋祁撰
民国十二年（1923）上海中华书局铅印本 十六册
史部/纪传类/正史之属 19.3×13 厘米 二十行四十二字 白口 左右双边 单黑鱼尾

0232 **宋史四百九十六卷目录三卷** （元）脱脱等撰
民国上海涵芬楼影印本 六十册
史部/纪传类/正史之属 13.9×10.4 厘米 十行二十二字 白口 四周双边 双黑鱼尾
存一百九十六卷 （一百五十六至三百五十一）

0233 **宋史四百九十六卷目录三卷** （元）脱脱等撰
民国二十六年（1937）上海商务印书馆影印四部丛刊本 一百三十六册

史部/纪传类/正史之属 13.8×9.4 厘米 十行二十字 上下黑口 四周双边 双黑鱼尾

0234 **新唐书纠谬二十卷** （宋）吴缜纂
民国二十四年（1935）上海商务印书馆铅印本 四册
史部/纪传类/正史之属 13.8×9.3 厘米 九行十八字 上下白口 四周单边 单白鱼尾

0235 **宋史四百九十六卷目录三卷** （元）脱脱等修
民国十二年（1923）上海中华书局铅印本 三十二册
史部/纪传类/正史之属 19.3×12.7 厘米 二十行四十二字 白口 左右双边 单黑鱼尾

0236 **宋史四百九十六卷目录三卷** （元）脱脱等修
民国二十六年（1937）上海商务印书馆影印四部丛刊本 七十六册
史部/纪传类/正史之属 13.9×9.4 厘米 十行二十字 上下黑口 四周双边 双黑鱼尾
存三百卷 （一至一百五十五、三百五十二至四百九十六）

0237 **宋史四百九十六卷目录三卷** （元）脱脱等修
民国上海商务印书馆铅印本 三册
史部/纪传类/正史之属 14×10 厘米 十行二十字 上下黑口 四周双边 双黑鱼尾
存十三卷 （三百五十二至三百六十、三百九十三至三百九十六）

0238 **吊伐录二卷** （□）□□撰
民国二十四年（1935）上海商务印书馆影印本 二册
史部/杂史类/断代之属 14×10.3 厘米 十行二十字 白口 左右双边

0239 **南唐书三十卷附校勘记一卷** （宋）马令撰
民国二十三年（1934）上海商务印书馆影印本 四册
史部/纪传类/断代之属 14×9.1 厘米 十行二十字 小字双行同 白口 左右双边 双黑鱼尾

0240 **路史五种四十五卷** （宋）罗泌纂 （宋）罗苹注 （明）乔可传校
民国上海中华书局铅印本 八册
史部/杂史类/通代之属 14.9×10.3 厘米 十三行二十六字 小字双行同 上下黑口 四周单边 单黑鱼尾
前纪九卷‖后记十三卷‖余论十卷‖发挥六卷‖国名记七卷

0241 **元史二百十卷目录二卷** （明）宋濂 （明）王祎等撰
民国十二年（1923）上海中华书局影印二十四史附考证本 十四册
史部/纪传类/正史之属 19.3×13.7 厘米 二十行四十二字 小字双行同 白口 左右双边 单黑鱼尾

0242 **元史二百十卷目录二卷** （明）宋濂 （明）王祎等撰
民国二十四年（1935）上海商务印书馆影印四部丛刊本 六十册
史部/纪传类/正史之属 13.8×9.4 厘米 十行二十字 小字双行同 上下黑口 四周双边 双对黑鱼尾

0243 **元史二百零十卷目录二卷** （明）宋濂 （明）王祎等撰
民国二十四年（1935）上海商务印书馆影印四部丛刊本 六十册
史部/纪传类/正史之属 13.8×9.4 厘米 十行二十字 小字双行同 上下黑口 四周双边 双对黑鱼尾

0244 明朝纪事本末补编五卷 （清）彭孙贻著
民国上海商务印书馆铅印涵芬楼秘笈本 二册
史部/纪事本末类/断代之属 15.1 × 10.6 厘米
十行二十二字 上下黑口 四周双边 单黑鱼尾

0245 罪惟录九十卷 （清）查继佐撰
民国二十五年（1936）上海商务印书馆影印四部丛刊三编本 六十册
史部/纪传类/别史之属 14.0 × 9.6 厘米 十行二十二字 小字双行同 白口 四周单边 单白鱼尾

0246 东山国语不分卷 （清）查继佐撰
民国二十五年（1936）上海商务印书馆影印四部丛刊三编本 二册
史部/传记类/总传之属/断代 13.4 × 10.3 厘米
十行二十四字 小字双行同 白口 四周单边 单黑鱼尾

0247 国民大会代表通讯簿一卷 国民大会辑
民国三十五年（1946）铅印本 一册
史部/传记类/总传之属/人表 22.2 × 16.7 厘米
十三行行字不等 白口 四周单边

0248 欧洲新政史二卷 （德国）米勒尔撰 （清）商务印书馆译
清末上海商务印书馆铅印历史丛书本 一册
新学/史志 18.6 × 12.5 厘米 十七行三十七字 小字双行行字不等 上下黑口 四周单边 单黑鱼尾
存一卷 （上）

0249 欧洲列国战事本末二十二卷 王树枏撰
清末铅印本 六册
新学/史志 17.6 × 12.4 厘米 十一行二十三字 小字双行同 白口 四周双边 单黑鱼尾

0250 万历武功录十四卷 （明）瞿九思著
一九六二年中华书局影印本 十四册
史部/杂史类/断代之属 14.0 × 9.4 厘米 十行二十字 白口 左右双边 单白鱼尾

0251 明史三百三十二卷附考证攟逸 （清）张廷玉等撰
民国二十五年（1936）上海涵芬楼影印清乾隆武英殿刻本 一百册
史/纪传类/正史之属 13.9 × 9.4 厘米 十行二十一字 左右双边 单黑鱼尾

0252 明史三百三十二卷附考证攟逸 （清）张廷玉等撰
民国二十五年（1936）上海涵芬楼影印清乾隆武英殿刻本 一百册
史部/纪传类/正史之属 13.9 × 9.4 厘米 十行二十一字 左右双边 单黑鱼尾

0253 明史三百三十二卷 （清）张廷玉等撰
民国上海中华书局铅印本 二十四册
史部/纪传类/正史之属 19.6 × 13.1 厘米 二十行四十二字 左右双边 单黑鱼尾

0254 两朝御批资治通鉴二百九十四卷 （宋）司马光编集 **叙录三卷** （清）胡元常辑
清光绪二十九年（1903）重庆广学书局刻本 三十七册
史部/编年类/通代之属 20.5 × 14.6 厘米 十二行二十五字 下黑口 左右双边 单黑鱼尾
存一百零五卷 （五十四至五十六、六十九至七十八、九十八至一百四、一百十二至一百十四、一百二十五至一百二十六、一百二十九至一百三十四、一百三十八至一百四十二、一百四十五至一百四十七、一百五十五至二百十三、二百三十至二百三十二、二百三十六至二百三十八、二百四十二至二百四十四、二百八十四至二百八十五）

0255 圣武记十四卷 （清）魏源撰
清道光二十六年（1846）刻本 十册
史部/纪事本末类/断代之属 18.1 × 13.6 厘米
十行二十一字 小字双行同 四周双框 白口 单黑鱼尾

0256　圣武记十四卷　（清）魏源撰
清光绪二十八年（1902）刻本　十册
史部/纪事本末类/断代之属　13.5 × 10.3 厘米　十行二十一字　四周双边　下黑口　单黑鱼尾

0257　圣武记十四卷　（清）魏源撰
清道光二十年（1840）古微堂刻本　十二册
史部/纪事本末类/断代之属　17.5 × 13.4 厘米　十行二十一字　四周双边　白口　单黑鱼尾

0258　国语详注二十一卷　沈镕辑注
民国二十四年（1935）上海文明书局铅印本　四册
史部/杂史类/通代之属　16.7 × 11.5 厘米　十四行二十九字　四周单边　下黑口　单黑鱼尾

0259　战国策校注十卷　（宋）鲍彪校注　（元）吴师道校
民国上海涵芬楼影印元至正十五年（1355）刻本　八册
史部/杂史类/断代之属　15.4 × 10.9 厘米　十一行二十字　四周单边　上下黑口　单黑鱼尾

0260　南唐书十五卷　（宋）马令撰
民国二十三年（1934）上海涵芬楼影印明钱叔宝手钞本　三册
史部/纪传类/正史之属　14.1 × 9.3 厘米　十行二十一字　左右双边　对白鱼尾

0261　资治通鉴外纪十卷目录五卷　（宋）刘恕撰
上海涵芬楼影印四库丛刊本　五册
史部/编年类/通代之属　13.8 × 9.7 厘米　十行二十字　白口　四周单边　单黑鱼尾

0262　资治通鉴外纪十卷目录五卷　（宋）刘恕撰
上海涵芬楼影印四库丛刊本　五册
史部/编年类/通代之属　13.8 × 9.7 厘米　十行二十字　白口　四周单边　单黑鱼尾

0263　资治通鉴释文十卷目录五卷　（宋）史照撰
上海涵芬楼影印四库丛刊本　五册
史部/编年类/通代之属　15 × 9.3 厘米　十二行二十三字　小字双行三十字　黑口　四周双边　双黑鱼尾

0264　资治通鉴释文十卷目录五卷　（宋）史照撰
上海涵芬楼影印四库丛刊本　五册
史部/编年类/通代之属　15 × 9.3 厘米　十二行二十三字　小字双行三十字　黑口　四周双边　双黑鱼尾

0265　贰臣传十二卷逆臣传四卷　（清）国史馆编
民国铅印本　二册
史部/传记类/总传之属/断代之属　15.2 × 11.1 厘米　十五行三十字　黑口　四周单边　单黑鱼尾

0266　贰臣传十二卷逆臣传四卷　（清）国史馆编
民国铅印本　一册
史部/传记类/总传之属/断代之属　15.2 × 11.1 厘米　十五行三十字　下黑口　四周单边　单黑鱼尾
存八卷　（贰臣传九至十二、逆臣传一至四）

0267　历代名臣言行录二十四卷　（清）朱桓编　（清）潘永季校
清光绪十二年（1886）刻本　二十四册
史部/传记类/总传之属/历代　24 × 13.9 厘米　十一行二十六字　白口　四周单边　单黑鱼尾

0268　民国十五年之前之蒋介石先生□卷
毛思诚编
民国二十五年（1936）铅印本　九册
史部/传记类/别传之属/年谱　13.9 × 10 厘米　八行十六字　小字双行三十二字　下黑口　四周单边　单黑鱼尾
存九卷　（十二至二十）

0269 **明清史料乙编不分卷** 中央研究院历史语言研究所编
民国二十五年（1936）铅印本 十册
史部/史抄类 17.3×12.1 厘米 十五行四十五字 下黑口 四周双边 单黑鱼尾

0270 **明清史料丙编不分卷** 中央研究院历史语言研究所编
民国二十五年（1936）铅印本 十册
史部/史抄类 17.3×12.1 厘米 十五行四十五字 下黑口 四周双边 单黑鱼尾

0271 **辽史一百一十六卷目录一卷** （元）脱脱等修
民国二十八年（1939）上海涵芬楼影印四部丛刊本 十六册
史部/纪传类/正史之属 13×10.1 厘米 十行二十二字 上下黑口 左右双边 对黑鱼尾

0272 **辽史一百一十六卷目录一卷** （元）脱脱等修
民国二十八年（1939）上海涵芬楼影印四部丛刊本 十六册
史部/纪传类/正史之属 13×10.1 厘米 十行二十二字 上下黑口 左右双边 对黑鱼尾

0273 **辽史一百一十六卷目录一卷** （元）脱脱等修
民国十二年（1923）上海中华书局铅印四部备要本 三册
史部/纪传类/正史之属 19.2×13.2 厘米 二十行四十二字 白口 四周单边 单黑鱼尾

0274 **司马温公稽古录二十卷** （宋）司马光著
民国上海涵芬楼影印四部丛刊本 三册
史部/编年类/通代之属 10.2×14.4 厘米 九行十九字 小字双行同 白口 四周单边 单黑鱼尾

0275 **司马温公稽古录二十卷** （宋）司马光著
民国上海涵芬楼影印四部丛刊本 三册
史部/编年类/通代之属 10.2×14.4 厘米 九行十九字 小字双行同 白口 四周单边 单黑鱼尾

0276 **拳匪纪略八卷目录一卷前编二卷后编二卷附图一卷** （清）桥析生撰
清光绪二十九年（1903）上洋书局石印本 二册
史部/杂史类/外纪之属 14.6×9.3 厘米 十五行三十六字 上黑口 四周双边 单黑鱼尾

0277 **竹书纪年二卷** （梁）沈约附注 （明）范钦订
民国上海涵芬楼影印四部丛刊本 一册
史部/编年类/通代之属 14.1×10.4 厘米 九行十八字 白口 左右双边 单黑鱼尾

0278 **编年通载四卷附表一卷** （宋）章衡撰
民国上海涵芬楼影印四部丛刊本 四册
史部/编年类/通代之属 14×9.3 厘米 五行十七字 小字双行不等 白口 左右双边 单黑鱼尾

0279 **历代史表五十九卷** （清）孙传澄等校订
清刻本 六册
史部/史表类/通代之属 23.6×15 厘米 行字不等 白口 四周单边 单黑鱼尾

0280 **越绝书十五卷附录一卷** 张宗祥校注 **附札记一卷** （清）钱培名 （清）俞樾著
一九五六年上海商务印书馆铅印本 一册
史部/载记类 15.5×12.1 厘米 十行二十四字 小字双行不等 白口 四周单边 单黑鱼尾

0281 **太宗皇帝实录八十卷** （宋）钱若水等纂修
民国二十五年（1936）上海涵芬楼影印本 四册
史部/编年类/断代之属 14×9.6 厘米 九行二十字 上下单边 左右无边栏
存二十卷 （二十六至三十五、四十一至四十五、七十六至八十）

0282 **前汉纪三十卷** （汉）荀悦撰
民国上海涵芬楼影印本 六册
史部/编年类/断代之属 13.8 × 10.4 厘米 十一行二十字 白口 左右双边 单白鱼尾

0283 **后汉纪三十卷** （晋）袁宏撰
民国上海涵芬楼影印本 六册
史部/编年类/断代之属 13.6 × 10.3 厘米 十一行二十字 白口 左右双边 单白鱼尾

0284 **历代统纪表十三卷** （清）段长基述 （清）段搢书编次
民国上海中华书局铅印本 十一册
史部/史表类/通代之属 15 × 10.8 厘米 行字不等 黑口 四周单边 单黑鱼尾
缺一卷 （十）

0285 **元朝秘史十卷续集二卷** （□）□□撰
民国二十五年（1936）上海涵芬楼影印本 十册
史部/纪传类/别史之属 14.2 × 10.5 厘米 五行行字不等 白口 四周单边 单黑鱼尾

0286 **读通鉴论十六卷附宋论十五卷** （清）王夫之撰
清光绪三十年（1904）上海商务印书馆铅印本 十册
史部/史评类/史论之属 16.5 × 11.3 厘米 十六行三十三字 白口 四周双边 单黑鱼尾

0287 **读通鉴论十六卷附宋论十五卷** （清）王夫之撰
民国上海商务印书馆铅印本 十册
史部/史评类/史论之属 16.4 × 11.2 厘米 十六行三十三字 白口 四周双边 单黑鱼尾

0288 **史通二十卷** （唐）刘知几撰
民国上海涵芬楼影印本 四册
史部/史评类/史论之属 14.3 × 9.9 厘米 九行十八字 白口 左右双边 单黑鱼尾

0289 **国史概论四卷** 葛陛纶编
民国三年（1914）上海会文堂石印本 六册
新学/史志 16.7 × 11.3 厘米 十三行三十二字 下黑口 四周双边 单黑鱼尾

0290 **文史通义八卷** （清）章学诚著
民国上海中华书局铅印本 三册
史部/史评类/史学之属 14.7 × 10.8 厘米 十三行十九字 黑口 四周单边 双黑鱼尾

0291 **资治通鉴目录三十卷** （宋）司马光撰
民国上海涵芬楼影印本 十册
史部/编年类/通代之属 14.8 × 10.3 厘米 白口 左右双边 单黑鱼尾

0292 **资治通鉴目录三十卷** （宋）司马光撰
民国上海涵芬楼影印本 十册
史部/编年类/通代之属 14.8 × 10.4 厘米 白口 左右双边 单黑鱼尾

0293 **资治通鉴二百九十四卷** （宋）司马光撰
民国上海涵芬楼影印本 八十册
史部/编年类/通代之属 14 × 8.9 厘米 十一行二十一字 白口 左右双边 双黑鱼尾

0294 **资治通鉴二百九十四卷附通鉴释文辩误十二卷** （宋）司马光撰 （元）胡三省音注 **通鉴释文辩误十二卷** （元）胡三省身之
民国六年（1917）上海涵芬楼影印本 六十册
史部/编年类/通代之属 15.8 × 11.4 厘米 十一行二十七字 小字双行同 白口 四周双边 单黑鱼尾

0295 **明儒学案六十二卷** （清）黄宗羲著
民国上海文瑞楼石印本 八册
史部/传记类/总传之属/儒林 16.9 × 11.7 厘米 十五行三十三字 黑口 四周双边 单黑鱼尾
存三十三卷 （一至三十三）

0296 **蜀伶选粹初编不分卷** 成都涤砚斋校
民国三十八年（1949）成都新民书局铅印本 一册
史部/传记类/总传之属/技艺 15.6×11 厘米 十一行三十字 黑口 四周单边 单黑鱼尾

0297 **革命缀言不分卷** 杨虎著
民国三十二年（1943）铅印本 一册
新学/史志 16.1×10.4 厘米 十二行三十六字 白口 四周单边

0298 **晏子春秋八卷** （春秋）晏婴撰
民国上海涵芬楼影印本 二册
史部/载记类 13.3×6.1 厘米 九行十八字 白口 左右双边 单黑鱼尾

0299 **晏子春秋八卷** （春秋）晏婴撰
民国上海涵芬楼影印本 二册
史部/载记类 13.3×6.2 厘米 九行十八字 白口 左右双边 单黑鱼尾

0300 **汉丞相诸葛忠武侯传不分卷** （宋）张栻撰
民国上海涵芬楼影印本 一册
史部/传记类/别史之属 13.4×10.6 厘米 十行十七字 白口 左右双边 双黑鱼尾

0301 **通鉴纪事本末二百三十九卷** （宋）袁枢撰 （明）张溥论正
清刻本 七十五册
史部/纪事本末类/通代之属 21.3×14 厘米 十行二十字 下黑口 左右双边 单黑鱼尾
存二百二十三卷 （三至四十九、六十四至二百三十九）

0302 **通鉴纪事本末四十二卷** （宋）袁枢撰
民国上海涵芬楼影印四部丛刊本 四十二册
史部/纪事本末类/通代之属 13.5×9.9 厘米 十一行十九字 白口 四周单边 单黑鱼尾

0303 **国朝先正事略六十卷** （清）李元度纂 （清）孔广心等校
清同治五年（1866）陔草堂刻本 二十四册
史部/传记类/总传之属 19.1×12.6 厘米 十行二十四字 白口 左右双边 单黑鱼尾

0304 **张謇日记不分卷** 张謇撰
一九六二年影印本 十五册
史部/传记类/日记之属 18×16.5 厘米 九行二十八字不等 白口 四周单边

0305 **名教罪人不分卷** （清）□□撰
民国故宫博物馆影印本 一册
集部/总集类/选集之属/断代 15.2×10.9 厘米 十四行三十字 下黑口 四周双边 单黑鱼尾

0306 **名教罪人不分卷** （清）□□撰
民国故宫博物馆影印本 一册
集部/总集类/选集之属/断代 15.2×10.9 厘米 十四行三十字 下黑口 四周双边 单黑鱼尾

0307 **明史例案九卷** 刘承干撰
民国四年（1915）吴兴刘氏嘉业堂刻本 四册
史部/史评类/史学之属 18.2×12.6 厘米 十一行二十一字 上黑口 左右双边 单黑鱼尾
存六卷 （一至六）

0308 **胡文忠公遗集十卷首一卷** （清）胡林翼撰 （清）汪士铎等校
清同治三年（1864）武昌节署刻本 十一册
集部/别集类/清别集 18×12.5 厘米 九行二十字 下黑口 四周双边 单黑鱼尾

0309 **张文襄公奏稿五十卷** 许可莘辑
民国九年（1920）铅印本 十七册
史部/诏令奏议类/奏议之属 17.6×12.2 厘米 十二行三十字 上下黑口 四周单边 单黑鱼尾
存三十四卷 （十七至五十）

0310　手抄函件不分卷　□□辑
民国抄本　一册
史部/政书类/公牍档册之属　版式不等

0311　袁王纲鉴合编三十九卷明纪纲目二十卷　（明）袁黄辑　（明）王世贞编
清光绪三十年（1904）上海商务印书馆铅印本　十六册
史部/编年类/通代之属　16 × 11.9 厘米　十九行四十三字　小字双行五十六字　白口　四周单边　单黑鱼尾

0312　国语二十一卷札记一卷　（三国吴）韦昭撰
民国七年（1918）上海鸿宝斋书局石印本　三册
史部/杂史类/通代之属　17.4 × 11.6 厘米　十四行三十字　小字双行四十八字　白口　左右双边　单黑鱼尾

0313　战国策三十三卷札记三卷　（汉）高诱注
民国七年（1918）上海鸿宝斋书局石印本　五册
史部/杂史类/通代之属　17.4 × 11.6 厘米　十四行二十九字　小字双行三十字　白口　左右双边　单黑鱼尾

0314　元朝名臣事略十五卷　（元）苏天爵辑
一九六二年中华书局影印本　三册
史部/传记类/总传之属/仕宦　13.8 × 8.9 厘米　十三行二十四字　小字双行二十三字　上下黑口　四周双边　顺黑鱼尾

0315　刘向古列女传八卷　（汉）刘向著
民国上海涵芬楼影印四部丛刊本　三册
史部/传记类/总传之属/列女　13.6 × 9.7 厘米　十行二十字　白口　四周单边　单白鱼尾

0316　刘向古列女传八卷　（汉）刘向著
民国上海涵芬楼影印四部丛刊本　三册
史部/传记类/总传之属/列女　13.6 × 9.7 厘米　十行二十字　白口　四周单边　单白鱼尾

0317　五朝名臣言行录十卷　（宋）朱熹辑
民国上海涵芬楼影印四部丛刊本　六册
史部/传记类/总传之属/仕宦　13.9 × 10.4 厘米　十行十七字　小字双行二十字　白口　四周双边　顺花黑鱼尾

0318　五朝名臣言行录十卷　（宋）朱熹辑
民国上海涵芬楼影印四部丛刊本　六册
史部/传记类/总传之属/仕宦　13.9 × 10.4 厘米　十行十七字　小字双行二十字　白口　四周双边　顺花黑鱼尾

0319　三朝名臣言行录十四卷　（宋）朱熹辑
民国上海涵芬楼影印四部丛刊本　八册
史部/传记类/总传之属/仕宦　14.1 × 10.4 厘米　十行十七字　小字双行二十字　白口　四周双边　顺花黑鱼尾

0320　三朝名臣言行录十四卷　（宋）朱熹辑
民国上海涵芬楼影印四部丛刊本　八册
史部/传记类/总传之属/仕宦　14.1 × 10.4 厘米　十行十七字　小字双行二十字　白口　四周双边　顺花黑鱼尾

0321　五代纪年表一卷　（清）周嘉猷撰
清光绪十九年（1893）广雅书局刻本　一册
史部/史表类/断代之属　21 × 15.3 厘米　行字不等　上下黑口　四周单边　单黑鱼尾

0322　历代帝王年表一卷　（清）齐召南撰
清道光刻本　二册
史部/史表类/通代之属　19.9 × 12.9 厘米　上下两栏　上栏行字不等　下栏八行行字不等　上下黑口　左右双边　对黑鱼尾

0323 **忠王李秀成自述不分卷** 梁岵庐整理
一九五八年科学出版社影印本 一册
史部/传记类/别传之属/事状 12.4×23.2 厘米 十六行行字不等 白口 四周双边 单黑鱼尾

0324 **清史列传八十卷目录一卷索引一卷**
（□）□□撰
民国十七年（1928）上海中华书局铅印本 八十册
史部/纪传类/正史之属 15.5×10.6 厘米 十四行三十一字 上下黑口 四周双边 单黑鱼尾

0325 **史外八卷** （清）汪有典著
清同治四年（1865）刻本 八册
史部/传记类/总传之属/断代 19.4×14 厘米 九行二十二字 白口 左右双边 单黑鱼尾

0326 **嘉靖平倭祇役纪略六卷目录一卷**
（明）赵文华著
一九六一年江苏人民出版社重印扬州广陵古籍刻印社刻本 六册
史部/杂史类/断代之属 15.1×10.6 厘米 八行十八字 上下黑口 左右双边 单黑鱼尾

0327 **嘉靖平倭祇役纪略六卷目录一卷**
（明）赵文华著
一九六一年江苏人民出版社重印扬州广陵古籍刻印社刻本 六册
史部/杂史类/断代之属 15.1×10.6 厘米 八行十八字 上下黑口 单左右双 边黑鱼尾

0328 **当阳避难记不分卷** （清）彭延庆著
油印本 一册
史部/杂史类/断代之属 九行二十四至二十五字 白口

0329 **辛亥四川路事纪略一卷目录一卷附勘误表一卷** （清）张祥和编
民国四年（1915）成都铅印本 一册
史部/杂史类/断代之属 18.9×13.3 厘米 十三行三十二字 白口 四周双边 单黑鱼尾

0330 **中国政治史略** 刘掞藜编
民国四川敬业学院铅印本 一册
新学/政治法律/政治 18×12.2 厘米 十三行三十五字 白口 四周双边 单黑鱼尾
存一卷 （一）

0331 **吴越备史四卷** （宋）范坰 （宋）林禹撰
民国上海涵芬楼影印吴枚庵手抄本 二册
史部/杂史类/断代之史 13.8×10 厘米 十行二十二字 四周单边 单白鱼尾

0332 **贞观政要十卷** （元）戈直集论
民国上海涵芬楼影印明成化刻本 四册
史部/杂史类/断代之属 14×9.9 厘米 十行二十字 小字双行同 上下黑口 四周双边 对黑鱼尾

0333 **贞观政要十卷** （元）戈直集论
民国上海中华书局铅印四部备要本 四册
史部/杂史类/断代之属 15.3×10.6 厘米 十三行二十字 小字双行同 四周单边 单黑鱼尾

0334 **蒙兀儿史记一百六十卷** （清）屠寄纂
民国二十三年（1934）刻本 二十八册
史部/杂史类/通代之属 19.3×15 厘米 十四行二十五字 上下黑口 四周单边 单黑鱼尾

0335 **明季北略二十四卷** （清）计六奇编
清嘉庆道光间京都琉璃厂半松居士木活字印本 十册
史部/杂史类/断代之属 16.5×12.6 厘米 九行二十字 左右双边 单黑鱼尾

0336 **石渠余纪六卷** （清）王庆云撰
民国刻本 六册
史部/政书类/军政之属/掌故琐记之属 18×

13.1 厘米 十一行二十三字 上下黑口 左右双边 单黑鱼尾

0337 **校史随笔一卷** 张元济著
一九五七年上海商务印书馆铅印本 一册
史部/史评类/考订之属 17.4×11.3 厘米 十一行三十字 四周双边 单黑鱼尾

0338 **校史随笔一卷** 张元济著
一九五七年上海商务印书馆铅印本 一册
史部/史评类/考订之属 17.4×11.3 厘米 十一行三十字 四周双边 单黑鱼尾

0339 **古史零证** 周谷城著
一九五六年新知识出版社铅印本 一册
史部/史评类/考订之属 18.3×14 厘米 十二行二十九字 白口 四周双边 单黑鱼尾

0340 **古史零证** 周谷城著
一九五六年新知识出版社铅印本 一册
史部/史评类/考订之属 18.3×14 厘米 十二行二十九字 白口 四周双边 单黑鱼尾

0341 **明史钞略残八卷** （清）庄廷鑨撰
民国二十四年（1935）上海涵芬楼影印四部丛刊三编本 三册
史部/杂史类/断代之属 14×10.2 厘米 十四行二十八字 黑口 四周单边 黑对花鱼尾
存八卷 （显皇帝纪二至四、贞皇帝本纪一、悊皇帝纪上下、李成梁等列传一、释教列传一）

0342 **海滨外史三卷** （清）陈维安撰
民国涵芬楼铅印本 一册
史部/杂史类 14.3×10.5 厘米 十行二十一字 小字双行同 黑口 四周双边 单黑鱼尾

0343 **咸同广陵史稿二卷首一卷外编一卷**
□□撰 罗尔纲辑
一九六〇年江苏扬州人民出版社刻本 四册
史部 15.1×10.6 厘米 八行十八字 黑口 左右双边 单黑鱼尾

0344 **西洋文化变迁史** 国立四川大学编
民国彬明印刷社铅印本 一册
新学 17.8×11.8 厘米 十三行行字不等 白口 四周单边 单黑鱼尾

0345 **历史上应备常识** □□编
民国抄本 四册
史部 十行行字不等

0346 **[甲辰年]外交报** 外交报馆编
清光绪三十年（1904）铅印本 十六册
史部
存二百六十四期（论说第七十至一百期，谕旨文牍七十至一百期，公法七十一、七十八、八十三、八十六、八十八至九十、九十三、九十九至一百一期，英国蓝皮书一至三十四、三十六、三十八、四十、四十二、四十四、四十六、四十八、五十至五十一、五十四、五十六、五十八、六十、六十六、六十九、七十一、七十三、一百四期，英国新蓝皮书七十六至一百期，译报第一类七十至一百期，译报第二类七十至一百期，译报第三类七十至一百期，中欧交通史一百零五、一百零七至一百一十二、一百一十四、一百一十六、一百一十八期，万国公法例证九十二、一百、一百一十三至一百一十四、一百一十七至一百一十九期，交涉成案七十、一百二十期，附录一百零二至一百零四期）

0347 **[癸卯年]外交报** 外交报馆编
清光绪二十九年（1903）铅印本 十六册
史部
存三百一十九期（论说三十五至六十九期，谕旨文牍三十五至六十九期，译报第一类三十五至六十九期，译报第二类三十五至六十九期，译报第三类三十五至六十九期，外交纪闻三十五至六十、六十二至六十三、六十五至六十九期，要电汇录三十五至六十、六十二至六十九期，公法三十五至五十、五十二至五十七、五十九、六十九期，外交史三十五至四十九、五十一至五十三、五十五、五十七、五十九至六十、六十二、六十四至六十六、六十八期，外交丛谈五十八、六十、六十二至六十三、六十五至六十七期，外交家传三十九、四十一、四十三、四十五、四十七、四十九至五十一、五十三、五十五至五十九、六十二至六十五、六十九期）

0348 **[壬寅年]外交报** 外交报馆编
清光绪二十八年（1902）铅印本 十二册
史部
存二百三十九期（论说一至七、九至十六、二十至三十四、三十八至三十九期，叙例一期，来稿九至十期，译报第一类一至三十四期，译报第二类一至三十四期，译报第三类一至三十四期，谕旨文牍一至三十四期，外交纪闻一至三十四期，要电汇录一至三十四期）

0349 **[已巳年]外交报** 外交报馆编
清光绪三十一年（1905）铅印本 十六册
史部
存三百一十五期（论说一百零一至一百三十二期，文牍一百零一至一百三十二期，译报第一类一百零一至一百三十二期，译报第二类一百零一至一百三十二期，译报第三类一百零一至一百一十五、一百二十一至一百二十五、一百二十七至一百二十九、一百三十一至一百三十二期，外交纪闻七十至一百期，交涉录要一百零一至一百三十二期，日俄战事附录七十至九十五、九十七至一百、一百零四、一百零九至一百一十二期，外交家传七十五、七十七至八十、八十五、一百一十七至一百一十八期，俄将列传一期，日将列传八十四、八十七期，犹太名士传略九十四期，美总统鲁司华尔传九十五期，特兰斯哇尔故总统克鲁家传略九十六期，墨西哥内务大臣李门刻路传九十八期，外交小说七十二、七十七、九十二至九十三、九十六至一百期，外交史七十、七十二、七十四至七十六、八十一至八十二、九十一期，今世欧洲史一百零一至一百零七、一百二十一至一百二十七期，附录一百零五、一百零九、一百一十五至一百一十七、一百二十至一百二十三、一百二十五、一百二十七至一百三十二期）

0350 **清代笔记小说丛刊三十五种四百七十二卷** 文明书局辑
民国上海文明书局石印本 一百三十二册
子部/丛编 13.3 × 9.2 厘米 十四行三十二字 黑口 四周双边 单黑鱼尾
蒿庵闲话二卷 （清）张尔岐著‖渌水亭杂识四卷（清）纳兰性德著‖觚剩八卷续编四卷（清）钮琇著‖香祖笔记十二卷（清）王士禛著‖坚瓠首集四卷二集四卷三集四卷四集四卷五集四卷六集四卷七集四卷八集四卷九集四卷十集四卷续集四卷广集六卷补集六卷秘集六卷余集四卷 （清）褚人获著‖虞初新志二十卷（清）涨潮辑‖池北偶谈二十六卷 （清）王士禛著‖今世说八卷（清）王晫撰‖东城杂记二卷（清）厉鹗著‖夜雨秋灯录四卷续集四卷三集四卷 （清）宣鼎撰‖谐铎十二卷 （清）沈起凤著‖子不语二十四卷续子不语十卷 （清）袁枚著‖茶余客话十二卷（清）阮葵生著‖重论文斋笔录十二卷 （清）王端履辑‖虞初续志十二卷（清）郑澍若编‖耳食录五卷 （清）乐钧著‖广阳杂记五卷 （清）刘献廷著‖岛居随录二卷（清）卢若腾著‖履园丛话二十四卷 （清）钱泳辑‖退庵随笔二十二卷（清）梁章钜编‖初月楼闻见录十卷续闻见录十卷‖归田琐记八卷（清）梁章钜撰‖熙朝新语十六卷 （清）徐锡

麟辑‖清嘉录十二卷 （清）顾禄著‖冷庐杂识八卷 （清）陆以湉著‖瓮牖余谈八卷 （清）王韬撰‖鸥波渔话六卷 （清）叶廷管著‖吹网录六卷 （清） 叶廷管著‖庸闲斋笔记十二卷（清）陈其元著‖三借庐笔谈十二卷 （清）邹弢纂‖壶天禄三卷 （清）百一居士著‖客窗闲话初集四卷续集四卷（清）吴炽昌著‖金壶浪墨八卷、金壶遁墨五卷、金壶逸墨二卷、金壶戏墨一卷、金壶醉墨一卷、金壶泪墨二卷 （清）黄钧宰著‖郎潜纪闻十四卷（清）陈康祺著‖燕下乡睉录十六卷 （清）陈康祺著

0351 文献通考三百四十八卷附钦定通考考证三卷 （元）马端临著
清光绪二十七年（1901）上海图书集成局铅印本 六十五册
史部/政书类/通制之属 16.8×11.4 厘米 十六行四十三字 白口 四周单边 双黑鱼尾

0352 文献通考三百四十八卷附钦定通考考证三卷 （元）马端临著
清光绪二十七年（1901）上海图书集成局铅印本 二十三册
史部/政书类/通制之属 16.8×11.4 厘米 十六行四十三字 白口 四周单边 双黑鱼尾
存一百五十六卷 （一至一百五十六）

0353 通典二百卷附钦定通典考证一卷 （唐）杜佑君纂
清光绪二十七年（1901）上海图书集成局铅印本 十六册
史部/政书类/通制之属 16.8×11.3 厘米 十六行四十三字 白口 四周单边 双黑鱼尾

0354 通典二百卷附钦定通典考证一卷 （唐）杜佑君纂
清光绪二十七年（1901）上海图书集成局铅印本 十六册
史部/政书类/通制之属 16.8×11.3 厘米 十六行四十三字 白口 四周单边 双黑鱼尾

0355 文献通考二十四卷 （元）马端临著
清光绪十一年（1885）上海点石斋石印本 二十三册
史部/政书类/通制之属 12.2×8.5 厘米 二十二行四十二字 小字双行同 白口 四周单边 单黑鱼尾

0356 文献通考三百四十八卷 （元）马端临著
清光绪二十八年（1902）贯吾斋石印本 二十册
史部/政书类/通制之属 17.1×11.2 厘米 分上中下三栏 每栏九行二十一字 小字双行同 白口 四周双边 单黑鱼尾

0357 皇朝通典一百卷 （清）嵇璜纂
清光绪二十七年（1901）上海图书集成局铅印本 十二册
史部/政书类/通制之属 16.6×11.2 厘米 十六行四十三字 小字双行同 白口 四周单边 双黑鱼尾

0358 皇朝通典一百卷 （清）嵇璜纂
清光绪二十七年（1901）上海图书集成局铅印本 十二册
史部/政书类/通制之属 16.6×11.2 厘米 十六行四十三字 小字双行同 白口 四周单边 双黑鱼尾

0359 皇朝通志一百二十六卷 （清）嵇璜纂
清光绪二十七年（1901）上海图书集成局铅印本 十二册
史部/政书类/通制之属 16.6×11.2 厘米 十六行四十三字 小字双行同 白口 四周单边 双黑鱼尾

0360 皇朝通志一百二十六卷 （清）嵇璜纂
清光绪二十七年（1901）上海图书集成局铅印本 十二册

史部/政书类/通制之属 16.6×11.2 厘米 十六行四十三字 小字双行同 白口 四周单边 双黑鱼尾

0361 **诸史琐言十六卷** 沈家本撰
一九六四年中华书局印民国刻沈寄簃先生遗书本 四册
史部/史评类/考订之属 15.7×11.5 厘米 十三行二十二字 小字双行同 上下黑口 左右双边 单黑鱼尾

0362 **通志二百卷附钦定通志考证三卷** （宋）郑樵撰
清光绪二十七年（1901）上海图书集成局铅印九通本 六十册
史部/政书类/通制之属 16.7×11.7 厘米 十五行四十三字 小字双行同 白口 四周单边 双对黑鱼尾

0363 **通志二百卷附钦定通志考证三卷** （宋）郑樵撰
清光绪二十七年（1901）上海图书集成局铅印九通本 六十册
史部/政书类/通制之属 16.9×11.7 厘米 十五行四十三字 小字双行同 白口 四周单边 双对黑鱼尾

0364 **通志略五十二卷** （宋）郑樵著
民国上海中华书局铅印四部备要本 十二册
史部/政书类/通制之属 14.9×10.8 厘米 十三行二十六字 小字双行同 上下黑口 四周单边 单黑鱼尾

0365 **通志略五十二卷** （宋）郑樵著
民国上海中华书局影印四部备要本 十六册
史部/政书类/通制之属 12.1×8.9 厘米 十三行二十六字 小字双行同 上下黑口 四周单边 单黑鱼尾

0366 **牧令书二十三卷** （清）徐栋辑
清刻本 十八册
史部/职官类/官制之属/专志 18.1×13.8 厘米 十行二十五字 小字双行同 白口 左右双边 单黑鱼尾

0367 **牧令全书五种** （清）丁日昌辑
清同治十二年（1873）羊城书局刻本 十三册
史部/政书类/官制之属/专志 16.6×12.4 厘米 十一行二十一字 小字双行同 上下黑口 左右双边 单黑鱼尾
缺一种一卷 （保甲书辑要一）
牧令书辑要十卷 （清）徐栋编 （清）丁日昌选评 ||保甲书辑要四卷 （清）徐栋编 （清）丁日昌选评 ||牧民忠告二卷 （元）张养浩著||钦颁州县事宜一卷 （清）田文镜 （清）李卫撰 ||刘帘舫先生吏治三书六卷 （清）刘衡撰

0368 **筹济编三十二卷首一卷** （清）杨景仁辑
清道光六年（1826）诒砚斋刻本 六册
史部/政书类/邦计之属/荒政 20.8×13.6 厘米 九行二十五字 小字双行同 白口 左右双边 单黑鱼尾

0369 **钦定康济录四卷** （清）陆曾禹撰 （清）倪国琏厘正
清刻本 六册
史部/政书类/邦计之属/荒政 19.4×14.4 厘米 九行二十二字 小字双行同 白口 四周单边 单黑鱼尾

0370 **世说新语三卷**（南朝宋）刘义庆撰（南朝梁）刘孝标注 **世说叙录二卷** （清）汪藻撰 **附唐写本世说新书残卷不分卷**
一九六二年中华书局影印本 五册
子部/小说家类/杂事之属 14.8×10.6 厘米 十行二十字 小字双行同 白口 左右双边 单黑鱼尾

0371 **中兴将帅别传三十卷** （清）朱孔彰撰
民国上海中华书局聚珍仿宋铅印本 四册
史部/传记类/别传之属/事状 15×10.5 厘米 十三行三十字 黑口 四周单边 单黑鱼尾

0372 **鲁迅日记不分卷** 鲁迅著
一九五一年上海出版公司影印稿本 二十四册
史部/传记类/日记之属 18.2×10.5 厘米 九行行字不等 黑口 四周单边

0373 **鲁迅日记不分卷** 鲁迅著
一九五一年上海出版公司影印稿本 二十四册
史部/传记类/日记之属 18.2×10.5 厘米 九行行字不等 黑口 四周单边

0374 **鲁迅日记不分卷** 鲁迅著
一九五一年上海出版公司影印稿本 二十四册
史部/传记类/日记之属 18.2×10.5 厘米 九行行字不等 黑口 四周单边

0375 **鲁迅日记不分卷** 鲁迅著
一九五一年上海出版公司影印稿本 二十四册
史部/传记类/日记之属 18.2×10.5 厘米 九行行字不等 黑口 四周单边

0376 **史通通释二十卷** （唐）刘知几撰 （清）浦起龙释
民国上海中华书局聚珍仿宋铅印本 八册
史部/史评类/史论之属 12.2×8.3 厘米 十三行二十字 小字双行同 黑口 四周单边 双黑鱼尾

0377 **史通通释二十卷** （唐）刘知几撰 （清）浦起龙释
民国上海中华书局聚珍仿宋铅印本 八册
史部/史评类/史论之属 12×8.6 厘米 十三行二十字 小字双行同 黑口 四周单边 双黑鱼尾

0378 **宋论十五卷** （清）王夫之撰
民国上海中华书局聚珍仿宋铅印本 四册
史部/史评类/史学之属 14.7×10.7 厘米 十三行二十二字 黑口 四周单边

0379 **孔氏祖庭广记十二卷** （金）孔元措撰
民国二十三年（1934）上海涵芬楼影印本 三册
史部/传记类/别传之属/事状 14.2×9.2 厘米 十一行二十字 白口 左右双边 双黑鱼尾

0380 **小字录不分卷** （宋）陈思撰
民国上海涵芬楼影印本 一册
史部/传记类 14×9.2 厘米 九行十七字 黑口 左右双边 单黑鱼尾

0381 **东洋近世政治史二卷目录一卷** 张仲和编
民国国立四川大学铅印本 一册
新学/政治法律/政治 18×12.2 厘米 十三行三十五字 白口 四周双边 单黑鱼尾

0382 **东洋现代政治史二卷目录一卷附录一卷** 张仲和编
民国国立四川大学铅印本 一册
新学/政治法律/政治 17.7×12.3 厘米 十三行三十五字 白口 四周单边 单黑鱼尾

0383 **校正尚友录统编二十四卷目录一卷** （清）钱湖钓徒编 （清）张元声辑
民国七年（1918）上海国学图书局石印本 十二册
史部/传记类/总传之属/历代 17.3×11.8 厘米 上栏十六行字不等 下栏十六行行字不等 白口 四周单边 单黑鱼尾

0384 **钦定续文献通考二百五十卷总目一卷** （清）嵇璜等撰
清光绪二十七年（1901）上海图书集成局铅印本 三十六册
史部/政书类/通制之属 16.8×11.4 厘米 十六

行四十三字 白口 四周单边 对黑鱼尾

0385 **钦定续文献通考二百五十卷总目一卷**
（清）嵇璜等撰
清光绪二十七年（1901）上海图书集成局铅印本 三十六册
史部/政书类/通制之属 16.8×11.4 厘米 十六行四十三字 白口 四周单边 对黑鱼尾

0386 **钦定续通典一百五十卷总目一卷**
（清）曹仁虎纂
清光绪二十七年（1901）上海图书集成局铅印本 十二册
史部/政书类/通制之属 16.9×11.9 厘米 十六行四十三字 白口 四周单边 对黑鱼尾

0387 **钦定续通典一百五十卷总目一卷**
（清）曹仁虎纂
清光绪二十七年（1901）上海图书集成局铅印本 十二册
史部/政书类/通制之属 16.9×11.9 厘米 十六行四十三字 白口 四周单边 对黑鱼尾

0388 **司牧宝鉴不分卷** （清）李颙辑
清光绪元年（1875）湖南荷池书局刻本 一册
史部/职官类/官箴之属 16×12.9 厘米 十行二十字 上下黑口 左右双边

0389 **钦定训饬州县规条一卷** （清）田文镜（清）李卫撰 清光绪元年（1875）湖南荷池书局刻本 一册
史部/职官类/官箴之属 16.9×12.8 厘米 十行二十字 上下黑口 左右双边

0390 **平平言四卷** （清）方大湜著
清光绪十八年（1892）资州官廨刻本 一册
史部/职官类/官箴之属 17.9×13 厘米 八行二十二字 上下黑口 左右双边 对黑鱼尾
存一卷 （一）

0391 **国家与革命** （俄国）列宁著
一九六五年上海中华书局铅印本 二册
19.2×13.3 厘米 十二行二十五字 四周双边单黑鱼尾

0392 **共产党宣言** （德国）马克思（德国）恩格斯著
一九七三年上海书画出版社刻本 一册
19.3×13.9 厘米 十行二十字 左右双边 单黑鱼尾

0393 **共产党宣言** （德国）马克思（德国）恩格斯著
一九六五年上海中华书局铅印本 一册
19.3×13.4 厘米 十二行二十五字 四周双边单黑鱼尾

0394 **共产主义运动中的左派幼稚病**
（俄国）列宁著
一九六六年上海中华书局铅印本 一册
19.3×13.2 厘米 十二行二十五字 四周双边单黑鱼尾

0395 **论列宁主义基础** （俄国）斯大林著
一九六六年上海中华书局铅印本 一册
19.3×13.1 厘米 十二行二十五字 四周双边单黑鱼尾

0396 **苏联社会主义经济问题** （俄国）斯大林著
一九六六年上海中华书局铅印本 一册
19.3×13.2 厘米 十二行二十五字 四周双边单黑鱼尾

0397 **钦定续通志六百四十卷** （清）嵇璜等撰
清光绪二十七年（1901）上海图书集成局铅印本 五十九册
史部/政书类/通制之属 16.8×11.9 厘米 十六行四十三字 四周单边 对黑鱼尾

0398 钦定续通志六百四十卷 （清）嵇璜等撰
清光绪二十七年（1901）上海图书集成局铅印本 五十一册
史部/政书类/通制之属 16.8×11.9 厘米 十六行四十三字 四周单边 对黑鱼尾
缺五十一卷 （一至二十四、一百七十四至二百）

0399 钦定续通志六百四十卷 （清）嵇璜等撰
清光绪二十七年（1901）上海图书集成局铅印本 二十三册
史部/政书类/通制之属 16.8×11.9 厘米 十六行四十三字 四周单边 对黑鱼尾
存二百八十三卷 （二百七十三至三百六十四、三百八十一至三百八十八、四百四十七至六百四十）

0400 万国通商史一卷 （英国）琐米尔士著 （日本）经济杂志社译 （日本）古城贞吉重译 孟森校订 郑孝柽复校
清光绪南洋公学译书院铅印本 一册
新学/商务/商学 16.9×11.6 厘米 九行二十二字 上黑口 四周单边 单黑鱼尾

0401 甲申传信录不分卷 （明）钱轵撰
民国二十六年（1937）铅印本 一册
史部/杂史类/断代之属 15.3×10.9 厘米 十二行三十字 白口 四周双边

0402 皇朝文献通考三百卷 （清）嵇璜纂
清光绪二十七年（1938）上海图书集成局铅印本 四十册
史部/政书类/通制之属 16.8×11.6 厘米 十六行四十三字 白口 四周单边 对黑鱼尾

0403 皇朝文献通考三百卷 （清）嵇璜纂
清光绪二十七年（1938）上海图书集成局铅印本 四十八册
史部/政书类/通制之属 16.8×11.6 厘米 十六行四十三字 白口 四周单边 对黑鱼尾

0404 临时公报 中国第二历史档案馆编辑
一九八一年江苏人民出版社影印本 八册
新学/报章 无板框
存二辑（一至二）

0405 临时政府公报 中国第二历史档案馆编辑
一九八一年江苏人民出版社影印本 十二册
新学/报章 无板框
存二辑（二至三）

0406 清道光朝外交史料四卷 故宫博物院编辑
民国故宫博物院铅印本 三册
史部/政书类/邦交之属 13.5×10 厘米 十四行三十五字 黑口 四周单边 单黑鱼尾
缺一卷 （四）

0407 尽言集十三卷 （宋）刘安世撰
民国二十三年（1934）上海涵芬楼影印四部丛刊本 四册
史部/诏令奏议/奏议之属 13.7×10.2 厘米 十行十八字 白口 四周双边 对黑鱼尾

0408 新式标点言文对照幼学故事琼林四卷首一卷 （清）程允升撰 （清）邹圣脉增补
民国十六年（1927）上海广益书局石印本 四册
子部/儒家类/儒学之属/蒙学 16.9×11.8 厘米 十三行二十六字 小字双行字不等 白口 四周双边 单黑鱼尾

0409 新雕洞灵真经五卷校勘记一卷 （宋）何粲注
民国上海涵芬楼影印四部丛刊本 一册
子部/宗教类/道教之属/经文 14.8×8.7 厘米 十行行字不等 小字双行不等 白口 四周单边 单黑鱼尾

0410　**日本军政要略三卷**　（日本）细田谦藏译述　（日本）稻村新六校订
清光绪南阳公学译书院铅印本　二册
新学/史志/别国史　17×11.2 厘米　九行二十二字　黑口　四周单边　单黑鱼尾

0411　**小方壶斋舆地丛钞正编十二帙补编十二帙再补编十二帙**　（清）王锡祺辑
清光绪十七年（1891）铅印本　八十八册
史部/地理类　14.9×11 厘米　十八行四十字　行字不等　白口　四周双边　单黑鱼尾
存三十六帙（正编十二帙六十四卷一千二百种、补编十二帙五十八种、再补编十二帙一百八十种）
第一帙：盖地论一卷　（清）俞正燮撰‖地球总论一卷　（葡国）玛吉士撰‖地理说略一卷（清）吴钟史撰‖地理浅说一卷　（美国）林乐知撰‖地球志略一卷　（清）徐继畬撰‖地球形势说一卷　（清）龚柴撰‖地理形势考一卷（清）龚柴撰‖五洲方域考一卷（清）龚柴撰‖括地略一卷　（清）□□撰‖国地异名录一卷（清）林谦撰‖五大洲舆地户口物产表一卷（清）邝其照撰‖舆地全览一卷　（清）蔡方炳撰‖天下形势考一卷　（清）华湛恩撰‖舆地略一卷　（清）冯□光撰‖府州厅县异名录一卷　（清）管斯骏撰‖中国方域考一卷　（清）龚柴撰‖中国形势考略一卷　（清）龚柴撰‖中国历代都邑考一卷　（清）龚柴撰‖中国物产考略一卷　（清）龚柴撰‖舆览一卷　（清）何炳撰‖方舆纪要简览一卷　（清）潘铎撰‖盛京考略一卷　（清）龚柴撰‖直隶考略一卷（清）龚柴撰‖江苏考略一卷　（清）龚柴撰‖安徽考略一卷　（清）龚柴撰‖江西考略一卷（清）龚柴撰‖浙江考略一卷　（清）龚柴撰‖福建考略一卷　（清）龚柴撰‖湖北考略一卷（清）龚柴撰‖湖南考略一卷　（清）龚柴撰‖河南考略一卷　（清）龚柴撰‖山东考略一卷（清）龚柴撰‖山西考略一卷　（清）龚柴撰‖陕西考略一卷　（清）龚柴撰‖甘肃考略一卷（清）龚柴撰‖四川考略一卷　（清）龚柴撰‖广东考略一卷　（清）龚柴撰‖驿站路程一卷（清）□□撰‖舆地经纬度里表一卷　（清）丁取忠撰‖松亭行纪一卷　（清）高士奇撰‖扈从东巡日录一卷附录一卷　（清）高士奇撰‖扈从西巡日录一卷　（清）高士奇撰‖塞北小钞一卷（清）高士奇撰‖扈从纪程一卷（清）高士奇撰‖迎驾纪恩一卷　（清）杨捷撰‖迎驾纪一卷　（清）杨捷撰‖迎驾纪恩录一卷（清）王士禛撰‖南巡扈从纪略一卷　（清）张英撰‖迎驾始末一卷　（清）汪琬撰‖随銮纪恩一卷（清）汪灏撰‖扈从赐游记一卷（清）张玉书撰‖凤台祇谒笔记一卷（清）董恂撰‖永宁祇谒笔记一卷　（清）董恂撰‖台怀随笔一卷（清）王昶撰‖南巡名胜图说一卷（清）高晋撰‖开国龙兴记一卷　（清）魏源撰‖奉天形势一卷　（清）张尚贤撰‖出边纪程一卷（清）恩锡撰‖绝域纪略一卷（清）方拱干撰‖宁古塔纪略一卷　（清）吴振臣撰‖柳边纪略一卷　（清）杨宾撰　‖游宁古塔记一卷　（清）□□撰‖库叶附近诸岛考一卷　（清）何秋涛撰‖吉林勘界记一卷　（清）吴大澂撰‖龙沙纪略一卷　（清）方式济撰‖黑龙江外纪一卷（清）西清撰‖卜魁风土记一卷　（清）方观承撰‖卜魁纪略一卷　（清）英和撰‖雅克萨考一卷　（清）何秋涛撰‖尼布楚考一卷　（清）何秋涛撰‖艮维窝集考一卷（清）何秋涛撰‖东三省边防议一卷　（清）□□撰‖东北边防论一卷　姚文栋撰‖东陲道里形势一卷　（清）胡传撰‖第二帙：蒙古吉林土风记一卷　（清）阮葵生撰‖塞上杂记一卷　（清）徐兰撰‖东蒙古形势考一卷　（清）林道原撰‖绥服内蒙古记一卷　（清）魏源撰‖绥服外蒙古记一卷（清）魏源撰‖喀尔喀风土记一卷　（清）李德

四川省委党校图书馆藏线装书图录

撰‖库伦记一卷（清）姚莹撰‖蒙古五十一旗考一卷（清）齐召南撰‖蒙古考略一卷（清）龚柴撰‖蒙古边防议一卷（清）陈黄中撰‖蒙古台卡略一卷（清）龚自珍撰‖河套略一卷（清）储大文撰‖绥服厄鲁特蒙古记一卷（清）魏源撰‖青海考略一卷（清）龚柴撰‖青海事宜论一卷（清）龚自珍撰‖蒙古沿革考一卷（清）□□撰‖卡伦形势记一卷（清）姚莹撰‖征准噶尔记一卷（清）魏源撰‖塞北纪程一卷（清）马思哈撰‖西征纪略一卷（清）殷化行撰‖塞程别纪一卷（清）余寀撰‖从西纪略一卷（清）范昭逵撰‖从军杂记一卷（清）方观承撰‖两征厄鲁特记一卷（清）魏源撰‖荡平准部记一卷（清）魏源撰‖勘定回疆记一卷（清）魏源撰‖高平行纪一卷（清）王太岳撰‖新疆后事记一卷（清）魏源撰‖新疆纪略一卷（清）七十一撰‖回疆风土记一卷（清）七十一撰‖回疆杂记一卷（清）王曾翼撰‖西域释地一卷（清）祁韵士撰‖西陲要略一卷（清）祁韵士撰‖天山南北路考略一卷（清）龚柴撰‖回部政俗论一卷（清）□□撰‖喀什噶尔略论一卷（美国）林乐知撰‖军台道里表一卷（清）七十一撰‖西域置行省议一卷（清）龚自珍撰‖新疆设行省议一卷（清）□□撰‖西域设行省议一卷（清）朱逢甲撰‖乌鲁木齐杂记一卷（清）纪昀撰‖伊犁日记一卷（清）洪亮吉撰‖天山客话一卷（清）洪亮吉撰‖东归日记一卷（清）方士淦撰‖荷戈纪程一卷（清）林则徐撰‖莎车行纪一卷（清）倭仁撰‖第三帙：卫藏识略一卷（清）盛绳祖撰‖乌斯藏考一卷（清）曹树翘撰‖前后藏考一卷（清）姚鼐撰‖西藏纪略一卷（清）龚柴撰‖抚绥西藏记一卷（清）魏源撰‖西藏后记一卷（清）魏源撰‖西征记一卷（清）毛振毡撰‖藏炉总记一卷（清）王我师撰‖藏炉述异记一卷（清）王我师撰‖西藏巡边记一卷（清）松筠撰‖宁藏七十九族番民考一卷（清）□□撰‖入藏程站一卷（清）盛绳祖撰‖藏宁路程一卷（清）松筠撰‖藏行纪程一卷（清）杜昌丁撰‖进藏纪程一卷（清）王世睿撰‖由藏归程记一卷（清）林儁撰‖西征日记一卷（清）徐瀛撰‖晋藏小录一卷（清）徐瀛撰‖旃林记略一卷（清）徐瀛撰‖康輶纪行一卷（清）姚莹撰‖前藏三十一城考一卷（清）姚莹撰‖察木多西诸部考一卷（清）姚莹撰‖乍丫图说一卷（清）姚莹撰‖墨竹工卡记一卷（清）王我师撰‖得庆记一卷（清）王我师撰‖锡金考略一卷（清）□□撰‖西招审隘篇一卷（清）松筠撰‖西藏要隘考一卷（清）黄沛翘撰‖西藏改省会论一卷（清）□□撰‖西藏建行省议一卷（清）王锡祺撰‖征廓尔喀记一卷（清）魏源撰‖廓尔喀不丹合考一卷（清）龚柴撰‖征乌梁海述略一卷（清）何秋涛撰‖哈萨克述略一卷（清）何秋涛撰‖外藩疆理考一卷（清）□□撰‖西北边域考一卷（清）魏源撰‖绥服西属国记一卷（清）魏源撰‖外藩列传一卷（清）七十一撰‖北徼形势考一卷（清）何秋涛撰‖俄罗斯形势考一卷（清）何秋涛撰‖俄罗斯源流考一卷（清）缪祐孙撰‖俄罗斯诸路疆域考一卷（清）何秋涛撰‖俄罗斯分部说一卷（清）何秋涛撰‖俄罗斯疆域编一卷（清）缪祐孙撰‖俄罗斯互市始末一卷（清）何秋涛撰‖俄罗斯丛记一卷（清）何秋涛撰‖北徼城邑考一卷（清）何秋涛撰‖北徼方物考一卷（清）何秋涛撰‖北徼喀伦考一卷（清）何秋涛撰‖俄罗斯户口略一卷（清）缪祐孙撰‖异域录一卷（清）图理琛撰‖俄罗斯盟聘记一卷（清）魏源撰‖俄罗斯附记一卷（清）魏源撰‖奉使俄罗斯日记一卷（清）张鹏翮撰‖出塞纪略一卷（清）钱良择

撰‖聘盟日记一卷（俄国）雅兰布撰‖绥服纪略一卷（清）松筠撰‖海隅从事录一卷（清）丁寿祺撰‖使俄日记一卷（清）张德彝撰‖金轺筹笔一卷（清）□□撰‖俄游日记一卷（清）缪祐孙撰‖亚洲俄属考略一卷（清）龚柴撰‖取中亚细亚始末记一卷（清）缪祐孙译‖西伯利记一卷（日本）冈本监辅撰‖取悉毕尔始末记一卷（清）缪祐孙译‖俄属海口记一卷（清）□□撰‖海参崴埠通商论一卷（清）□□撰‖珲春琐记一卷（清）□□撰‖北游纪略一卷（清）吴□撰‖伯利探路记一卷（清）曹廷杰撰‖虾夷纪略一卷（清）姚口撰‖俄罗斯疆界碑记一卷（清）徐元文撰‖中俄交界记一卷（清）王锡祺撰‖通俄道里表一卷（清）缪祐孙撰‖第四帙：五岳说一卷（清）姚鼐撰‖五岳约一卷（清）韩则愈撰‖泰山脉络纪一卷（清）李光地撰‖泰山纪胜一卷（清）孔贞㯋撰‖登岱记一卷（清）余缙撰‖登泰山记一卷（清）沈彤撰‖泰山道里记一卷（清）聂剑光撰‖游泰山记一卷（清）吴锡麒撰‖登泰山记一卷（清）姚鼐撰‖游南岳记一卷（清）金之俊撰‖衡岳游记一卷（清）黄周星撰‖游南岳记一卷（清）潘耒撰‖登南岳记一卷（清）唐仲冕撰‖游南岳记一卷（清）罗泽南撰‖重游岳麓记一卷（清）李元度撰‖嵩岳考一卷（清）田雯撰‖嵩山说一卷（清）朱云锦撰‖游中岳记一卷（清）潘耒撰‖游太室记一卷（清）田雯撰‖登华记一卷（清）屈大均撰‖华山经一卷（清）东荫商撰‖华山志概一卷（清）王弘嘉撰‖登华山记一卷（清）乔光烈撰‖登太华山记一卷（清）谢振定撰‖太华纪游略一卷（清）赵嘉肇撰‖恒山记一卷（清）□□撰‖恒岳记一卷（清）王锡祺撰‖北岳辨一卷（清）顾炎武撰‖北岳中岳论一卷（清）阎若璩撰‖封长白山记一卷（清）方象瑛撰‖长白山记一卷（清）阮葵生撰‖游千顶山记一卷（清）张玉书撰‖游西山记一卷（清）怀应聘撰‖西山游记一卷（清）王嗣槐撰‖游西山记一卷（清）吴锡麒撰‖游西山记一卷（清）李宗昉撰‖游西山记一卷（清）常安撰‖游翠微山记一卷（清）冯志沂撰‖翠微山记一卷（清）张际亮撰‖天寿山说一卷（清）龚自珍撰‖游上方山记一卷（清）谢振定撰‖草心题上方二山纪游一卷（清）查礼撰‖游盘山记一卷（清）高士奇撰‖游盘山记一卷（清）常安撰‖石门诸山记一卷（清）陆舜撰‖游钟山记一卷（清）洪若皋撰‖游钟山记一卷（清）顾宗泰撰‖游清凉山记一卷（清）洪亮吉撰‖游摄山记一卷（清）王士禛撰‖摄山纪游一卷（清）朱绶撰‖栖霞山揽胜记一卷（清）汪锡祺撰‖游幕府山泛舟江口记一卷（清）洪亮吉撰‖花山游记一卷（清）陆求可撰‖游宝华山记一卷（清）王士禛撰‖茅山记一卷（清）马世俊撰‖游瓜步山记一卷（清）梅曾亮撰‖游吴山记一卷（清）汤传楹撰‖游虎邱记一卷（清）汤传楹撰‖虎邱往还记一卷（清）汤传楹撰‖游西山记一卷（清）彭绩撰‖游灵岩山记一卷（清）王恪撰‖游灵岩记一卷（清）尤侗撰‖灵岩怀旧记一卷（清）汤传楹撰‖游寒山记一卷（清）王恪撰‖游茶山记一卷（清）顾宗泰撰‖游马驾山记一卷（清）汪琬撰‖弹山吾家山游记一卷（清）邵长蘅撰‖游洞庭西山记一卷（清）金之俊撰‖登洞庭两山记一卷（清）怀应聘撰‖游洞庭西山记一卷（清）缪彤撰‖游西洞庭记一卷（清）潘耒撰‖游洞庭两山记一卷（清）赵怀玉撰‖西洞庭志一卷（清）王廷瑚撰‖游包山记一卷（清）沈彤撰‖游石公山记一卷（清）叶廷琯撰‖游渔洋山记一卷（清）沈德潜撰‖游虞山记一卷（清）尤侗撰‖游虞山记一卷（清）沈

德潜撰‖游虞山记一卷（清）黄金台撰‖游马鞍山记一卷（清）朱玮撰‖玉峰游记一卷（清）蔡锡龄撰‖游细林山记一卷（清）黄金台撰‖游横云山记一卷（清）黄金台撰‖毗陵诸山记一卷（清）邵长蘅撰‖游蜀山记一卷（清）史承豫撰‖游龙池山记一卷（清）吴骞撰‖游龙池山记一卷（清）陈经撰‖游横山记一卷（清）曹堉撰‖游焦山记一卷（清）刘体仁撰‖游焦山记一卷（清）冷士嵋撰‖游焦山记一卷（清）吴锡麒撰‖游焦山记一卷（清）顾宗泰撰‖游焦山记一卷（清）谢振定撰‖游焦山记一卷（清）汤金钊撰‖游焦山记一卷（清）黄金台撰‖游蒜山记一卷（清）沈德潜撰‖象山记一卷（清）何鼙撰‖游北固山记一卷（清）周镐撰‖游北固山记一卷（清）阮宗瑗撰‖游金焦北固山记一卷（清）李元度撰‖游京口南山记一卷（清）洪亮吉撰‖登燕山记一卷（清）马世俊撰‖方山记一卷（清）马世俊撰‖游江上诸山记一卷（清）汪缙撰‖五山志略一卷（清）刘名芳撰‖五狼山记一卷（清）王宜亨撰‖游象山麓记一卷（清）丁腹松撰‖游军山记一卷（清）张廷珪撰‖紫琅游记一卷（清）李联瑟撰‖游云龙山记一卷（清）张贞撰‖游睢宁诸山记一卷（清）丁显撰‖云台山记一卷（清）姚陶撰‖游云台山记一卷（清）常安撰‖游云台山北记一卷（清）吴进撰‖游浮山记一卷（清）何永绍撰‖游浮山记一卷（清）李兆洛撰‖黄山游记一卷（清）王炜撰‖黄山史概一卷（清）陈鼎撰‖黝山纪游一卷（清）汪淮撰‖游黄山记一卷（清）袁枚撰‖游黄山记一卷（清）曹文埴撰‖游黄山记一卷（清）黄钺撰‖黄山纪游一卷（清）王灼撰‖黄山纪游一卷（清）黄肇敏撰‖白岳游记一卷（清）施闰章撰‖拔云山记一卷（清）许楚撰‖游灵山记一卷（清）许楚撰‖绩溪山水记一卷（清）汪士铎撰‖黟县山水记一卷（清）俞正燮撰‖游石柱山记一卷（清）储大文撰‖游敬亭山记一卷（清）李确撰‖游敬亭山记一卷（清）王庆麟撰‖游九华记一卷（清）怀应聘撰‖游九华记一卷（清）施闰章撰‖九华日录一卷（清）周天度撰‖游九华山记一卷（清）洪亮吉撰‖齐山岩洞志一卷（清）陈蔚撰‖横山游记一卷（清）吴铭道撰‖梅村山水记一卷（清）桂超万撰‖游青山记一卷（清）朱筠撰‖过关山记一卷（清）管同撰‖盱于江诸山游记一卷（清）施闰章撰‖从姑山记一卷（清）涂瑞撰‖游垆山记一卷（清）罗有高撰‖西山游记一卷（清）徐世溥撰‖游怀玉山记一卷（清）赵佑撰‖游龟峰山记一卷（清）李宗昉撰‖军阳山记一卷（清）郑日奎撰‖游鹅湖山记一卷（清）□□撰‖匡庐游录一卷（清）黄宗羲撰‖庐山纪游一卷（清）查慎行撰‖匡庐纪游一卷（清）吴阐思撰‖游庐山记一卷（清）潘耒撰‖游庐山记一卷（清）袁枚撰‖游庐山记一卷（清）洪亮吉撰‖游庐山记一卷（清）恽敬撰‖游庐山后记一卷（清）恽敬撰‖游庐山天池记一卷（清）李宗昉撰‖游大孤山记一卷（清）张际亮撰‖登小孤山记一卷（清）方宗诚撰‖游石钟山记一卷（清）周准撰‖军峰山小记一卷（清）曾鸿麟撰‖游福山记一卷（清）涂瑞撰‖游麻姑山记一卷（清）曾国藩撰‖军峰记一卷（清）应升撰‖凤凰山记一卷（清）谢阶树撰‖邓公岭经行记一卷（清）李荣陛撰‖黄皮山游纪略一卷（清）李荣陛撰‖大阳山游纪略一卷（清）李荣陛撰‖大围山游纪略一卷（清）李荣陛撰‖游西阳山记一卷（清）彭士望撰‖游青原山记一卷（清）李祖陶撰‖翠微峰记一卷（清）彭士望撰‖游翠微峰记一卷（清）恽敬撰‖吴山纪游一卷（清）毛际

可撰‖游孤山记一卷（清）邵长蘅撰‖游硖石两山记一卷（清）黄金台撰‖游天目山记一卷（清）金之俊撰‖游两尖山记—卷（清）赵怀玉撰‖云岫山游记一卷（清）李确撰‖游鹰窠顶记一卷（清）黄之隽撰‖游陈山记一卷（清）李确撰‖蠡山记一卷（清）徐倬撰‖游白鹊山记一卷（清）钦善撰‖道场山游记一卷（清）吕星垣撰‖登道场山记一卷（清）钦善撰‖游道场白雀诸山记一卷（清）黄金台撰‖游大小玲珑山记一卷（清）杨凤苞撰‖普陀纪胜一卷（清）许琰撰‖游柯山记一卷（清）吴高增撰‖游吼山记一卷（清）吴高增撰‖游吼山记一卷（清）李宗昉撰‖天台山记一卷（清）蒋熏撰‖游天台山记一卷（清）潘耒撰‖游天台山记一卷（清）洪亮吉撰‖天台游记一卷（清）杨葆光撰‖游仙居诸山记一卷（清）潘耒撰‖横山记一卷（清）王崇炳撰‖禹山记一卷（清）王崇炳撰‖雁山杂记一卷（清）韩则愈撰‖游雁荡山记一卷（清）潘耒撰‖游雁荡山记一卷（清）周清原撰‖游雁荡记一卷（清）方苞撰‖游雁荡日记一卷（清）梁章钜撰‖北雁荡纪游一卷（清）郭钟岳撰‖雁山便览记一卷（清）释道融撰‖游南雁荡记一卷（清）潘耒撰‖南雁荡纪游一卷（清）张盛藻撰‖南雁荡纪游一卷（清）郭钟岳撰‖中雁荡纪游一卷（清）张盛藻撰‖桃花隘诸山记一卷（清）蒋熏撰‖芙蓉嶂诸山记一卷（清）蒋熏撰‖小仙都诸山记一卷（清）蒋熏撰‖黄龙山记一卷（清）蒋熏撰‖游黄龙山记一卷（清）袁枚撰‖游鼓山记一卷（清）徐釚撰‖游鼓山记一卷（清）朱仕琇撰‖游鼓山记一卷（清）洪若皋撰‖游鼓山记一卷（清）潘耒撰‖武夷纪胜一卷（清）□□撰‖武夷山游记一卷（清）郑恭撰‖武夷游记一卷（清）陈朝俨撰‖武夷游记一卷（清）林霍撰‖武夷导游记一卷（清）释如疾撰‖游武夷山记一卷（清）袁枚撰‖游武夷山记一卷（清）洪亮吉撰‖九曲游记一卷（清）陆棻撰‖黄鹄山记一卷（清）陈本立撰‖游襄城山水记一卷（清）周准撰‖武当山记一卷（清）王锡祺撰‖游五脑山记一卷（清）洪良品撰‖游龙山记一卷（清）罗泽南撰‖游石门记一卷（清）罗泽南撰‖罗山记一卷（清）罗泽南撰‖登君山记一卷（清）陶澍撰‖游连云山记一卷（清）李元度撰‖登天岳山记一卷（清）李元度撰‖游大云山记一卷（清）吴敏树撰‖游金牛山记一卷（清）潘耒撰‖游桃源山记一卷（清）李澄中撰‖前游桃花源记一卷（清）陈廷庆撰‖后游桃花源记一卷（清）陈廷庆撰‖游永州近治山水记一卷（清）乔莱撰‖游林虑山记一卷（清）潘耒撰‖游天平山记一卷（清）吕星垣撰‖游唐王山记一卷（清）宋世荦撰‖游桐柏山记一卷（清）田雯撰‖游丰山记一卷（清）沈彤撰‖诰屏山记一卷（清）陆求可撰‖游历山记一卷（清）黄钺撰‖游华不注记一卷（清）全祖望撰‖登千佛山记一卷（清）方宗诚撰‖长白山录一卷（清）王士禛撰‖游龙洞山记一卷（清）施闰章撰‖游徂徕记一卷（清）朱钟撰‖敖山记一卷（清）赵佑撰‖登峄山记一卷（清）朱彝尊撰‖游蒙山记一卷（清）朱泽沄撰‖登崂山记一卷（清）安致远撰‖游仰天记一卷（清）安致远撰‖游石门记一卷（清）安致远撰‖游五莲记一卷（清）安致远撰‖游九仙记一卷（清）安致远撰‖游岠崛院诸山记一卷（清）周正撰‖游方山记一卷（清）郝懿行撰‖游程符山记一卷（清）阎循观撰‖游卦山记一卷（清）赵吉士撰‖五台山记一卷（清）顾炎武撰‖老姥掌游记一卷（清）陈廷敬撰‖游龙门记一卷（清）乔光烈撰‖嵯峨山记一卷（清）刘绍攽撰‖游牛头山记一卷（清）

董佑诚撰‖太白纪游略一卷（清）赵嘉肇撰‖陕甘诸山考一卷（清）戴祖启撰‖首阳山记一卷（清）蒋熏撰‖游章山记一卷（清）刘绍攽撰‖窦圌山记一卷（清）王侃撰‖萃龙山记一卷（清）彭端淑撰‖谟颐山记一卷（清）王侃撰‖青城山行记一卷（清）江锡龄撰‖游峨眉山记一卷（清）窦纲撰‖游凌云记一卷（清）张洲撰‖木耳占记一卷（清）王昶撰‖游白云山记一卷（清）陆萊撰‖游白云山记一卷（清）陈梦照撰‖游榄山记一卷（清）姚莹撰‖游罗浮记一卷（清）潘耒撰‖游罗浮山记一卷（清）恽敬撰‖浮山纪胜一卷（清）黄培芳撰‖游烂柯山记一卷（清）□□撰‖游丹霞记一卷（清）袁枚撰‖经丹霞山记一卷（清）恽敬撰‖栖霞山游记一卷（清）吴□撰‖游隐山记一卷（清）黄之隽撰‖游隐山六洞记一卷（清）罗辰撰‖游桂林诸山记一卷（清）袁枚撰‖桂林诸山别记一卷（清）郑献甫撰‖桂郁岩洞记一卷（清）贾敦临撰‖游鸡足山记一卷（清）王昶撰‖昆仑异同考一卷（清）张穆撰‖冈底斯山考一卷（清）魏源撰‖葱岭三干考一卷（清）魏源撰‖北干考一卷（清）魏源撰‖北徼山脉考一卷（清）何秋涛撰‖俄罗斯山形志一卷（清）缪祐孙撰‖游滴水岩记一卷（清）王崇简撰‖登燕子矶记一卷（清）王士禛撰‖游燕子矶沿山诸洞记一卷（清）阮宗瑗撰‖登燕子矶记一卷（清）王锡祺撰‖游小盘谷记一卷（清）梅曾亮撰‖游牛头郐记一卷（清）沈德潜撰‖游支硎中峰记一卷（清）李果撰‖游鹁鸽峰记一卷（清）黄廷鉴撰‖游剑门记一卷（清）盛大士撰‖游善卷洞记一卷（清）史承豫撰‖游张公洞记一卷（清）邵长蘅撰‖游张公洞记一卷（清）吴骞撰‖山门游记一卷（清）施闰章撰‖游白鹤峰记一卷（清）姚莹撰‖东山岩记一卷（清）郑日奎撰‖葛坛游记一卷（清）李联琇撰‖游梅田洞记一卷（清）李绂撰‖游通天岩记一卷（清）恽敬撰‖游罗汉岩记一卷（清）恽敬撰‖飞来峰记一卷（清）邵长蘅撰‖烟霞岭游记一卷（清）赵坦撰‖游云岩记一卷（清）钦善撰‖游碧岩记一卷（清）钦善撰‖游天窗岩记一卷（清）郭传璞撰‖香垆峰纪游一卷（清）朱绶撰‖游金华洞记一卷（清）曹宗璠撰‖游玉甑峰记一卷（清）潘耒撰‖游仙岩记一卷（清）潘耒撰‖三岩洞记一卷（清）蒋熏撰‖游仙都峰记一卷（清）袁枚撰‖游水尾岩记一卷（清）林佶撰‖重游灵应峰记一卷（清）朱仕琇撰‖登大王峰记一卷（清）李卷撰‖游普陀峰记一卷（清）徐乾学撰‖游赤壁记一卷（清）邵长蘅撰‖游三游洞记一卷（清）刘大櫆撰‖卯峒记一卷（清）林翼池撰‖游麻姑洞记一卷（清）洪良品撰‖游天井峰记一卷（清）罗泽南撰‖游静谷冲记一卷（清）罗辰撰‖游永州三岩记一卷（清）潘耒撰‖干溪洞记一卷（清）张九钺撰‖桂阳石洞记一卷（清）彭而述撰‖伏牛洞记一卷（清）史承豫撰‖游佛峪龙洞记一卷（清）黄钺撰‖游灵岩记一卷（清）姚鼐撰‖游黄红峪记一卷（清）赵进美撰‖游烟霞洞记一卷（清）周正撰‖游干阳洞纪略一卷（清）张端亮撰‖洪花洞记一卷（清）郝懿行撰‖龙母洞记一卷（清）胡天游撰‖探灵岩记一卷（清）张洲撰‖黄婆洞记一卷（清）盛谟撰‖游碧落洞记一卷（清）廖燕撰‖游潮水岩记一卷（清）廖燕撰‖游杨历岩记一卷（清）张九钺撰‖游七星岩记一卷（清）乔莱撰‖七星岩记一卷（清）□□撰‖七星岩记一卷（清）□□撰‖游伏波岩记一卷（清）乔莱撰‖游铁城记一卷（清）郑献甫撰‖游白龙洞记一卷（清）郑献甫撰‖游丹霞岩九龙洞记一卷（清）郑献甫撰‖游燕子洞记

一卷（清）尤维熊撰‖牟珠洞记一卷（清）黄安涛撰‖飞云洞记一卷（清）彭而述撰‖飞云洞记一卷（清）许元仲撰‖少寨洞记一卷（清）洪亮吉撰‖狮子崖记一卷（清）洪亮吉撰‖游龙岩记一卷（清）梁玉绳撰‖方舆诸山考一卷（清）王锡祺撰‖水道总考一卷（清）华湛恩撰‖水经要览一卷（清）黄锡龄撰‖各省水道图说一卷（清）□□撰‖江道编一卷（清）齐召南撰‖江源记一卷（清）查拉吴麟撰‖江源考一卷（清）张文黼撰‖江防总论一卷（清）姜宸英撰‖防江形势考一卷（清）华湛恩撰‖入江巨川编一卷（清）齐召南撰‖长江津要一卷（清）马征麟撰‖淮水编一卷（清）齐召南撰‖淮水考一卷（清）郭起元撰‖淮水说一卷（清）朱云锦撰‖寻淮源记一卷（清）沈彤撰‖入淮巨川编一卷（清）齐召南撰‖黄河编一卷（清）齐召南撰‖黄河说一卷（清）朱云锦撰‖河源记一卷（清）舒兰撰‖河源图说一卷（清）吴省兰撰‖河源异同辨一卷（清）范本礼撰‖全河备考一卷（清）叶方恒撰‖入河巨川编一卷（清）齐召南撰‖东西二汉水辨一卷（清）王士禛撰‖汉水发源考一卷（清）王筠撰‖济渎考一卷（清）田雯撰‖黑龙江水道编一卷（清）齐召南撰‖东北海诸水编一卷（清）齐召南撰‖十三道嘎牙河纪略一卷（清）胡传撰‖盛京诸水编一卷（清）齐召南撰‖热河源记一卷（清）阮葵生撰‖京畿诸水编一卷（清）齐召南撰‖畿南河渠通论一卷（清）□□撰‖畿东河渠通论一卷（清）□□撰‖永定河源考一卷（清）蔡锡龄撰‖水利杂记一卷（清）郑日奎撰‖大陆泽图说一卷（清）王原祁撰‖漳河源流考一卷（清）贺应旌撰‖汴水说一卷（清）朱际虞撰‖汝水说一卷（清）冯焌光撰‖山东诸水编一卷（清）齐召南撰‖会通河水道记一卷（清）俞正燮撰‖浚小清河议一卷（清）张鹏撰‖东湖记一卷（清）储方庆撰‖贾鲁河说一卷（清）朱云锦撰‖运河水道编一卷（清）齐召南撰‖太湖源流编一卷（清）齐召南撰‖三江考一卷（清）毛奇龄撰‖三江考一卷（清）王廷瑚撰‖中江考一卷（清）顾观光撰‖南江考一卷（清）顾观光撰‖浚吴淞江议一卷（清）张世友撰‖毗陵诸水记一卷（清）邵长蘅撰‖扬州水利论一卷（清）□□撰‖治下河论一卷（清）张鹏翮撰‖泄湖入江议一卷（清）叶机撰‖高家堰记一卷（清）俞正燮撰‖淮北水利说一卷（清）丁显撰‖江西水道考一卷（清）□□撰‖浙江诸水编一卷（清）齐召南撰‖两浙水利详考一卷（清）□□撰‖浦阳江记一卷（清）全祖望撰‖闽江诸水编一卷（清）齐召南撰‖九江考一卷（清）夏大观撰‖五溪考一卷（清）檀萃撰‖湘水记一卷（清）王文清撰‖漓湘二水记一卷（清）乔莱撰‖甘肃诸水编一卷（清）齐召南撰‖粤江诸水编一卷（清）齐召南撰‖西江源流说一卷（清）劳孝舆撰‖广西三江源流考一卷（清）高辑撰‖云南诸水编一卷（清）齐召南撰‖云南三江水道考一卷（清）张机南撰‖黔中水道记一卷（清）晏斯盛撰‖苗疆水道考一卷（清）严如熤撰‖三黑水考一卷（清）张邦伸撰‖黑水考一卷（清）陶澍撰‖大金沙江考一卷（清）魏源撰‖开金沙江议一卷（清）师范撰‖富良江源流考一卷（清）范本礼撰‖蒙古水道略一卷（清）龚自珍撰‖塞北漠南诸水汇编一卷（清）齐召南撰‖西北诸水编一卷（清）齐召南撰‖西域诸水编一卷（清）齐召南撰‖西域水道记一卷（清）徐松撰‖西藏诸水编一卷（清）齐召南撰‖西徼水道一卷（清）黄懋材撰‖北徼水道考一卷（清）何秋涛撰‖色楞格河源流考一卷（清）何秋涛撰‖额尔齐斯河源流考一卷（清）

何秋涛撰‖俄罗斯水道记一卷（清）缪祐孙撰‖山川考一卷（清）□□撰‖天下高山大川考一卷（清）龚柴撰‖宇内高山大河考一卷（日本）木村杏卿撰‖泛大通桥记一卷（清）吴锡麒撰‖泛通河记一卷（清）梅曾亮撰‖浴温泉记一卷（清）常安撰‖游后湖记一卷（清）曾国藩撰‖游消夏湾记一卷（清）洪亮吉撰‖游黄公涧记一卷（清）孙尔准撰‖观水杂记一卷（清）田雯撰‖游万柳池记一卷（清）任瑗撰‖游三龙潭记一卷（清）吴进撰‖游双溪记一卷（清）姚鼐撰‖游媚笔泉记一卷（清）姚鼐撰‖游南湖记一卷（清）洪亮吉撰‖泛颍记一卷（清）彭兆荪撰‖游玉帘泉记一卷（清）黄永年撰‖湖山便览一卷（清）翟灏撰‖西湖考一卷（清）王晫撰‖西湖游记一卷（清）陆求可撰‖西湖纪游一卷（清）张仁美撰‖西湖游记一卷（清）查人渶撰‖龙井游记一卷（清）吕星垣撰‖小港记一卷（清）赵坦撰‖游鸳鸯湖记一卷（清）方象瑛撰‖黯淡滩记一卷（清）徐宗乾撰‖湘行记一卷（清）彭而述撰‖泛潇湘记一卷（清）黄之隽撰‖三滩记一卷（清）陆次云撰‖游浯溪记一卷（清）彭而述撰‖浯溪记一卷（清）黄之隽撰‖泛百门泉记一卷（清）吕星垣撰‖游百门泉记一卷（清）刘大櫆撰‖游珍珠泉记一卷（清）王昶撰‖游南池记一卷（清）管同撰‖游大明湖记一卷（清）姚光鼐撰‖游趵突泉记一卷（清）怀应聘撰‖冶源纪游一卷（清）王苹撰‖游五姓湖记一卷（清）牛运震撰‖天池记一卷（清）彭兆荪撰‖猩猩滩记一卷（清）徐文驹撰‖游磻溪记一卷（清）乔光烈撰‖游钓台记一卷（清）董诏撰‖出峡记一卷（清）张洲撰‖游惠州西湖记一卷（清）□□撰‖浈水纪行一卷（清）郑献甫撰‖游金粟泉记一卷（清）吴育撰‖访苏泉记一卷（清）吴育撰‖象州沸泉记一卷（清）郑献甫撰‖游龙泉记一卷（清）王昶撰‖净海记一卷（清）洪亮吉撰‖游雨花台记一卷（清）林云铭撰‖游观音门谯楼记一卷（清）阮宗瑗撰‖游沧浪亭记一卷（清）□□撰‖游狮子林记一卷（清）黄金台撰‖游姑苏台记一卷（清）宋荦撰‖游姑苏台记一卷（清）汪琬撰‖弥罗阁望山记一卷（清）李联琇撰‖游虎山桥记一卷（清）顾宗泰撰‖游秦园记一卷（清）邵长蘅撰‖平山堂记一卷（清）全祖望撰‖刘伶台记一卷（清）阮晋撰‖韩侯钓台记一卷（清）刘培元撰‖游爱莲亭记一卷（清）丘兢撰‖游周桥记一卷（清）程廷祚撰‖游龙亭记一卷（清）方承之撰‖游平波台记一卷（清）黄金台撰‖游钓台记一卷（清）郑日奎撰‖游濑乡记一卷（清）朱书撰‖游喜雨亭记一卷（清）徐文驹撰‖游潭柘寺记一卷（清）张永铨撰‖游宝藏寺记一卷（清）郭沛霖撰‖龙泉寺记一卷（清）刘嗣绾撰‖游鸡鸣寺记一卷（清）李懿曾撰‖游金陵城南诸刹记一卷（清）王士禛撰‖游湖心寺记一卷（清）阮宗瑗撰‖游海岳庵记一卷（清）储在文撰‖游禅窟寺记一卷（清）项樟撰‖游石崆庵记一卷（清）许楚撰‖游智门寺记一卷（清）郭传璞撰‖游少林寺记一卷（清）田雯撰‖游晋祠记一卷（清）朱彝尊撰‖游晋祠记一卷（清）刘大櫆撰‖游峡山寺记一卷（清）吴育撰‖游太华寺记一卷（清）李澄中撰‖游铜瓦寺记一卷（清）张九钺撰‖第五帙：南游记一卷（清）孙嘉淦撰‖还京日记一卷（清）吴锡麒撰‖南归记一卷（清）吴锡麒撰‖停骖随笔一卷（清）程庭撰‖春帆纪程一卷（清）程庭撰‖舟行日记一卷（清）姚文然撰‖转漕日记一卷（清）李钧撰‖舟行记一卷（清）张必刚撰‖省闱日记一卷（清）顾禄撰‖南行日记一卷（清）黄钧宰撰‖旧乡行纪一

卷（清）邵嗣宗撰‖雪鸿再录一卷（清）王昶撰‖江行日记一卷（清）郭麟撰‖东路记一卷（清）恽敬撰‖乡程日记一卷（清）王相撰‖南游笔记一卷（清）曹钧撰‖泛桨录一卷（清）黄钺撰‖闽行日记一卷（清）俞樾撰‖北行日录一卷（清）黄钧宰撰‖入都日记一卷（清）周星誉撰‖南归记一卷（清）方宗诚撰‖北征日记一卷（清）洪良品撰‖北行日记一卷（清）陈炳泰撰‖北行日记一卷（清）王锡祺撰‖南游日记一卷（清）王锡祺撰‖游踪选胜一卷（清）俞蛟撰‖名胜杂记一卷（清）王光彦撰‖鸿雪因缘图记一卷（清）麟庆撰‖浪游记快一卷（清）沈复撰‖风土杂录一卷（清）孙兆溎撰‖观光纪游一卷‖（日本）冈千仞撰‖第六帙：京师偶记一卷（清）柴桑撰‖燕京杂记一卷（清）□□撰‖昌平州说一卷（清）龚自珍撰‖热河小记一卷（清）吴锡麒撰‖出口程记一卷（清）李调元撰‖居庸关说一卷（清）龚自珍撰‖金陵志地录一卷（清）金鳌撰‖吴语一卷（清）戴延年撰‖吴趋风土录一卷（清）顾禄撰‖姑苏采风类记一卷（清）张大纯撰‖宝山记游一卷（清）管同撰‖扬州名胜录一卷（清）李斗撰‖真州风土记一卷（清）厉秀芳撰‖山阳风俗物产志一卷（清）吴昆田撰‖清河风俗物产志一卷（清）鲁一同撰‖徐州舆地考一卷（清）方骏谟撰‖海曲方域小志一卷（清）金榜撰‖龙眠游记一卷（清）何永绍撰‖西干记一卷（清）宋和撰‖怀远偶记一卷（清）柴桑撰‖枞江游记一卷（清）刘开撰‖雩都行记一卷（清）刘开撰‖南丰风俗物产志一卷（清）鲁琪光撰‖杭俗遗风一卷（清）范祖述撰‖杭州游记一卷（清）邹方锷撰‖杭州城南古迹记一卷（清）赵坦撰‖峡川志略一卷（清）蒋宏任撰‖汤阴风俗志一卷（清）□□撰‖天台风俗志一卷（清）□□撰‖宁化风俗志一卷（清）李□撰‖楚游纪略一卷（清）王沄撰‖监利风土志一卷（清）王柏心撰‖使楚丛谭一卷（清）王昶撰‖容美纪游一卷（清）顾彩撰‖湖南方物志一卷（清）黄本骥撰‖桂阳风俗记一卷（清）□□撰‖郴东桂阳小记一卷（清）彭而述撰‖干州小志一卷（清）吴高增撰‖永州纪胜一卷（清）王岱撰‖永顺小志一卷（清）张天如撰‖奉使纪胜一卷（清）陈阶平撰‖齐鲁游纪略一卷（清）王沄撰‖历下志游一卷（清）孙点撰‖长河志籍考一卷（清）田雯撰‖行山路记一卷（清）李慎传撰‖三省边防形势录一卷（清）严如熤撰‖老林说一卷（清）严如熤撰‖河南关塞形胜说一卷（清）朱云锦撰‖共城游记一卷（清）余缙撰‖商洛行程记一卷（清）王昶撰‖云中纪程一卷（清）高懋功撰‖保德风土记一卷（清）陆耀撰‖归化行程记一卷（清）韦坦撰‖游秦偶记一卷（清）柴桑撰‖西征述一卷后西征述一卷（清）蒋湘南撰‖皋兰载笔一卷（清）陈奕禧撰‖贺兰山口记一卷（清）储大文撰‖兰州风土记一卷（清）□□撰‖度陇记一卷（清）董恂撰‖西行琐录一卷（德国）福克撰‖边防三事一卷（清）黄焜撰‖西番各寺记一卷（清）阮葵生撰‖第七帙：蜀游纪略一卷（清）王沄撰‖蜀道驿程记一卷（清）王士禛撰‖秦蜀驿程记一卷（清）王士禛撰‖陇蜀余闻一卷（清）王士禛撰‖使蜀日记一卷（清）方象瑛撰‖益州于役记一卷（清）陈奕禧撰‖蜀輶日记一卷（清）陶澍撰‖蜀游日记一卷（清）黄勤业撰‖雅州道中小记一卷（清）王昶撰‖夔行纪程一卷（清）陈明申撰‖西征记一卷（清）刘绍攽撰‖北游纪程一卷（清）高延第撰‖巴船纪程一卷（清）洪良品撰‖东归录一卷（清）洪良品撰‖游蜀日记一卷（清）吴焘撰‖游蜀后记一卷

（清）吴焘撰‖川中杂识一卷（清）吴焘撰‖粤述一卷（清）闵叙撰‖粤西偶记一卷（清）陆祚蕃撰‖粤西琐记一卷（清）沈曰霖撰‖漓江杂记一卷 金武祥撰‖滇南通考一卷（清）王思训撰‖滇南杂志一卷（清）曹树翘撰‖全滇形势论一卷（清）刘彬撰‖入滇陆程考一卷（清）师范撰‖入滇江路考一卷（清）师范撰‖滇南新语一卷（清）张泓撰‖滇南杂记一卷（清）吴应枚撰‖寻亲纪程一卷（清）黄向坚撰‖滇还日记一卷（清）黄向坚撰‖洱海丛谈一卷（清）释同揆撰‖滇游记一卷（清）陈鼎撰‖滇行纪程一卷续钞一卷（清）许缵曾撰‖东还纪程一卷续钞一卷（清）许缵曾撰‖自滇入都程记一卷（清）杨名时撰‖滇行日录一卷（清）王昶撰‖滇轺纪程一卷（清）林则徐撰‖使滇纪程一卷（清）杨怿曾撰‖云南风土记一卷（清）张咏撰‖探路日记一卷‖（英国）□□撰‖滇游日记一卷（清）包家吉撰‖顺宁杂著一卷（清）刘靖撰‖黔囊一卷（清）檀萃撰‖黔记一卷（清）李宗昉撰‖黔西古迹考一卷（清）钱撰‖黔游记一卷（清）陈鼎撰‖黔中杂记一卷（清）黄元治撰‖黔中纪闻一卷（清）张澍撰‖贵州道中记一卷（清）谢阶树撰‖古州杂记一卷（清）林溥撰‖粤滇杂记一卷（清）赵翼撰‖第八帙平定两金川述略一卷（清）赵翼撰‖蜀徼纪闻一卷（清）王昶撰‖金川琐记一卷（清）李心衡撰‖八排风土记一卷（清）李来章撰‖金厂行记一卷（清）余庆长撰‖维西见闻纪一卷（清）余庆远撰‖永昌土司论一卷（清）刘彬撰‖黔苗蛮记一卷（清）田雯撰‖滇黔土司婚礼记一卷（清）陈鼎撰‖峒溪纤志一卷（清）陆次云撰‖说蛮一卷（清）檀萃撰‖瑶童传一卷（清）诸匡鼎撰‖苗俗纪闻一卷（清）方亨咸撰‖苗俗记一卷（清）贝青乔撰‖苗民考一卷（清）龚柴撰‖苗疆城堡考一卷（清）严如熤撰‖苗疆村寨考一卷（清）严如熤撰‖苗疆险要考一卷（清）严如熤撰‖苗疆道路考一卷（清）严如熤撰‖苗疆风俗考一卷（清）严如熤撰‖苗疆师旅考一卷（清）严如熤撰‖平苗记一卷（清）刘应中撰‖苗防论一卷（清）貌源撰‖西南夷改流记一卷（清）魏源撰‖边省苗蛮事宜论一卷（清）蓝鼎元撰‖改土归流说一卷（清）王履阶撰‖第九帙：海道编一卷（清）齐召南撰‖海防篇一卷（清）蔡方炳撰‖海防总论一卷（清）姜宸英撰‖沿海形势录一卷（清）陈伦炯撰‖沿海形势论一卷（清）华世芳撰‖沿海形势论一卷（清）朱逢甲撰‖防海形势考一卷（清）华湛恩撰‖江防海防策一卷（清）姚文楠撰‖航海图说一卷（清）胡凤丹撰‖营口杂记一卷（清）诸仁安撰‖营口杂志一卷（清）□□撰‖津门杂记一卷（清）张焘撰‖黑水洋考一卷（清）梁□撰‖瀛壖杂志一卷（清）王韬撰‖沪游杂记一卷（清）葛元煦撰‖淞南梦影录一卷（清）黄协埙撰‖海塘说一卷（清）高晋撰‖瓯江逸志一卷（清）劳大与撰‖闽游纪略一卷（清）王沄撰‖闽小记一卷（清）周亮工撰‖闽杂记一卷（清）施鸿保撰‖平定台湾述略一卷（清）赵翼撰‖台湾纪略一卷（清）林谦光撰‖台湾杂记一卷（清）季麒光撰‖台湾小志一卷（清）龚柴撰‖台湾使槎录一卷（清）黄叔璥撰‖台湾随笔一卷（清）徐怀祖撰‖裨海纪游一卷（清）郁永河撰‖番境补遗一卷（清）郁永河撰‖海上纪略一卷（清）郁永河撰‖浮海前记一卷（清）徐宗乾撰‖渡海后记一卷（清）徐宗乾撰‖东征杂记一卷（清）蓝鼎元撰‖台游笔记一卷（清）□□撰‖平台湾生番论一卷（清）蓝鼎元撰‖番社采风图考一卷（清）六十七撰‖台湾番社考一卷（清）邝其照撰‖埔里

社纪略一卷（清）姚莹撰‖东西势社番记一卷（清）姚莹撰‖台北道里记一卷（清）姚莹撰‖噶玛兰纪略一卷（清）姚莹撰‖澎湖纪略一卷（清）林谦光撰‖亚哥书马岛记一卷（清）□□撰‖岭南杂记一卷（清）吴震方撰‖粤囊一卷（清）檀萃撰‖南来志一卷（清）王士禛撰‖北归志一卷（清）王士禛撰‖广州游览小志一卷（清）王士禛撰‖南越笔记一卷（清）李调元撰‖途中记一卷（清）程含章撰‖粤游录一卷（清）戴燮元撰‖北辕录一卷（清）戴燮元撰‖入广记一卷‖（民国）王闿运撰‖粤游小志一卷（清）张心泰撰‖赤溪杂志一卷‖民国）金武祥撰‖澳门图说一卷（清）张甄陶撰‖澳门记一卷（清）薛锰撰‖澳门形势篇一卷（清）张汝霖撰‖澳门形势论一卷（清）张甄陶撰‖澳蕃篇一卷（清）张汝霖撰‖制驭澳夷论一卷（清）张甄陶撰‖澳门形势论一卷（清）李受彤撰‖虎门记一卷（清）薛锰撰‖潮州海防记一卷（清）蓝鼎元撰‖琼州记一卷（清）蓝鼎元撰‖黎岐纪闻一卷（清）张庆长撰‖中国海岛考略一卷（清）龚柴撰‖中外述游一卷（清）田嵩岳撰‖第十帙：东南三国记一卷（清）江登云撰‖高丽论略一卷（清）朱逢甲撰‖朝鲜考略一卷‖（清）龚柴撰‖征抚朝鲜记一卷（清）魏源撰‖朝鲜小记一卷（朝鲜）李韶九撰‖高丽形势一卷（清）吴钟史撰‖朝鲜风土略述一卷（清）吴钟史撰‖高丽风俗记一卷（清）□□撰‖朝鲜风俗记一卷（清）薛培榕撰‖朝鲜八道纪要一卷（清）薛培榕撰‖朝鲜风土记一卷（清）□□撰‖高丽琐记一卷（清）□□撰‖朝鲜舆地说一卷（清）薛培榕撰‖朝鲜疆域纪略一卷（清）□□撰‖朝鲜会通条例一卷（清）薛培榕撰‖东游记一卷（清）吴钟史撰‖游高丽王城记一卷（清）吴钟史撰‖朝鲜杂述一卷（清）许午撰‖东国名胜记一卷（朝鲜）金敬渊撰‖入高纪程一卷（清）□□撰‖巨文岛形势一卷（清）□□撰‖朝鲜诸水编一卷（清）齐召南撰‖高丽水道考一卷（清）□□撰‖越南志一卷‖清西洋）□□撰‖安南小志一卷‖姚文栋撰‖越南考略一卷（清）龚柴撰‖越南世系沿革略一卷（清）徐延旭撰‖越南疆域考一卷（清）魏源撰‖越南地舆图说一卷（清）盛庆绂撰‖安南杂记一卷（清）李仙根撰‖安南纪游一卷（清）潘鼎珪撰‖越南游记一卷（清）陈□撰‖征抚安南记一卷（清）魏源撰‖征安南纪略一卷（清）师范撰‖从征安南记一卷（清）□□撰‖越南山川略一卷（清）徐延旭撰‖越南道路略一卷（清）徐延旭撰‖中外交界各隘卡略一卷（清）徐延旭撰‖黑河纪略一卷（清）□□撰‖金边国记一卷（清）□□撰‖使琉球记一卷（清）张学礼撰‖中山纪略一卷（清）张学礼撰‖中山传信录一卷（清）徐葆光撰‖使琉球记一卷（清）李鼎元撰‖中山见闻辨异一卷（清）黄景福撰‖琉球实录一卷（清）钱□撰‖琉球说略一卷 姚文栋译‖琉球形势略一卷（日本）中根淑撰‖琉球朝贡考一卷（清）王韬撰‖琉球向归日本辨一卷（清）王韬撰‖缅甸志一卷（清）□□撰‖缅甸考略一卷（清）龚柴撰‖征缅甸记一卷（清）魏源撰‖缅事述略一卷（清）师范撰‖征缅纪略一卷（清）王昶撰‖征缅纪闻一卷（清）王昶撰‖缅甸琐记一卷（清）傅显撰‖入缅路程一卷（清）师范撰‖缅藩新纪一卷（清）□□撰‖暹罗考一卷（清）□□撰‖暹罗志一卷（清）□□撰‖暹罗考略一卷（清）龚柴撰‖暹罗别记一卷（清）季麒光撰‖东洋记一卷（清）陈伦炯撰‖日本考略一卷（清）龚柴撰‖日本疆域险要一卷（清）傅云龙撰‖日本沿革一卷（清）傅云龙撰‖日本载笔一卷（英国）

韦廉臣撰‖日本近事记一卷（清）陈其元撰‖日本通中国考一卷（清）王韬撰‖袖海编一卷（清）汪鹏撰‖使东述略一卷（清）何如璋撰‖使东杂记一卷（清）何如璋撰‖日本杂事一卷（清）黄遵宪撰‖东游日记一卷（清）□□撰‖东游纪盛一卷（清）□□撰‖日本琐志一卷（清）□□撰‖扶桑游记一卷（清）王韬撰‖东游日记一卷（清）王之春撰‖东洋琐记一卷（清）王之春撰‖日本纪游一卷（清）□□撰‖日本杂记一卷（清）□□撰‖岂止快录一卷（日本）林长孺撰‖禺于日录一卷（日本）冈千仞撰‖热海游记一卷（日本）冈千仞撰‖使会津记一卷（日本）冈千仞撰‖东槎杂著一卷 姚文栋撰‖东槎闻见录一卷（清）陈家麟撰‖游日光山记一卷（清）黎庶昌撰‖登富岳记一卷（日本）太宰纯撰‖登富士山记一卷（日本）泽元恺撰‖鹿门宕岳诸游记一卷（日本）释绍岷撰‖游岚峡记一卷（日本）源之熙撰‖游石山记一卷（日本）释大典撰‖登金华山记一卷（日本）泽元恺撰‖游松连高雄二山记一卷（日本）安积信撰‖雾岛山记一卷（日本）橘南溪撰‖游天王山记一卷（日本）市村谦撰‖日本山表说一卷（清）傅云龙撰‖泷溪纪游一卷（日本）铃木恭撰‖游绵溪记一卷（日本）丰后广濑建撰‖游保津川记一卷（日本）山田敬直撰‖日本河渠志一卷（清）傅云龙撰‖中亚细亚图说略一卷（清）蔡锡龄撰‖印度考略一卷（清）龚柴撰‖印度志略一卷（英国）慕维廉撰‖五印度论一卷（清）徐继畬撰‖印度风俗记一卷（日本）冈本监辅撰‖印度纪游一卷（清）坚弥地撰‖探路日记一卷（英国）密斯耨撰‖西輶日记一卷（清）黄懋材撰‖游历刍言一卷（清）黄劄材撰‖印度劄记一卷（清）黄劄材撰‖咸海纪略一卷（清）蔡锡龄撰‖波斯考略一卷（清）龚柴撰‖阿剌伯考略一卷（清）龚柴撰‖俾路芝考略一卷（清）龚柴撰‖阿富汗考略一卷（清）龚柴撰‖东土耳其考略一卷（清）龚柴撰‖英属地志一卷（英国）慕维廉撰‖俄西亚尼嘎洲志略一卷（美国）戴德江撰‖阿塞亚尼亚群岛记一卷（日本）冈本监辅撰‖东南洋记一卷（清）陈伦炯撰‖东南洋针路一卷（清）吕调阳撰‖东南洋岛纪略一卷（美国）林乐知撰‖吕宋纪略一卷（清）黄可垂撰‖南洋记一卷（清）陈伦炯撰‖昆仑记一卷（清）陈伦炯撰‖南澳气记一卷（清）陈伦炯撰‖柔佛略述一卷（清）□□撰‖槟榔屿游记一卷（清）□□撰‖般鸟纪略一卷（泰国）鸭砵撰‖游婆罗洲记一卷（清）□□撰‖白蜡游记一卷（清）□□撰‖海岛逸志一卷（清）王大海撰‖葛剌巴传一卷（清）□□撰‖南洋述遇一卷（清）□□撰‖南洋事宜论一卷（清）蓝鼎元撰‖南洋各岛国论一卷（清）吴曾英撰‖三得惟枝岛纪略一卷（美国）林乐知撰‖海外群岛记一卷（清）□□撰‖新金山记一卷（清）□□撰‖澳洲纪游一卷（清）□□撰‖他士文尼亚岛考略一卷（清）□□撰‖牛西兰岛纪略一卷（清）□□撰‖南极新地辨一卷（清）金惟贤撰‖第十一帙：海录一卷（清）杨炳南撰‖大西洋记一卷（清）陈伦炯撰‖西方要纪一卷（比利时）南怀仁等撰‖通商诸国记一卷（清）朱克敬撰‖英吉利地图说一卷（清）姚莹撰‖欧洲总论一卷（清）□□撰‖中西关系略论一卷（美国）林乐知撰‖乘搓笔记一卷（清）斌椿撰‖航海述奇一卷（清）张德彝撰‖初使泰西记一卷（清）宜厚撰‖使西书略一卷（清）孙家谷撰‖使法事略一卷（美国）林乐知撰‖使西纪程一卷（清）郭嵩焘撰‖英轺日记一卷（清）刘锡鸿撰‖随使日记一卷（清）张德彝撰‖使英杂记一卷（清）张德彝撰‖使

法杂记一卷 （清）张德彝撰‖使还日记一卷（清）张德彝撰‖使德日记一卷 （清）李凤苞撰‖出使英法日记一卷 （清）曾纪泽撰‖欧游随笔一卷 （清）钱德培撰‖欧游杂录一卷（清）徐建寅撰‖西征纪程一卷 （清）邹代钧撰‖出洋琐记一卷 （清）蔡钧撰‖出使须知一卷 （清）蔡钧撰‖瀛海采问纪实一卷 （清）袁祖志撰‖西俗杂志一卷 （清）袁祖志撰‖涉洋管见一卷 （清）袁祖志撰‖出洋须知一卷 （清）袁祖志撰‖归国日记一卷 （清）王咏霓撰‖瀛海论一卷 （清）张自牧撰‖出使英法义比四国日记一卷 （清）薛福成撰‖蠡测卮言一卷 （清）张自牧撰‖瀛海卮言一卷（清）王之春撰‖西事蠡测一卷（清）沈纯撰‖漫游随录一卷 （清）王韬撰‖游英京记一卷（清）□□撰‖游历笔记一卷 （清）□□撰‖泰西城镇记一卷 （美国）丁韪良撰‖弹丸小记一卷（清）龚柴撰‖土国战事述略一卷（美国）艾约瑟撰‖冰洋事迹述略一卷 （美国）艾约瑟撰‖第十二帙：小西洋记一卷 （清）陈伦炯撰‖阿利未加洲各国志一卷 （清）□□撰‖亚非理驾诸国记一卷 （日本）冈本监辅撰‖地兰士华路考一卷 （清）□□撰‖埃及纪略一卷 （英国）韦廉臣撰‖埃及国记一卷 （日本）冈本监辅撰‖新开地中河记一卷（美国）丁韪良撰‖阿比西尼亚国述略一卷（美国）林乐知撰‖探地记一卷（清）王韬撰‖黑蛮风土记一卷‖（英国）立温斯敦撰‖亚美理驾诸国记一卷 （日本）冈本监辅撰‖墨洲杂记一卷 （清）□□撰‖美国记一卷 （日本）冈本监辅撰‖红苗纪略一卷（清）蔡锡龄撰‖旧金山纪一卷 （美国）丁韪良撰‖墨西哥记一卷 （日本）冈本监辅撰‖古巴杂记一卷（清）谭乾初撰‖秘鲁形势录一卷 （清）□□撰‖使美纪略一卷 （清）陈兰彬撰‖美会纪略一卷 （清）李圭撰‖东行日记一卷 （清）李圭撰‖舟行纪略一卷 （清）□□撰‖三洲游记一卷 （清）□□撰‖补编第一帙：黑龙江述略一卷 （清）徐宗亮撰‖第二帙：新疆疆域总叙一卷 （清）松筠撰‖后出塞录一卷（清）龚之钥撰‖库尔喀喇乌苏沿革考一卷（清）李光廷撰‖塔尔巴哈台沿革考一卷（清）李光廷撰‖巴马纪略一卷 （清）王锡祺撰‖帕米尔分界私议一卷 钱恂撰‖第三帙：渔通问俗一卷 （清）□□撰‖俄罗斯国志略一卷（清）沈敦和撰‖中俄交界续记一卷 （清）王锡祺撰‖中俄界线简明说一卷 钱恂撰‖第四帙：游中岳记一卷 （清）李云麟撰‖游北岳记一卷（清）李云麟撰‖西山游记一卷 （清）黄钧宰撰‖翠微山说一卷 （清）龚自珍撰‖穿山小识一卷 （清）邵廷烈辑‖穿山记一卷（清）钱浚撰‖天柱刊崖记一卷 （清）李云麟撰‖游林虑记一卷 （清）李云麟撰‖游劳山记一卷 （清）李云麟撰‖昆仑说一卷 （清）李光廷撰‖三省黄河图说一卷（清）刘鹗撰‖第六帙：浙游日记一卷 （清）张汝南撰‖第七帙：百色志略一卷 （清）华本松撰‖云南勘界筹边记一卷 姚文栋撰‖第九帙：闽游偶记一卷 （清）吴桭臣撰‖台湾地舆图说一卷（清）夏献纶撰‖第十帙：奉使朝鲜日记一卷（清）崇礼撰‖暹罗政要一卷（清）郑昌棪撰‖亚剌伯沿革考一卷 （清）李光廷撰‖俾路芝沿革考一卷 （清）李光廷撰‖第十一帙：英政概一卷 （清）刘启彤撰‖英吉利国志略一卷 （清）沈敦和撰‖英藩政概一卷 （清）刘启彤撰‖法政概一卷 （清）刘启彤撰‖法兰西国志略一卷 （清）沈敦和撰‖德意志国志略一卷 （清）沈敦和撰‖第十二帙：奈搭勒政要一卷 （清）郑昌棪撰‖摩洛哥政要一卷（清）郑昌棪撰‖喀纳塔政要一卷 （清）郑昌棪撰‖美国地理兵要一卷 （清）顾厚焜撰‖古巴节略一卷 （清）余思诒撰‖中亚美利加

五国政要一卷（清）郑昌棪撰‖委内瑞辣政要一卷（清）郑昌棪撰‖科仑比亚政要一卷（清）郑昌棪撰‖巴西地理兵要一卷（清）顾厚焜撰‖巴西政治考一卷（清）顾厚焜撰‖唵蒯道政要一卷（清）郑昌棪撰‖玻利非亚政要一卷（清）郑昌棪撰‖巴来蒯政要一卷（清）郑昌棪撰‖乌拉乖政要一卷（清）郑昌棪撰‖阿根廷政要一卷（清）郑昌棪撰‖智利政要一卷（清）郑昌棪撰‖海带政要一卷（清）郑昌棪撰‖山度明哥政要一卷（清）郑昌棪撰‖再补编第一帙：地图说一卷（清）庄廷敷撰‖地球推方图说一卷（美国）培端撰‖地图经纬说一卷（清）傅云龙撰‖地椭图说一卷（清）傅云龙撰‖地球寒热各带论一卷（清）欧□撰‖亚欧两洲热度论一卷（清）欧伯苓撰‖地舆总说一卷（清）邹弢撰‖五大洲释一卷（清）魏源撰‖大九州岛说一卷（清）薛福成撰‖六大州说一卷（清）傅云龙撰‖地球方域考略一卷（清）邹弢撰‖奉天地略一卷（清）马冠群撰‖牧厂地略一卷（清）马冠群撰‖吉林地略一卷（清）马冠群撰‖黑龙江地略一卷（清）马冠群撰‖顺天地略一卷（清）马冠群撰‖直隶地略一卷（清）马冠群撰‖江苏地略一卷（清）马冠群撰‖安徽地略一卷（清）马冠群撰‖江西地略一卷（清）马冠群撰‖浙江地略一卷（清）马冠群撰‖福建地略一卷（清）马冠群撰‖湖北地略一卷（清）马冠群撰‖湖南地略一卷（清）马冠群撰‖河南地略一卷（清）马冠群撰‖山东地略一卷（清）马冠群撰‖山西地略一卷（清）马冠群撰‖陕西地略一卷（清）马冠群撰‖甘肃地略一卷（清）马冠群撰‖四川地略一卷（清）马冠群撰‖广东地略一卷（清）马冠群撰‖广西地略一卷（清）马冠群撰‖云南地略一卷（清）马冠群撰‖贵州地略一卷（清）马冠群撰‖驿站路程一卷（清）□□撰‖勘旅顺记一卷（清）马建忠撰‖吉林外记一卷（清）萨英额撰‖吉林形势一卷（清）朱一新撰‖黑龙江外纪一卷（清）西清撰‖通肯河一带开民屯议一卷（清）冯澄撰‖东省与韩俄交界道里表一卷（清）聂士成撰‖防边危言一卷（清）郑观应撰‖筹边议一卷（清）陈虬撰‖第二帙：蒙古游牧记一卷（清）张穆撰‖蒙古地略一卷（清）马冠群撰‖察哈尔地略一卷（清）马冠群撰‖喀尔喀地略一卷（清）马冠群撰‖西套厄鲁特地略一卷（清）马冠群撰‖青海地略一卷（清）马冠群撰‖经营外蒙古议一卷（清）□□撰‖西域南八城纪要一卷（清）王文锦撰‖新疆地略一卷（清）马冠群撰‖帕米尔属中国考一卷（清）□□撰‖坎巨提帕米尔疏片略一卷（清）王锡祺录西域帕米尔舆地考一卷 叶瀚撰‖西域帕米尔舆地考一卷（清）许克勤撰‖第三帙：藏俗记一卷（清）魏祝亭撰‖西招纪行一卷（清）松筠撰‖招西秋阅纪一卷（清）松筠撰‖西藏置行省论一卷（清）□□撰‖游历西藏纪一卷（英国）李提摩太撰‖亚东论略一卷（英国）戴乐尔撰‖使俄草一卷（清）王之春撰‖俄疆客述一卷（清）管斯骏撰‖第四帙：五岳考一卷（清）张崇德撰‖恒山迹志一卷（清）□□撰‖兔儿山记一卷（清）□□撰‖游翠微山记一卷（清）尹耕云撰‖游太行山记一卷（清）刘心源撰‖西山游记一卷（清）洪良品撰‖游浮山记一卷（清）□□撰‖涂山纪游一卷（清）林之芬撰‖游荆山记一卷（清）林之芬撰‖烂柯山记一卷（清）□□撰‖游吼山记一卷（清）□□撰‖游天台山记一卷（清）□□撰‖天台游记一卷（清）顾鹤庆撰‖游孤山记一卷（清）韩梦周撰‖游翠微山记一卷（清）尹耕云撰‖游风穴山记一卷（清）尹耕云撰‖昆仑释一卷（清）魏源撰‖云山

洞纪游一卷（清）曹钧撰‖筹运篇一卷（清）殷自芳撰‖治河议一卷（清）陈虬撰‖郭家池记一卷（清）许汝衡撰‖萧湖游览记一卷（清）程钟撰‖过蜀峡记一卷（英国）艾约瑟撰‖游韬光庵记一卷（清）朱殿芬撰‖第六帙：南行日记一卷（清）杨庆之撰‖度岭日记一卷（清）任栋撰‖西行日记一卷（清）丁寿祺撰‖第七帙：猛乌乌得记一卷（清）王锡祺撰‖滇缅边界记略一卷（清）□□撰‖滇缅分界疏略一卷（清）薛福成撰‖西南边防议一卷（清）□□撰‖第八帙：荆南苗俗记一卷（清）魏祝亭撰‖蜀九种夷记一卷（清）魏祝亭撰‖两粤猺俗记一卷（清）魏祝亭撰‖粤西种人图说一卷（清）□□撰‖第九帙：大洋海大西洋海印度海北冰海南冰海考一卷（清）杨毓辉撰‖大洋海大西洋海印度海北冰海南冰海考一卷（清）陶师韩撰‖大洋海大西洋海印度海北冰海南冰海考一卷（清）胡永吉撰‖防海危言一卷（清）郑观应撰‖北洋海防津要表一卷（清）傅云龙撰‖台湾近事末议一卷（清）王锡祺撰‖粤东市舶论一卷（清）萧令裕撰‖第十帙：东行初录一卷续录一卷三录一卷（清）马建忠撰‖朝俄交界考一卷（清）马建忠撰‖镇南浦开埠记一卷（日本）古城贞吉译‖游越南记一卷（清）□□撰‖安南论一卷（英国）李提摩太撰‖游山南记一卷（清）徐葆光撰‖缅甸图说一卷（清）吴其祯撰‖缅甸论一卷（英国）李提摩太撰‖暹罗近事末议一卷（清）王锡祺撰‖东倭考一卷（清）金安清撰‖日本风俗一卷（清）傅云龙撰‖日本风土记一卷（清）戴名世撰‖东游日记一卷（清）黄庆澄撰‖游盐原记一卷（清）黎庶昌撰‖访徐福墓记一卷（清）黎庶昌撰‖游扶桑本牧记一卷（清）□□撰‖对马岛考一卷（清）顾厚焜撰‖南行记一卷（清）马建忠撰‖南行日记一卷（清）吴广霈撰‖义火可握国记一卷（清）□□撰‖北印度以外疆域考一卷（清）魏源撰‖吕宋备考一卷（清）□□撰‖吕宋记略一卷（清）叶羌镛撰‖南洋蠡测一卷（清）颜斯综撰‖苏禄考一卷（清）王锡祺辑‖苏禄记略一卷（清）叶羌镛撰‖澳大利亚可自强说一卷（清）薛福成撰‖第十一帙：薄海番域录一卷（清）邵太纬撰‖欧罗巴各国总叙一卷（葡萄牙）玛吉士撰‖华事夷言一卷（清）林则徐撰‖英夷说一卷（清）何大庚撰‖英国论略一卷（清）□□撰‖英吉利记一卷（清）萧令裕撰‖英吉利国夷情纪略一卷（清）叶钟进撰‖英吉利小记一卷（清）魏源撰‖奉使伦敦记一卷（清）黎庶昌撰‖卜来敦记一卷（清）黎庶昌撰‖白雷登避暑记一卷（清）薛福成撰‖巴黎赛会纪略一卷（清）黎庶昌撰‖游历意大利闻见录一卷（清）洪勋撰‖游历瑞典那威闻见录一卷（清）洪勋撰‖游历西班牙闻见录一卷（清）洪勋撰‖游历葡萄牙闻见录一卷（清）洪勋撰‖游历闻见总略一卷（清）洪勋撰‖游历闻见拾遗一卷（清）洪勋撰‖博子墩游记一卷（清）□□撰‖使西日记一卷（清）曾纪泽撰‖伦敦风土记一卷（清）张祖翼撰‖西海纪行卷一卷 潘飞声撰‖天外归槎录一卷 潘飞声撰‖泰西各国采风记一卷 宋育仁撰‖海防余论一卷（清）颜斯综撰‖天下大势通论一卷（清）吴广霈撰‖塞尔维罗马尼蒲加利三国合考一卷（清）邹韬撰‖过波兰记一卷（清）□□撰‖革雷得志略一卷（清）郭家骥撰‖第十二帙：欧洲各国开辟非洲考一卷（英国）李提摩太撰‖庚哥国略说一卷（清）王锡祺辑‖美理哥国志略一卷（美国）高理文撰‖古巴述略一卷（日本）村田□撰‖出使美日秘国日记一卷（清）崔国因撰‖每月统纪传一卷（清）□□撰‖贸易通志一卷

（清）□□撰‖万国地理全图集一卷 （清）□□撰‖四洲志一卷 （清）林则徐译‖外国史略一卷（英国）马礼逊撰‖地球说略一卷（美国）祎理哲撰‖地理志略一卷 （美国）戴德江撰‖地理全志一卷 （英国）慕维廉撰‖三十一国志要一卷 （英国）李提摩太撰‖万国风俗考略一卷 （清）邹韬撰‖瀛环志略订误一卷 （清）□毅撰

0412 小方壶斋舆地丛钞 正编十二帙补编十二帙再补编十二帙 （清）王锡祺辑
清光绪十七年（1891）铅印本 四册
史部/地理类 14.9×11 厘米 十八行四十字 行字不等 白口 四周双边 单黑鱼尾
存四卷 （二至三、四十五、五十）
蒙古吉林土风记一卷 （清）阮葵生撰‖塞上杂记一卷 （清）徐兰撰‖东蒙古形势考一卷（清）林道原撰‖绥服内蒙古记一卷 （清）魏源撰‖绥服外蒙古记一卷 （清）魏源撰‖喀尔喀风土记一卷 （清）李德撰‖库伦记一卷（清）姚莹撰‖蒙古五十一旗考一卷 （清）齐召南撰‖蒙古考略一卷 （清）龚柴撰‖蒙古边防议一卷 （清）陈黄中撰‖蒙古台卡略一卷 （清）龚自珍撰‖河套略一卷 （清）储大文撰‖绥服厄鲁特蒙古记一卷（清）魏源撰‖青海考略一卷 （清）龚柴撰‖青海事宜论一卷 （清）龚自珍撰‖蒙古沿革考一卷 （清）□□撰‖卡伦形势记一卷 （清）姚莹撰‖征准噶尔记一卷 （清）魏源撰‖塞北纪程一卷（清）马思哈撰‖西征纪略一卷 （清）殷化行撰‖塞程别纪一卷 （清）余寀撰‖从西纪略一卷 （清）范昭逵撰‖从军杂记一卷 （清）方观承撰‖两征厄鲁特记一卷（清）魏源撰‖荡平准部记一卷 （清）魏源撰‖勘定回疆记一卷 （清）魏源撰‖高平行纪一卷 （清）王太岳撰‖新疆后事记一卷 （清）魏源撰‖新疆纪略一卷 （清）七十一撰‖回疆风土记一卷 （清）七十一撰‖回疆杂记一卷 （清）王曾翼撰‖西域释地一卷 （清）祁韵士撰‖西陲要略一卷 （清）祁韵士撰‖天山南北路考略一卷（清）龚柴撰‖回部政俗论一卷（清）□□撰‖喀什噶尔略论一卷 （美国）林乐知撰‖军台道里表一卷 （清）七十一撰‖西域置行省议一卷 （清）龚自珍撰‖新疆设行省议一卷 （清）□□撰‖西域设行省议一卷（清）朱逢甲撰‖乌鲁木齐杂记一卷 （清）纪昀撰‖伊犁日记一卷 （清）洪亮吉撰‖天山客话一卷 （清）洪亮吉撰‖东归日记一卷（清）方士淦撰‖荷戈纪程一卷 （清）林则徐撰‖莎车行纪一卷 （清）倭仁撰‖第三帙：卫藏识略一卷 （清）盛绳祖撰‖乌斯藏考一卷 （清）曹树翘撰‖前后藏考一卷 （清）姚鼐撰‖西藏纪略一卷 （清）龚柴撰‖抚绥西藏记一卷（清）魏源撰‖西藏后记一卷（清）魏源撰‖西征记一卷 （清）毛振毡撰‖藏炉总记一卷 （清）王我师撰‖藏炉述异记一卷（清）王我师撰‖西藏巡边记一卷 （清）松筠撰‖宁藏七十九族番民考一卷（清）□□撰‖入藏程站一卷 （清）盛绳祖撰‖藏宁路程一卷 （清）松筠撰‖藏行纪程一卷 （清）杜昌丁撰‖进藏纪程一卷 （清）王世睿撰‖由藏归程记一卷 （清）林儁撰‖西征日记一卷（清）徐瀛撰‖晋藏小录一卷 （清）徐瀛撰‖旃林记略一卷 （清）徐瀛撰‖康輶纪行一卷（清）姚莹撰‖前藏三十一城考一卷 （清）姚莹撰‖察木多西诸部考一卷 （清）姚莹撰‖乍丫图说一卷 （清）姚莹撰‖墨竹工卡记一卷 （清）王我师撰‖得庆记一卷 （清）王我师撰‖锡金考略一卷 （清）□□撰‖西招审隘篇一卷 （清）松筠撰‖西藏要隘考一卷（清）黄沛翘撰‖西藏改省会论一卷 （清）□□撰‖西藏建行省议一卷 （清）王锡祺撰‖征廓尔喀记一卷 （清）魏源撰‖廓尔喀不丹

合考一卷（清）龚柴撰‖征乌梁海述略一卷（清）何秋涛撰‖哈萨克述略一卷（清）何秋涛撰‖外藩疆理考一卷（清）□□撰‖西北边域考一卷（清）魏源撰‖绥服西属国记一卷（清）魏源撰‖外藩列传一卷（清）七十一撰‖北徼形势考一卷（清）何秋涛撰‖俄罗斯形势考一卷（清）何秋涛撰‖俄罗斯源流考一卷（清）缪祐孙撰‖俄罗斯诸路疆域考一卷（清）何秋涛撰‖俄罗斯分部说一卷（清）何秋涛撰‖俄罗斯疆域编一卷（清）缪祐孙撰‖俄罗斯互市始末一卷（清）何秋涛撰‖俄罗斯丛记一卷（清）何秋涛撰‖北徼城邑考一卷（清）何秋涛撰‖北徼方物考一卷（清）何秋涛撰‖北徼喀伦考一卷（清）何秋涛撰‖俄罗斯户口略一卷（清）缪祐孙撰‖异域录一卷（清）图理琛撰‖俄罗斯盟聘记一卷（清）魏源撰‖俄罗斯附记一卷（清）魏源撰‖奉使俄罗斯日记一卷（清）张鹏翮撰‖出塞纪略一卷（清）钱良择撰‖聘盟日记一卷（俄国）雅兰布撰‖绥服纪略一卷（清）松筠撰‖海隅从事录一卷（清）丁寿祺撰‖使俄日记一卷（清）张德彝撰‖金轺筹笔一卷（清）□□撰‖俄游日记一卷（清）缪祐孙撰‖亚洲俄属考略一卷（清）龚柴撰‖取中亚细亚始末记一卷（清）缪祐孙译‖西伯利记一卷（日本）冈本监辅撰‖取悉毕尔始末记一卷（清）缪祐孙译‖俄属海口记一卷（清）□□撰‖海参崴埠通商论一卷（清）□□撰‖珲春琐记一卷（清）□□撰‖北游纪略一卷（清）吴□撰‖伯利探路记一卷（清）曹廷杰撰‖虾夷纪略一卷（清）姚□撰‖俄罗斯疆界碑记一卷（清）徐元文撰‖中俄交界记一卷（清）王锡祺撰‖通俄道里表一卷（清）缪祐孙撰

0413　图画见闻志六卷（宋）郭若虚撰
民国二十三年（1934）上海涵芬楼四部丛刊影印本　一册
子部/艺术类/书画之属/总论　行字不等　白口　左右双边　单黑鱼尾

0414　图画考七卷（元）盛熙明著
民国二十五年（1936）上海涵芬楼四部丛刊影印本　一册
子部/艺术类/书画之属　14×10.2 厘米　九行十八字　白口　四周单边　单黑鱼尾

0415　法书考八卷（元）盛熙明撰
民国二十三年（1934）上海涵芬楼四部丛刊影印本　一册
子部/艺术类/书画之属　13.8×10 厘米　十一行二十字　双行小字不等　白口　左右双边　单黑鱼尾

0416　淳化秘阁法帖考正十二卷（清）王澍编
民国二十四年（1935）上海涵芬楼四部丛刊影印本　四册
子部/艺术类/书画之属/法帖　14×9 厘米　十行十八字　左右双边　白口　黑单鱼尾

0417　九章算术九卷附音义一卷（魏）刘徽注
民国上海涵芬楼四部丛刊影印本　三册
子部/天文历算类/算书之属　13.4×10.8 厘米　九行十八字　小字双行同　四周双边　白口　单黑鱼尾

0418　南史八十卷（唐）李延寿撰
民国上海涵芬楼影印本　一册
史部/纪传类/正史之属　14×9.9 厘米　十行二十二字　白口　四周双边　双黑鱼尾
存二卷（宋本纪一至二）

0419　龙川词校笺二卷（宋）陈亮撰
一九六一年中华书局铅印本　一册
集部/词类/别集之属/宋别集　15.5×10 厘米　十四行三十八字　白口　四周单边　单黑鱼尾

0420　山谷琴趣外篇三卷附校记一卷
（宋）黄庭坚撰
民国二十五年（1936）上海商务印书馆四部丛书三编铅印本　一册
集部/词类/别集之属/宋别集　14.3 × 9.5 厘米　十行十八字　黑口　左右双边　双黑鱼尾

0421　约章成案汇览甲篇十卷乙篇四十二卷
（清）北洋洋务局编
清光绪三十一年（1905）上海点石斋石印本　四十六册
史部/政书类/邦交之属　18.6 × 11.9 厘米　十行二十六字　白口　四周单边

0422　大清一统志五百六十卷目录二卷索引不分卷　（清）穆彰阿等纂
民国上海涵芬楼四部丛书续编影印本　二百册
史部/地理类/总志之属/断代　13.9 × 8.9 厘米　十行十九字　小字双行同　白口　四周双边　单黑鱼尾

0423　六臣注文选六十卷　（南朝梁）萧统辑　（唐）李善　（唐）吕延济　（唐）刘良　（唐）张铣　（唐）吕向　（唐）李周翰注
民国上海涵芬楼四部丛刊影印本　三十册
集部/总集类/选集之属/通代　13.8 × 9 厘米　十行十八字　小字双行二十三字　白口　左右双边　双花鱼尾

0424　六臣注文选六十卷　（南朝梁）萧统辑　（唐）李善　（唐）吕延济　（唐）刘良　（唐）张铣　（唐）吕向　（唐）李周翰注
民国上海涵芬楼四部丛刊影印本　二十九册
集部/总集类/选集之属/通代　13.8 × 9 厘米　十行十八字　小字双行二十三字　白口　左右双边　双花鱼尾
缺一卷（一）

0425　棠阴比事二卷　（宋）桂万荣撰
民国二十三年（1934）上海涵芬楼四部丛刊续编影印本　一册
史部/政书类/律令之属/治狱　14.6 × 9.2 厘米　九行十八字　白口　左右双边　单白鱼尾

0426　孙子集注十三卷　（宋）吉天保辑　（清）孙星衍校
民国上海涵芬楼四部丛刊影印本　四册
子部/兵家类/兵法之属　13.9 × 9.4 厘米　十行二十字　小字双行十七字　白口　四周双边　单白鱼尾

0427　韩非子二十卷　（战国）韩非撰　**识误三卷**　（清）顾广圻撰
民国上海中华书局四部备要铅印本　四册
子部/法家类　15.5 × 10.4 厘米　十三行二十字　白口　四周双边　单黑鱼尾

0428　管子二十四卷　（春秋）管仲撰　（唐）房玄龄注
民国上海中华书局四部备要铅印本　四册
子部/法家类　14.6 × 9.5 厘米　十二行十九字　小字双行同　黑口　四周单边　双鱼尾

0429　抱朴子内篇二十卷别旨一卷外篇五十卷　（晋）葛洪撰
民国上海涵芬楼四部丛刊影印本　六册
子部/道家类　14.2 × 9.7 厘米　九行二十字　白口　四周双边

0430　从政遗规摘抄二卷补钞一卷　（清）陈宏谋原编
清光绪十八年（1892）桂垣书局刻本　一册
史部/职官类/官箴之属　18.6 × 13.8 厘米　十行二十二字　白口　四周单边　单黑鱼尾
存一卷（一）

0431　**英国枢政志十四卷附西文表一卷目录一卷**　（英国）图雷尔著　南洋公学师范院译
清光绪二十八年（1902）南洋公学译书院铅印本　一册
新学/政治法律/政治　18.6×12 厘米　十二行三十二字　黑口　四周双边　单黑鱼尾

0432　**渊鉴类函四百五十卷目录四卷**
（清）张英　（清）王士禛等编
清康熙四十九年（1710）刻本　十三册
类丛部/类书/通类之属　17.1×11.6 厘米　十行二十一字　小字双行同　黑口　四周双边　顺黑鱼尾
存四十一卷　（七至十、十四至十六、二十七至二十九、四十七至四十九、五十三至五十六、五十九至六十、六十四至七十二、九十至九十二、一百二至一百五、一百十五至一百十七、一百二十四至一百二十六）

0433　**桯史十五卷目录一卷**　（宋）岳珂撰
民国上海涵芬楼影印四部丛刊本　三册
子部/杂著类　13.5×9.8 厘米　十行二十字　黑口　四周双边　顺黑鱼尾

0434　**挥麈前录四卷后录十一卷三录三卷余话二卷**　（宋）王明清撰
民国二十三年（1934）上海涵芬楼影印四部丛刊本　六册
子部/杂著类　14.5×9.5 厘米　十一行二十字　白口　左右双边　顺黑鱼尾

0435　**续世说十二卷**　（宋）孔平仲撰
（清）钱熙祚校
民国上海中华书局铅印四部备要本　三册
子部/小说家类/杂事之属　15.5×10.8 厘米　十三行二十字　四周单边　白口　单黑鱼尾

0436　**潜虚一卷附录一卷**　（宋）司马光撰
民国二十五年（1936）上海涵芬楼影印四部丛刊本　一册
子部/术数类/数学之属　14.3×9.9 厘米　八行十六字　白口　左右双边

0437　**京氏易传三卷**　（汉）京房撰　（三国吴）陆绩注　（明）范钦订
民国上海涵芬楼影印四部丛刊本　一册
经部/易类/传说之属　13.6×9.7 厘米　九行十八字　白口　左右双边　单黑鱼尾

0438　**穆天子传六卷**　（晋）郭璞注　（明）范钦订
民国上海涵芬楼影印四部丛刊本　一册
子部/小说家类/异闻之属　13.9×10.4 厘米　九行十八字　白口　左右双边

0439　**穆天子传六卷**　（晋）郭璞注　（明）范钦订
民国上海涵芬楼影印四部丛刊本　一册
子部/小说家类/异闻之属　13.9×10.4 厘米　九行十八字　白口　左右双边

0440　**子史精华一百六十卷**　（清）张廷玉等编
民国上海中华图书馆铅印本　八册
类丛部/类书/通类之属　16.9×12.3 厘米　二十行大字不等　小字双行五十八字　白口　四周双边

0441　**历代史论十二卷**　（明）张溥论正
清光绪九年（1883）都城苍松山房朱墨套印本　六册
史部/史评类/史论之属　17×12.2 厘米　十一行二十一字　黑口　双黑鱼尾

0442　**明史论四卷**　（清）谷应泰论正
清光绪刻本　二册
史部/史评类/史学之属　16.6×11.9 厘米　十一行二十一字　黑口　边框不等　对黑鱼尾

0443　**左传史论二卷**　（清）高士奇论正
清光绪刻本　一册

史部/史评类/史学之属 16.5×12.2 厘米 十一行二十一字 黑口 边框不等 对黑鱼尾

0444 **宋史论三卷** （明）张溥论正
清光绪九年（1883）都城苍松山房朱墨套印本 二册
史部/史评类/史学之属 16.5×12.2 厘米 十一行二十一字 黑口 边框不等 对黑鱼尾

0445 **元史论一卷** （明）张溥论正
清光绪九年（1883）都城苍松山房朱墨套印本 一册
史部/史评类/史学之属 16.5×12.3 厘米 十一行二十一字 黑口 边框不等 对黑鱼尾

0446 **[嘉庆]四川通志二百零四卷首二十二卷** （清）常明修
清嘉庆二十一年（1816）四川抚署刻本 一百二十一册
史部/地理类/方志之属/通志 21.7×15.2 厘米 九行二十一字 白口 四周双边 单黑鱼尾
存九十四卷 （三十至三十九、四十一至四十二、四十四至四十六、五十五、六十五至七十、七十二、七十四至七十八、九十一至一百零八、一百一至一百一十五、一百一十七至一百三十二、一百三十四至一百三十六、一百五十二至一百六十三、一百六十五至一百六十八、一百七十一至一百七十四）

0447 **丁未和会类要四卷** （清）外务部编
清光绪三十四年（1908）中国图书公司铅印本 四册
新学/交涉 17.2×12.3 厘米 十二行二十五字 黑口 四周双边 单黑鱼尾

0448 **关税特别会议议事录不分卷** 关税特别会议编印
民国十七年（1928）铅印本 四册
新学/政治法律 18×12.5 厘米 十三行三十五字 白口 四周双边 单黑鱼尾

0449 **通鉴地理通释十四卷** （宋）王应麟编
清刻本 二册
史部/地理类/总志之属/通代 17.8×12.8 厘米 十行二十字 白口 左右双边 单黑鱼尾
存十卷 （五至十四）

0450 **新纂约章大全七十三卷** （清）陆凤石编
清宣统元年（1909）上海崇义堂石印本 四十七册
新学/政治法律 17×11.2 厘米 十六行三十六字 白口 左右双边 单黑鱼尾
缺一卷 （二）

0451 **约章分类辑要三十八卷首一卷** 蔡乃煌纂
清光绪二十六年（1900）湖南商务局刻本 三十册
史部/政书类/邦交之属 19.1×13 厘米 十一行二十三字 黑口 左右双边 单黑鱼尾

0452 **故唐律疏议三十卷** （唐）长孙无忌等撰
民国二十五年（1936）上海商务印书馆影印本 十二册
史部/政书类/律令之属/律例 14.2×10 厘米 九行十八字 黑口 左右双边 对黑鱼尾

0453 **西南军政府1950年系列工作报告** （□）□□编
一九五〇年铅印本 一册
史部/政书类/公牍档册之属 版式不等

0454 **天下郡国利病书五十卷** （清）顾炎武撰
民国二十五年（1936）上海商务印书馆影印本 五十册
史部/地理类/总志之属/断代 14.1×8.8 厘米 十一行二十四字 小字双行同 白口 四周单边 单黑鱼尾

0455　古今图书集成一万卷　（清）陈梦雷（清）蒋廷锡等撰
民国二十三年（1934）上海中华书局影印本　七百二十一册
类丛部/类书类/通类之属　22 × 13.7 厘米　分上中下三栏　每栏各二十七行二十字　黑口　四周双边　单白鱼尾
缺九百九十七卷（经济汇编选举典一至十一、二十三至一百、一百二十四至一百三十六，经济汇编铨衡典十二至二十二、三十五至四十六、五十九至七十、九十六至一百零七，经济汇编食货典一至十一、一百七十二至一百九十八、二百三十七至三百一十、三百三十七至三百四十八，经济汇编礼仪典一百零五至一百四十五、一百六十至一百七十三、一百八十八至三百三十四，经济汇编乐律典一至十一、二十四至一百二十，经济汇编戎政典一至三十三、八十二至一百零八、一百二十二至一百八十八、二百至二百七十五、二百八十八至三百，经济汇编祥刑典一至十二、二十五至三十四、四十五至五十五，经济汇编考工典一至二十二、六十至一百九十二、二百四十三至二百五十二）

0456　盐铁论十卷　（汉）桓宽撰
民国上海涵芬楼影印本　二册
子部/儒家类/儒学之属/经济　14.7 × 9.4 厘米　九行十八字　白口　四周单边　单白鱼尾

0457　盐铁论十卷　（汉）桓宽撰
民国上海涵芬楼影印本　二册
子部/儒家类/儒学之属/经济　14.7 × 9.4 厘米　九行十八字　白口　四周单边　单白鱼尾

0458　盐铁论十卷　（汉）桓宽撰
民国上海涵芬楼影印本　二册
子部/儒家类/儒学之属/经济　14.7 × 9.4 厘米　九行十八字　白口　四周单边　单白鱼尾

0459　刘向新序十卷　（汉）刘向撰
民国上海涵芬楼影印本　二册
子部/儒家类/儒学之属/经济　13.8 × 10.2 厘米　十一行十六至十八字不等　黑口　四周双边　对黑鱼尾

0460　刘向新序十卷　（汉）刘向撰
民国上海涵芬楼影印本　二册
子部/儒家类/儒学之属/经济　13.8 × 10.2 厘米　十一行十六至十八字不等　黑口　四周双边　对黑鱼尾

0461　财政学　尚志学院编
民国书院南街协美印刷公司铅印本　一册
新学/政治法律　十三行三十五字

0462　吏治辑要一卷　（清）倭仁辑
清光绪元年（1875）湖南省荷池书局刻本　一册
史部/职官类/官箴之属　16 × 12.6 厘米　十行二十字　黑口　四周双边

0463　四川省参议会第一届第二次大会暨临时大会会议纪录　四川省参议会辑
民国四川省印刷局铅印　一册
史部/政书类/公牍档册之属

0464　四川省参议会第一届第七次大会会议纪录　四川省参议会辑
民国铅印本　一册
史部/政书类/公牍档册之属

0465　四川省参议会第一届第六次大会会议纪录　四川省参议会辑
民国铅印本　一册
史部/政书类/公牍档册之属

0466　四川省参议会第一届第三次大会会议纪录　四川省参议会辑
民国铅印本　一册
史部/政书类/公牍档册之属

0467　四川省临时参议会第二次大会决议案　四川省参议会辑
民国铅印本　一册
史部/政书类/公牍档册之属

0468　四川省临时参议会第三次大会暨第一次临会大会决议案　四川省参议会辑
民国铅印本　一册
史部/政书类/公牍档册之属

0469　四川省临时参议会第六次大会会议纪录　四川省参议会辑
民国铅印本　一册
史部/政书类/公牍档册之属

0470　四川参议会第一届第五次大会会议纪录　四川省参议会辑
民国铅印本　一册
史部/政书类/公牍档册之属

0471　永乐大典残存七百九十七卷　（明）解缙等辑
一九六〇至一九八二年中华书局影印本　二百二十二册
类丛部/类书类/通类之属　14.6×9.8 厘米　八行小字双行二十八字　黑口　四周双边　三黑鱼尾

0472　法苑珠林一百二十卷　（唐）释道世撰
民国上海涵芬楼影印本　三十六册
子部/宗教类/佛教之属/总录　15.1×9.5 厘米　十行二十字　黑口　四周双边

0473　金匮玉函要略方论三卷　（汉）张仲景述　（晋）王叔和集
民国上海涵芬楼影印本　二册
子部/医家类/伤寒金匮之属/金匮要略　14.1×9.4 厘米　十行二十字　白口　四周双边　单黑鱼尾

0474　新刊王氏脉经十卷　（晋）王叔和撰　（宋）林亿等类次
民国上海涵芬楼影印本　二册
子部/医家类/诊法之属/脉经脉诀　13.6×9.6 厘米　十二行二十四字　小字双行同　黑口　左右双边　顺黑鱼尾

0475　黄帝素问灵枢经十二卷　（宋）史崧音释
民国上海涵芬楼影印本　四册
子部/医家类/医经之属/内经　13.9×9.4 厘米　八行十七字　黑口　四周双边　对白鱼尾

0476　达生全编二卷　（清）亟斋居士撰
民国十一年（1922）上海尚古山房石印本　一册
子部/医家类/妇科之属/产科　15.8×11.5 厘米　十三行二十六字　白口　四周单边　单黑鱼尾

0477　缙云山志一卷　释尘空编辑
民国三十一年（1942）汉藏教理院刻本　一册
史部/地理类/山川之属/山志　17.6×13 厘米　十行十九字　黑口　左右双边

0478　西招图略一卷　（清）松筠撰
清道光二十七年（1847）刻本　一册
史部/政书类/军政之属/边政　20.2×11.2 厘米　六行二十二字　小字双行同　白口　四周双边　单黑鱼尾

0479　峨马雷屏边务调查表不分卷　杜明燡等编
民国元年（1912）石印本　一册
史部/地理类/防务之属/陆防　23.6×13.9 厘米　四周单边　版式不等

0480　鸣原堂论文二卷　（清）曾国藩选
清末刻本　一册
集部/诗文评类/文评之属　20.6×14.3 厘米　十

行二十四字 白口 左右双边 单黑鱼尾
存一卷 （下）

0481 **世说新语三卷** （南朝宋）刘义庆撰（南朝梁）刘孝标注 **校语一卷** （南朝梁）刘孝标校语
民国上海商务印书馆影印四部丛刊本 三册
子部/小说家类/杂事之属 14.2 × 10.5 厘米 十行二十字 小字双行同 白口 左右双边 对黑鱼尾

0482 **世说新语三卷** （南朝宋）刘义庆撰（南朝梁）刘孝标注 **校语一卷** （南朝梁）刘孝标校语
民国上海商务印书馆影印四部丛刊本 三册
子部/小说家类/杂事之属 14.2 × 10.5 厘米 十行二十字 小字双行同 白口 左右双边 对黑鱼尾

0483 **西京杂记六卷** （晋）葛洪集
民国上海商务印书馆影印四部丛刊本 一册
子部/小说家类/杂事之属 13.4 × 10.3 厘米 十一行二十字 小字双行同 白口 左右双边

0484 **西京杂记六卷** （晋）葛洪集
民国上海商务印书馆影印四部丛刊本 一册
子部/小说家类/杂事之属 13.4 × 10.3 厘米 十一行二十字 小字双行同 白口 左右双边

0485 **云溪友议三卷** （唐）范摅撰 **校勘记一卷** 张元济撰
民国二十三年（1934）上海商务印书馆影印四部丛刊续编本 一册
子部/小说家类/杂事之属 14.0 × 10.8 厘米 十行十九字 小字双行同 白口 左右双边 单黑鱼尾

0486 **云仙杂记十卷** （唐）冯贽编
民国二十三年（1934）上海商务印书馆影印四部丛刊续编本 一册
子部/小说家类/杂事之属 14.0 × 10.0 厘米 十行十八字 小字双行同 白口 四周单边 单黑鱼尾

0487 **唐语林八卷校勘记一卷** （宋）王谠撰（清）钱熙祚校
民国二十三年（1934）上海商务印书馆铅印本 四册
子部/小说家类/杂事之属 14.2 × 10.6 厘米 十二行二十六字 小字双行同 黑口 四周双边 单黑鱼尾

0488 **云笈七签一百二十二卷** （宋）张君房集
民国上海商务印书馆影印四部丛刊本 二册
子部/宗教类/道教之属 高 11.5 厘米 十行十七字 白口 上下双边
存八卷 （一至八）

0489 **云笈七签一百二十二卷** （宋）张君房辑
民国影印本 三十册
子部/宗教类/道教之属 13.3 × 9.1 厘米 九行二十字 小字双行同 白口 四周单边 单黑鱼尾
存一百一十八卷 （五至一百二十二）

0490 **清波杂志十二卷** （宋）周辉撰 **校勘记一卷** 张元济撰
民国二十三年（1934）上海商务印书馆影印四部丛刊续编本 二册
子部/小说家类/杂事之属 13.8 × 10.7 厘米 十二行二十字 小字双行同 白口 左右双边 对黑鱼尾

0491 **张文襄公奏稿五十卷** （清）张之洞撰 许同莘编辑
民国九年（1920）铅印本 一册
史部/诏令奏议类/奏议之属 17.5 × 12.5 厘米 十二行三十字 黑口 四周单边 单黑鱼尾
存二卷 （十五至十六）

0492 川藏边务有关交通档案钞 □□编
抄本 一册
史部/政书类/公牍档册之属

0493 川滇边务档卷钞 □□编
抄本 一册
史部/政书类/公牍档册之属

0494 掌故丛编第一辑 故宫博物院文献馆编辑
民国十九年（1930）铅印本 一册
史部/政书类/公牍档册之属 15×11 厘米 十二行二十五字 四周单边 单黑鱼尾

0495 掌故丛编第二辑 故宫博物院文献馆编辑
民国十九年（1930）铅印本 九册
史部/政书类/公牍档册之属 15×11 厘米 十二行二十五字 四周单边 单黑鱼尾

0496 从政遗规摘抄二卷 （清）陈宏谋编
清刻本 一册
史部/职官类/官箴之属 19×13.3 厘米 十行二十二字 左右双边 单黑鱼尾
存一卷（二）

0497 唐明律合编三十卷 （清）薛允升编
民国十一年（1922）徐氏退耕堂刻本 八册
史部/政书类/律令之属/律例 18.7×14.4 厘米 十二行二十五字 黑口 左右双边 单黑鱼尾

0498 华阳国志十二卷 （晋）常璩撰
民国上海涵芬楼影印明钱叔宝钞本 三册
史部/地理类/方志之属 13.8×9.6 厘米 十一行二十字 四周双边 黑口 单黑鱼尾

0499 历代疆域表三卷 （清）段长基撰
民国上海中华书局铅印四部备要本 五册
史部/史表类/通代之属 14.9×10.7 厘米 四周单边 黑口 单黑鱼尾

0500 历代沿革表三卷 （清）段长基撰
民国上海中华书局铅印四部备要本 十册
史部/史表类/通代之属 15×10.8 厘米 四周单边 黑口 单黑鱼尾

0501 老子道德经二卷 （三国魏）王弼注 **老子道经音义一卷** （唐）陆德明撰
民国上海中华书局铅印四部备要本 一册
子部/道家类 15.2×10.6 厘米 十行十五字 小字双行同 黑口 四周单边 对黑鱼尾

0502 老子道德经二卷 （三国魏）王弼注
民国上海涵芬楼影印四部丛刊本 一册
子部/道家类 14.2×9.2 厘米 十行十八字 小字双行二十四字 黑口 四周双边 顺黑鱼尾

0503 老子道德经二卷 （三国魏）王弼注
民国上海涵芬楼影印四部丛刊本 一册
子部/道家类 14.2×9.2 厘米 十行十八字 小字双行二十四字 黑口 四周双边 顺黑鱼尾

0504 老子道德经二卷 （三国魏）王弼注 **老子道德经音义一卷** （唐）陆德明撰
民国上海中华书局铅印四部备要本 一册
子部/道家类 12.1×8.4 厘米 十行十五字 小字双行同 黑口 四周单边 对黑鱼尾

0505 孙子十家注十三卷 （清）孙星衍（清）吴人骥校 **叙录一卷** （清）毕以珣撰 **遗说一卷** （宋）郑友贤撰
民国上海中华书局铅印四部备要本 六册
子部/兵家类/兵法之属 12.2×8.7 厘米 十三行二十字 小字双行同 黑口 四周单边 对黑鱼尾

0506 韩非子二十卷 （战国）韩非撰 **识误三卷** （清）顾广圻撰
民国上海中华书局铅印四部备要本 六册
子部/法家类 12.1×8.4 厘米 十三行二十字 黑口 四周单边 单黑鱼尾

0507　毛主席诗词三十九首 毛泽东著
一九七六年文物出版社影印本 一册
16.5×9.8 厘米 七行十五字 小字双行二十二字 白口 左右双边 单黑鱼尾

0508　毛主席诗词三十七首 毛泽东著
一九六三年文物出版社影印本 一册
16.5×10.2 厘米 七行十五字 小字双行二十二字 白口 左右双边 单黑鱼尾

0509　弘明集十四卷 （南朝梁）释僧佑撰
民国上海涵芬楼影印四部丛刊本 五册
子部/宗教类/佛教之属 14×9.1 厘米 十行二十字 黑口 左右双边 单黑鱼尾

0510　广弘明集三十卷 （唐）释道宣撰
民国影印本 十一册
子部/宗教类/佛教之属 14×9.1 厘米 十行二十字 黑口 左右双边 单黑鱼尾
缺三卷 （一至三）

0511　搜神记十卷 （晋）干宝撰 **后记十卷** （晋）陶潜撰
清光绪元年（1875）湖北崇文书局刻本 二册
子部/小说家类/异闻之属 19.2×14.8 厘米 十二行二十四字 黑口 四周双边 对黑鱼尾

0512　韩非子二十卷目录一卷 （战国）韩非撰 **识误三卷** （清）顾广圻撰
民国上海中华书局铅印四部备要本 六册
子部/法家类 12.2×8.4 厘米 十三行二十字 白口 四周单边 单黑鱼尾

0513　管子二十四卷目录一卷文评一卷 （唐）房玄龄注
民国上海中华书局铅印四部备要本 八册
子部/法家类 12.1×8.3 厘米 十二行十九字 小字双行同 黑口 四周单边 对黑鱼尾

0514　管子二十四卷目录一卷文评一卷 （唐）房玄龄注
民国上海中华书局铅印四部备要本 八册
子部/法家类 12.1×8.3 厘米 十二行十九字 小字双行同 黑口 四周单边 对黑鱼尾

0515　管子二十四卷目录一卷文评一卷 （唐）房玄龄注
民国上海中华书局铅印四部备要本 八册
子部/法家类 12.1×8.3 厘米 十二行十九字 小字双行同 黑口 四周单边 对黑鱼尾

0516　笔记小说大观 进步书局辑
民国上海进步书局石印本 三百三十一册
子部/丛编 12.6×8.7 厘米 十四行三十二字 黑口 四周双边 单黑鱼尾
存一百四十八种一千三百三十六卷 （宋遗民录十五卷，酒令丛钞四卷，雨窗消意录四卷，瓮牖余谈八卷，池北偶谈十四至二十卷，退庵随笔二十二卷附退庵自订年谱一卷、北东园笔录初编六卷续编六卷三编六卷四编六卷、康輶纪行十六卷、容斋随笔一至十卷续笔十六卷三笔十六卷四笔十六卷五笔十卷、舌华录九卷、咫闻录十二卷、昨非庵日纂二十卷、燕下乡脞录十六卷、九国志十二卷、明斋小识十二卷、志异续编四卷、榆巢杂识二卷、石渠随笔八卷、宋艳十二卷、坚瓠集三集四卷四集四卷五集四卷六集四卷七集四卷八集四卷九集四卷十集四卷续集四卷广集六卷补集六卷秘集六卷余集四卷、三借庐笔谈十二卷、广卓异记二十卷、大唐新语十三卷、墨庄漫录十卷、鹤林玉露十六卷补遗一卷、愧郯录十五卷、野客丛书三十卷附录一卷、东轩笔录十五卷、意林五卷、暝庵杂识四卷二识二卷、冷庐杂识八卷、洞霄图志六卷、客窗闲话初集四卷续集四卷、蜀都碎事四卷艺文补遗二卷、謏闻续笔四卷、熙朝新语十六卷、笑笑录六卷、广阳杂记五卷、春在堂随笔十卷附小浮梅闲话一卷、清嘉录十二卷、鸥陂渔话六卷、南皋笔记四卷、梦粱录二十卷、重论文斋笔录十二卷、台湾外记三十卷、茶余客话十二卷、夷坚志五十卷、初月楼闻见录十卷续录十卷、梅花草堂集四至十四卷、履园丛话二十四卷、南省公余录八卷、妙香室丛话十四卷、宣和奉使高丽图经四十卷、中吴纪闻六卷、荟丛编二十卷、识余四卷、胜饮编十八卷、能改斋漫录十八卷、溪上遗闻集录十卷别录二卷、香祖笔记十二卷、归潜志十四卷附录一卷、香乘二十八卷、听雨轩笔记四卷、郎潜纪闻十四卷、岭外代答十卷、涌幢小品四至三十二卷、粤西丛载三十卷、虞初新志四至二十　二十卷续志十二卷、朝野类要五卷、过庭录一卷、碧血录二卷附录一卷、蜀碧四卷、西清笔记二卷、东城杂记二卷、画禅室随笔四卷、天香阁随笔二卷天香阁集一卷、潞水客谈一卷、责备余谈二卷附录一卷、北行日谱一卷附录一卷、厚德录四卷、西溪丛语二卷、青箱杂记十卷、睽车志六卷、墨客挥犀十卷、松窗百说一卷、嵩庵闲话二卷、蜀难叙略一卷、粤行纪事三卷、韵石斋笔谈二卷、海岳志林一卷、画墁集八卷补遗一卷、庶斋老学丛谈四卷、砚北杂志二卷、北轩笔记一卷、随手杂录一卷、续夷坚志四卷、猗觉寮难记二卷、懒真子五卷、入蜀记六卷、吹剑录外集一卷、游宦纪闻十卷、涉史随笔一卷、香饮楼宾谈二卷、东观奏记三卷、因话录六卷、遂昌杂录一卷、澹生堂藏书约一卷、云间据目抄五卷、岛居随录二卷、石林燕语十卷、中兴御侮录二卷、襄阳守城录一卷、宋季三朝政要六卷、古今纪要逸编一卷、隐居诗话一卷、家乘一卷、吴船录二卷、补汉兵志一卷、耕录稿一卷、钓矶立谈一卷、经筵玉音问答一卷、曲洧旧闻十卷、归田录二卷、庆元党禁一卷、窃愤录一卷续录一卷、江邻几杂志一卷、东坡志林十二卷、儒林公议二卷、字触六卷、西洋朝贡三卷、古欢堂集三十六卷、浦阳人物记二卷、七颂堂识小录一卷、霞外尘谈十卷、黄山领要录二卷、大云山房杂记二卷、前徽录一卷、苦瓜和尚画语录一卷、耳邮四卷、津门杂记三卷、渌水亭杂识四卷、梦庵游赏小志一卷、虫鸣漫录二卷、漫游纪略四卷、此中人语六卷、闻见异辞二卷、古刻丛钞一卷、今世说六至八卷）

宋遗民录十五卷（明）程敏政辑‖酒令丛钞四卷（清）俞敦培撰‖雨窗消意录四卷（清）牛应之撰‖瓮牖余谈八卷（清）王韬撰‖池北偶谈二十六卷（清）王士禛撰‖退庵随笔二十二卷附退庵自订年谱一卷（清）梁章钜撰‖北东园笔录初编六卷续编六卷三编六卷四编六卷（清）梁恭辰撰‖康輶纪行十六卷（清）姚莹撰‖容斋随笔一至十卷续笔十六卷三笔十六卷四笔十六卷五笔十卷（宋）洪迈撰‖舌华录九卷（明）曹臣撰‖咫闻录十二卷（清）慵讷居士撰‖昨非庵日纂二十卷（明）郑瑄撰‖燕下乡脞录十六卷（清）陈康祺撰‖九国志十二卷（宋）路振撰（宋）张唐英补‖明斋小识十二卷（宋）诸联撰‖志异续编四卷（清）青城子撰‖榆巢杂识二卷（清）赵慎畛撰‖石渠随笔八卷（清）阮元撰‖宋艳十二卷（清）徐士銮撰‖坚瓠集（缺首集初集）（清）褚人获撰‖三借庐笔谈十二卷（清）邹弢撰‖广卓异记二十卷（宋）乐史撰‖大唐新语十三卷（唐）刘肃撰‖墨庄漫录十卷（宋）张邦基撰‖鹤林玉露十六卷补遗一卷（宋）罗大经撰‖愧郯录十五卷（宋）岳珂撰‖野客丛书三十卷附录一卷（宋）王楙撰‖东轩笔录十五卷（宋）魏泰撰‖意林五卷（唐）马总撰‖暝庵杂识四卷二识二卷（清）朱克敬撰‖冷庐杂识八卷（清）陆以湉撰‖洞霄图志六卷（宋）邓牧撰‖客窗闲话初集四卷续集四卷（清）吴炽昌撰‖蜀都碎事四卷艺文补遗二卷（清）陈祥裔撰‖謏闻续笔四卷（清）□□撰‖熙朝新语十六

卷（清）徐锡龄撰‖笑笑录六卷（清）独逸窝退士撰‖广阳杂记五卷（清）刘献廷撰‖春在堂随笔十卷附小浮梅闲话一卷（清）俞樾撰‖清嘉录十二卷（清）顾禄撰‖鸥陂渔话六卷（清）叶廷管撰‖南皋笔记四卷（清）杨凤徽撰‖梦粱录二十卷（宋）吴自牧撰‖重论文斋笔录十二卷（清）王端履撰‖台湾外记三十卷（清）江日升撰‖茶余客话十二卷（清）阮葵生撰‖夷坚志五十卷（宋）洪迈撰‖初月楼闻见录十卷续录十卷（清）吴德旋撰‖梅花草堂集四至十四卷（明）张大复撰‖履园丛话二十四卷（清）钱泳撰‖南省公余录八卷（清）梁章钜撰‖妙香室丛话十四卷（清）张培仁撰‖宣和奉使高丽图经四十卷（宋）徐兢撰‖中吴纪闻六卷（宋）龚明之撰‖荟丛编二十卷（清）俞樾撰‖识余四卷（明）惠康野叟撰‖胜饮编十八卷（清）郎廷极撰‖能改斋漫录十八卷（宋）吴曾撰‖溪上遗闻集录十卷别录二卷（清）尹元炜撰‖香祖笔记十二卷（清）王士禛撰‖归潜志十四卷附录一卷（元）刘祁撰‖香乘二十八卷（明）周嘉胄撰‖听雨轩笔记四卷（清）清凉道人撰‖郎潜纪闻十四卷（清）陈康祺撰‖岭外代答十卷（宋）周去非撰‖涌幢小品四至三十二卷（明）朱国祯撰‖粤西丛载三十卷（清）汪森撰‖虞初新志四至二十卷（清）张潮撰‖续志十二卷（清）郑澍若撰‖朝野类要五卷（宋）赵升撰‖过庭录一卷（宋）范公撰‖碧血录二卷附录一卷（明）黄煜撰‖蜀碧四卷（清）彭遵泗撰‖西清笔记二卷（清）沈初撰‖东城杂记二卷（清）厉鄂撰‖画禅室随笔四卷（明）董其昌撰‖天香阁随笔二卷天香阁集一卷（明）李介撰‖潞水客谈一卷（明）徐贞明撰‖责备余谈二卷附录一卷（明）方鹏撰‖北行日谱一卷附录一卷（明）朱祖文撰‖厚德录四卷（宋）李元纲撰‖西溪丛语二卷（宋）姚宽撰‖青箱杂记十卷（宋）吴处厚撰‖睽车志六卷（宋）郭彖撰‖墨客挥犀十卷（宋）彭乘撰‖松窗百说一卷（宋）李季可撰‖嵩庵闲话二卷（清）张尔歧撰‖蜀难叙略一卷（宋）沈荀蔚撰‖粤行纪事三卷（清）瞿昌文撰‖韵石斋笔谈二卷（清）姜绍书撰‖海岳志林一卷（明）毛晋撰‖画墁集八卷补遗一卷（宋）张舜民撰‖庶斋老学丛谈四卷（元）盛如梓撰‖砚北杂志二卷（元）陆友撰‖北轩笔记一卷（元）陈世隆撰‖随手杂录一卷（宋）王巩撰‖续夷坚志四卷（金）元好问撰‖猗觉寮难记二卷（宋）朱翌撰‖懒真子五卷（宋）马永卿撰‖入蜀记六卷（宋）陆游撰‖吹剑录外集一卷（宋）俞文豹撰‖游宦纪闻十卷（宋）张世南撰‖涉史随笔一卷（宋）葛洪撰‖香饮楼宾谈二卷（清）陆长春撰‖东观奏记三卷（唐）裴庭裕撰‖因话录六卷（唐）赵璘撰‖遂昌杂录一卷（元）郑元佑撰‖澹生堂藏书约一卷（明）祁承㸁撰‖云间据目抄五卷（明）范濂撰‖岛居随录二卷（清）卢若腾撰‖石林燕语十卷（宋）叶梦得撰‖中兴御侮录二卷（宋）□□撰‖襄阳守城录一卷（宋）赵万年撰‖宋季三朝政要六卷（宋）□□撰‖古今纪要逸编一卷（宋）黄震撰‖隐居诗话一卷（宋）魏泰撰‖家乘一卷（宋）黄庭坚撰‖船录二卷（宋）范成大撰‖补汉兵志一卷（宋）钱文子撰‖耕录稿一卷（宋）胡锜撰‖钓矶立谈一卷（宋）钓矶闲客撰‖经筵玉音问答一卷（宋）胡铨撰‖曲洧旧闻十卷（宋）朱弁撰‖归田录二卷（宋）欧阳修撰‖庆元党禁一卷（宋）樵川樵叟撰‖窃愤录一卷续录一卷（宋）辛弃疾撰‖江邻几杂志三十则（宋）江休复撰‖东坡志林十二卷（宋）苏轼撰‖儒林公议二卷（宋）田况撰‖字触六卷（清）周亮工撰‖西洋朝贡三

卷（清）黄省曾撰‖古欢堂集三十六卷（清）田雯撰‖浦阳人物记二卷（明）宋濂撰‖七颂堂识小录（清）刘体仁撰‖霞外尘谈十卷（明）周应治撰‖黄山领要录二卷（清）汪洪度撰‖大云山房杂记二卷（清）恽敬撰‖前徽录一卷（清）姚世锡撰‖苦瓜和尚画语录一卷（清）释道济撰‖耳邮四卷（清）俞樾撰‖津门杂记三卷（清）张焘撰‖渌水亭杂识四卷（清）性德撰‖萝庵游赏小志（清）李慈铭撰‖虫鸣漫录二卷（宋）采蘅子撰‖漫游纪略四卷（清）王澐撰‖此中人语六卷（清）程麟撰‖闻见异辞二卷（清）许秋垞撰‖古刻丛钞一卷（元）陶宗仪撰‖今世说八卷（清）王晫撰

0517　荟蕞编二十卷目录一卷（清）俞樾纂
民国上海进步书局石印本　一册
子部/小说家/杂事之属　12.6×8.7 厘米　十四行三十二字　黑口　四周双边　单黑鱼尾
存三卷（一至三）

0518　古今说海一百三十五种一百四十二卷（明）陆楫等编
民国十二年（1923）上海文明书局石印本　十二册
子部/丛编　13.3×8.9 厘米　十四行三十二字　黑口　四周双边　对黑鱼尾
北征录一卷（明）金幼孜撰‖北征后录一卷（明）金幼孜撰‖北征记一卷（明）杨荣撰‖平夏录一卷（明）黄标撰‖江南别录一卷（宋）陈彭年撰‖三楚新录三卷（宋）周羽撰‖溪蛮丛笑一卷（宋）朱辅撰‖辽志一卷（宋）叶隆礼撰‖金志一卷（宋）宇文懋昭撰‖蒙鞑备录一卷（宋）孟珙撰‖北边备对一卷（宋）程大昌撰‖桂海虞衡志一卷（宋）范成大撰‖真腊风土记一卷（元）周达观撰‖北户录一卷（唐）段公路撰‖西使记一卷（元）刘郁撰‖北辕录一卷（宋）周煇撰‖滇载记一卷（明）杨慎撰‖星槎胜览四卷（明）费信撰‖灵应传一卷（唐）□□撰‖洛神传一卷（唐）薛莹撰‖梦游录一卷（唐）任蕃撰‖吴保安传一卷（唐）牛肃撰‖昆仑奴传一卷（唐）杨巨源撰‖郑德璘传一卷（唐）薛莹撰‖李章武传一卷（唐）李景亮撰‖韦自东传一卷（唐）□□撰‖赵合传一卷（唐）□□撰‖杜子春传一卷（唐）郑还古撰‖裴伷先别传一卷（唐）□□撰‖震泽龙女传一卷（唐）薛莹撰‖袁氏传一卷（后蜀）顾夐撰‖少室仙姝传一卷（唐）□□撰‖李林甫外传一卷（唐）□□撰‖辽阳海神传一卷（明）蔡羽述‖蚍蜉传一卷（唐）□□撰‖甘棠灵会录一卷（□）□□撰‖颜浚传一卷（唐）□□撰‖张无颇传一卷（唐）□□撰‖板桥记一卷（唐）□□撰‖郄侯外传一卷（唐）李蘩撰‖洛京猎记一卷（唐）□□撰‖玉壶记一卷（唐）□□撰‖姚生传一卷（唐）□□撰‖唐晅手记一卷（唐）唐晅撰‖独孤穆传一卷（唐）□□撰‖王恭伯传一卷（唐）□□撰‖中山狼传一卷（宋）谢良撰‖崔炜传一卷（唐）□□撰‖陆显传一卷（唐）□□撰‖润玉传一卷（□）□□撰‖李卫公别传一卷（唐）□□撰‖齐推女传一卷（唐）□□撰‖鱼服记一卷（唐）□□撰‖聂隐娘传一卷（唐）郑文宝撰‖袁天纲外传一卷（唐）□□撰‖曾季衡传一卷（唐）□□撰‖蒋子文传一卷（唐）罗邺撰‖张遵言传一卷（唐）□□撰‖侯元传一卷（唐）□□撰‖同昌公主外传一卷（唐）苏鹗撰‖睦仁蒨传一卷（唐）陈鸿撰‖韦鲍二生传一卷（唐）□□撰‖张令传一卷（唐）□□撰‖李清传一卷（唐）□□撰‖薛昭传一卷（唐）□□撰‖王贾传一卷（唐）□□撰‖乌将军记一卷（唐）王恽撰‖窦玉传一卷（唐）□□撰‖柳参军传一卷

（唐）□□撰‖人虎传一卷（唐）李景亮撰‖马自然传一卷（唐）□□撰‖宝应录一卷（唐）□□撰‖白蛇记一卷（唐）□□撰‖巴西侯传一卷（唐）□□撰‖柳归舜传一卷（唐）□□撰‖求心录一卷（唐）□□撰‖知命录一卷（唐）□□撰‖山庄夜怪录一卷（唐）□□撰‖五真记一卷（唐）□□撰‖小金传一卷（唐）□□撰‖林灵素传一卷（宋）赵与时撰‖海陵三仙传一卷（宋）□□撰‖默记一卷（宋）王铚撰‖宣政杂录一卷（宋）江万里撰‖靖康朝野佥言一卷（宋）□□撰‖朝野遗纪一卷（宋）□□撰‖墨客挥犀一卷（宋）彭乘撰‖续墨客挥犀一卷（宋）彭乘撰‖闻见杂录一卷（宋）苏舜钦撰‖山房随笔一卷（元）蒋子正撰‖谐史一卷（宋）沈俶撰‖昨梦录一卷（宋）康与之撰‖ 三朝野史一卷（元）吴莱撰‖铁围山丛谈一卷（宋）蔡絛撰‖孔氏杂说一卷（宋）孔平仲撰‖潇湘录一卷（唐）李隐撰‖三水小牍一卷（唐）皇甫枚撰‖谈薮一卷（宋）庞元英撰‖清尊录一卷（宋）廉布撰‖睽车志一卷（宋）郭彖撰‖话腴一卷（宋）陈郁撰‖朝野佥载一卷（唐）张鷟撰‖古杭杂记一卷（元）李有撰‖蒙斋笔谈一卷（宋）叶梦得撰‖文昌杂录一卷（宋）庞元英撰‖就日录一卷（宋）赵□撰‖碧湖杂记一卷（宋）谢枋得撰‖钱氏私志一卷（宋）钱愐撰‖遂昌山樵杂录一卷（元）郑元佑撰‖高斋漫录一卷（宋）曾慥撰‖桐阴旧话一卷（宋）韩元吉撰‖霏雪录一卷（明）刘绩撰‖东园友闻一卷（元）□□撰‖拊掌录一卷（元）元怀撰‖汉武故事一卷（汉）班固撰‖艮岳记一卷（宋）张淏撰‖青溪寇轨一卷（宋）方勺撰‖炀帝海山记一卷（唐）韩偓撰‖炀帝迷楼记一卷（唐）韩偓撰‖炀帝开河记一卷（唐）韩偓撰‖江行杂录一卷（宋）廖莹中撰‖行营杂录一卷（宋）赵葵撰‖避暑漫抄一卷（宋）陆游撰‖养痾漫笔一卷（宋）赵溍撰‖虚谷闲抄一卷（元）方回撰‖蓼花洲闲录一卷（宋）高文虎撰‖乐府杂录一卷（唐）段安节撰‖教坊记一卷（唐）崔令钦撰‖孙内翰北里志一卷（唐）孙棨撰‖青楼集一卷（元）夏庭芝撰‖杂纂三卷（唐）李商隐撰（宋）王君玉（宋）苏轼续‖损斋备忘录一卷（明）梅纯撰‖复辟录一卷（明）杨瑄撰‖靖难功臣录一卷（明）朱当㴐撰‖备遗录一卷（明）张芹撰

0519 实政录七卷 （明）吕坤撰
清同治十一年（1872）浙江书局重刻本 六册
史部/职官类/官制之属 17.9 × 13.1 厘米 九行二十二字 白口 左右双边 单黑鱼尾

0520 说苑二十卷附佚文校辑一卷 （汉）刘向撰 张国铨校注
民国三十七年（1948）稿本 七册
子部/杂著类/杂纂之属 版式不等

0521 汉官仪考七种 （清）孙星衍辑
清刻本 二册
史部/政书类/仪制之属/典礼 17.8 × 11.8 厘米 九行二十一字 小字双行同 黑口 四周双边 线装
汉官仪二卷（汉）应劭撰‖汉旧仪二卷补遗二卷（汉）卫宏撰‖汉官典职仪式选用一卷（汉）蔡质撰‖汉官一卷（清）孙星衍校集撰‖汉仪一卷（吴）丁孚撰‖汉官解诂一卷（汉）胡广注

0522 历代职官表六卷 （清）黄本骥编
清光绪六年（1880）膺诂斋刻本 二册
史部/史表类/通代之属 17.5 × 11.6 厘米 黑口 左右双边 对黑鱼尾

0523 法学通论不分卷 许泽新编
民国四川敬业学院日新工业社铅印本 一册

新学/政治法律 17.9×12.1 厘米 十三行三十五字 白口 四周双边 单黑鱼尾

0524 **国际法大纲不分卷** 四川中山大学编辑
民国崇业印刷社石印本 一册
新学/政治法律 18.4×12.3 厘米 十二行三十字 白口 四周双边 单黑鱼尾

0525 **法学通论不分卷** 唐南熏编
民国四川女子法政学院美利利公司铅印本 一册
新学/政治法律 18.4×12.4 厘米 十五行四十六字 白口 四周双边 单黑鱼尾

0526 **日本皇室典范义解不分卷** （日本）伊藤博文纂 沈纮译
清光绪二十七年（1901）金粟斋铅印本 一册
新学/史志/别国史 18.9×12 厘米 十二行二十八字 白口 四周双边

0527 **日本宪法义解不分卷** （日本）伊藤博文纂 沈纮译
清光绪二十七年（1901）金粟斋铅印本 一册
新学/史志/别国史 18.9×13 厘米 十二行二十八字 白口 四周双边

0528 **为政忠告三种** （元）张养浩撰
民国二十五年（1936）上海涵芬楼影印本 一册
史部/职官类/官箴之属 14.1×10.6 厘米 八行十七字 黑口 四周双边 双黑鱼尾
牧民忠告二卷 ‖风宪忠告一卷 ‖庙堂忠告一卷

0529 **作邑自箴十卷** （宋）李元弼撰
民国上海涵芬楼影印本 一册
史部/职官类/官箴之属 14.1×9.4 厘米 十一行十九字 白口 左右双边 单黑鱼尾

0530 **麟台故事三卷** （宋）程俱撰
民国二十三年（1934）上海涵芬楼影印本 一册
史部/政书类 13.9×9.6 厘米 十行二十字 白口 四周单边 单白鱼尾

0531 **从政遗规摘抄二卷** （清）陈宏谋编
清同治七年（1868）崇文书局刻本 二册
史部/职官类/官箴之属 19.2×13.8 厘米 十行二十二字 四周双边 单黑鱼尾

0532 **今县释名六卷** 吕式斌撰
民国二十年（1931）铅印本 二册
史部/地理类/总志之属 14.8×11.4 厘米 黑口 四周双边 单黑鱼尾

0533 **详注聊斋志异图咏十六卷** （清）蒲松龄撰
民国十二年（1923）上海元昌印书馆石印本 八册
集部/小说类/短篇之属 16.6×11.5 厘米 四周单边 单黑鱼尾

0534 **聊斋志异不分卷** （清）蒲松龄撰
一九五五年文学古籍刊行社影印本 五册
集部/小说类/短篇之属 八行行字不等

0535 **聊斋志异不分卷** （清）蒲松龄撰
一九五五年文学古籍刊行社影印本 五册
集部/小说类/短篇之属 八行行字不等

0536 **续幽怪录四卷** （唐）李复言著
民国上海涵芬楼影印南宋书棚本 一册
子部/小说家类/异闻之属 14×10 厘米 九行十八字 左右双边 单黑鱼尾

0537 **唐段少卿酉阳杂俎前集二十卷续集十卷** （唐）段成式撰 （明）李云鹄校
民国上海涵芬楼影印明赵氏脉望馆刻本 四册
子部/小说家类/琐语之属 13.8×9.2 厘米 十行二十一字 四周单边 单黑鱼尾

0538 **括异志十卷** （宋）张师正纂
民国上海涵芬楼影印影宋钞本 二册
子部/小说家类/琐语之属 14.7×10.2 厘米 九行十八字 左右双边 单黑鱼尾

0539 墨庄漫录十卷 （宋）张邦基著
民国上海涵芬楼影印明钞本 三册
子部/杂著类/杂说之属 14.2×10.5 厘米 九行十八字 四周单边 单黑鱼尾

0540 山海经十八卷 （晋）郭璞注
民国上海涵芬楼影印明成化四年（1468）刻本 一册
子部/小说家类/异闻之属 14.5×9 厘米 九行十八字 黑口 四周双边 对黑鱼尾
存三卷 （南山经一卷、西山经一卷、北山经一卷）

0541 翻译名义集七卷 （宋）释法云编
民国上海商务印书馆影印四部丛刊本 七册
子部/宗教类/佛教之属/总录 14.2×8.7 厘米 五行十二字 小字双行同 白口 左右双边 单黑鱼尾

0542 景德传灯录三十卷西来年表一卷 （宋）释道原撰
民国二十四年（1935）上海商务印书馆影印四部丛刊三编本 十册
史部/传记类/总传之属/历代 14.6×10.4 厘米 十三行二十三至二十六字 小字双行不等 白口 左右双边 双顺黑鱼尾

0543 古今说部丛书 国学扶轮社校辑
民国四年（1915）中国图书公司和记铅印本 三十四册
类丛部/丛书类/汇编之属 15.3×10.8 厘米 十三行三十字 小字双行字数不等 黑口 四周单边
存八十三种一百四十三卷 （汉官仪一卷、献帝春秋一卷、九州岛春秋一卷、三国典略一卷、会稽典录一卷、魏春秋一卷、邺中记一卷、鞶辅录一卷、晋阳秋一卷、续晋阳秋一卷、晋中兴书一卷、次柳氏旧闻一卷、曲洧旧闻一卷、天山客话一卷、艾子后语一卷、猥谈一卷、半野村人闲谈一卷、蓉塘记闻一卷、蓬轩吴记二卷、蓬轩别记一卷、吴中故语一卷、觚剩八卷续编四卷、然脂百一编六种六卷、外家纪闻一卷、玉照新志四卷、王文正笔录一卷、觚不觚录一卷、睽车志一卷、说听二卷、石林诗话三卷、然灯记闻一卷、律诗定体一卷、声调谱一卷、谈龙录一卷、西湖秋柳词一卷、幽梦影二卷、幽梦续影一卷、匡庐纪游一卷、安南记游一卷、涪翁杂说一卷、湖壖杂记一卷、簪云楼杂说一卷、天香楼偶得一卷、筠廊偶笔二卷、枫窻小牍二卷、幸蜀记一卷、谈助一卷、庚巳编四卷、樊榭山房集外诗一卷、碧鸡漫志一卷、仿园清语一卷、赐砚斋题画偶录一卷、九华新谱一卷、麈余一卷、泰山纪胜一卷、孙公谈圃三卷、玉涧杂书一卷、道山清话一卷、天禄识余二卷、归田诗话三卷、麓堂诗话一卷、明季咏史百一诗一卷、竹垞小志五卷、骖鸾录一卷、续骖鸾录一卷、游雁荡山记一卷、雅谑一卷、闽小记二卷、遯斋偶笔二卷、莲子居词话四卷、锄经书舍零墨四卷、滹南诗话三卷、南行日记一卷、龙辅女红余志二卷、酒颠二卷、茶董二卷、冬集纪程一卷、救文格论一卷、师友诗传录一卷、师友诗传续录一卷 、金石要例一卷、贮香小品九卷、语新二卷）
汉官仪一卷 （汉）应劭撰 ‖ 献帝春秋一卷 ‖ 九州岛春秋一卷 （晋）司马彪 ‖三国典略一卷 （晋）鱼豢撰 ‖会稽典录一卷 （晋）虞预撰 ‖魏春秋一卷 （晋）孙盛撰 ‖邺中记一卷（晋）陆翙撰 ‖鞶辅录一卷 （晋）陶潜撰 ‖晋阳秋一卷 （晋）庾翼撰 ‖续晋阳秋一卷 （晋）檀道鸾撰 ‖晋中兴书一卷 （晋）何法盛撰 ‖次柳氏旧闻一卷 （唐）李德裕撰 ‖曲洧旧闻一卷 （宋）朱弁撰 ‖天山客话一卷 （清）洪亮吉著 ‖艾子后语一卷 （明）陆灼撰 ‖猥谈一卷 （明）祝允明撰 ‖半野村人闲谈一卷 （明）姜南撰 ‖蓉塘记闻一卷 （明）姜南纂 ‖蓬轩吴

记二卷（明）杨循吉撰 || 蓬轩别记一卷（明）杨循吉撰 ||吴中故语一卷（明）杨循吉撰 || 觚剩八卷续编四卷（清）钮琇辑 ||然脂百一编六种六卷（清）傅以礼辑||外家纪闻一卷（清）洪亮吉撰 ||玉照新志四卷（宋）王明清著 || 王文正笔录一卷（宋）王曾撰 ||觚不觚录一卷（明）王世贞著 ||睽车志一卷（元）欧阳玄著 ||说听二卷（明）陆延枝撰 ||石林诗话三卷（宋）叶梦得撰 ||然灯记闻一卷（清）王士禛口授 ||律诗定体一卷（清）(王士禛)撰 ||声调谱一卷（清）赵执信撰 ||谈龙录一卷（清）赵执信撰 ||西湖秋柳词一卷（清）杨凤苞撰 || 幽梦影二卷（清）张潮著 ||幽梦续影一卷（清）弁山草衣（朱锡绶）著 ||匡庐纪游一卷（清）吴阐思著 || 安南记游一卷（清）潘鼎珪著 ||涪翁杂说一卷（宋）黄庭坚撰 ||湖壖杂记一卷（清）陆次云著 ||簪云楼杂说一卷（清）陈尚古着 ||天香楼偶得一卷（清）虞兆漋著 ||筠廊偶笔二卷（清）宋荦撰 ||枫窻小牍二卷（宋）袁褧撰 ||幸蜀记一卷（唐）宋居白撰 ||谈助一卷（清）王崇简撰 ||庚巳编四卷（明）陆粲著 || 樊榭山房集外诗一卷（清）厉鹗撰 ||碧鸡漫志一卷（宋）王灼撰 ||仿园清语一卷（清）张荩著 ||赐砚斋题画偶录一卷（清）戴熙著 ||九华新谱一卷（清）吴升编 ||麈余一卷（清）曹宗璠撰 ||泰山纪胜一卷（清）孔贞瑄纂 ||孙公谈圃三卷（宋）孙升撰 ||玉涧杂书一卷（宋）叶梦得撰 ||道山清话一卷（宋）王暐撰 ||天禄识余二卷（清）高士奇辑 ||归田诗话三卷（明）瞿佑著 ||麓堂诗话一卷（明）李东阳撰 ||明季咏史百一诗一卷（清）张笃庆撰 ||竹垞小志五卷（清）杨蟠编录 ||骖鸾录一卷（宋）范成大撰 ||续骖鸾录一卷（清）张祥河撰 ||游雁荡山记一卷（清）周清原著 ||雅谑一卷（明）浮白斋主人述 ||闽小记二卷（清）周亮工撰 ||遯斋偶笔二卷（清）徐昆著 ||莲子居词话四卷（清）吴衡照辑 ||锄经书舍零墨四卷（清）黄协埙著 ||滹南诗话三卷（金）王若虚著 ||南行日记一卷（清）吴广霈著 ||龙辅女红余志二卷（元）龙辅撰 ||酒颠二卷（明）夏树芳采辑 ||茶董二卷（明）夏树芳辑 ||冬集纪程一卷（清）周广业撰 ||救文格论一卷（清）顾炎武撰 ||师友诗传录一卷（清）郎廷槐问 ||师友诗传续录一卷（清）刘大勤问 ||金石要例一卷（清）黄宗羲撰 ||贮香小品九卷（清）万后贤辑 ||语新二卷（清）钱学纶撰

0544 **庄子十卷**（晋）郭象注（唐）陆德明音义
民国上海中华书局影印四部备要本 四册
子部/道家类 12.2 × 8.6 厘米 十三行二十字 小字双行同 黑口 四周单边 对黑鱼尾

0545 **程氏家塾读书分年日程三卷纲领一卷**（元）程端礼述
民国二十三年（1934）上海商务印书馆影印四部丛刊续编本 二册
子部/儒家类/儒学之属/劝学 15.0 × 9.8 厘米 九行二十二字 小字双行同 黑口 左右双边 对黑鱼尾

0546 **三辅黄图六卷**（汉）□□撰 **校勘记一卷** 张元济撰
民国二十四年（1935）上海商务印书馆影印四部丛刊三编本 一册
史部/地理类/杂志之属 14.4 × 9.1 厘米 十一行二十一字 小字双行同 黑口 四周双边 顺黑鱼尾

0547 **洛阳伽蓝记五卷**（北魏）杨衒之撰 **校勘记一卷** 张元济撰
民国二十五年（1936）上海商务印书馆影印四部丛刊三编本 二册

史部/地理类/专志之属/寺观 14.0×10.0 厘米 九行十八字 黑口 左右双边 对黑鱼尾

0548 **原儒二卷** 熊十力撰
一九五六年上海龙门联合书局铅印十力丛书本 二册
子部/儒家类/儒学之属 22.4×11.1 厘米 十五行五十八字 黑口 四周单边 单黑鱼尾

0549 **原儒二卷** 熊十力撰
一九五六年上海龙门联合书局铅印十力丛书本 二册
子部/儒家类/儒学之属 22.4×11.1 厘米 十五行五十八字 黑口 四周单边 单黑鱼尾

0550 **太玄经二十卷** （晋）范望解赞 **说玄五篇不分卷** （唐）王涯撰 **释文一卷** （□）□□撰
民国上海涵芬楼影印本 三册
子部/术数类 14×9 厘米 八行十七字 白口 四周双边 单黑鱼尾

0551 **焦氏易林十六卷** （汉）焦延寿撰
民国上海涵芬楼影印本 十六册
子部/术数类/占卜之属 13.7×8.9 厘米 八行十五字 黑口 左右双边 对黑鱼尾

0552 **女聊斋志异四卷** 贾茗辑
民国二年（1913）中华图书馆石印本 三册
集部/小说类/短篇之属 16.8×11.3 厘米 十五行三十二字 白口 四周双边 单黑鱼尾

0553 **聊斋志异新评十六卷** （清）蒲松龄撰 （清）王士禛评 （清）但明伦新评 （清）吕湛恩注
民国上海中新书局铅印本 十六册
集部/小说类/短篇之属 16.8×11.7 厘米 十五行三十字 小字双行四十五字 白口 四周单边 单黑鱼尾

0554 **韩非子二十卷** （战国）韩非撰 （清）董慎行校 **识误三卷** （清）顾广圻撰
清光绪元年（1875）浙江书局刻本 六册
子部/法家类 18.4×12.5 厘米 九行二十一字 小字双行同 白口 左右双边 单黑鱼尾
无名氏批

0555 **管子二十四卷** （春秋）管仲撰 （唐）房玄龄注 （清）黄以周等校
清刻本 四册
子部/法家类 18.2×12.5 厘米 九行二十一字 小字双行同 白口 左右双边 单黑鱼尾
存二十卷 （五至二十四）

0556 **齐物论释一卷** 章炳麟撰 章见伊等校
民国浙江图书馆刻本 一册
子部/道家类 18.3×13.1 厘米 十一行二十四字 小字双行同 白口 四周单边 单黑鱼尾

0557 **疑狱集十卷附录三十则不分卷** （五代）和凝撰 （清）徐继镛校
清咸丰二年（1852）岭南徐氏刻本 四册
史部/律令之属/治狱 19×12.7 厘米 九行十九字 白口 四周双边 单黑鱼尾

0558 **曾胡治兵语录一卷** 蔡锷辑
民国六年（1917）铅印松坡遗集本 一册
子部/兵家类/兵法之属 16.1×10.8 厘米 九行二十一字 白口 四周双边 单黑鱼尾

0559 **重修政和经史证类备用本草三十卷** （宋）唐慎微续证类 （宋）曹孝忠校
民国上海涵芬楼影印本 十二册
子部/医家类/本草之属/历代综合本草 15.2×9.8 厘米 十二行二十三字 黑口 四周双边 双黑鱼尾

0560 **淮南子二十一卷** （汉）高诱注
民国中华书局铅印本 一册

子部/道家类 11.9 × 8.3 厘米 十三行二十字 小字双行同 黑口 左右单边 顺黑鱼尾
存三卷（一至三）

0561 **管子二十四卷**（春秋）管仲撰
民国上海涵芬楼影印四部丛刊本 四册
子部/法家类 14 × 9.6 厘米 十二行二十三字 小字双行二十九字 白口 左右双边 单黑鱼尾

0562 **韩非子集解二十卷首一卷**（战国）韩非撰（清）王先慎集解 王先谦注
清末扫叶山房石印本 五册
子部/法家类 16.8 × 11.3 厘米 十四行 小字双行三十四字 白口 四周双边 单黑鱼尾

0563 **教科适用韩非子精华一卷**（□）□□编辑
民国四年（1915）中华书局铅印本 一册
子部/法家类 16.6 × 11.2 厘米 上下两栏 下栏十二行二十八字 黑口 四周双边 单黑鱼尾

0564 **教科适用管子精华一卷**（□）□□编辑
民国十五年（1926）中华书局铅印本 一册
子部/法家类 16.6 × 11.2 厘米 上下两栏 下栏十二行二十八字 黑口 四周双边 单黑鱼尾

0565 **韩非子二十卷**（战国）韩非著
民国上海涵芬楼影印四部丛刊本 三册
子部/法家类 14 × 10.1 厘米 十三行二十四字 小字双行同 白口 四周单边 顺黑鱼尾

0566 **六韬六卷**（周）吕望撰 **吴子二卷**（战国）吴起撰 **司马法三卷**（春秋）司马穰苴撰
民国上海涵芬楼影印四部丛刊本 一册
子部/兵家类/兵法之属 13.8 × 9.3 厘米 十行二十二字 白口 左右双边 单黑鱼尾

0567 **邓析子一卷**（春秋）邓析撰
民国上海涵芬楼影印四部丛刊本 一册
子部/名家类 14.6 × 10.5 厘米 十行十九字 白口 左右双边 单黑鱼尾

0568 **商子五卷**（战国）商鞅撰
民国上海涵芬楼影印四部丛刊本 一册
子部/法家类 14 × 9.8 厘米 九行十八字 白口 左右双边 单黑鱼尾

0569 **慎子内篇一卷外篇一卷**（战国）慎到撰（明）慎懋赏解
民国上海涵芬楼影印四部丛刊本 一册
子部/法家类 14 × 10.5 厘米 十行二十一字 白口 左右双边 黑对鱼尾

0570 **慎子内篇一卷外篇一卷**（战国）慎到撰（明）慎懋赏解
民国上海涵芬楼影印本 一册
子部/法家类 14 × 10.5 厘米 十行二十一字 白口 左右双边 对黑鱼尾
沓斋题跋，有无名氏批语

0571 **齐民要术十卷**（北魏）贾思勰撰
民国上海涵芬楼影印明钞本 四册
子部/农家农学类/总类之属 14.7 × 10.8 厘米 十行十七字 小字双行二十四字 四周单边 单黑鱼尾

0572 **齐民要术十卷**（北魏）贾思勰撰
民国上海涵芬楼影印明钞本 四册
子部/农家农学类/总类之属 14.7 × 10.8 厘米 十行十七字 小字双行二十四字 四周单边 单黑鱼尾

0573 **齐民要术十卷**（北魏）贾思勰撰
民国中华书局铅印四部备要本 四册
子部/农家农学类/总类之属 15.3 × 10.7 厘米 十三行二十字 四周单边 单黑鱼尾

0574 **伤寒心法十五卷**（□）□□撰
民国石印本 六册
子部/医家类/伤寒金匮之属/伤寒论 20.1 ×

13.5 厘米 十三行三十字 四周单边 单黑鱼尾
存十一卷 （一至六、九至十、十三至十五）

0575 **蚕桑辑要合编不分卷** （□）□□撰
清光绪二年（1876）荷池书局 一册
子部/农家农学类/蚕桑之属 18.6 × 13.5 厘米
十行二十五字 左右双边 单黑鱼尾

0576 **子问二卷** （清）刘沅撰
民国十六年（1927）重庆新文化社铅印本 二册
子部/杂家类 16.8 × 11.5 厘米 十一行二十八字 黑口 四周双边 单黑鱼尾

0577 **潜夫论十卷** （汉）王符撰 （清）汪继培笺
清光绪十七年（1891）思贤讲舍刻本 二册
子部/儒家类/儒学之属 18 × 13.5 厘米 十一行二十四字 左右双边 黑口 单黑鱼尾

0578 **新序十卷** （汉）刘向撰 张国铨校注
民国三十二年（1943）铅印本 二册
子部/儒家类/儒学之属/经济 17.8 × 12.4 厘米
十二行三十字 四周单边 对黑鱼尾

0579 **批注伤寒论十卷** （晋）王叔和撰次 （明）汪济川校正
民国涵芬楼影印明嘉靖汪济刻本 四册
子部/医家类/伤寒金匮之属/伤寒论 14 × 9.5 厘米 十行十九字 左右双边 单白鱼尾

0580 **王翰林集注黄帝八十一难经十三卷** （宋）丁德用撰 （宋）杨康侯批注
民国上海涵芬楼影印本 二册
子部/医家类/医经之属/难经 14.1 × 9.3 厘米
10 行 20 字 四周单边 单黑鱼尾

0581 **编译丛刻十一种** （清）南洋公学译书院辑
清光绪二十八年（1902）南洋公学译书院铅印本 二十三册
新学/兵制 17 × 11.5 厘米 九行二十二字 黑口 四周单边 单黑鱼尾
步兵工作教范一卷 樊炳清译述‖作战粮食给养法概意一卷 杨志洵译述‖日本军队给与法一卷 孟森 杨志洵译述‖美国陆军制一卷 葛胜芳译述‖日本宪兵制一卷 孟森译述‖战术学三卷 （日本）细田谦藏译述 ‖步兵各个教练书一卷 （日本）稻村新六辑补 ‖步兵战斗射击教练书一卷 （日本）山根虎之助译‖步兵射击教范一卷 （日本）山根虎之助译 ‖日本陆军学校章程汇编一卷 孟森译述 ‖野外要务令一卷 卢永铭译述

0582 **新四军调查专报不分卷** □□编
建国后油印本 一册
新学/兵制/陆军

0583 **中英藏案交涉颠末不分卷** □□编
民国十三年（1924）红格抄本 一册
新学/交涉 21.8 × 14.5 厘米 十行行字不等

0584 **赵忠定奏议四卷** （宋）赵汝愚撰 叶德辉编辑
清宣统二年（1910）叶氏观古堂刻本 二册
史部/诏令奏议类/奏议之属 18 × 13.4 厘米 十一行二十二字 黑口 左右双边 对黑鱼尾

0585 **[民国]阆中县志三十卷** 岳永武修
民国十五年（1926）石印本 八册
史部/地理类/方志之属/郡县志 20 × 16.2 厘米
十行二十三字 小字双行同 白口 四周双边 单黑鱼尾

0586 **读史兵略四十六卷** （清）胡林翼纂
清咸丰十一年（1861）武昌节署刻本 十五册
史部/政书类/军政之属/兵制 19.9 × 15.6 厘米
十二行二十四字 小字双行同 白口 四周双边 单黑鱼尾
缺三卷 （九至十一）

0587 **荀子二十卷** （唐）杨倞注
民国中华书局影印本 六册
子部/儒家类/儒家之属 12.2 × 8.7 厘米 十三行二十字 小字双行同 白口 四周单边 对黑鱼尾

0588 **四川省地方志联合目录不分卷** 四川省中心图书馆委员会编
一九八二年铅印本 一册
史部/目录类/总录之属/地方 17.2 × 13 厘米 白口 四周单边 单黑鱼尾

0588 **四川省地方志联合目录不分卷** 四川省中心图书馆委员会编
一九八二年铅印本 一册
史部/目录类/总录之属/地方 17.2 × 12 厘米 白口 四周单边 单黑鱼尾

0590 **两朝平攘录五卷** （明）诸葛元声辑（明）商浚校
一九八〇年复印本 五册
史部/杂史类/外纪之属 12.2 × 8.7 厘米 十三行二十字 小字双行同 白口 四周单边 单黑鱼尾

0591 **重广补注黄帝内经素问二十四卷** （唐）王冰注 （宋）林亿等校正
民国上海涵芬楼影印明顾氏翻宋刻本 五册
子部/医家类/医经之属/内经 13.6 × 9.7 厘米 十行二十一字 小字双行三十字 左右双边 单黑花鱼尾

0592 **野菜博录三卷** （明）鲍山编
民国上海涵芬楼影印明刻本 三册
子部/农家农学类/农艺之属/作物种植 14.1 × 9.7 厘米 四周单边 单黑鱼尾

0593 **龟山先生语录四卷后录二卷** （宋）杨时著
民国上海涵芬楼影印宋刻本 二册
子部/儒家类/儒学之属/性理 14.4 × 10.5 厘米 十行十八字 左右双边 对黑鱼尾

0594 **周子通书一卷** （宋）周敦颐著 **榕村通书篇一卷** （清）李光地撰
民国上海中华书局铅印本 一册
子部/儒家类/儒学之属 14.6 × 10.8 厘米 十三行十九字 四周单边 黑口 单黑鱼尾

0595 **中说十卷** （宋）阮逸注
民国上海涵芬楼影印宋刻本 一册
子部/儒家类/儒学之属 13.8 × 9.3 厘米 十一行二十字 黑口 左右双边 顺黑鱼尾

0596 **中说十卷** （宋）阮逸注
民国上海中华书局铅印本 一册
子部/儒家类/儒学之属 15.3 × 10.7 厘米 十三行二十字 小字双行同 四周单边 单黑鱼尾

0597 **颜氏家训二卷** （南北朝）颜之推撰（明）冷宗元校
民国上海涵芬楼影印明辽阳傅氏刻本 一册
子部/儒家类/儒学之属/礼教/家训 13.6 × 9.6 厘米 十行二十字 四周单边

0598 **徐干中论二卷** （汉）徐干撰 （明）薛晨校正
民国上海涵芬楼影印明嘉靖四十四年（1565）青州刻本 一册
子部/儒家类/儒学之属 13.8 × 10.5 厘米 八行十六字 左右双边

0599 **张子语录三卷** （宋）张载撰
民国上海涵芬楼影印宋刻本 一册
子部/儒家类/儒学之属/性理 14 × 10.3 厘米 十行十八字 左右双边 对黑鱼尾

0600 **桓子新论一卷** （汉）桓谭撰 （清）孙冯翼辑
民国上海中华书局铅印本 一册
子部/儒家类/儒学之属/经济 15.3 × 10.8 厘米 十三行二十字 四周单边 单黑鱼尾

0601　旧五代史一百五十卷　（宋）薛居正等撰
民国二十五年（1936）上海涵芬楼影印本　二十四册
史部/纪传类/正史之属　14.2 × 9.9 厘米　十行二十一字　小字双行同　白口　左右双边　单黑鱼尾

0602　说苑二十卷　（汉）刘向撰
民国上海涵芬楼影印本　六册
子部/杂著类/杂纂之属　14.2 × 10.5 厘米　九行十五字　白口　左右双边　单白鱼尾

0603　蜀海丛谈三卷　周询著
民国三十七年（1948）重庆大公报馆活字排印本　三册
史部/政书类/掌故琐记之属　15.3 × 10.9 厘米　十行二十六字　白口　四周双边　单黑鱼尾

0604　蜀海丛谈三卷　周询著
民国三十七年（1948）重庆大公报馆活字排印本　一册
史部/政书类/掌故琐记之属　15.4 × 10.9 厘米　十行二十六字　白口　四周双边　单黑鱼尾
存一卷　（一）

0605　唐小本释氏碑二十种　王云五编
民国二十六年（1937）上海商务印书馆影印本　四册
史部/传记类/别传之属/碑传　21 × 11 ~ 11.5 厘米

0606　六朝墓志菁华第二集　□□编
民国影印本　一册
史部/传记类/别传之属/墓志　23.3 ~ 23.7 × 12.2 ~ 12.5 厘米
存一册（一）

0607　六朝墓志菁华第三集　□□编
民国影印本　三册
史部/传记类/别传之属/墓志　23.3 ~ 23.8 × 12.6 ~ 12.8 厘米
缺一册（四）

0608　蜀海丛谈三卷　周询著
复印本　三册
史部/政书类/掌故琐记之属　19.4 × 13.5 厘米　十行二十六字　白口　四周双边　单黑鱼尾

0609　寄傲山房塾课新增幼学故事琼林四卷　（明）程登吉著　（清）邹圣脉增补
清光绪二十九年（1903）魏氏古香阁刻本　四册
子部/儒家类/儒学之属/蒙学　4.5 × 15 厘米　十一行七字　17.8 × 15 厘米　十一行十四字　小字双行二十八字　白口　左右双边　单黑鱼尾

0610　小学集注六卷　（宋）朱熹撰
民国贵阳文通书局铅印本　二册
子部/儒家类/儒学之属/蒙学　18.7 × 12.2 厘米　十行二十四字　小字双行四十八字　黑口　四周双边　单黑鱼尾

0611　东北通史六卷　国立东北大学东北史地经济研究室编
民国国立东北大学东北史地经济研究室铅印本　三册
史部/地理类/方志之属/通志　15.9 × 11.6 厘米　十四行三十一字　上下白口　四周单边　单黑鱼尾

0612　[民国]合江县志六卷　王玉璋修　刘天锡等撰
民国重庆启文印刷公司铅印本　五册
史部/地理类/方志之属/郡县志　17.3 × 13.1 厘米　十三行二十八字　小字双行同　上下白口　四周双边　单黑鱼尾
缺一卷　（一）

0613　[民国]合江县志六卷　王玉璋修　刘天锡等撰
民国重庆启文印刷公司铅印本　四册
史部/地理类/方志之属/郡县志　17.3 × 13.1 厘米　十三行二十八字　小字双行同　上下白口　四周双边　单黑鱼尾
缺二卷　（一至二）

0614 合江文征四卷附罗氏家训一卷
（□）□□著
民国铅印本 二册
史部/地理类/方志之属/郡县志 17.2×13.1 厘米 十三行二十八字 小字双行同 上下白口 四周双边 单黑鱼尾

0615 合江文征四卷附罗氏家训一卷
（□）□□著
民国铅印本 一册
史部/地理类/方志之属/郡县志 17.2×13.1 厘米 十三行二十八字 小字双行同 上下白口 四周双边 单黑鱼尾

0616 魏武帝注孙吴司马法七卷尸子二卷燕丹子三卷牟子一卷 （清）孙星衍辑
清光绪刻本 一册
子部/丛编 17.1×10.9 厘米 十一行二十字 小字双行同 上下白口 左右双边 单黑鱼尾

0617 素书一卷 （汉）黄石公撰 （宋）张商英注
民国武学书局铅印本 一册
子部/道家类 14.2×10.3 厘米 十三行十八字 小字双行同 黑口 四周单边 单黑鱼尾

0618 孙子今译二卷附孙子列传今译一卷 郭化若撰
民国中华书局铅印本 一册
子部/兵家类/兵法之属 17.6×11.2 厘米 十三行二十三字 小字双行三十字 上下白口 四周单边 单黑鱼尾

0619 十一家注孙子三卷附孙子本传一卷 郭化若撰
一九六一年上海中华书局影印本 三册
子部/兵家类/兵法之属 17.5×11 厘米 八行十七至十八字不等 小字双行二十六字 上下白口 左右双边 单黑鱼尾

0620 困学纪闻二十卷 （宋）王应麟撰
民国上海涵芬楼影印本 六册
子部/杂著类/杂考之属 14.2×8.6 厘米 十一行二十四字 上下白口 左右双边 双黑鱼尾

0621 [民国]重修南川县志十四卷 韦麟书编纂
民国十五年（1926）首都明明印刷局铅印本 十三册
史部/地理类/方志之属/郡县志 21×12.8 厘米 十三行三十六字 白口 四周单边

0622 庄子十卷 （晋）郭象注（唐）陆德明音义
民国上海中华书局铅印四部备要本 四册
子部/道家类 15.4×10.8 厘米 十三行二十字 小字双行同 黑口 四周单边 对黑鱼尾

0623 得一录十六卷 （清）余治辑
清同治八年（1869）刻本 八册
史部/政书类/邦计之属/荒政 19.8×13.2 厘米 十二行二十五字 白口 四周单边 单黑鱼尾

0624 列子八卷 （晋）张湛注
民国上海中华书局铅印四部备要本 三册
子部/道家类 14.7×10.1 厘米 十二行十九字 黑口 四周单边 对黑鱼尾

0625 通玄真经十二卷校勘记一卷 （唐）徐灵府注
民国上海涵芬楼影印四部丛刊本 二册
子部/宗教类/道教之属/经文 14.8×10.6 厘米 十二行二十二字 小字双行二十五字 白口 四周单边 顺黑鱼尾

0626 文始真经三卷校勘记一卷 （战国）关尹子撰
民国二十五年（1936）上海涵芬楼影印四部丛刊本 一册
子部/道家类 14×10.4 厘米 九行十七字 黑口 四周双边 单黑鱼尾

0627　冲虚至德真经八卷（晋）张湛注
民国上海涵芬楼影印四部丛刊本　一册
子部/道家类　14.5×10 厘米　十四行二十六字　小字双行三十字　白口　左右双边　单黑鱼尾

0628　日知录集释三十二卷刊误二卷续刊误二卷（清）顾炎武著（清）黄汝成集释
民国上海中华书局铅印四部备要本　十二册
史部/史评类/考订之属　15.3×10.6 厘米　十三行二十字　小字双行同　黑口　四周单边　单黑鱼尾

0629　日知录集释三十二卷刊误二卷续刊误二卷（清）顾炎武著（清）黄汝成集释
民国上海中华书局铅印四部备要本　六册
史部/史评类/考订之属　15.3×10.6 厘米　十三行二十字　小字双行同　黑口　四周单边　单黑鱼尾
存十七卷（一至十七）

0630　百尺楼丛画八卷（清）汪鏻绘
民国上海朝记书庄影印本　八册
子部/艺术类/书画之属/画谱　16.3×12.2 厘米　黑口　四周双边　对黑鱼尾

0631　南华真经十卷（晋）郭象注（唐）陆德明音义
民国上海涵芬楼影印本　五册
子部/道家类　14.2×9.7 厘米　八行十七字　白口　四周双边　单白鱼尾

0632　历史三字经文集一卷（□）□□撰　**增广珠算一卷**（□）□□撰
民国刻本　一册
子部/儒家类/儒学之属/蒙学　版式不等

0633　小学集注六卷（明）陈选集注
民国中华书局铅印本　二册
子部/儒家类/儒学之属/蒙学　14.6×10.8 厘米　十三行十九字　小字双行不等　黑口　四周单边　单黑鱼尾

0634　龙文鞭影初集二卷（明）萧良有纂辑（明）杨臣诤增订　**龙文鞭影二集二卷**（清）李晖吉（清）徐瓒辑
民国上海章福记书局石印本　一册
子部/儒家类/儒学之属/蒙学　17.6×12.3 厘米　七行　小字三行行四十字　白口　四周双边　单黑鱼尾

0635　重订庄子集注三卷　阮毓松辑
民国上海中华书局铅印本　五册
子部/道家类　14.2×10.5 厘米　十三行二十五字　小字双行五十字　黑口　四周单边　单黑鱼尾

0636　龙文鞭影初集四卷（明）萧良有纂辑（明）杨臣诤增订（清）李恩绶校补　**龙文鞭影二集二卷**（清）李晖吉　徐瓒辑
民国十五年（1926）贵阳文通书局铅印本　四册
子部/儒家类/儒学之属/蒙学　18.9×13.4 厘米　六行字数不等　黑口　四周双边　单黑鱼尾

0637　庄子义证三十三卷附录二卷校补记一卷　马叙伦撰
民国十九年（1930）商务印书馆铅印本　六册
子部/道家类　16.3×11.5 厘米　十二行三十三字　黑口　四周双边

0638　六朝墓志精华第四集　□□编
民国影印本　三册
史部/传记类/别传之属/墓志　22.1×11.5 厘米
缺一册（三）

0639　翁松禅相国尺牍真迹（□）□□撰
民国影印本　十二册
集部/总集类/尺牍之属　五行十一字
存十二册（五至十一、十六至十七、十九、二十一至二十二）

0640　**白氏六帖事类集三十卷**　（唐）白居易撰
一九八七年文物出版印刷厂影印本　六册
类丛部/类书类/通类之属　22.8 × 16.3 厘米　十三行二十六字　小字双行不等　白口　左右双边　单黑鱼尾

0641　**日知录集释三十二卷刊误二卷续刊误二卷**　（清）顾炎武著　（清）黄汝成集释
民国中华书局铅印本　六册
子部/杂者类/杂说之属　15.3 × 10.5 厘米　十三行二十字　小字双行同　黑口　四周单边　单黑鱼尾
存九卷　（十八至三十二、刊误二卷、续刊误二卷）

0642　**鬼谷子三卷**　（南朝梁）陶弘景注
民国上海涵芬楼影印本　一册
子部/纵横家类　14 × 15.8 厘米　十一行二十一字　黑口　四周双边

0643　**鬼谷子三卷**　（南朝梁）陶弘景注
民国上海中华书局铅印本　一册
子部/纵横家类　14.6 × 10.8 厘米　十三行十九字　小字双行三十八字　黑口　四周单边　双黑鱼尾

0644　**吕氏春秋二十六卷**　（汉）高诱训解　（明）宋邦义　（明）张邦莹　（明）徐益孙　（明）何玉畏校
民国上海涵芬楼影印本　五册
子部/杂家类　14.1 × 10.4 厘米　十行二十字　小字双行同　白口　左右双边

0645　**墨子十五卷**　（战国）墨翟撰
民国上海涵芬楼影印本　四册
子部/墨家类　14 × 10 厘米　八行十七字　白口　四周单边　单白鱼尾

0646　**鹖冠子三卷**　（宋）陆佃解
民国上海涵芬楼影印本　一册
子部/道家类　15 × 10 厘米　八行十七字　小字双行三十四字　黑口　四周双边　对白鱼尾

0647　**墨子间诂十五卷目录一卷附录一卷后语二卷**　（清）孙诒让撰
民国上海涵芬楼影印本　八册
子部/墨家类　14.8 × 10.4 厘米　十二行二十字　小字双行四十字　黑口　左右双边

0648　**钦定四库全书总目二百卷首一卷**　（清）纪昀等撰
民国粤东省城富文斋、萃文堂、聚珍堂刻本　一百一十四册
史部/目录类/书志之属/提要　14.1 × 10.7 厘米　九行二十一字　白口　左右双边

0649　**四库目略**　杨立诚撰
民国十八年（1929）浙江印刷公司铅印本　四册
史部/目录类/书志之属/提要　17.5 × 11 厘米

0650　**目录学二卷**　（□）□□撰
民国石印本　二册
史部/目录类/通论之属　十一行二十六字

0651　**南村辍耕录三十卷**　（元）陶宗仪撰
民国二十五年（1936）上海涵芬楼影印本　八册
史部/政书类类/掌故琐记之属　14.1 × 8.5 厘米　十行二十二字　黑口　四周双边　三黑鱼尾

0652　**青年修养录十八卷**　赵振铎编
民国十四年（1925）上海商务印书馆铅印本　二册
新学/学校/附礼仪　15.6 × 10.9 厘米　十二行三十一字　黑口　四周双边　单黑鱼尾
存九卷　（十至十八）

0653　**鼎锲幼幼集成六卷**　（清）陈复正辑　（清）刘勦校
民国石印本　五册

子部/医家类/儿科之属 17.5×12.5 厘米 二十行四十字 白口 四周单边
存五卷 （一、三至六）

0654 **梦溪笔谈二十六卷** （宋）沈括撰
民国二十三年（1934）上海涵芬楼影印本 四册
子部/杂著类/杂说之属 14.1×10.3 厘米 十二行十八字 白口 左右双边 单黑鱼尾

0655 **容斋随笔十六卷续笔十六卷三笔十六卷四笔十六卷五笔十卷** （宋）洪迈撰
民国二十三年（1934）上海涵芬楼影印本 十二册
子部/杂著类/杂说之属 版式不等

0656 **尹文子一卷校勘记一卷** （战国）尹文撰
民国上海中华书局铅印本 一册
子部/名家类 12.1×8.1 厘米 十行十五字 黑口 四周单边 对黑鱼尾

0657 **墨子十五卷目一卷** （战国）墨翟撰
民国上海中华书局铅印本 四册
子部/墨家类 12.2×8.1 厘米 十二行十九字 小字双行同 黑口 四周单边 对黑鱼尾

0658 **淮南子二十一卷** （汉）高诱注
民国上海中华书局铅印本 六册
子部/道家类 12.1×8.3 厘米 十三行二十字 小字双行同 黑口 四周单边 对黑鱼尾

0659 **淮南子二十一卷** （汉）高诱注
民国上海中华书局铅印本 五册
子部/道家类 12.1×8.3 厘米 十三行二十字 小字双行同 黑口 四周单边 对黑鱼尾
缺三卷 （一至三）

0660 **尹文子一卷** （战国）尹文撰
民国上海涵芬楼影印本 一册
子部/名家类 14.8×10.2 厘米 十行十九字 白口 左右双边 单黑鱼尾

0661 **水经注四十卷首一卷** （北魏）郦道元撰
民国上海商务印书馆影印四部丛刊本 十二册
史部/地理类/水利之属 14.2×9.1 厘米 九行二十一字 小字双行同 白口 四周双边 单黑鱼尾

0662 **佛法非宗教非哲学一卷** 欧阳竟无讲 王恩洋笔记
民国影印本 一册
子部/宗教类/佛教之属 十至十一行三十五字 白口 无版框 无鱼尾

0663 **西藏宗教源流考一卷** 张其勤编辑
清宣统二年（1910）官印刷局铅印本 一册
子部/宗教类 18.8×12.2 厘米 十行二十四字 白口 四周双边 单黑鱼尾

0664 **说苑二十卷** （汉）刘向撰
清末民初铅印本 四册
子部/杂著类/杂纂之属 15.3×11.6 厘米 十二行二十六字 小字双行同 黑口 四周双边 单黑鱼尾

0665 **潜夫论十卷** （汉）王符撰
民国上海商务印书馆影印四部丛刊本 二册
子部/儒家类/儒学之属 13.6×10.5 厘米 十行十八字 白口 四周双边 单黑鱼尾

0666 **潜夫论十卷** （汉）王符撰
民国上海商务印书馆影印四部丛刊本 二册
子部/儒家类/儒学之属 13.6×10.6 厘米 十行十八字 白口 四周双边 单黑鱼尾

0667 **扬子法言十三卷** （汉）扬雄撰 （晋）李轨注 **音义一卷** （宋）□□撰
民国上海商务印书馆影印四部丛刊本 一册
子部/儒家类/儒学之属/礼教 12.4×10.6 厘米 十行十八字 小字双行二十五字 白口 左右双边 单黑鱼尾

0668 **文昌帝君功过格不分卷** （□）□□撰
清同治三年（1864）刻本 一册
子部/宗教类/道教之属 17.7×11.4 厘米 六行十三字 小字双行不等 白口 四周单边 单黑鱼尾

0669 **家庭教育补一卷** 霁园老人编
民国铅印本 一册
新学/幼学 17.8×11.4 厘米 十一行三十字 白口 四周双边 单黑鱼尾

0670 **训俗遗规摘钞三卷训俗遗规补摘钞一卷** （清）陈宏谋原编 （清）刘肇绅摘抄
清同治七年（1868）楚北崇文书局刻本 二册
子部/儒家类/儒学之属/俗训 19.8×13.5 厘米 十行二十二字 小字双行同 白口 四周双边 单黑鱼尾

0671 **百城烟水九卷** （清）徐崧 （清）张大纯辑
一九七九年北京古籍出版社影印本 五册
史部/地理类/专志之属 19.2×15.1 厘米 十行二十字 小字双行同 黑口 四周双边 对黑鱼尾

0672 **农政全书六十卷** （明）徐光启著
清宣统元年（1909）上海求学斋石印本 八册
子部/农家农学类 17.5×11.7 厘米 双栏 黑口 四周双边 单黑鱼尾

0673 **石渠宝笈四十四卷** （清）张照等撰
民国上海涵芬楼影印本 五十册
子部/艺术类/书画之属/总论 15.2×9.7 厘米 八行二十一字 白口 四周单边

0674 **芥子园画传二集九卷三集六卷** （清）王概等撰
民国上海天宝书局石印本 十一册
子部/艺术类/书画之属 17×11.6 厘米 白口 四周单边 单黑鱼尾
存十三卷（二集三至九、三集一至六）

0675 **吕氏春秋二十六卷** （汉）高诱注
清光绪元年（1875）浙江书局刻本 六册
子部/杂家类 18×13.2 厘米 九行二十一字 小字双行同 白口 左右双边 单黑鱼尾

0676 **淮南子二十一卷** （清）吴汝纶点校
民国莲池书社铅印本 三册
子部/道家类 15.6×11.5 厘米 十一行二十七字 小字双行三十字 白口 四周单边

0677 **仇池笔记不分卷** （宋）苏轼撰
民国涵芬楼影印本 四册
子部/小说家类/杂事之属 14.5×10.2 厘米 十三行二十五字 小字双行三十八字 白口 四周单边 对黑鱼尾

0678 **东北集刊二期** 国立东北大学东北史地经济研究室编
民国三十年（1941）影印本 二册
存二期（一至二）

0679 **华西学报第六七期合刊** 华西学报编辑委员会编辑
民国三十年（1941）铅印本 一册
新学/报章

0680 **国难劮刊号** 四川省国难救济会编辑
民国二十一年（1932）铅印本 二册

0681 **桓子新论一卷** （汉）桓谭撰 （清）孙冯翼辑
民国上海中华书局铅印本 一册
子部/儒家类/儒学之属/经济 15.3×10.8 厘米 十三行二十字 四周单边 单黑鱼尾

0682 **桓子新论一卷** （汉）桓谭撰 （清）孙冯翼辑
民国上海中华书局铅印本 一册

子部/儒家类/儒学之属/经济 15.3×10.8 厘米 十三行二十字 四周单边 单黑鱼尾

0683 **申鉴五卷** （明）黄省曾注
民国上海涵芬楼影印明文始堂刻本 一册
子部/儒家类/儒学之属/礼教/鉴戒 15×9.7 厘米 九行十七字 四周双边 对黑鱼尾

0684 **申鉴五卷** （明）黄省曾注
民国上海涵芬楼影印明文始堂刻本 一册
子部/儒家类/儒学之属/礼教/鉴戒 15×9.7 厘米 九行十七字 四周双边 对黑鱼尾

0685 **庄子集释十卷** （清）郭庆藩辑
民国扫叶山房石印本 八册
子部/道家类 16.1×11.5 厘米 四周双边 单黑鱼尾

0686 **老子古义三卷** 杨树达选集
民国十七年（1928）中华书局铅印本 三册
子部/道家类 15.3×10.6 厘米 十一行二十字 黑口 四周单边 单黑鱼尾

0687 **大唐西域记十二卷** （唐）释玄奘译（唐）释辩机撰
民国上海涵芬楼影印宋刻本 四册
史部/地理类/外纪之属 十二行十七字

0688 **大唐西域记十二卷** （唐）释玄奘译（唐）释辩机撰
民国上海涵芬楼影印宋刻本 四册
史部/地理类/外纪之属 十二行十七字

0689 **大唐西域记十二卷** （唐）释玄奘译（唐）释辩机撰
一九五五年文学古籍刊行社影印明嘉靖刻本 三册
史部/地理类/外纪之属 16×10.9 厘米 十行二十字 四周双边

0690 **金石萃编一百六十卷续编二十一卷补正二卷** （清）王昶撰
民国十五年（1926）扫叶山房石印本 三十二册
史部/金石类/总志之属 15.8×11.1 厘米 上下两栏 各二十行二十一字 黑口 四周单边 单黑鱼尾

0691 **八喜斋随笔一卷** （清）潘祖荫撰 李少微编次
民国二十五年（1936）铅印本 一册
史部/目录类/版本之属 16.6×11.2 厘米 十行二十五字 黑口 左右双边 单黑花鱼尾

0692 **快雪堂法书不分卷** （明）冯铨集
民国五年（1916）影印本 五册
子部/艺术类/书画之属/法帖

0693 **近代碑帖大观续集不分卷** 碧梧山房辑
民国碧梧山庄影印本 一册
子部/艺术类/书画之属/法帖

0694 **旧拓好大王碑不分卷** 有正书局辑
民国十四年（1925）上海有正书局影印本 一册
子部/艺术类/书画之属/法帖

0695 **管窥辑要八十卷** （清）黄鼎纂定
清顺治刻本 二册
子部/术数类/占侯之属 20.6×13.8 厘米 九行十九字 四周单边 单黑鱼尾
存三卷 （七十五至七十六、目次一卷）

0696 **隶释二十七卷** （宋）洪适撰
民国二十四年（1935）上海商务印书馆影印本 六册
史部/金石类/总志之属/文字 13.4×9.9 厘米 九行二十字 四周双边 单黑鱼尾
存二十二卷 （六至二十七）

0697 **西藏通览** （日本）山县初男著
清末铅印本 三册

史部/地理类/方志之属/通志 15.3×11.4 厘米 十一行二十七字 四周单边 单黑鱼尾

0698 **大方广佛华严经十行品一卷** （唐）释实叉难陀译
民国十七年（1928）成都昭觉寺刻本 一册
子部/宗教类/佛教之属 18.2×13 厘米 十行二十字 左右双边

0699 **佛学八识之批评与研究** 锦汉著
民国十七年（1928）铅印本 一册
子部/宗教类/佛教之属 12.8×9.7 厘米 十行二十字 黑口 四周单边

0700 **成唯识论述记六十卷** （唐）释窥基撰
清刻本 二册
子部/宗教类/佛教之属 17.6×13.1 厘米 十行二十字 左右双边
存九卷 （十八至二十一、二十二至二十六）

0701 **小学集解六卷** （明）陈选集注 （清）高愈纂注
清道光十四年（1834）锦江书院刻本 四册
子部/儒家类/儒学之属/蒙学 18.7×13.1 厘米 八行二十一字 小字双行同 白口 左右双边 单黑鱼尾

0702 **声律启蒙撮要二卷** （清）车万育著 （清）夏大观笺 （清）聂铣敏订
清重庆文华堂书局刻本 一册
子部/艺术类/游艺之属/联语 21.6×13.4 厘米 九行二十五字 小字双行二十四字 四周单边

0703 **聪训斋语二卷附恒产琐言一卷饭有十二合说一卷** （清）张英纂
民国五年（1916）成都志古堂刻本 一册
子部/儒家类/儒学之属/礼教/家训 17.9×12.4 厘米 十行二十一字 黑口 左右双边 对黑鱼尾

0704 **圣学入门三卷** （清）陈瑚著 刘承幹校
民国十年（1921）吴兴刘氏留余草堂刻本 一册
子部/儒家类/儒学之属/蒙学 18×13.3 厘米 十一行二十一字 小字双行同 黑口 左右双边 对黑鱼尾

0705 **劝学篇二卷** （清）张之洞著
清光绪二十四（1898）成都志古堂刻本 一册
子部/儒家类/儒学之属/劝学 18.4×13.7 厘米 十行二十三字 黑口 左右双边 单黑鱼尾

0706 **南华真经解六卷** （清）宣颖撰
清海青楼刻本 一册
子部/道家类 19.5×14 厘米 九行二十四字 小字双行同 白口 四周单边 单黑鱼尾
存一卷 （四）

0707 **坚瓠集六十六卷** （清）褚人获纂辑
清刻本 三十一册
集部/别集类/清别集 11.2×7.4 厘米 八行十六字 白口 四周单边 单黑鱼尾
缺二卷 （八集一至二）
坚瓠首集四卷‖二集四‖卷三集四卷‖四集四卷‖五集四卷‖六集四卷‖七集四卷‖八集四卷‖九集四卷‖十集四卷‖续集四卷‖广集六卷‖补集六卷‖秘集六卷‖余集四卷

0708 **行素堂目睹书录十卷** （清）朱记荣辑订
清光绪十年（1884）孙溪槐庐家刻本 十册
史部/目录类/总录之属/私撰 12.6×9.8 厘米 九行二十一字 小字双行同 黑口 左右双边

0709 **五十万卷楼藏书目初编二十二卷** 莫伯骥撰
民国二十年（1931）铅印本 二十二册
史部/目录类/总录之属/私撰 17×11.4 厘米 十一行二十二字 小字双行同 黑口 四周单边 单黑鱼尾

0710 **皇朝文鉴一百五十卷目录三卷** （宋）吕祖谦编
民国涵芬楼影印本 四十册

集部/总集类/选集之属/断代 14.1×10.5 厘米 十行十九字 白口 左右双边 单黑鱼尾

0711 **扬子法言十三卷附音义一卷** （汉）扬雄撰 （晋）李轨注
民国上海涵芬楼影印四部丛刊本 一册
子部/儒家类/儒学之属/礼教 13.4×11.3 厘米 十行十八字 小字双行二十三字 左右双边 上黑鱼尾

0712 **教育心理学五卷** （□）□□撰
民国上海商务印书馆铅印本 一册
新学/全体学/附心灵学 18.2×11.7 厘米 十五行三十二字 黑口 四周单边 单黑鱼尾

0713 **伦理学原理九卷** （□）□□撰
油印本 一册
新学/全体学 十一行二十六字

0714 **伦理学原理九卷** （□）□□撰
油印本 一册
新学/全体学 无版框 十一行二十六字

0715 **增订盛世危言新编十四卷** （清）郑观应纂著
清光绪刻本 八册
新学/政治法律/政治 19.4×13 厘米 十行二十五字 四周双边 白口 单黑鱼尾
缺四卷 （四、八、十三）

0716 **增订盛世危言新编十四卷** （清）郑观应纂著
清光绪刻本 一册
新学/政治法律/政治 19.4×13 厘米 十行二十五字 四周双边 白口 单黑鱼尾
存二卷 （六至七）

0717 **四川省参议会第一届第一、二、三次大会会议纪录** （□）□□撰
民国三十四年（1945）四川印刷局铅印本 一册
新学/政治法律/政治 20.8×15.9 厘米 二十六行五十二字 四周单边

0718 **墨子十六卷** （战国）墨翟撰
民国上海中华书局铅印四部备要本 四册
子部/墨家类 14.6×9.9 厘米 十二行十九字 小字双行同 黑口 四周单边 对黑鱼尾

0719 **墨子刊误二卷** （清）苏时学撰 陈柱校
民国十七年（1928）上海中华书局铅印本 一册
子部/墨家类 15.2×10.5 厘米 十一行二十字 黑口 四周单边 单黑鱼尾

0720 **昭德先生郡斋读书志五卷后志二卷** （宋）晁公武撰
民国二十四年（1935）上海中华涵芬楼影印四部丛刊本 八册
史部/目录类/书志之属/书志 13.6×10.6 厘米 十行二十字 白口 左右双边 顺黑鱼尾

0721 **饮膳正要三卷** （元）忽思慧撰
民国二十三年（1934）上海商务印书馆影印四部丛刊续编本 三册
子部/农家农学类/农艺之属/烹调 14.0×10.5 厘米 十行二十字 小字双行同 黑口 四周双边 对黑鱼尾

0722 **意林五卷** （唐）马总撰 **意林逸文一卷** （清）周广业辑 **补二卷** （清）李遇孙录
民国上海商务印书馆影印四部丛刊本 二册
子部/杂著类/杂纂之属 13.9×9.0 厘米 九行二十一字 小字双行同 黑口 四周双边 单黑鱼尾

0723 **意林五卷** （唐）马总撰 **意林逸文一卷** （清）周广业辑 **补二卷** （清）李遇孙录
民国上海中华书局铅印四部备要本 二册
子部/杂著类/杂纂之属 15.4×10.8 厘米 十三行二十字 小字双行同 黑口 四周单边 单黑鱼尾

0724　墨子间诂十五卷目录一卷附录一卷后语二卷　（清）孙诒让撰
清末民初上海扫叶山房石印本　八册
子部/墨家类　15.8 × 11.1 厘米　十四行三十四字　小字双行同　白口　四周双边　单黑鱼尾

0725　历代名人画谱四卷　（明）顾炳纂
民国十六年（1927）上海受古书店石印本　四册
子部/艺术类/书画之属/画谱　16.5 × 12.2 厘米　行字数不等　白口　四周单边

0726　金石录三十卷　（宋）赵明诚撰　**校勘记一卷**　张元济撰
民国二十三年（1934）上海商务印书馆影印四部丛刊续编本　五册
史部/金石类/总志之属/目录　13.6 × 10.0 厘米　十行字数不等　小字双行不等　白口　四周单边

0727　校雠通义三卷　（清）章学诚著
民国上海中华书局铅印四部备要本　一册
史部/目录类/通论之属/考订　14.7 × 10.7 厘米　十三行十九字　小字双行同　黑口　四周单边　对黑鱼尾

0728　啸堂集古录二卷　（宋）王俅撰
民国二十三年（1934）上海商务印书馆影印四部丛刊续编本　二册
史部/金石类/金之属/文字　14.0 × 10.5 厘米　白口　左右双边　单黑鱼尾

0729　扶风县石刻记二卷　（清）黄树谷辑
民国上海商务印书馆铅印涵芬楼秘籍本　一册
史部/金石类/郡邑之属/文字　14.5 × 10.5 厘米　十行二十一字　小字双行同　黑口　四周双边　单黑鱼尾

0730　孔子家语十卷　（三国魏）王肃注
民国上海商务印书馆影印四部丛刊本　三册
子部/儒家类/儒家之属　13.3 × 10.4 厘米　九行十六字　小字双行同　白口　左右双边　单白鱼尾

0731　太平御览一千卷目录十五卷　（宋）李昉纂
民国二十四年（1935）上海涵芬楼四部丛刊影印本　一百三十六册
类丛部/类书类/通类之属　13.4 × 9.3 厘米　十三行二十二字　双行小字同　白口　四周双边　黑单鱼尾

0732　北京图书馆善本书目八卷　北京图书馆善本部编
一九五九年中华书局铅印本　八册
史部/目录类/总录之属/官修　16.7 × 11.9 厘米　白口　四周双边　单黑鱼尾

0733　钦定四库全书总目二百卷　（清）纪昀等辑
清刻本　十册
史部/目录类/书志之属/提要　13.7 × 11.1 厘米　九行二十三字　白口　左右双边
存十七卷（三十三至三十六、四十七至四十九、五十七至六十、九十七至一百、一百零六至一百零七）

0734　翁松禅墨迹第五集一卷　（清）翁同龢撰
民国二十七年（1938）商务印书馆影印本　一册
子部/艺术类/书画之属/书法书品

0735　新书十卷　（汉）贾谊撰
民国涵芬楼影印本　二册
子部/儒家类/儒家之属/经济　14.9 × 9.7 厘米　八行十八字　黑口　四周双边　双黑鱼尾

0736　新书十卷　（汉）贾谊撰
民国涵芬楼影印本　二册
子部/儒家类/儒家之属/经济　14.9 × 9.7 厘米　八行十八字　黑口　四周双边　双黑鱼尾

0737 **新书十卷** （汉）贾谊撰 陆费逵勘
民国上海中华书局铅印本 二册
子部/儒家类/儒家之属/经济 15.4×10.6 厘米 十三行二十字 白口 四周单边 单黑鱼尾

0738 **新语二卷** （汉）陆贾撰
民国涵芬楼影印本 一册
子部/儒家类/儒家之属/经济 13.7×9.7 厘米 十行十七字 黑口 左右双边 单黑鱼尾

0739 **新语二卷** （汉）陆贾撰
民国涵芬楼影印本 一册
子部/儒家类/儒家之属/经济 13.7×9.7 厘米 十行十七字 黑口 左右双边 单黑鱼尾

0740 **大日本中兴先觉志二卷** （日本）冈本监辅撰
清末刻本 一册
新学/史志/臣民传记 17.4×11.7 厘米 十行二十字 白口 四周双边 单黑鱼尾
存一卷 （下）

0741 **大日本维新史二卷** （日本）重野安绎著
日本明治三十二年（1899）善邻译书馆、国光社铅印本 一册
新学/史志/别国史 16.7×11.6 厘米 九行二十一字 白口 四周双边 单黑鱼尾
存一卷 （下）

0742 **日本文法讲义** （□）□□撰
民国影印本 一册
新学/理学/文学
存一册（二百三十五至四百五十二页）

0743 **一般物理附论文集** （□）□□撰
民国影印本 一册
新学/理学/理学

0744 **[同治]隆昌县志四十二卷首一卷** （清）花映均 （清）魏元燮修 （清）耿光祜等纂
清同治刻本 一册
史部/地理类/方志之属/郡县志 20.3×14.1 厘米 九行二十一字 白口 四周双边 单黑鱼尾
存五卷 （三十二至三十六）

0745 **[民国]雅安县志六卷** 余良选等纂
民国十七年（1928）石印本 二册
史部/地理类/方志之属/郡县志 18.9×12.3 厘米 十行二十五字 白口 四周单边 单黑鱼尾
存二卷 （五至六）

0746 **地理五诀八卷** （清）赵廷栋著
清末刻本 一册
子部/术数类/相宅相墓之属 20×14.6 厘米 九行二十一字 白口 四周双边 单黑鱼尾
存二卷 （七至八）

0747 **元道州诗集二卷** （唐）元结撰
清光绪十年（1884）遂宁书局刻本 一册
集部/别集类/唐五代别集 18.8×13 厘米 十行二十二字 黑口 左右双边 单黑鱼尾

0748 **岑嘉州诗集四卷** （唐）岑参撰
清光绪十年（1884）遂宁书局刻本 一册
集部/别集类/唐五代别集 19.2×13.1 厘米 十行二十二字 黑口 左右双边 单黑鱼尾

0749 **岑嘉州诗四卷** （唐）岑参撰
民国上海涵芬楼影印本 一册
集部/别集类/唐五代别集 14.7×10.8 厘米 十一行二十一字 黑口 四周单边 顺黑鱼尾

0750 **钦定四库全书总目二百卷首一卷** （清）纪昀等纂辑 **四库未收书目提要五卷** （清）阮元撰
清光绪二十年（1894）上海点石斋铅印本 十九册

史部/目录类/书志之属/提要 13×8.7 厘米 二十一行五十六字 白口 左右双边
缺十二卷 （一百五十一至一百六十二）

0751 **钦定四库全书简明目录二十卷**
（清）纪昀等纂辑
清光绪二十年（1894）上海点石斋铅印本 二册
史部/目录类/总录之属/官修 12.8×8.6 厘米 二十一行五十六字 白口 左右双边
存九卷 （一至四、十六至二十）

0752 **诸子文粹六十二卷续编十卷** 李宝泾纂
民国十六年（1927）商务印书馆铅印本 二十册
子部/杂著类/杂编之属 15.9×11.4 厘米 十一行二十七字 黑口 四周双边 单黑鱼尾

0753 **诸子文粹六十二卷续编十卷** 李宝泾纂
民国十六年（1927）商务印书馆铅印本 二十册
子部/杂著类/杂编之属 15.9×11.4 厘米 十一行二十七字 黑口 四周双边 单黑鱼尾

0754 **西昆酬唱集二卷** （宋）杨亿编选
民国上海涵芬楼影印四部丛刊本 一册
集部/总集类/酬唱之属 14×9.7 厘米 八行十九字 白口 左右双边

0755 **谷音二卷** （元）杜本编辑
民国上海涵芬楼影印四部丛刊本 一册
集部/总集类/选集之属/断代 13.9×10.2 厘米 八行十九字 白口 左右双边

0756 **皇元风雅六卷** （元）傅习采集
（元）孙存吾编类
民国上海涵芬楼影印四部丛刊本 二册
集部/总集类/选集之属/断代 13.1×9.8 厘米 十三行二十一字 黑口 左右双边 顺黑鱼尾

0757 **中州集十卷乐府一卷** （金）元好问辑
民国上海涵芬楼影印四部丛刊本 四册
集部/总集类/选集之属/断代 14.3×9.4 厘米 十五行二十八字 黑口 左右双边 单黑鱼尾

0758 **中州集十卷乐府一卷** （金）元好问辑
民国上海涵芬楼影印四部丛刊本 四册
集部/总集类/选集之属/断代 14.3×9.4 厘米 十五行二十八字 黑口 左右双边 单黑鱼尾

0759 **沈氏三先生文集八卷** （宋）沈括等撰
民国二十五年（1936）上海涵芬楼影印四部丛刊本 八册
集部/别集类/宋别集 14×9.2 厘米 九行二十字 白口 左右双边 单黑鱼尾

0760 **窦氏联珠集一卷** （唐）窦常等撰
民国二十四年（1935）上海涵芬楼影印四部丛刊本 一册
集部/别集类/唐五代别集 14.5×8.1 厘米 九行十七字 白口 四周单边 单黑鱼尾

0761 **淮南鸿烈解二十一卷** （汉）许慎注
民国上海涵芬楼影印本 四册
子部/道家类 14.4×9.4 厘米 十二行二十字 小字双行不等 白口 四周双边 单黑鱼尾

0762 **淮南鸿烈解二十一卷** （汉）许慎注
民国二十年（1931）上海扫叶山房石印本 四册
子部/道家类 16.4×11.2 厘米 十五行三十二字 白口 四周双边 单黑鱼尾

0763 **古今说部丛书二百七十三种** 国学扶轮社辑
清末民国上海国学扶轮社铅印本 二十四册
类丛部/丛书类/汇编之属 15.2×10.5 厘米 十三行二十字 黑口 四周单边
存一百八十一种二百一十二卷 （灯下闲谈一卷、皇朝类苑一卷、宜斋野乘一卷、养鱼经一卷、拾遗名山记一卷、北户录一卷、黔西古迹考一卷、观园十二师一卷、溪蛮丛笑一卷、广

东月令一卷、陆机要览一卷、异文实录一卷、江淮异人录一卷、述异记三卷、梅涧诗话一卷、诗本事一卷、竹连珠一卷、山林经济策一卷、剑气一卷、征南射法一卷、艮堂十戒一卷、酒约一卷、宦海慈航一卷、食珍录一卷、长物志十二卷、芸窗雅事一卷、玩月约一卷、书斋快事一卷、石交一卷、选石记一卷、纪草堂十六宜一卷、仿园酒评一卷、香雪斋乐事一卷、读书法一卷、客斋使令反一卷、约言一卷、半庵笑政一卷、病约三章一卷、小半斤谣一卷、四十张纸牌说一卷、五岳约一卷、桓谭新论一卷、谯周法训一卷、虞喜志林一卷、裴启语林一卷、宋拾遗录一卷、三辅决录一卷、义山杂记一卷、龙城录一卷、穷愁志一卷、松窗杂记一卷、商芸小说一卷、杜阳杂编三卷、秀水闲居录一卷、苍梧杂志一卷、谈薮一卷、青箱杂记一卷、林下偶谭一卷、独醒杂志一卷、可谈一卷、小窗自纪杂着一卷、文士传一卷、衣冠盛事一卷、幽闲鼓吹一卷、法苑珠林一卷、谐史一卷、三朝野史一卷、闲中古今录一卷、西峰淡话一卷、琅琊漫抄一卷、相贝经一卷、禽经一卷、轩绝代语一卷、神异经一卷、海内十洲记一卷、列仙传一卷、搜神记一卷、搜神后记一卷、冥祥记一卷、述异记一卷、原化记一卷、宝椟记一卷、杼情录一卷、碧湖杂记一卷、临汉隐居诗话一卷、延州笔记一卷、北窗呓语一卷、松亭行纪二卷、十六汤品一卷、采茶录一卷、茶疏一卷、炙毂子录一卷、桂苑丛谈一卷、葆化录一卷、西墅记谭一卷、干膜子一卷、吹剑录一卷、鸡肋一卷、南部新书一卷、五色线一卷、采兰杂志一卷、异苑十卷、戒庵漫笔一卷、苏谈一卷、耳新八卷、传信记一卷、野航史话一卷、小隐书全帖一卷、云蕉馆纪谈一卷、汴围湿襟录一卷、渔洋感旧集小传四卷补遗一卷、袖中记一卷、玄亭涉笔一卷、荔枝谱一卷、峤南琐记二卷、志怪录一卷、集灵记一卷、祥异记一卷、风骚旨格一卷、灌畦暇语一卷、春雨杂述一卷、天爵堂笔余一卷、资暇录一卷、戏瑕一卷、玉笑零音一卷、竹坡老人诗话一卷、笔经一卷、膳夫录一卷、林下盟一卷、瓶花谱一卷、摄生要录一卷、滇行日录一卷、太清记一卷、寓简一卷、林下清录一卷、真率笔记一卷、致虚杂俎一卷、下帷短牒一卷、燕闲录一卷、春风堂随笔一卷、枕谭一卷、群碎录一卷、冷斋夜话一卷、宜春传信录一卷、钱塘遗事一卷、相学斋杂钞一卷、明良记一卷、陇蜀余闻一卷、征缅纪闻一卷、蜀徼纪闻一卷、南中纪闻一卷、桂海果志一卷、桂海虫鱼志一卷、还冤记一卷、蚓庵琐语一卷、西清诗话一卷、研北杂记一卷、叩舷凭轼录一卷、华阳散稿二卷、醉乡日月一卷、蔬食谱一卷、佩楚轩客谈一卷、雪鸿再录一卷、使楚丛谭一卷、台怀随笔一卷、投荒杂录一卷、金华子杂编一卷、虚谷闲钞一卷、桂海杂志一卷、山陵杂记一卷、志雅堂杂抄一卷、浩然斋视听抄一卷、诚斋杂记一卷、顾曲杂言一卷、北窗琐语一卷、谭辂一卷、分甘余话二卷、征缅纪略一卷、高坡异纂三卷、瓠里子笔谈一卷、遣戍伊犁日记一卷） 灯下闲谈一卷 （宋）江询撰||皇朝类苑一卷 （宋）江少虞撰||宜斋野乘一卷（宋）吴枋撰||养鱼经一卷 （周）范蠡撰||拾遗名山记一卷 （前秦）王嘉撰||北户录一卷 （唐）段公路撰||黔西古迹考一卷 （清）钱霦撰||观园十二师一卷 （清）徐沁撰||溪蛮丛笑一卷 （宋）朱辅撰||广东月令一卷 （清）钮锈撰||陆机要览一卷 （晋）陆机撰||异文实录一卷 （唐）李玫撰||江淮异人录一卷 （宋）吴淑撰||述异记三卷 （清）东轩主人辑||梅涧诗话一卷 （宋）韦居安撰||诗本事一卷 （明）程羽文撰||竹连珠一卷 （清）钮锈撰||山林经济策一卷 （清）陆次云撰||剑气一卷 （明）程羽文撰||征南射法一卷 （清）黄百家撰||艮堂十戒一卷 （清）方象瑛撰||酒约一

卷（清）吴肃公撰‖宦海慈航一卷（清）蒋埴撰‖食珍录一卷（南朝宋）虞悰撰‖长物志十二卷（明）文震亨撰‖芸窗雅事一卷（清）施清撰‖玩月约一卷（清）张潮撰‖书斋快事一卷（清）沈元琨撰‖石交一卷（明）程羽文‖选石记一卷（清）成性撰‖纪草堂十六宜一卷（清）王晫撰‖仿园酒评一卷（清）张荩撰‖香雪斋乐事一卷（清）江之兰撰‖读书法一卷（清）魏际瑞撰‖客斋使令反一卷（明）程羽文撰‖约言一卷（清）张适撰‖半庵笑政一卷（清）陈皋谟撰‖病约三章一卷（清）尤侗撰‖小半斤谣一卷（清）黄周星撰‖四十张纸牌说一卷（清）李式玉撰‖五岳约一卷（清）韩则愈撰‖桓谭新论一卷（汉）桓谭撰‖谯周法训一卷（三国蜀）谯周撰‖虞喜志林一卷（晋）虞喜撰‖裴启语林一卷（晋）裴启撰‖宋拾遗录一卷（梁）谢绰撰‖三辅决录一卷（汉）赵岐撰‖义山杂记一卷（唐）李商隐撰‖龙城录一卷（唐）柳宗元撰‖穷愁志一卷（唐）李德裕撰‖松窗杂记一卷（唐）杜荀鹤撰‖商芸小说一卷（梁）殷芸撰‖杜阳杂编三卷（唐）苏鹗撰‖秀水闲居录一卷（宋）朱胜非撰‖苍梧杂志一卷（宋）胡埕撰‖谈薮一卷（宋）庞元英撰‖青箱杂记一卷（宋）吴处厚撰‖林下偶谭一卷（宋）吴□撰‖独醒杂志一卷（宋）吴宏撰‖可谈一卷（宋）朱彧撰‖小窗自纪杂著一卷（明）吴从先撰‖文士传一卷（晋）张隐撰‖衣冠盛事一卷（唐）苏特撰‖幽闲鼓吹一卷（唐）张固撰‖法苑珠林一卷（□）□□撰‖谐史一卷（宋）沈俶撰‖三朝野史一卷（元）吴莱撰‖闲中古今录一卷（明）黄溥撰‖西峰淡话一卷（明）茅元仪撰‖琅琊漫抄一卷（明）文林撰‖相贝经一卷（汉）朱仲撰‖禽经一卷（周）师旷撰（晋）张华注‖轩绝代语一卷（汉）扬雄撰‖神异经一卷（汉）东方朔撰（晋）张华注‖海内十洲记一卷（汉）东方朔撰‖列仙传一卷（汉）刘向撰‖搜神记一卷（晋）干宝撰‖搜神后记一卷（晋）陶潜撰‖冥祥记一卷（南朝齐）王琰撰‖述异记一卷（梁）任昉撰‖原化记一卷（唐）皇甫□撰‖宝椟记一卷（明）滑惟善撰‖杼情录一卷（宋）卢怀撰‖碧湖杂记一卷（宋）谢枋得撰‖临汉隐居诗话一卷（宋）魏泰撰‖延州笔记一卷（明）唐觐撰‖北窗呓语一卷（清）朱焘撰‖松亭行纪二卷（清）高士奇撰‖十六汤品一卷（唐）苏廙撰‖采茶录一卷（唐）温庭筠撰‖茶疏一卷（明）许次纾撰‖炙毂子录一卷（唐）王叡撰‖桂苑丛谈一卷（元）冯翊撰‖葆化录一卷（唐）陈京撰‖西墅记谭一卷（五代）潘远撰‖干䐑子一卷（唐）温庭筠撰‖吹剑录一卷（宋）俞文豹撰‖鸡肋一卷（宋）赵崇绚撰‖南部新书一卷（宋）钱易撰‖五色线一卷（宋）□□撰‖采兰杂志一卷（□）□□撰‖异苑十卷（南朝宋）刘敬叔撰‖戒庵漫笔一卷（明）李诩撰‖苏谈一卷（明）杨循吉撰‖耳新八卷（明）郑仲夔撰‖传信记一卷（唐）郑棨撰‖野航史话一卷（明）茅元仪撰‖小隐书全帖一卷（明）敬虚子撰‖云蕉馆纪谈一卷（明）孔迩撰‖汴围湿襟录一卷（明）白愚撰‖渔洋感旧集小传四卷补遗一卷（清）卢见曾撰‖袖中记一卷（梁）沈约撰‖玄亭涉笔一卷（明）王志远撰‖荔枝谱一卷（宋）蔡襄撰‖峤南琐记二卷（明）魏浚撰‖志怪录一卷（晋）祖台之撰‖集灵记一卷（□）□□撰‖祥异记一卷（□）□□撰‖风骚旨格一卷（唐）释齐已撰‖灌畦暇语一卷（唐）□□撰‖春雨杂述一卷（明）解缙撰‖天爵堂笔余一卷（明）薛岗拱‖资暇录一卷（唐）李济翁撰‖戏瑕一卷（明）钱希言撰‖玉笑零音一卷（明）田艺蘅撰‖竹坡老人诗话一卷（宋）周紫芝撰‖笔经一卷（晋）王羲之撰‖膳夫录一卷（唐）郑望之撰‖林下盟一卷（明）沈仕撰‖瓶花谱一卷（明）张丑撰‖摄生要录一卷

（明）沈仕撰||滇行日录一卷 （清）王昶撰||太清记一卷（南朝宋）王韶之撰||寓简一卷（宋）沈作哲撰||林下清录一卷 （明）沈仕撰||真率笔记一卷 （□）□□撰||致虚杂俎一卷 （□）□□撰 ||下帷短牒一卷 （□）□□撰||燕闲录一卷 （明）陆深撰||春风堂随笔一卷 （明）陆深撰||枕谭一卷（明）陈继儒撰||群碎录一卷（明）陈继儒撰 ||冷斋夜话一卷 （宋）释惠洪撰||宜春传信录一卷 （宋）罗诱撰||钱塘遗事一卷 （元）刘一清撰||相学斋杂钞一卷 （元）鲜于枢撰||明良记一卷 （明）杨仪撰||陇蜀余闻一卷 （清）王士禛撰||征缅纪闻一卷 （清）王昶撰||蜀徼纪闻一卷 （清）王昶撰||南中纪闻一卷 （明）包汝楫撰||桂海果志一卷 （宋）范成大撰||桂海虫鱼志一卷 （宋）范成大撰||还冤记一卷 （北齐）颜之推撰||蚓庵琐语一卷（清）王逋撰||西清诗话一卷 （宋）蔡绦撰||研北杂记一卷 （元）陆友撰||叩舷凭轼录一卷（明）姜南撰||华阳散稿二卷 （清）史震林撰||醉乡日月一卷 （唐）皇甫松撰||蔬食谱一卷（宋）陈达叟撰||佩楚轩客谈一卷 （元）戚辅之撰||雪鸿再录一卷（清）王昶撰||使楚丛谭一卷 （清）王昶撰||台怀随笔一卷 （清）王昶撰||投荒杂录一卷 （唐）房千里撰||金华子杂编一卷 （南唐）刘崇远撰||虚谷闲钞一卷 （元）方回撰||桂海杂志一卷 （宋）范成大撰||山陵杂记一卷 （元）杨奂撰||志雅堂杂抄一卷 （宋）周密撰||浩然斋视听抄一卷 （宋）周密撰||诚斋杂记一卷（元）周达观撰||顾曲杂言一卷（明）沈德符撰||北窗琐语一卷 （明）余永麟撰||谭辂一卷 （明）张凤翼撰||分甘余话二卷 （清）王士禛撰||征缅纪略一卷（清）王昶撰||高坡异纂三卷 （明）杨仪撰||瓠里子笔谈一卷 （明）姜南撰||遣戍伊犁日记一卷 （清）洪亮吉撰

0764 愧刻录十五卷 （宋）岳珂撰
民国二十三年（1934）上海涵芬楼影印本 四册
子部/杂著类 13.7×9.9 厘米 九行十七字 白口 左右双边 单黑鱼尾

0765 四部备要书目提要四卷 中华书局编
民国二十五年（1936）中华书局铅印本 四册
史部/目录类/书志之属/提要 15×10.5 厘米 十三行二十六字 黑口 四周单边 单黑鱼尾

0766 峨眉游记不分卷 止庵居士著
民国四年（1915）影印本 一册
史部/地理类/游记之属/纪胜 15×10.6 厘米 十行二十四字 小字双行同 白口 四周双边 单黑鱼尾

0767 汇刻书目十卷 （清）顾修撰
清嘉庆四年（1799）刻本 十册
史部/目录类/总录之属/汇刻 12.5×9.8 厘米 九行二十一字 黑口 左右双边

0768 辽文汇十二卷 陈述著
一九五三年中国图书发行公司铅印本 四册
集部/总集类/选集之属/断代 16.5×11.2 厘米 十二行三十三字 小字双行同 白口 四周双边 单黑鱼尾

0769 国朝文类七十卷 （元）苏天爵辑
民国涵芬楼影印本 二十册
集部/总集类/选集之属/断代 16.4×10.2 厘米 十行十九字 黑口 左右双边 对黑鱼尾

0770 潜园友朋书问十二卷 （清）陆心源编
民国影印手抄本 一册
集部/总集类/尺牍之属 存六卷 （七至十二）

0771 百衲本二十四史样本附优待定户简章 （□）□□编
民国商务印书馆影印本 一册
史部/丛编 13.9×9 厘米 十行十八字 小字双行四十六字 白口 左右双边 对黑鱼尾

0772　**越绝书十五卷** 张宗祥校订
一九五六年商务印书馆影印本 一册
史部/载记类 15.7×12 厘米 十行行二十四字
白口 四周单边 单黑鱼尾

0773　**百子全书一百零一种**
民国八年（1919）上海扫叶山房石印本 七十九册
子部/丛编 16.9×11.8 厘米 十六行三十六字
白口 左右双边 单黑鱼尾
缺三种十三卷（孔子家语一至十、新语一至二、忠经一）
孔子家语二卷（宋）薛据辑‖荀子三卷（周）荀况撰‖孔丛子二卷（汉）孔鲋撰‖新书十卷（汉）贾谊撰‖盐铁论二卷（汉）桓宽撰‖新序十卷（汉）刘向撰‖说苑二十卷（汉）刘向撰‖扬子法言一卷（汉）扬雄撰‖方言十三卷（汉）扬雄撰（晋）郭璞注‖潜夫论十卷（汉）王符撰‖申鉴五卷（汉）荀悦撰‖中论二卷（汉）徐干撰‖傅子一卷（晋）傅玄撰‖文中子中说一卷（隋）王通撰‖续孟子二卷（唐）林慎思撰‖伸蒙子三卷（唐）林慎思撰‖素履子三卷（唐）张弧撰‖ 胡子知言六卷附录一卷疑义一卷（宋）胡宏撰‖薛子道论三卷（明）薛瑄撰‖海樵子一卷（明）王崇庆撰‖风后握奇经一卷（汉）公孙宏解‖附握奇经续图一卷（□）□□撰‖八阵总述一卷（晋）马隆述‖六韬三卷（周）吕望撰‖孙子三卷（周）孙武撰‖吴子二卷（周）吴起撰‖司马法一卷（周）司马穰苴撰‖尉缭子二卷（周）尉缭撰‖素书一卷（汉）黄石公撰（宋）张商英注‖心书一卷（汉）诸葛亮撰‖何博士备论二卷（宋）何去非撰‖宋丞相李忠定公辅政本末一卷（宋）□□撰‖管子二十四卷（周）管仲撰‖晏子春秋八卷（周）晏婴撰‖商子五卷（周）商鞅撰‖邓子一卷（周）邓析撰‖尸子二卷（周）尸佼撰‖韩非子二十卷（周）韩非撰‖齐民要术十卷杂说一卷（后魏）贾思勰撰‖太玄经十卷（汉）扬雄撰‖ 焦氏易林四卷（汉）焦赣撰‖鬻子一卷补一卷（周）鬻熊撰（唐）逢行珪注补（明）杨之森辑‖计倪子一卷（周）计然撰‖于陵子一卷（周）田仲撰‖子华子二卷（周）程本撰‖墨子十六卷附篇目考一卷（周）墨翟撰‖尹文子一卷（周）尹文撰‖慎子一卷（周）慎到撰‖公孙龙子一卷（周）公孙龙撰‖鬼谷子一卷（□）□□撰‖鹖冠子三卷（宋）陆佃解‖吕氏春秋二十六卷（秦）吕不韦撰‖淮南鸿烈解二十一卷（汉）刘安撰（汉）高诱注‖金楼子六卷（梁）元帝撰‖刘子二卷（北齐）刘昼撰‖颜氏家训二卷（北齐）颜之推撰‖独断一卷（汉）蔡邕撰‖论衡三十卷（汉）王充撰‖白虎通德论四卷（汉）班固撰‖风俗通义十卷（汉）应劭撰‖牟子一卷（汉）牟融撰‖古今注三卷（晋）崔豹撰‖聱隅子歔欷琐微论二卷（宋）黄晞撰‖懒真子五卷（宋）马永卿撰‖广成子解一卷（宋）苏轼撰‖叔苴子八卷（明）庄元臣撰‖郁离子一卷（明）刘基撰‖空同子一卷（明）李梦阳撰‖海沂子五卷（明）王文禄撰‖燕丹子三卷（清）孙星衍校辑‖玉泉子一卷（唐）□□撰‖金华子杂编二卷（南唐）刘崇远撰‖山海经十八卷（晋）郭璞传‖山海经图赞一卷（晋）郭璞撰‖山海经补注一卷（明）杨慎撰‖神异经一卷（汉）东方朔撰（晋）张华注‖海内十洲记一卷（汉）东方朔撰‖别国洞冥记四卷（汉）郭宪撰‖穆天子传六卷（晋）郭璞注‖ 拾遗记十卷（前秦）王嘉撰（梁）萧绮录‖搜神记二十卷（晋）干宝撰‖搜神后记十卷（晋）陶潜撰‖博物志十卷（晋）张华撰（宋）周日用（宋）卢□注‖续博物志十卷（宋）李石撰‖述异记二卷（南朝梁）任昉撰‖阴符经

一卷 （汉）张良注‖关尹子一卷 （周）尹喜撰‖老子道德经二卷 （周）李耳撰（魏）王弼注‖道德真经注四卷 （元）吴澄撰‖庄子南华真经三卷札记一卷 （周）庄周撰‖庄子阙误一卷 （明）杨慎撰‖列子二卷 （周）列御寇撰‖抱朴子内篇四卷外篇四卷 （晋）葛洪撰‖亢仓子一卷 （周）庚桑楚撰‖玄真子一卷 （唐）张志和撰‖天隐子一卷 （唐）司马承祯撰‖无能子三卷 （唐）□□撰‖胎息经疏一卷 （明）王文禄撰‖胎息经一卷 （□）幻真先生注‖至游子二卷 （明）□□撰

0774 **荀子二十卷首一卷** （唐）杨倞注 王先谦集解
民国上海扫叶山房石印本 八册
子部/儒家类/儒家之属 16.1×11.3 厘米 十四行三十四字 小字双行同 白口 四周双边 单黑鱼尾

0775 **荀子二十卷序目一卷附校勘补遗一卷** （唐）杨倞注
清光绪二年（1876）浙江书局刻本 六册
子部/儒家类/儒家之属 18.2×12.9 厘米 九行二十一字 小字双行同 白口 左右双边 单黑鱼尾

0776 **荀子二十卷目录一卷** （唐）杨倞注
民国三年（1914）中夏君文社影印本 一册
子部/儒家类/儒家之属 15.9×11.2 厘米 八行十七字 小字双行不等 白口 四周双边 单白鱼尾
存三卷 （一至二、目录一卷）

0777 **荀子二十卷首一卷** （唐）杨倞注 王先谦集解
民国上海扫叶山房石印本 七册
子部/儒家类/儒家之属 16.1×11.3 厘米 十四行三十四字 小字双行同 白口 四周双边 单黑鱼尾
缺二卷 （一至二）

0778 **四部总录艺术编** 丁福保 周云青编
一九五七年商务印书馆铅印本 二册
史部/目录类/专录之属 14×12.7 厘米 十八行十七字 黑口 四周单边 单黑鱼尾

0779 **四部总录艺术编** 丁福保 周云青编
一九五七年商务印书馆铅印本 二册
史部/目录类/专录之属 14×12.7 厘米 十八行十七字 黑口 四周单边 单黑鱼尾

0780 **成都志古堂校刊各书目一卷** 成都志古堂编
民国刻本 一册
史部/目录类/总录之属/私撰 17.6×13.3 厘米 十一行行字不等 黑口 左右双边 单黑鱼尾

0781 **困学纪闻注二十卷首一卷** （清）翁元圻辑
民国上海文瑞楼石印本 八册
子部/杂著类/杂考之属 16.8×11.3 厘米 十四行三十四字 小字双行五十字 白口 四周单边 单黑鱼尾

0782 **论衡三十卷** （汉）王充著 （明）程荣校
民国上海中华书局铅印本 六册
子部/杂著类/杂说之属 14.7×10.5 厘米 十三行十九字 黑口 四周单边 对黑鱼尾

0783 **论衡三十卷** （汉）王充著 （明）程荣校
民国上海中华书局铅印本 六册
子部/杂著类/杂说之属 14.7×10.5 厘米 十三行十九字 黑口 四周单边 对黑鱼尾

0784 **论衡三十卷** （汉）王充著
民国上海涵芬楼通津草堂影印本 八册
子部/杂著类/杂说之属 13.8×9.8 厘米 十行二十字 白口 左右双边 单黑鱼尾

0785　**风俗通义十卷**　（汉）应劭撰
民国上海涵芬楼影印本　二册
子部/杂著类/杂说之属　14.4 × 9.6 厘米　九行十七字　白口　四周双边　对黑鱼尾

0786　**白虎通德论十卷**　（汉）班固纂
民国上海涵芬楼影印本　二册
子部/杂著类/杂考之属　14.8 × 9.6 厘米　九行十七字　白口　四周双边　单黑鱼尾

0787　**人物志三卷**　（三国魏）刘邵撰　（北魏）刘昞注
民国上海涵芬楼影印本　一册
子部/杂著类　14 × 8.4 厘米　八行十六字　小字双行同　白口　四周双边　单黑鱼尾

0788　**丞相魏公谭训十卷附校勘记一卷**　（宋）苏象先撰
民国二十五年（1936）上海商务印书馆影印本　一册
子部/儒家类/儒学之属/礼教/家训　14 × 10.2 厘米　十行二十字　黑口　四周双边　单黑鱼尾

0789　**子略四卷子略目一卷**　（宋）高似孙撰
民国上海中华书局铅印四部备要本　一册
史部/目录类/总录之属　14.9 × 10.7 厘米　十三行二十六字　小字双行同　黑口　四周单边　单黑鱼尾

0790　**孔丛子七卷**　（汉）孔鲋撰　**释文一卷**　（□）□□撰
民国上海商务印书馆影印四部丛刊本　二册
子部/儒家类/儒学之属/经济　14.7 × 10.3 厘米　八行十七字　小字双行同　白口　四周双边　单黑鱼尾

0791　**荀子二十卷校勘补遗一卷**　（战国）荀况撰　（唐）杨倞注
民国上海中华书局铅印四部备要本　四册
子部/儒家类/儒家之属　15.4 × 10.8 厘米　十三行二十字　小字双行同　黑口　四周单边　双对黑鱼尾

0792　**荀子二十卷**　（战国）荀况撰　（唐）杨倞注
民国上海商务印书馆影印四部丛刊本　六册
子部/儒家类/儒家之属　13.8 × 10.7 厘米　八行十六字　小字双行二十四至二十七字　白口　左右双边　单黑鱼尾

0793　**荀子二十卷**　（战国）荀况撰　（唐）杨倞注
民国上海商务印书馆影印四部丛刊本　六册
子部/儒家类/儒家之属　14.2 × 11 厘米　八行十六字　小字双行二十四至二十七字　白口　左右双边　单黑鱼尾

0794　**荀子二十卷**　（战国）荀况撰　（唐）扬倞注
民国上海商务印书馆影印四部丛刊本　六册
子部/儒家类/儒家之属　14.2 × 11 厘米　八行十六字　小字双行二十四至二十七字　白口　左右双边　单黑鱼尾

0795　**皇朝经世文编一百二十卷姓名总目二卷**　（清）贺长龄辑
清光绪十五年（1889）上海广百宋斋铅印本　二十四册
集部/总集类/选集之属/断代　16 × 11.2 厘米　十六行四十二字　小字双行同　白口　四周双边　单黑鱼尾

0796　**皇朝经世文续编一百二十卷**　（清）葛士浚辑
清光绪十七年（1891）上海广百宋斋铅印本　二十四册
集部/总集类/选集之属/断代　16 × 11.2 厘米　十七行四十二字　小字双行同　白口　四周双边　单黑鱼尾

0797 欧阳文忠公集一百五十三卷附录五卷庐陵欧阳文忠公年谱一卷 （宋）欧阳修撰
民国上海商务印书馆影印四部丛刊本 三十六册
集部/别集/宋别集 13.8×8.9 厘米 十行二十字 小字双行同 黑口 四周双边 对黑鱼尾
居士集五十卷外集二十五卷 ||易童子问三卷 ||外制集三卷内制集八卷 ||表奏书启四六集七卷 ||奏议十八卷 ||河东奉使奏草二卷 ||河北奉使奏草二卷 ||奏事录一卷 ||濮议四卷 ||崇文总目叙释一卷 ||于役志一卷 ||归田录二卷 ||诗话一卷 ||笔说一卷 ||试笔一卷 ||近体乐府三卷 ||集古录跋尾十卷 ||书简十卷

0798 庾子山集十六卷 （北周）庾信著 （明）屠隆评
民国上海商务印书馆影印四部丛刊本 三册
集部/别集类/汉魏六朝别集 14.3×9.8 厘米 九行二十字 小字双行同 白口 四周单边 单白鱼尾

0799 雪窦显和尚明觉大师颂古集一卷拈古一卷瀑泉集一卷祖英集二卷 （宋）释重显撰
民国二十三年（1934）上海商务印书馆影印四部丛刊续编本 二册
集部/别集/宋别集 13.9×9.5 厘米 十一行二十字 小字双行同 白口 左右双边 单黑鱼尾

0800 河南先生文集二十七卷附录一卷 （宋）尹洙撰
民国上海商务印书馆影印四部丛刊本 四册
集部/别集/宋别集 14.1×10.7 厘米 十行十九字 小字双行同 白口 四周单边 单黑鱼尾

0801 江西纪游二卷 李璜撰
民国二十三年（1934）铅印本 二册
史部/地理类/游记之属 15.2×10.3 厘米 十二行三十八字 白口 四周单边 单黑鱼尾

0802 西藏六十年大事记一卷 朱绣编
民国铅印本 一册
史部/地理类/方志之属 19.3×12.2 厘米 十三行三十八字 白口 四周双边 单黑鱼尾

0803 炉藏道里最新考一卷 （清）张其勤撰
清末民初铅印本 一册
史部/地理类/舆图之属/道里 18.3×12 厘米 十行二十四字 小字单行三十二字 白口 四周单边 单黑鱼尾

0804 影印四库全书珍本初集目录一卷四库全书珍本初集样本附预约简章 （□）□□编
民国商务印书馆铅印本 一册
史部/目录类/书志之属/提要

0805 四部丛刊第二期书录 （□）□□编
民国涵芬楼铅印本 一册
史部/目录类/书志之属/提要 14.7×10.6 厘米 十行二十一字 黑口 左右双边 单黑鱼尾

0806 四部丛刊目录附四部丛刊第一期书录 （□）□□编
民国涵芬楼铅印本 一册
史部/目录类/书志之属/提要 14.6×10.5 厘米 十行二十一字 黑口 左右双边 单黑鱼尾

0807 四部丛刊书录 （□）□□编
民国十八年（1929）涵芬楼铅印本 一册
史部/目录类/书志之属/提要 14.6×10.2 厘米 十三行二十五字 白口 四周双边 单黑鱼尾

0808 四部丛刊三编预约样本附初编续编目录 （□）□□编
民国二十四年（1935）商务印书馆铅印本 一册
史部/目录类/书志之属/提要 14.2×10.2 厘米 十二行行字不等 白口 四周双边 单黑鱼尾

0809 重印聚珍仿宋版五开大本四部备要样本 （□）□□编
民国中华书局铅印本 一册
类丛部/丛书类/汇编之属 15.3×10.6 厘米 十三行二十字 黑口 四周单边 单黑鱼尾

0810　仁和吴氏双照楼景刊宋金元明本词四十种 吴昌绶辑 陶湘续辑

民国六年至十二年（1927—1933）武进陶氏涉园续刻本 三十二册

集部/总集类/汇编之属

叙录一卷 陶湘撰‖欧阳文忠公集近体乐府三卷 （宋）欧阳修撰‖宋吉州本景刊醉翁琴趣外篇六卷 （宋）欧阳修撰‖闲斋琴趣外篇六卷（宋）晁元礼撰‖晁氏琴趣外篇六卷（宋）晁补之撰‖酒边集一卷 （宋）向子撰‖芦川词二卷 （宋）张元干撰‖于湖居士文集乐府四卷（宋）张孝祥撰‖渭南文集词二卷（宋）陆游撰‖重校鹤山先生大全文集长短句三卷（宋）魏了翁撰‖可斋杂稿词四卷续稿词三卷（宋）李曾伯撰‖石屏长短句一卷 （宋）戴复古撰‖梅屋诗余一卷 （宋）许棐撰‖知常先生云山集残一卷（存卷三） （元）姬翼撰‖花间集十卷 （后蜀）赵崇祚辑‖增修笺注妙选群英草堂诗余前集二卷后集二卷 （宋）□□辑（□）□□注‖中州乐府一卷 （金）元好问辑‖精选名儒草堂诗余三卷 （元）凤林书院辑‖东山词残一卷（存卷上）(宋）贺铸撰‖山谷琴趣外篇三卷 （宋）黄庭坚撰‖详注周美成词片玉集十卷 （宋）周美成撰（宋）陈元龙集注‖稼轩词甲集一卷乙集一卷丙集一卷（宋）辛弃疾撰‖稼轩长短句十二卷（宋）辛弃疾撰‖于湖先生长短句五卷拾遗一卷（宋）张孝祥撰‖虚斋乐府二卷 （宋）赵以夫撰‖竹山词一卷 （宋）蒋捷撰‖后村居士集诗余二卷 （宋）刘克庄撰‖秋崖先生小稿词四卷 （宋）方岳撰‖栖霞长春子丘神仙溪集词一卷 （金）丘处机撰‖二妙集乐府一卷（金）段克己撰‖二妙集乐府一卷 （金）段成己撰‖遗山乐府三卷 （金）元好问撰‖松雪斋文集乐府一卷 （元）赵孟頫撰‖静修先生文集乐府一卷 （元）刘因撰‖道园遗稿乐府一卷 （元）虞集撰‖此山先生诗集乐府一卷 （元）周权撰‖汉泉曹文贞公诗集乐府一卷（元）曹伯启撰‖楚国文宪公雪楼程先生文集乐府一卷 （元）程钜夫撰‖秋涧先生大全文集乐府四卷 （元）王恽撰‖绝妙记选十卷（宋）黄升辑‖天下同文一卷 （元）□□辑‖方是闲居小一卷 （宋）刘学箕撰‖蚁术词选四卷 （元）邵亨贞撰‖写情集四卷 （明）刘基撰

0811　宋诗钞初集一百零六卷宋诗钞补八十五卷 （清）吴之振等选编（清）管庭芬等抄补

民国三年（1914）涵芬楼影印本 四十八册

集部/总集类/选集之属/断代 14.2×11 厘米 十二行二十二字 小字双行同 黑口 左右双边 对黑花鱼尾

0812　子书三十二种 育文书局编

民国三年（1914）育文书局石印本 四十册

子部/丛编 17.8×11.9 厘米 十八行四十二字 小字双行同 白口 四周双边 单黑鱼尾

老子道德经二卷 （魏）王弼注‖孔子集语十七卷 （清）孙星衍撰‖庄子十卷 （晋）郭象注（唐）陆德明音义‖晏子春秋七卷音义二卷校勘二卷 （清）孙星衍撰‖管子二十四卷（唐）房玄龄注‖吕氏春秋二十六卷 （秦）吕不韦撰（汉）高诱注‖荀子二十一卷 （唐）杨倞注‖新书十卷 （汉）贾谊撰‖列子八卷（晋）张湛注‖董子春秋繁露十七卷 （汉）董仲舒撰‖韩非子二十卷识误三卷 （汉）董仲舒撰‖文子缵义十二卷 （元）杜道坚撰‖鬼谷子一卷 （□）□□撰‖尉缭子二卷 （周）尉缭撰‖淮南子二十一卷 （汉）高诱注‖文中子中说十卷 （宋）阮逸注‖竹书纪年统笺十二卷 （南朝梁）沈约注（清）徐文靖笺‖扬子法言一卷（汉）扬雄撰‖尸子二卷（周）尸佼撰‖鹖冠子三卷 （宋）陆佃解‖商君书五卷 （周）商鞅撰‖墨子十五卷 （清）毕沅

注‖孙子十家注十三卷遗说一卷 （清）孙星衍撰‖六韬三卷 （周）吕望撰‖傅子一卷（晋）傅玄撰‖素书一卷 （汉）黄石公著‖心书一卷（三国蜀）诸葛亮著‖新语二卷（汉）陆贾著‖补注黄帝内经素问二十四卷遗编一卷黄帝内经灵枢十二卷 （唐）王冰注‖山海经十八卷 （晋）郭璞撰‖关尹子一卷 （周）尹喜撰‖吴子二卷 （周）吴起撰

0813 增广注释音辩唐柳先生集四十三卷别集二卷外集二卷附录一卷 （唐）柳宗元撰（宋）潘纬音义 （宋）张敦颐音辩 （宋）童宗说注释
民国涵芬楼影印四部丛刊本 八册
集部/别集类/唐五代别集 13.3×8.3 厘米 十三行二十三字 小字双行同 黑口 四周双边 顺黑鱼尾

0814 增广注释音辩唐柳先生集四十三卷集别二卷附录一卷外集二卷 （唐）柳宗元撰（宋）潘纬音义 （宋）张敦颐音辩 （宋）童宗说注释
民国涵芬楼影印四部丛刊本 八册
集部/别集类/唐五代别集 13.3×8.3 厘米 十三行二十三字 小字双行同 黑口 四周双边 顺黑鱼尾

0815 宛陵先生集六十卷拾遗一卷附录一卷（宋）梅尧臣著
民国涵芬楼影印四部丛刊本 十二册
集部/别集类/宋别集 13.7×10.3 厘米 九行十八字 白口 左右双边 单黑鱼尾

0816 陈眉公先生订正丹渊集四十卷拾遗二卷附录诸公书翰诗文一卷目录一卷 （宋）文同撰
民国涵芬楼影印四部丛刊本 八册
集部/别集类/宋别集 13.9×9.7 厘米 九行十八字 白口 四周双边 单黑鱼尾

0817 直讲李先生文集三十七卷外集三卷附年谱一卷门人录一卷 （宋）李觏撰 （明）左赞编辑
民国涵芬楼影印四部丛刊本 八册
集部/别集类/宋别集 14.3×9.8 厘米 十行二十字 黑口 四周双边 对黑花鱼尾

0818 宛陵先生集六十卷拾遗一卷附录一卷（宋）梅尧臣著
民国涵芬楼影印四部丛刊本 十二册
集部/别集类/宋别集 13.7×10.3 厘米 九行十八字 白口 左右双边 单黑鱼尾

0819 嵇中散集十卷 （三国魏）嵇康著
民国中华书局铅印四部备要本 一册
集部/别集类/汉魏六朝别集 14.5×10.7 厘米 十三行十九字 黑口 四周单边 对黑鱼尾

0820 嵇中散集十卷 （三国魏）嵇康著
民国涵芬楼影印四部丛刊本 一册
集部/别集类/汉魏六朝别集 13.6×10 厘米 十一行二十字 白口 左右双边 单黑鱼尾

0821 外国地理讲义初稿不分卷 李齐华著
油印本 一册
新学/地学/地理学

0822 五大洲志三卷 （日本）辻武雄著
清光绪二十八年（1902）泰东同文局铅印本 一册
新学/地学/地志学 19.9×12.4 厘米 十二行三十字 四周双边 单黑鱼尾
存一卷 （下）

0823 中亚洲俄属游记二卷 （英国）兰士德著 （清）杨枢译
清光绪二十年（1894）刻本 一册
史部/地理类/游记之属 17×12.7 厘米 十行二十二字 四周双边 单黑鱼尾
存一卷 （下）

0824 **使琉球记六卷** （清）李鼎元撰
清刻本 一册
史部/地理类/游记之属 18.3×13.9 厘米 十行二十一字 四周双边 单黑鱼尾
存三卷 （四至六）

0825 **甲骨文字研究** 郭沫若著
一九五二年人民出版社影印本 一册
史部/金石类/甲骨之属/通考

0826 **商周金文录遗** 于省吾编著
一九五七年科学出版社影印本 一册
史部/金石类/总志之属

0827 **蜀典十二卷** （清）张澍编辑
清光绪二年（1876）尊经书院刻本 四册
史部/地理类/方志之属 18.6×14.3 厘米 十行二十四字 左右双边 单黑鱼尾

0828 **成都通览** 傅崇榘撰
复印本 八册
史部/地理类/专志之属

0829 **品花宝鉴六十回** （清）陈森著
一九八七年文学古籍编辑部影印本 二十册
集部/小说类/长篇小说 18.4×13.3 厘米 八行二十二字 左右双边 单黑鱼尾

0830 **何北山先生遗集四卷** （宋）何基撰 （清）胡凤丹编辑
民国二十四年商务印书馆铅印本 一册
集部/别集类/宋别集 十五行四十字

0831 **乐府诗集一百卷** （宋）郭茂倩编次
民国上海涵芬楼影印汲古阁刻本 十六册
集部/总集类/汇编之属 13.6×10.5 厘米 十一行二十一字 左右双边 单黑鱼尾

0832 **乐府诗集一百卷** （宋）郭茂倩编次
民国上海涵芬楼影印汲古阁刻本 十六册
集部/总集类/汇编之属 13.6×10.5 厘米 十一行二十一字 左右双边 单黑鱼尾

0833 **绿野仙踪一百回** （清）李百川撰
一九八五年北京大学出版社影印本 二十一册
集部/小说类/长篇之属 21.1×14.7 厘米 九行二十五字 四周双边 单黑鱼尾

0834 **董解元西厢记二卷** （明）杨慎点定 （明）黄嘉惠校阅
一九八四年齐鲁书社影印本 二册
集部/曲类/诸宫调之属 19.2×13.8 厘米 九行十八字 四周单边 单白鱼尾

0835 **董解元西厢记二卷** （明）杨慎点定 （明）黄嘉惠校阅
一九八四年齐鲁书社影印本 二册
集部/曲类/诸宫调之属 19.2×13.8 厘米 九行十八字 四周单边 单白鱼尾

0836 **董解元西厢记二卷** （明）杨慎点定 （明）黄嘉惠校阅
一九八四年齐鲁书社影印本 二册
集部/曲类/诸宫调之属 19.2×13.8 厘米 九行十八字 四周单边 单白鱼尾

0837 **董解元西厢记二卷** （明）杨慎点定 （明）黄嘉惠校阅
一九八四年齐鲁书社影印本 二册
集部/曲类/诸宫调之属 19.2×13.8 厘米 九行十八字 四周单边 单白鱼尾

0838 **水经注疏四十卷** （北魏）郦道元撰 杨守敬纂疏 熊会贞参疏
一九五七年科学出版社影印本 二十一册
史部/地理类/山川之属 20.6×14.5 厘米 八行二十四字 四周单边 单白鱼尾

0839 **三国志通俗演义二十四卷** （明）罗贯中撰
一九七五年人民文学出版社影印明嘉靖元年

（1522）刻本 十六册
集部/小说类/长篇之属 21.5×14.6 厘米 九行十七字 黑口 四周双边 单黑鱼尾
存十六卷 （一至十六）

0840 **中国学术要略疏证不分卷** 李庸者
稿本 一册
新学

0841 **温国文正公文集八十卷** （宋）司马光著
民国上海涵芬楼影印宋绍熙刻本 十六册
集部/别集类/宋别集 13.6×9 厘米 十二行二十字 四周单边 顺黑鱼尾

0842 **南丰先生元丰类稿五十卷** （宋）曾巩著
民国上海涵芬楼影印元刻本 十册
集部/别集类/宋别集 14.7×9.2 厘米 十一行二十一字 黑口 四周双边 顺黑鱼尾

0843 **增刊校正王状元集注分类东坡先生诗二十五卷** （宋）苏轼撰
民国上海涵芬楼影印宋刻本 十册
集部/别集类/宋别集 14.6×9.6 厘米 十一行十九字 小字双行二十五字 四周单边 对黑鱼尾

0844 **增刊校正王状元集注分类东坡先生诗二十五卷** （宋）苏轼撰
民国上海涵芬楼影印宋刻本 十册
集部/别集类/宋别集 14.6×9.6 厘米 十一行十九字 小字双行二十五字 四周单边 对黑鱼尾

0845 **北山集四十卷** （宋）程俱撰
民国上海涵芬楼影印双鉴楼藏景宋写本 十册
集部/别集类/宋别集 14×10.7 厘米 十行二十字 黑口 四周双边 单黑鱼尾

0846 **眉山唐先生文集三十卷** （宋）唐庚撰
民国上海涵芬楼影印大通楼藏抄本 六册
集部/别集类/宋别集 13.8×10 厘米 九行十六字 四周单边

0847 **华阳集四十卷** （明）于文熙校
民国上海涵芬楼影印明刻本 八册
集部/别集类/明别集 14×10 厘米 十行二十字 四周单边 单黑鱼尾

0848 **浮溪集三十二卷** （宋）汪藻撰
民国上海涵芬楼影印武英殿聚珍版书本 八册
集部/别集类/宋别集 14×9.1 厘米 九行二十一字 四周双边 单黑鱼尾

0849 **东莱先生诗集二十卷** （宋）吕本中著
民国上海涵芬楼影印中华学菽社借照日本内阁文库藏宋刻本 四册
集部/别集类/宋别集 13.8×10.5 厘米 十一行二十字 左右双边 单黑鱼尾

0850 **牧斋初学集一百一十卷** （清）钱谦益著
民国上海涵芬楼影印明崇祯十六年（1643）刻本 三十二册
集部/别集类/清别集 13.7×9.2 厘米 十行十八字 四周单边 单黑鱼尾

0851 **牧斋有学集五十卷** （清）钱谦益著
民国上海涵芬楼印本 十二册
集部/别集类/清别集 14.2×10.1 厘米 十行二十字 左右双边 单黑鱼尾

0852 **白氏长庆集七十一卷** （唐）白居易撰
民国上海涵芬楼影印日本翻宋大字本 二十四册
集部/别集类/唐五代别集 14.8×10.6 厘米 九行十六字 黑口 四周双边 对黑花鱼尾

0853 **元氏长庆集六十卷** （唐）元稹撰
民国上海涵芬楼影印明嘉靖三十一年（1552）董氏刻本 四册
集部/别集类/唐五代别集 14.1×10.5 厘米 十三行二十三字 左右双边 单黑鱼尾

0854　**刘梦得文集三十卷**　（唐）刘禹锡著
民国上海涵芬楼影印董氏影宋本　八册
集部/别集类/唐五代别集　13.7×9.9 厘米　十行十八字　黑口　左右双边

0855　**济北晁先生鸡肋集七十卷**　（宋）晁补之著
民国上海涵芬楼影印明诗瘦阁仿宋刻本　十六册
集部/别集类/宋别集　13.8×10.2 厘米　九行十九字　左右双边

0856　**嵩山文集二十卷**　（宋）晁说之著
民国上海涵芬楼影印旧钞本　十册
集部/别集类/宋别集　13.6×9.4 厘米　九行十八字　四周单边

0857　**后村先生大全集一百九十六卷**　（宋）刘克庄著
民国上海涵芬楼影印旧钞本　四十八册
集部/别集类/宋别集　13.9×8.8 厘米　十行二十字　小字双行同　四周单边

0858　**镡津文集二十二卷**　（宋）释契嵩撰
民国上海涵芬楼影印明弘治十二年（1499）刻本　七册
集部/别集类/宋别集　14.3×9.4 厘米　十行十九字　黑口　四周双边　对黑鱼尾

0859　**范文正公文集二十卷**　（宋）范仲淹撰（明）时兆文等校正
民国上海涵芬楼影印明翻元刻本　八册
集部/别集类/宋别集　14.9×10.4 厘米　十一行二十一字　白口　左右双边　单白鱼尾

0860　**石屏诗集十卷**　（宋）戴复古撰
民国上海涵芬楼影印明弘治刻本　五册
集部/别集类/宋别集　14×9.2 厘米　九行十九字　黑口　四周双边　顺黑鱼尾

0861　**唐人万首绝句选七卷**　（清）王士祯编
清末成都存古书局精校刻本　二册
集部/总集类/选集之属　13.4×10.2 厘米　十行二十字　小字双行同　黑口　左右双边　对黑鱼尾

0862　**唐诗三百首续选不分卷**　（清）于庆元编
清刻本　二册
集部/总集类/选集之属　13.4×10.3 厘米　十行二十字　白口　四周双边　单黑鱼尾

0863　**注释唐诗三百首不分卷**　（清）孙洙编
民国十年（1921）善成瑞记刻本　二册
集部/总集类/选集之属　18.4×13.8 厘米　十行二十一字　白口　四周双边　单黑鱼尾

0864　**唐诗三百首注释六卷**　（清）孙洙编
清光绪十六年（1890）富兴堂记刻本刻本　二册
集部/总集类/选集之属　17.5×13 厘米　十行二十字　白口　四周双边　单黑鱼尾

0865　**唐诗三百首注释六卷**　（清）孙洙编
清光绪十六年（1890）富兴堂记刻本　一册
集部/总集类/选集之属　17.5×13 厘米　十行二十字　白口　四周双边　单黑鱼尾
存四卷　（三至六）

0866　**宋代蜀文辑存一百卷**　傅增湘编辑
民国三十二年（1943）江安傅增湘铅印本　三十四册
集部/总集类/汇编之属　17.5×12.2 厘米　十二行三十字　白口　左右双边　单黑鱼尾

0867　**宋代蜀文辑存一百卷**　傅增湘编辑
民国三十二年（1944）江安傅增湘铅印本　三十册
集部/总集类/汇编之属　17.5×12.3 厘米　十二行三十字　白口　左右双边　单黑鱼尾
缺六卷　（十三至十五、八十八至九十）

0868 **疆邨丛书四十卷** 朱祖谋辑
民国十一年（1922）刻本 四十册
集部/词类/类编之属 14.4×11厘米 十一行二十一字 黑口 左右双边

0869 **全上古三代秦汉三国六朝文七百四十六卷** （清）严可均辑
清光绪二十年（1894）刻本 一百册
集部/总集类/汇编之属 20.2×14.5厘米 十三行二十五字 黑口 四周单边 单黑鱼尾

0870 **皎然集十卷** （唐）释皎然著
民国上海涵芬楼影印四部丛刊本 二册
集部/别集类/唐五代别集 14.5×10.4厘米 十一行二十字 白口 左右双边 单黑鱼尾

0871 **唐文粹一百卷** （宋）姚铉纂
民国上海涵芬楼影印四部丛刊本 十六册
集部/总集类/选集之属/断代 13.4×9.9厘米 十五行二十五字 黑口 左右双边 顺黑鱼尾

0872 **御定骈字类编二百四十卷** （清）圣祖玄烨纂
清光绪十三年（1887）上海同文书局石印本 四十七册
类丛部/类书/专类之属 16.1×11.5厘米 二十行大字不等 小字双行四十二字 白口 四周双边 顺黑鱼尾

0873 **皇明文衡九十八卷目录一卷** （明）程敏政选编 （明）范震校正 （明）李文会重校
民国上海涵芬楼影印四部丛刊本 二十册
集部/别集类/明别集 13.3×9.9厘米 十二行二十三字 白口 四周单边 顺黑鱼尾

0874 **蜀鉴札记一卷** （清）吴文升撰
清光绪七年（1881）王祖佑刻本 一册
史部/史评论/考订之属 18.1×17.3厘米 十行二十字 黑口 左右双边 对黑鱼尾

0875 **近代诗钞三百七十卷** 陈衍编辑
民国十二年（1923）上海商务印书馆铅印本 二十四册
集部/总集类/汇编之属 14.4×9.3厘米 十二行二十四字 白口 四周单边 单黑鱼尾

0876 **十八家诗钞二十八卷** （清）曾国藩纂 （清）李鸿章审订 （清）王定安校
民国上海中华书局铅印四部备要本 十四册
集部/总集类/汇编之属 15.3×11厘米 十四行二十字 小字双行同 黑口 四周单边 对黑鱼尾

0877 **槐轩千家诗二卷论诗法一卷后附一卷** （清）夏世钦订
清光绪九年（1883）古香阁魏氏刻本 二册
集部/总集类/汇编之属 17.3×13.3厘米 上下两栏均为十行十四字 小字双行同 白口 左右双边 单黑鱼尾

0878 **古唐诗合解十二卷目录一卷** （清）王尧衢注 （清）李模 （清）李桓校
清奎光堂刻本 五册
集部/总集类/选集之属/断代 19.5×13.9厘米 十行二十四字 小字双行同 白口 四周单边 单黑鱼尾

0879 **古唐诗合解十二卷目录一卷** （清）王尧衢注 （清）李模 （清）李桓校
清刻本 一册
集部/总集类/选集之属/断代 20.6×13.6厘米 上下两栏 下栏十行二十四字 小字双行同 白口 四周单边 单黑鱼尾
存三卷 （四至六）

0880 **古唐诗合解十二卷目录一卷** （清）王尧衢注 （清）李模 （清）李桓校
清刻本 一册
集部/总集类/选集之属/断代 20.6×13.6厘米 上下两栏 下栏十行二十四字 小字双行同 白

口 四周单边 单黑鱼尾
存二卷 （三至四）

0881 **古今图书集成样本一卷** 中华书局编印
民国二十三年（1934）上海中华书局影印清初殿版铜活字本 一册
史部/目录类 22.2×13.8 厘米 三栏 每栏二十七行二十字 白口 四周双边 单白鱼尾

0882 **古今图书集成样本一卷** 中华书局编印
民国二十三年（1934）上海中华书局影印清初殿版铜活字本 一册
史部/目录类 22.2×13.8 厘米 三栏 每栏二十七行二十字 白口 四周双边 单白鱼尾

0883 **古今图书集成样本一卷** 中华书局编印
民国二十三年（1934）上海中华书局影印清初殿版铜活字本 一册
史部/目录类 22.2×13.8 厘米 三栏 每栏二十七行二十字 白口 四周双边 单白鱼尾

0884 **古今图书集成考证二十四卷** 龙继栋撰
民国二十三年（1934）中华书局影印本 八册
类丛部/类书类/通类之属 22.2×14.2 厘米 白口 四周双边 单白鱼尾
版式不等

0885 **新刊五百家注音辨昌黎先生文集四十卷外集十卷序传碑记一卷韩文类谱十卷考异十卷** （宋）魏仲举辑
民国上海涵芬楼影印本 四十册
集部/别集类/唐五代别集 18.9×12.3 厘米 十行十八字 小字双行二十三字 白口 左右双边 单黑鱼尾

0886 **李太白文集三十六卷** （清）王琦辑注
民国十年（1921）上海扫叶山房石印本 二十三册
集部/别集类/唐五代别集 16.2×12.1 厘米 十行二十字 小字双行同 白口 四周双边 单黑鱼尾

0887 **朱文公校昌黎先生文集四十卷外集十卷传一卷遗文一卷** （宋）朱熹考异 （宋）王大伯音释
民国上海涵芬楼影印四部丛刊本 八册
集部/别集类/唐五代别集 13.9×9 厘米 十三行二十三字 小字双行同 字黑口 四周双边 顺黑鱼尾

0888 **李文饶文集二十卷别集十卷外集四卷** （唐）李德裕撰
民国上海涵芬楼影印四部丛刊本 六册
集部/别集类/唐五代别集 14×10.5 厘米 十行二十字 白口 左右双边 单黑鱼尾

0889 **伊川击壤集二十卷** （宋）邵雍撰
民国上海涵芬楼影印四部丛刊本 四册
集部/别集类/宋别集 14.4×9.6 厘米 十行十八字 黑口 四周双边 对黑花鱼尾

0890 **苏学士文集十六卷校语一卷** （宋）苏舜钦撰
民国上海涵芬楼影印四部丛刊本 三册
集部/别集类/宋别集 13.9×10.3 厘米 十行二十一字 白口 四周单边 顺黑鱼尾

0891 **栾城集五十卷后集二十四卷三集十卷** （宋）苏辙撰
民国上海涵芬楼影印四部丛刊本 二十册
集部/别集类/宋别集 13.8×10 厘米 十行二十字 小字双行同 白口 四周单边 单白鱼尾

0892 **栾城应诏集十二卷** （宋）苏辙撰
民国上海涵芬楼影印四部丛刊本 二册
集部/别集类/宋别集 14.1×10.3 厘米 十行二十字 小字双行同 白口 四周单边 单白鱼尾

0893　**临川先生文集一百卷**　（宋）王安石撰
民国上海涵芬楼影印四部丛刊本　二十册
集部/别集类/宋别集　13.8 × 11.1 厘米　十二行二十字　小字双行同　白口　左右双边　单黑鱼尾

0894　**经进东坡文集事略六十卷**　（宋）苏轼撰　（宋）郎晔注
民国上海涵芬楼影印四部丛刊本　十册
集部/别集类/宋别集　14.2 × 9.2 厘米　十二行二十一字　小字双行同　黑口　左右双边　对黑鱼尾

0895　**涵芬楼古今文钞简编四十卷首一卷**　吴曾祺纂录
民国上海商务印书馆铅印本　四十册
集部/总集类/选集之属/通代　15.7 × 11.7 厘米　十二行三十一字　小字双行同　黑口　四周双边　单黑鱼尾
缺一卷　（首一卷）

0896　**古文辞类纂七十五卷附录一卷**　（清）姚鼐编　**校勘记一卷**　（清）李承渊撰
民国上海中华书局影印四部备要本　十六册
集部/总集类/选集之属/通代　12.2 × 9.1 厘米　十四行二十字　小字双行同　黑口　四周单边　对黑鱼尾

0897　**续古文辞类纂二十八卷**　（清）黎庶昌辑
民国上海中华书局影印四部备要本　十六册
集部/总集类/选集之属/通代　12.2 × 9.2 厘米　十四行二十字　小字双行同　黑口　四周单边　对黑鱼尾

0898　**渭南文集五十卷**　（宋）陆游撰
民国上海商务印书馆影印四部丛刊本　十二册
集部/别集/宋别集　13.8 × 9.9 厘米　九行十八字　小字双行同　白口　左右双边　单黑鱼尾

0899　**诚斋集一百三十三卷**　（宋）杨万里撰
民国上海商务印书馆影印四部丛刊本　三十一册
集部/别集/宋别集　14.0 × 10.1 厘米　十行十九字　小字双行同　黑口　四周双边
缺四卷　（十三至十六）

0900　**晦庵先生朱文公文集一百卷续集十一卷别集十卷目录二卷**　（宋）朱熹撰
民国上海商务印书馆影印四部丛刊本　五十册
集部/别集/宋别集　13.7 × 9.6 厘米　十二行二十二字　小字双行同　白口　四周单边

0901　**独断二卷附校勘记一卷**　（汉）蔡邕撰
民国二十五年（1936）上海商务印书馆影印四部丛刊本　一册
子部/杂著类/杂考之属　14.9 × 9.6 厘米　十行二十一字　白口　四周双边　顺黑鱼尾

0902　**古今注三卷附校记一卷**　（晋）崔豹撰
民国二十五年（1936）上海商务印书馆影印四部丛刊本　一册
子部/杂著类/杂考之属　12.9 × 10.5 厘米　十行十五字　白口　左右双边　单黑鱼尾

0903　**古今注三卷附中华古今注三卷**　（晋）崔豹撰　（五代）马缟集
民国上海中华书局铅印本　一册
子部/杂著类/杂考之属　15.4 × 10.3 厘米　十三行二十字　白口　四周单边　单黑鱼尾

0904　**寒山诗一卷丰干拾得诗一卷附慈受拟寒山诗一卷**　（唐）释寒山等撰
民国上海涵芬楼影印四部丛刊本　一册
集部/别集类/唐五代别集　13.7 × 10.2 厘米　十行十六字　白口　四周单边　对黑鱼尾

0905　**东皋子集三卷附校勘记一卷**　（唐）王绩著
民国二十三年（1934）上海商务印书馆影印四部丛刊本　一册

集部/别集类/唐五代别集 14.4×8.8 厘米 九行二十字 白口 左右双边 单黑鱼尾

0906 **骆宾王文集十卷** （唐）骆宾王著
民国上海涵芬楼影印四部丛刊本 一册
集部/别集类/唐五代别集 14.2×10.5 厘米 十一行十八字 白口 左右双边

0907 **陆士龙文集十卷** （晋）陆云撰
民国影印本 二册
集部/别集类/汉魏六朝别集 14.4×10.1 厘米 十行十八字 白口 左右双边 单黑鱼尾

0908 **曹子建集十卷** （三国魏）曹植撰
民国上海涵芬楼影印四部丛刊本 二册
集部/别集类/汉魏六朝别集 13.8×9.2 厘米 九行十七字 白口 左右双边 单黑鱼尾

0909 **笺注陶渊明集十卷** （晋）陶渊明撰
民国上海涵芬楼影印四部丛刊本 二册
集部/别集类/汉魏六朝别集 15.2×10.9 厘米 九行十六字 黑口 四周单边 顺黑鱼尾

0910 **徐孝穆集十卷** （南朝陈）徐陵著 （明）屠隆评
民国上海涵芬楼影印四部丛刊本 二册
集部/别集类/汉魏六朝别集 14.1×9.4 厘米 九行二十字 白口 四周单边

0911 **百子全书一百零一种** （清）崇文书局辑
民国上海扫叶山房石印本 六十九册
子部/丛编 16.2×11.3 厘米 十六行三十六字 白口 左右双边 单黑鱼尾
缺十三种六十九卷（孔子家语十卷、孔子集语二卷、荀子三卷、孔丛子二卷、新语二卷、忠经一卷、新书十卷、盐铁论二卷、新序十卷、说苑二十卷、郁离子一卷、空洞子一卷、海沂子五卷）
扬子法言一卷 （汉）扬雄撰‖方言十三卷 （汉）扬雄撰 （晋）郭璞注‖潜夫论十卷 （汉）王符撰‖申鉴五卷 （汉）荀悦撰‖中论二卷 （汉）徐干撰‖传子一卷 （晋）傅玄撰‖文中子中说一卷 （隋）王通撰‖续孟子二卷 （唐）林慎思撰‖伸蒙子三卷 （唐）林慎思撰‖素履子三卷 （唐）张弧撰‖独断一卷 （汉）蔡邕撰‖胡子知言六卷附录一卷疑义一卷 （宋）胡宏撰‖薛子道论三卷 （明）薛瑄撰‖海樵子一卷 （明）王崇庆撰‖风后握奇经一卷附握奇经续图一卷八阵总述一卷 （汉）公孙宏解 （晋）马隆总述八阵 ‖六韬三卷 （周）吕望撰‖孙子三卷 （春秋）孙武撰‖吴子二卷 （战国）吴起撰‖司马法一卷 （春秋）司马穰苴撰‖尉缭子二卷 （战国）尉缭撰‖素书一卷 （汉）黄石公撰 （宋）张商英注‖心书一卷 （三国蜀）诸葛亮撰‖何博士备论二卷 （宋）何去非撰‖宋丞相李忠定公辅政本末一卷（宋）□□撰‖管子二十四卷（春秋）管仲撰‖晏子春秋八卷 （春秋）晏婴撰‖商子五卷 （战国）商鞅撰‖邓子一卷 （春秋）邓析撰‖尸子二卷 （战国）尸佼撰‖韩非子二十卷 （战国）韩非撰‖齐民要术十卷杂说一卷 （北魏）贾思勰撰‖太玄经十卷 （汉）扬雄撰‖焦氏易林四卷 （汉）焦赣撰 ‖鬻子一卷补一卷（西周）鬻熊撰（明）杨之森辑‖计倪子一卷（春秋）计然撰‖于陵子一卷（战国）田仲撰‖子华子二卷 （春秋）程本撰‖墨子十六卷附篇目考一卷 （战国）墨翟撰‖尹文子一卷 （战国）尹文撰‖慎子一卷 （战国）慎到撰‖公孙龙子一卷 （战国）公孙龙撰‖鬼谷子一卷 （□）□□撰‖鹖冠子三卷（宋）陆佃解‖吕氏春秋二十六卷 （秦）吕不韦撰‖淮南鸿烈解二十一卷 （汉）刘安撰（汉）高诱注‖金楼子六卷 （南朝梁）元帝萧绎撰‖刘子二卷 （北齐）刘昼撰‖颜氏家训二卷 （北齐）颜之推撰‖论衡三十卷 （汉）

王充撰‖白虎通德论四卷　（汉）班固撰‖风俗通义十卷　（汉）应劭撰‖牟子一卷　（汉）牟融撰‖古今注三卷　（晋）崔豹撰‖鳖隅子欷瑣微论二卷　（宋）黄晞撰‖懒真子五卷（宋）马永卿撰‖广成子解一卷（宋）苏轼撰‖叔苴子八卷　（明）庄元臣撰‖燕丹子三卷（清）孙星衍校辑‖玉泉子一卷（唐）□□撰‖金华子杂编二卷　（南唐）刘崇远撰‖山海经十八卷　（晋）郭璞传‖山海经图赞一卷　（晋）郭璞撰‖山海经补注一卷　（明）杨慎撰‖神异经一卷　（汉）东方朔撰　（晋）张华注‖海内十洲记一卷　（汉）东方朔撰‖别国洞冥记四卷　（汉）郭宪撰‖穆天子传六卷　（晋）郭璞注‖拾遗记十卷　（晋）王嘉撰　（南朝梁）萧绮录‖搜神记二十卷　（晋）干宝撰‖搜神后记十卷　（晋）陶潜撰‖博物志十卷　（晋）张华撰‖续博物志十卷　（宋）李石撰‖述异记二卷　（南朝梁）任昉撰‖阴符经一卷（汉）张良注‖关尹子一卷　（战国）尹喜撰‖老子道德经二卷　（春秋）李耳撰　（魏）王弼注‖道德真经注四卷　（元）吴澄撰‖庄子南华真经三卷札记一卷　（战国）庄周撰‖庄子阙误一卷　（明）杨慎撰‖列子二卷　（战国）列御寇撰‖抱朴子内篇四卷外篇四卷　（晋）葛洪撰‖亢仓子一卷　（春秋）庚桑楚撰‖玄真子一卷　（唐）张志和撰‖天隐子一卷　（唐）司马承祯撰‖无能子三卷　（唐）□□撰‖胎息经疏一卷　（明）王文禄撰‖胎息经一卷　题（□）幻真先生注‖至游子二卷　（明）□□撰

0912　百子全书一百零一种　（清）崇文书局辑
民国十一年（1922）上海扫叶山房石印本　八十册
子部/丛编　16.5×11.5 厘米　十六行三十六字　白口　左右双边　单黑鱼尾
孔子家语十卷　（魏）王肃注‖孔子集语二卷（宋）薛据辑‖荀子三卷　（周）荀况撰‖孔丛子二卷　（汉）孔鲋撰‖新语二卷　（汉）陆贾撰‖忠经一卷　（汉）马融撰　（汉）郑玄注‖新书十卷　（汉）贾谊撰‖盐铁论二卷　（汉）桓宽撰‖新序十卷　（汉）刘向撰‖说苑二十卷　（汉）刘向撰‖扬子法言一卷　（汉）扬雄撰‖方言十三卷　（汉）扬雄撰（晋）郭璞注‖潜夫论十卷　（汉）王符撰‖申鉴五卷　（汉）荀悦撰‖中论二卷　（汉）徐干撰‖传子一卷（晋）傅玄撰‖文中子中说一卷（隋）王通撰‖续孟子二卷　（唐）林慎思撰‖伸蒙子三卷（唐）林慎思撰‖素履子三卷　（唐）张弧撰‖胡子知言六卷附录一卷疑义一卷　（宋）胡宏撰‖薛子道论三卷　（明）薛瑄撰‖海樵子一卷　（明）王崇庆撰‖风后握奇经一卷附握奇经续图一卷八阵总述一卷　（汉）公孙宏解（□）□□续图　（晋）马隆总述八阵　‖六韬三卷　（周）吕望撰‖孙子三卷　（春秋）孙武撰‖吴子二卷　（战国）吴起撰‖司马法一卷（春秋）司马穰苴撰‖尉缭子二卷　（战国）尉缭撰‖素书一卷　（汉）黄石公撰（宋）张商英注‖心书一卷　（三国蜀）诸葛亮撰‖何博士备论二卷　（宋）何去非撰‖宋丞相李忠定公辅政本末一卷　（宋）□□撰‖管子二十四卷　（春秋）管仲撰‖晏子春秋八卷　（春秋）晏婴撰‖商子五卷　（战国）商鞅撰‖邓子一卷　（春秋）邓析撰‖尸子二卷　（战国）尸佼撰‖韩非子二十卷　（战国）韩非撰‖齐民要术十卷杂说一卷　（北魏）贾思勰撰‖太玄经十卷　（汉）扬雄撰‖焦氏易林四卷　（汉）焦赣撰　‖鬻子一卷补一卷（西周）鬻熊撰（明）杨之森辑‖计倪子一卷　（春秋）计然撰‖于陵子一卷　（战国）田仲撰‖子华子二卷　（春秋）程本撰‖墨子十六卷附篇目考一卷　（战国）墨翟撰‖尹文子一卷　（战国）尹文撰‖慎子一卷（战国）慎到撰‖公孙龙子一卷（战国）公孙龙撰‖　鬼谷子一卷　（□）□□撰‖

鹖冠子三卷（宋）陆佃解‖吕氏春秋二十六卷（秦）吕不韦撰‖淮南鸿烈解二十一卷（汉）刘安撰（汉）高诱注‖金楼子六卷（南朝梁）元帝萧绎撰‖刘子二卷（北齐）刘昼撰‖颜氏家训二卷（北齐）颜之推撰‖独断一卷（汉）蔡邕撰‖论衡三十卷（汉）王充撰‖白虎通德论四卷（汉）班固撰‖风俗通义十卷（汉）应劭撰‖牟子一卷（汉）牟融撰‖古今注三卷（晋）崔豹撰‖謦隅子歔瑣微论二卷（宋）黄晞撰‖懒真子五卷（宋）马永卿撰‖广成子解一卷（宋）苏轼撰‖叔苴子八卷（明）庄元臣撰‖郁离子一卷（明）刘基撰‖空洞子一卷（明）李梦阳撰‖海沂子一卷（明）王文禄撰‖燕丹子三卷（清）孙星衍校辑‖玉泉子一卷（唐）□□撰‖金华子杂编二卷（五代）刘崇远撰‖山海经十八卷（晋）郭璞传‖山海经图赞一卷（晋）郭璞撰‖山海经补注一卷（明）杨慎撰‖神异经一卷（汉）东方朔撰（晋）张华注‖海内十洲记一卷（汉）东方朔撰‖别国洞冥记四卷（汉）郭宪撰‖穆天子传六卷（晋）郭璞注‖拾遗记十卷（晋）王嘉撰（南朝梁）萧绮录‖搜神记二十卷（晋）干宝撰‖搜神后记十卷（晋）陶潜撰‖博物志十卷（晋）张华撰‖续博物志十卷（宋）李石撰‖述异记二卷（梁）任昉撰‖阴符经一卷（汉）张良注‖关尹子一卷（战国）尹喜撰‖老子道德经二卷（春秋）李耳撰（三国魏）王弼注‖道德真经注四卷（元）吴澄撰‖庄子南华真经三卷札记一卷（战国）庄周撰‖庄子阙误一卷（明）杨慎撰‖列子二卷（战国）列御寇撰‖抱朴子内篇四卷外篇四卷（晋）葛洪撰‖亢仓子一卷（春秋）庚桑楚撰‖玄真子一卷（唐）张志和撰 ‖天隐子一卷（唐）司马承祯撰‖无能子三卷（唐）□□撰‖胎息经疏一卷（明）王文禄撰‖胎息经一卷 题（□）幻真先生注‖至游子二卷（明）□□撰

0913　百子全书一百零一种（清）崇文书局辑
民国四年（1915）上海扫叶山房石印本 五册
子部/丛编 16.9×11.7 厘米 十六行三十六字
白口 左右双边 单黑鱼尾
存二种四十卷（孔子家语十卷、论衡三十卷）
孔子家语十卷（三国魏）王肃注‖论衡三十卷（汉）王充撰

0914　李公纪功载政颂碑（唐）王佑撰（唐）王士则正书并篆
唐永泰二年（766）刻石近现代拓本 一册
史部/金石类/石之属/文字 32.2×17 厘米

0915　历代名臣法帖第二（汉）崔瑗（汉）张芝等书
宋大观三年（1109）摹刻石□□拓本 一册
子部/艺术类/书画之属/法帖 29.8×16.8 厘米

0916　刘明仲墨竹赋（宋）黄庭坚行书
□□拓本 一册
子部/艺术类/书画之属/法帖 30.7×15.4 厘米

0917　法帖第七王羲之书二（明）温如玉（明）张应召书
明万历三十四年（1606）刻石□□拓本 一册
子部/艺术类/书画之属/法帖 25.6×16 厘米

0918　潜研堂文集五十卷诗集十卷诗续集十卷（清）钱大昕撰
民国上海涵芬楼影印四部丛刊本 十六册
集部/别集类/清别集 13.8×9.2 厘米 十行二十一字 白口 四周单边 单黑鱼尾

0919　容甫先生遗诗五卷补遗一卷附录一卷（清）汪中撰
民国上海涵芬楼影印四部丛刊本 一册
集部/别集类/清别集 14.1×9.5 厘米 十三行三十字 白口 左右双边 单黑鱼尾

0920 **戴东原集十二卷年谱一卷札记一卷** （清）戴震撰
民国上海涵芬楼影印四部丛刊本 四册
集部/别集类/清别集 13.6 × 9.2 厘米 十行二十一字 白口 左右双边 单黑鱼尾

0921 **楚辞十七卷** （汉）刘向辑
民国上海涵芬楼影印四部丛刊本 五册
集部/楚辞类 14.9 × 9.6 厘米 九行十五字 小字双行四十字 白口 左右双边 单黑鱼尾

0922 **蔡中郎集十卷外集四卷列传一卷** （汉）蔡邕撰
民国上海中华书局铅印本 六册
集部/别集类/汉魏六朝别集 14.6 × 10.3 厘米 十行十九字 白口 四周单边 单黑鱼尾

0923 **陈本礼离骚精义原稿留真** （清）陈本礼撰
一九五五年上海出版公司影印本 一册
集部/楚辞类 无版框

0924 **嵇康集十卷** （三国魏）嵇康撰 鲁迅辑校
一九五六年文学古籍刊行社影鲁迅钞本 一册
集部/别集类/汉魏六朝别集

0925 **唐丞相曲江张先生文集十六卷** （唐）张九龄撰
民国上海涵芬楼影印四部丛刊本 三册
集部/别集类/唐五代别集 14.4 × 9.6 厘米 十行二十字 白口 左右双边 单黑鱼尾

0926 **蔡中郎文集十卷** （汉）蔡邕撰
民国上海涵芬楼影印四部丛刊本 二册
集部/别集类/汉魏六朝别集 14.3 × 10.5 厘米 七行十三字 小字双行十六字 白口 四周单边 单黑鱼尾

0927 **楚辞集注八卷辩证二卷后语六卷** （宋）朱熹撰
一九五三年人民文学出版社影印本 六册
集部/楚辞类 14.7 × 11 厘米 九行十八字 小字双行三十六字 白口 左右双边 对黑鱼尾

0928 **玉台新咏十卷** （南朝陈）徐陵辑
民国上海涵芬楼影印四部丛刊本 三册
集部/总集类/选集之属/通代 13.7 × 10 厘米 十行十九字 白口 左右双边 单黑鱼尾

0929 **古文苑二十一卷** （宋）章樵注
民国上海涵芬楼影印四部丛刊本 四册
集部/总集类/选集之属/通代 14 × 10.3 厘米 十行十八字 小字双行同 白口 四周单边

0930 **续古文观止八卷目录一卷** 王文濡选辑
民国二十五年（1936）上海文明书局铅印本 四册
集部/总集类/选集之属/通代 16.1 × 11.8 厘米 十二行二十八字 小字双行不等 黑口 四周单边 单黑鱼尾

0931 **评校音注古文辞类纂七十四卷** 王文濡校注
民国十五年（1926）上海文明书局铅印本 十六册
集部/总集类/选集之属/通代 14.7 × 10.6 厘米 十三行三十字 小字双行不等 黑口 四周单边 单黑鱼尾

0932 **古文观止十二卷目录一卷** （清）吴乘权 （清）吴大职评选
清光绪十九年（1893）古香阁魏氏刻本 六册
集部/总集类/选集之属/通代 20.9 × 14.2 厘米 十一行二十三字 小字双行同 白口 四周单边 单黑鱼尾

0933 **丹山堂古文观止十二卷目录一卷** （清）吴乘权 （清）吴大职评选
清光绪十九年（1893）古香阁魏氏刻本 六册
集部/总集类/选集之属/通代 20.9 × 14.2 厘米 十一行二十三字 小字双行同 白口 四周单边 单黑鱼尾

0934　丹山堂古文观止十二卷目录一卷
（清）吴乘权　（清）吴大职评选
清光绪十九年（1893）古香阁魏氏刻本　六册
集部/总集类/选集之属/通代　20.9×14.2 厘米　十一行二十三字　小字双行同　白口　四周单边　单黑鱼尾

0935　唐宋诸贤绝妙词选九卷　（宋）黄升辑
民国上海涵芬楼影印四部丛刊本　二册
集部/词类/总集之属　13.9×10 厘米　十行二十字　白口　左右双边　单黑鱼尾

0936　增修笺注妙选群英草堂诗余二卷
（宋）何士信辑
民国上海涵芬楼影印四部丛刊本　二册
集部/词类/总集之属　14×9.2 厘米　九行十八字　小字双行同　黑口　四周双边　单黑鱼尾

0937　中兴以来绝妙词选十卷目录一卷
（宋）黄升辑
民国上海涵芬楼影印四部丛刊本　三册
集部/词类/总集之属　14.5×10.5 厘米　十行二十字　黑口　左右双边　单黑鱼尾

0938　绝妙好词笺七卷　（宋）周密辑　（清）查为仁　（清）厉鹗笺　**续钞一卷**　（宋）周密原本　**补录一卷**　（清）徐楙录　**附词选二卷**　（清）张惠言录
民国上海中华书局铅印四部备要本　四册
集部/词类/总集之属　15.5×10.6 厘米　十行二十字　黑口　四周单边　对黑鱼尾

0939　分类补注李太白诗三十卷　（宋）杨齐贤集注　（元）萧士赟补注
民国上海涵芬楼影印四部丛刊本　十册
集部/别集类/唐五代别集　9.1×13.5 厘米　八行十七字　小字双行三十四字　白口　左右双边　单白鱼尾

0940　分门集注杜工部诗二十五卷目录一卷
（唐）杜甫撰
民国上海涵芬楼影印四部丛刊本　十册
集部/别集类/唐五代别集　13.9×9.5 厘米　十一行二十字　小字双行五十字　黑口　左右双边　对黑鱼尾

0941　新刊权载之文集五十卷　（唐）权德兴著
民国上海涵芬楼影印四部丛刊本　九册
集部/别集类/唐五代别集　13.5×10.5 厘米　十行二十一字　白口　左右双边　单黑鱼尾

0942　孟襄阳诗集二卷　（唐）孟浩然著
清光绪十年（1884）遂宁书局刻本　一册
集部/别集类/唐五代别集　18.9×12.8 厘米　十行二十二字　黑口　左右双边　对黑鱼尾

0943　柳河东诗集二卷　（唐）柳宗元著
清光绪十年（1884）遂宁书局刻本　一册
集部/别集类/唐五代别集　19×11.7 厘米　十行二十二字　黑口　左右双边　对黑鱼尾

0944　唐人万首绝句选三卷　（宋）洪迈著　（清）王士祯选
民国上海涵芬楼仿古活字印本　一册
集部/总集类/选集之属/断代　19×11.8 厘米　十三行十七字　黑口　四周单边　单黑鱼尾

0945　唐绝句选十二卷　邵裴子辑
民国二十五年（1936）上海商务印书馆铅印本　一册
集部/总集类/选集之属/断代　12.5×9 厘米　十二行二十五字　白口　四周双边　单黑鱼尾

0946　中兴间气集二卷　（唐）高仲武集
民国上海涵芬楼影印四部丛刊本　一册
集部/总集类/选集之属/断代　12.5×10 厘米　十二行二十五字　白口　左右双边　单黑鱼尾

0947 **河岳英灵集三卷** （唐）殷璠集
民国上海涵芬楼影印四部丛刊本 一册
集部/总集类/选集之属/断代 14.1×11 厘米 十行十八字 白口 左右双边 单黑鱼尾

0948 **国秀集三卷** （唐）芮挺章辑
民国上海涵芬楼影印四部丛刊本 一册
集部/总集类/选集之属/断代 13×10.5 厘米 十行十八字 白口 左右双边 单黑鱼尾

0949 **才调集十卷** （五代）韦谷集
民国上海涵芬楼影印四部丛刊本 三册
集部/总集类/选集之属/断代 14.1×9.8 厘米 十行十八字 白口 左右双边 单黑鱼尾

0950 **骈体文钞三十一卷** （清）李兆洛编
民国上海中华书局铅印本 八册
集部/总集类/选集之属/通代 14.9×10.7 厘米 十三行二十六字 黑口 四周单边 对黑鱼尾

0951 **高常侍集八卷** （唐）高适撰
民国上海涵芬楼影印四部丛刊本 一册
集部/别集类/唐五代别集 13.8×9.5 厘米 九行十七字 黑口 左右双边 单黑鱼尾

0952 **孟浩然集四卷** （唐）孟浩然撰
民国上海涵芬楼影印四部丛刊本 一册
集部/别集类/唐五代别集 13.6×9.8 厘米 十行十八字 白口 左右双边

0953 **须溪先生校本唐王右丞集六卷** （唐）王维撰
民国上海涵芬楼影印四部丛刊本 一册
集部/别集类/唐五代别集 14.5×9.6 厘米 八行二十字 黑口 左右双边 对黑鱼尾

0954 **刘随州文集十卷外集一卷** （唐）刘长卿撰
民国上海涵芬楼影印四部丛刊本 二册
集部/别集类/唐五代别集 13.9×9.1 厘米 十行十八字 黑口 四周双边 顺黑鱼尾

0955 **唐元次山文集十卷拾遗一卷** （唐）元结著
民国上海涵芬楼影印四部丛刊本 二册
集部/别集类/唐五代别集 14.2×9.5 厘米 十行二十字 黑口 四周双边 三黑鱼尾

0956 **唐陆宣公制诰十卷奏草七卷奏议七卷** （唐）陆贽撰
民国上海涵芬楼影印四部丛刊本 四册
集部/别集类/唐五代别集 14.6×9.4 厘米 十行二十字 白口 四周单边

0957 **钱考功集十卷** （唐）钱起撰
民国上海涵芬楼影印四部丛刊本 二册
集部/别集类/唐五代别集 14×9.5 厘米 九行十七字 黑口 左右双边 单黑鱼尾

0958 **毗陵集二十卷附录一卷补遗一卷** （唐）独孤及撰
民国上海涵芬楼影印四部丛刊本 四册
集部/别集类/唐五代别集 14×9.8 厘米 十行二十一字 小字双行同 白口 左右双边

0959 **韦刺史诗集十卷附录一卷** （唐）韦应物著
民国上海涵芬楼影印四部丛刊本 二册
集部/别集类/唐五代别集 13.5×10.6 厘米 十一行二十一字 白口 左右双边 单黑鱼尾

0960 **唐皇甫冉诗集七卷补遗一卷附唐皇甫曾诗集一卷补遗一卷** （唐）皇甫曾著 **皇甫冉诗集校勘记一卷** （□）□□撰 **皇甫曾诗集校勘记一卷** （□）□□撰
民国二十五年（1936）上海涵芬楼影印四部丛刊本（皇甫冉诗补遗一卷校勘记一卷、皇甫曾诗补遗一卷校勘记一卷为民国铅印本） 二册

集部/别集类/唐五代别集
影印本 14.2×10.3 厘米 十行十六字 白口 四周单边 对白鱼尾
铅印本 14.2×10.4 厘米 十二行二十四字 白口 四周双边 单黑鱼尾

0961 **陆士衡文集十卷** （晋）陆机著
民国上海涵芬楼影印四部丛刊本 一册
集部/别集类/汉魏六朝别集 14.4×10.3 厘米 十行十八字 白口 左右双边 单黑鱼尾

0962 **梁昭明太子文集五卷** （南朝梁）萧统撰
民国上海涵芬楼影印四部丛刊本 一册
集部/别集类/汉魏六朝别集 13.8×9.8 厘米 八行十六字 白口 左右双边 单黑鱼尾

0963 **谢宣城诗集五卷** （南朝齐）谢朓撰
民国上海涵芬楼影印四部丛刊本 一册
集部/别集类/汉魏六朝别集 14.9×10.3 厘米 十行二十字 白口 左右双边 单黑鱼尾

0964 **鲍氏集十卷** （南朝宋）鲍照著
民国上海涵芬楼影印四部丛刊本 二册
集部/别集类/汉魏六朝别集 14.6×10.7 厘米 十行十七字 白口 左右双边 单黑鱼尾

0965 **重校鹤山先生大全文集一百一十卷目录二卷** （宋）魏了翁撰
民国上海涵芬楼影印四部丛刊本 二十四册
集部/别集类/宋别集 14.1×10.3 厘米 十一行二十字 小字双行同 白口 左右双边 单黑鱼尾

0966 **翠微南征录十一卷** （宋）华岳撰
民国二十五年（1936）上海涵芬楼影印四部丛刊本 二册
集部/别集类/宋别集 14.2×10.6 厘米 十行二十字 白口 四周单边 单黑鱼尾

0967 **水心先生文集二十九卷** （宋）叶适撰
民国上海涵芬楼影印四部丛刊本 八册
集部/别集类/宋别集 14.5×9.3 厘米 十二行二十字 黑口 四周双边 顺黑鱼尾

0968 **白石道人诗集二卷集外诗一卷歌曲四卷歌曲别集一卷附录一卷** （宋）姜夔著
民国上海涵芬楼影印四部丛刊本 二册
集部/别集类/宋别集 13.9×8.8 厘米 十一行十九字 白口 左右双边 单黑鱼尾

0969 **象山先生全集三十六卷** （宋）陆九渊撰
清宣统二年（1910）江左书林铅印本 八册
集部/别集类/宋别集 15.8×12 厘米 十四行四十二字 白口 四周双边 对黑鱼尾

0970 **象山先生全集三十六卷** （宋）陆九渊撰
民国上海涵芬楼影印四部丛刊本 十册
集部/别集类/宋别集 13.8×9 厘米 十行二十字 白口 四周双边 单黑鱼尾

0971 **盘州文集八十卷目录一卷** （宋）洪适撰
民国上海涵芬楼影印四部丛刊本 十二册
集部/总集类/类编之属 13.8×10.5 厘米 十行二十字 白口 左右双边 单黑鱼尾

0972 **梅溪先生廷试策奏议五卷诗文前集二十卷 后集二十九卷附录一卷** （宋）王十朋撰
民国上海涵芬楼影印四部丛刊本 十二册
集部/别集类/宋别集 14×18.5 厘米 十一行二十一字 黑口 四周双边 对黑鱼尾

0973 **默堂先生文集二十二卷** （宋）陈渊撰 （宋）沈度编
民国上海涵芬楼影印四部丛刊本 五册
集部/别集类/宋别集 13.8×10.2 厘米 十一行二十二字 白口 左右双边 单黑鱼尾

0974 **范香溪先生文集二十二卷附范蒙斋先生遗文一卷** （宋）范浚著
民国上海涵芬楼影印四部丛刊本 五册
集部/别集类/宋别集 14.2×9.2 厘米 十行二十字 白口 四周双边 单黑鱼尾

0975 **攻媿集一百十二卷** （宋）楼钥撰
民国上海涵芬楼影印本 二十九册
集部/别集类/宋别集 14.7 × 9.5 厘米 九行二十一字 白口 四周双边 单黑鱼尾
缺二卷 （一至二）

0976 **沈忠敏公龟溪集十二卷** （宋）沈与求撰
民国二十三年（1934）上海商务印书馆影印四部丛刊本 四册
集部/别集类/宋别集 13.8 × 10 厘米 九行二十字

0977 **增广笺注简斋诗集三十卷** （宋）陈与义撰 （宋）胡稺笺
民国上海涵芬楼影印四部丛刊本 四册
集部/别集类/宋别集 14.6 × 9 厘米 十行十八字 小字双行三十六字 黑口 左右双边 对黑鱼尾

0978 **韦斋集十二卷** （宋）朱松撰 **玉澜集一卷** （宋）朱槔撰
民国二十三年（1934）上海商务印书馆影印四部丛刊续编本 三册
集部/别集类/宋别集 14 × 10 厘米 十行二十字 白口 左右双边 单黑鱼尾

0979 **颐堂先生文集五卷** （宋）王灼撰
民国二十五年（1936）上海商务印书馆影印四部丛刊三编本 一册
集部/别集类/宋别集 13.7 × 9.5 厘米 十行十八字 小字双行三十六字 白口 左右双边 单黑鱼尾

0980 **太师诚意伯刘文成公集二十卷** （明）刘基撰
民国上海商务印书馆影印四部丛刊本 十册
集部/别集/明别集 14 × 9.8 厘米 十行二十三字 小字双行同 白口 四周双边

0981 **宋学士文集七十五卷** （明）宋濂撰
民国上海商务印书馆影印四部丛刊本 十四册
集部/别集/明别集 14.4 × 10.4 厘米 十四行二十三字 小字双行同 白口 四周双边

0982 **牧庵集三十六卷附录一卷** （元）姚燧撰
民国上海商务印书馆影印四部丛刊本 八册
集部/别集/元别集 13.8 × 9.2 厘米 九行二十一字 白口 四周双边 单黑鱼尾

0983 **秋涧先生大全集一百卷附录一卷** （元）王恽撰
民国上海商务印书馆影印四部丛刊本 二十四册
集部/别集/元别集 14.4 × 10.2 厘米 十二行二十字 小字双行不等 黑口 左右双边 对黑鱼尾

0984 **许白云先生文集四卷** （元）许谦撰 （明）李伸编集
民国二十三年（1934）上海商务印书馆影印四部丛刊续编本 一册
集部/别集/元别集 14 × 9.2 厘米 十二行二十二字 小字双行同 上下黑口 四周双边 顺黑鱼尾

0985 **静修先生文集二十二卷** （元）刘因撰
民国上海商务印书馆影印四部丛刊本 三册
集部/别集/元别集 13.8 × 9.1 厘米 十三行二十一字 小字双行同 上下黑口 四周双边 顺黑鱼尾

0986 **松雪斋文集十卷诗文外集一卷** （元）赵孟頫撰
民国上海商务印书馆影印四部丛刊本 三册
集部/别集/元别集 14.9 × 10.7 厘米 十二行二十二字 小字双行同 上下黑口 左右双边 对黑鱼尾

0987 **居易堂集二十卷** （清）徐枋著 **集外诗文一卷** 王大隆辑
民国二十五年（1936）上海商务印书馆影印四

部丛刊三编本 八册
集部/别集/清别集 14.3×10.8 厘米 十一行二十字 小字双行三十字 白口 左右双边 单黑鱼尾

0988 **姜斋诗文集二十八卷** （清）王夫之撰
民国上海商务印书馆影印四部丛刊本 六册
集部/别集/清别集 13.9×9.4 厘米 十行二十二字 小字双行同 上下黑口 左右双边 对黑鱼尾

0989 **亭林诗集五卷文集六卷** （清）顾炎武著 **诗集校补一卷** 孙毓修辑
民国上海商务印书馆影印四部丛刊本 四册
集部/别集/清别集 14.1×10.8 厘米 十一行二十字 小字双行三十字 白口 左右双边 单黑鱼尾

0990 **亭林余集一卷** （清）顾炎武著
民国上海商务印书馆影印四部丛刊本 一册
集部/别集/清别集 14.1×10.8 厘米 十行二十一字 白口 左右双边 单黑鱼尾

0991 **历代名人书札二卷** 吴曾棋编选
民国上海商务印书馆铅印本 二册
集部/总集类 16×10.6 厘米 十四行三十四字 白口 四周双边 单黑鱼尾
存一卷 （二）

0992 **历代名人书札续编一卷** 吴曾棋编选
民国上海商务印书馆铅印本 一册
集部/总集类 16.8×11.2 厘米 十四行三十四字 白口 四周双边 单黑鱼尾

0993 **经史百家杂钞二十六卷** （清）曾国藩辑
民国上海中华书局铅印本 六册
集部/总集类/选集之属/通代 15.1×10.5 厘米 十三行三十字 黑口 四周单边 单黑鱼尾
存十九卷 （一至十九）

0994 **经史百家杂钞二十六卷** （清）曾国藩辑
民国上海商务印书馆铅印本 二册
集部/总集类/选集之属/通代 16×10.6 十四行三十三字 黑口 四周双边 单黑鱼尾
存四卷 （九至十、十八至十九）

0995 **历代名人小简二卷** 吴曾棋编选
清宣统元年（1909）上海商务印书馆铅印本 二册
集部/总集类 16.8×11.3 厘米 十四行三十四字 白口 四周双边 单黑鱼尾

0996 **六朝文絜四卷** （清）许梿评选
民国十四年（1925）上海会文堂书局影印本 二册
集部/别集类/汉魏六朝别集 15×9.8 厘米 九行十八字 上下黑口 左右双边 单黑鱼尾

0997 **详注六朝文絜八卷** 吴承烜注释
民国六年（1917）上海四马路国华书局铅印本 四册
集部/别集类/汉魏六朝别集 15.2×10.8 厘米 十行二十六字 小字双行同 黑口 四周双边 单黑鱼尾

0998 **范文正公集四十八卷** （宋）范仲淹著
清岁寒堂刻本 二十册
集部/别集类/宋别集 18×14 厘米 十一行二十一字 白口 左右双边 单黑鱼尾
存四十四卷 （范文正公集一至二十、别集一至四、政府奏议一至二、尺牍一至三、年谱一、年谱补遗一、言行拾遗录三至四、遗迹一、褒贤集一至五、补编一至五）

0999 **洪度集一卷** （唐）薛涛著
清光绪三十年（1904）贵阳陈矩灵峰草堂刻本 一册
集部/别集类/唐别集 17.5×13.5 厘米 十二行二十三字 小字双行同 黑口 四周双边 单黑鱼尾

1000　**洪度集一卷**　（唐）薛涛著
清光绪三十年（1904）贵阳陈矩灵峰草堂刻本　一册
集部/别集类/唐别集　15.2 × 10.8 厘米　十行二十六字　小字双行同　黑口　四周双边　单黑鱼尾

1001　**嘉佑集十五卷**　（宋）苏洵撰
民国上海涵芬楼影印四部丛刊本　二册
集部/别集类/宋别集　14.6 × 9.9 厘米　十四行二十五字　白口　左右双边　单黑鱼尾

1002　**孟东野诗集十卷**　（唐）孟郊撰
民国上海涵芬楼影印四部丛刊本　二册
集部/别集类/唐五代别集　14.2 × 10 厘米　十行十八字　上下黑口　四周双边　顺黑鱼尾

1003　**沈下贤文集十二卷**　（唐）沈亚之撰
民国上海涵芬楼影印四部丛刊本　二册
集部/别集类/唐五代别集　14 × 9.7 厘米　九行二十字　白口　四周双边　单黑鱼尾

1004　**玉川子集二卷外集一卷**　（唐）卢仝撰
民国上海涵芬楼影印四部丛刊本　一册
集部/别集类/唐五代别集　14 × 8.7 厘米　十二行二十四字　白口　四周单边

1005　**朱庆余诗集一卷**　（唐）朱庆余撰
民国二十三年（1934）上海涵芬楼影印四部丛刊续编本　一册
集部/别集类/唐五代别集　14 × 10.4 厘米　十行十八字　白口　左右双边　单黑鱼尾

1006　**歌诗编四卷**　（唐）李贺撰
民国上海涵芬楼影印四部丛刊本　一册
集部/别集类/唐五代别集　13.8 × 8.9 厘米　十行二十字　白口　左右双边

1007　**唐贾浪仙长江集十卷**　（唐）贾岛撰
民国上海涵芬楼影印四部丛刊本　一册
集部/别集类/唐五代别集　13.9 × 9.9 厘米　十行二十字　白口　左右双边　单黑鱼尾

1008　**唐贾浪仙长江集十卷**　（唐）贾岛撰
民国上海涵芬楼影印四部丛刊本　一册
集部/别集类/唐五代别集　13.9 × 9.9 厘米　十行二十字　白口　左右双边　单黑鱼尾

1009　**止斋先生文集五十二卷附录一卷**　（宋）陈傅良撰
民国上海涵芬楼影印四部丛刊本　八册
集部/别集类/宋别集　14 × 9.3 厘米　十三行二十四字　上下黑口　四周双边　对黑鱼尾

1010　**张右史文集六十卷**　（宋）张耒撰
民国上海涵芬楼影印四部丛刊本　十二册
集部/别集类/宋别集　14.3 × 10.6 厘米　九行十七字　白口　左右双边　单黑鱼尾

1011　**梁江文通文集十卷附校补一卷**　（南朝梁）江淹著
民国上海涵芬楼影印四部丛刊本　二册
集部/别集类/汉魏六朝别集　14.7 × 10.2 厘米　十行十八字　白口　左右双边　单黑鱼尾

1012　**王子安集十六卷附录一卷**　（唐）王勃著　（明）张燮纂
民国上海涵芬楼影印四部丛刊本　四册
集部/别集类/唐五代别集　14.7 × 9.9 厘米　九行十八字　白口　左右双边　单黑鱼尾

1013　**杨盈川集十卷附录一卷**　（唐）杨炯撰
民国上海涵芬楼影印四部丛刊本　二册
集部/别集类/唐五代别集　13.6 × 10.1 厘米　十一行二十字　白口　左右双边　单黑鱼尾

1014　**幽忧子集七卷附录一卷**　（唐）卢照邻著　（明）张燮纂
民国上海涵芬楼影印四部丛刊本　二册
集部/别集类/唐五代别集　13.8 × 9.6 厘米　九行十八字　白口　左右双边　单黑鱼尾

1015　陈伯玉前集五卷后集五卷附录一卷
（明）杨春重编　（明）杨澄校正
民国上海涵芬楼影印四部丛刊本　三册
集部/别集类/明别集　13.8 × 8.9 厘米　十一行二十一字　上下黑口　四周双边　顺黑鱼尾

1016　张说之文集二十五卷　（唐）张说撰
民国上海涵芬楼影印四部丛刊本　四册
集部/别集类/唐五代别集　15 × 10.1 厘米　十行二十字　白口　四周双边　单黑鱼尾

1017　评注昭明文选十五卷首一卷末一卷
（清）于光华编
民国十年（1921）上海扫叶山房石印本　六册
集部/别集类/清别集　16.1 × 11.2 厘米　十四行三十一字　小字双行同　白口　四周双边　单黑鱼尾

1018　古唐诗合解十六卷　（清）王尧衢注
民国上海锦章图书局石印本　八册
集部/总集类/选集之属/断代　17.1 × 11.5 厘米　十一行二十一字　小字双行四十二字　白口　四周双边　单黑鱼尾

1019　古诗源十四卷　（清）沈德潜选
民国上海中华书局铅印本　二册
集部/总集类/选集之属/通代　15.4 × 11 厘米　十四行二十字　小字双行同　上下黑口　四周单边　对黑鱼尾

1020　靖节先生集十卷首一卷末一卷
（晋）陶渊明撰（清）陶澍集注
一九五六年上海商务印书馆铅印本　二册
集部/别集类/汉魏六朝别集　16 × 10.1 厘米　十一行三十一字　小字双行不等　四周双边

1021　花间集十二卷叙目一卷　（五代）赵崇祚集　**花间集补二卷叙目一卷**　（明）温博编次
民国上海涵芬楼影印四部丛刊本　三册
集部/词类/总集之属　10.9 × 7.9 厘米　六行十五字　白口　四周单边

1022　乐府雅词三卷拾遗二卷　（宋）曾慥辑
民国上海涵芬楼影印四部丛刊本　二册
集部/词类/总集之属　13.9 × 10.3 厘米　十行二十一字　白口　四周单边

1023　西山先生真文忠公文集五十一卷目录二卷　（宋）真德秀撰
民国上海涵芬楼影印四部丛刊本　二十四册
集部/别集类/宋别集　13.9 × 9.6 厘米　十行十八字　上下黑口　四周双边　顺黑鱼尾

1024　南雷文案十卷吾悔集四卷撰杖集一卷子刘子行状二卷诗历三卷　（清）黄宗羲著　**学箕初稿二卷**　（清）黄百家著
民国上海涵芬楼影印四部丛刊本　八册
集部/总集类/汇编之属　13.9 × 10.3 厘米　十二行二十二字　上下黑口　左右双边　对黑鱼尾

1025　梅村家藏稿五十九卷目录一卷年谱四卷　（清）吴伟业撰
民国上海涵芬楼影印四部丛刊本　八册
集部/别集类/清别集　15.3 × 9.5 厘米　十五行二十八字　上下黑口　四周双边　单黑鱼尾

1026　蚓窍集十卷　（明）管时敏撰　（明）丁鹤年评
民国二十五年（1936）上海涵芬楼影印四部丛刊本　一册
集部/别集类/明别集　13.8 × 9.2 厘米　十行二十字　上下黑口　四周双边　对黑鱼尾

1027　静居集六卷目录一卷　（明）张羽著
民国二十五年（1936）上海涵芬楼影印四部丛刊本　二册
集部/别集类/明别集　13.5 × 9.1 厘米　十一行二十一字　上下黑口　四周双边　单黑鱼尾

1028　**高太史大全集十八卷**　（明）高启撰
民国上海涵芬楼影印四部丛刊本　六册
集部/别集类/明别集　13.7 × 9.4 厘米　十行二十字　白口　四周单边

1029　**北郭集十卷目录一卷**　（明）徐贲著
民国二十五年（1936）上海涵芬楼影印四部丛刊本　二册
集部/别集类/明别集　13.6 × 9 厘米　十一行二十一字　上下黑口　四周双边　对黑鱼尾

1030　**高太史凫藻集五卷附扣舷集一卷**
（明）高启撰　（明）周立编辑
民国上海涵芬楼影印四部丛刊本　二册
集部/别集类/明别集　14.2 × 9.1 厘米　十行二十字　上下黑口　四周双边　顺黑鱼尾

1031　**重刊荆川先生文集十七卷外集三卷**
（明）唐顺之撰
民国上海涵芬楼影印四部丛刊本　十二册
集部/别集类/明别集　13.9 × 9.9 厘米　十行二十字　白口　左右双边　单黑鱼尾

1032　**匏翁家藏集七十七卷补遗一卷**
（明）吴宽撰
民国影印本　十二册
集部/别集类/明别集　13.9 × 10.3 厘米　十二行二十四字　白口　左右双边

1033　**苏平仲文集十六卷**　（明）苏伯衡撰
民国上海涵芬楼影印四部丛刊本　五册
集部/别集类/明别集　14.8 × 9.4 厘米　十二行二十四字　上下黑口　四周双边　顺黑鱼尾

1034　**清江贝先生文集三十卷诗集十卷诗余一卷**　（明）贝琼撰
民国上海涵芬楼影印四部丛刊本　六册
集部/别集类/明别集　13.8 × 8.4 厘米　十三行二十四字　上下黑口　四周双边　顺黑鱼尾

1035　**眉庵集十二卷补遗一卷**　（明）杨基著
民国上海涵芬楼影印四部丛刊本　四册
集部/别集类/明别集　14.3 × 9.4 厘米　十一行二十一字　上下黑口　四周双边　单黑鱼尾

1036　**山谷诗集注二十卷外集诗注十七卷别集诗注二卷**　（宋）史容注
清光绪二十五年（1899）刻本　十六册
集部/别集类/宋别集　11.3 × 8.9 厘米　九行十六字　小字双行同　上下黑口　左右双边　双黑鱼尾

1037　**山谷外集诗注十四卷**　（宋）史容撰
民国二十三年（1934）上海涵芬楼影印四部丛刊续编本　八册
集部/别集类/宋别集　12.9 × 8.9 厘米　十二行二十二字　上下黑口　左右双边　对黑鱼尾

1038　**淮海集四十卷后集六卷淮海长短句三卷**　（宋）秦观撰
民国上海涵芬楼影印四部丛刊本　五册
集部/别集类/宋别集　13.8 × 10.6 厘米　十二行二十一字　小字双行同　白口　四周单边　对白鱼尾

1039　**淮海集四十卷后集六卷淮海长短句三卷**
（宋）秦观撰
民国上海涵芬楼影印四部丛刊本　五册
集部/别集类/宋别集　13.8 × 10.6 厘米　十二行二十一字　小字双行同　白口　四周单边　对白鱼尾

1040　**豫章黄先生文集三十卷**　（宋）黄庭坚撰
民国上海涵芬楼影印四部丛刊本　八册
集部/别集类/宋别集　13.7 × 10.3 厘米　九行十八字　白口　左右双边　单黑鱼尾

1041　**简斋诗外集一卷**　（宋）陈与义撰
民国上海涵芬楼影印四部丛刊本　一册
集部/别集类/宋别集　14 × 9.5 厘米　九行十七字　上下黑口　左右双边　单黑鱼尾

1042　国立北平故宫博物院在蓉书画展览品目录　（□）□□编
民国三十五年（1946）成都铅印本　一册
史部/目录类　16.3×9.7 厘米　十二行四十二字　上下黑口　四周单边　对黑鱼尾

1043　石门文字禅三十卷　（宋）释惠洪撰
民国上海涵芬楼影印四部丛刊本　八册
集部/别集类/宋别集　14.3×9.3 厘米　十行二十字　黑口　四周双边

1044　震川先生集三十卷别集十卷　（明）归有光著
民国上海涵芬楼影印四部丛刊本　十二册
集部/别集类/明别集　13.8×10.2 厘米　十行二十字　白口　左右双边

1045　杨忠烈公文集五卷　（明）杨涟撰
清宣统三年（1911）文盛书局石印本　五册
集部/别集类/明别集　17.1×11.4 厘米　十四行三十二字　白口　四周双边　单黑鱼尾

1046　滹南遗老集四十五卷　（金）王若虚撰
民国上海涵芬楼影印四部丛刊本　四册
集部/别集类/金别集　14.2×9.8 厘米　八行二十一字　白口　左右双边　单黑鱼尾
存三十卷　（一至三十）

1047　闲闲老人滏水文集二十卷附录一卷　（金）赵秉文撰
民国上海涵芬楼影印四部丛刊本　六册
集部/别集类/金别集　13.8×10.5 厘米　九行十九字　白口　四周单边

1048　李氏焚书六卷　（明）李贽撰
民国上海涵芬楼影印四部丛刊本　二册
集部/别集类/明别集　17×12 厘米　十三行三十三字　下黑口　四周双边　单黑鱼尾

1049　王黄州小畜集三十卷　（宋）王禹偁撰
民国上海涵芬楼影印四部丛刊本　六册
集部/别集类/宋别集　14.6×10 厘米　九行二十一字　白口　左右双边　单黑鱼尾

1050　王黄州小畜外集七卷　（宋）王禹偁撰
民国上海涵芬楼影印四部丛刊续编本　一册
集部/别集类/宋别集　14.5×10.9 厘米　十一行二十二字　白口　左右双边　单黑鱼尾

1051　石屏诗集十卷　（宋）戴复古撰
民国上海涵芬楼影印明弘治刻本　五册
集部/别集类/宋别集　14×9.2 厘米　九行十九字　上下黑口　四周双边　顺黑鱼尾

1052　增修诗话总龟四十八卷　（宋）阮阅编
民国上海涵芬楼影印明月窗道人校刻本　十二册
集部/诗文评类/诗评之属　14.6×11.1 厘米　十一行二十二字　白口　四周单边　单黑鱼尾

1053　霓裳续谱八卷　（清）王廷绍编
一九五九年上海中华书局铅印本　四册
集部/曲类/散曲之属　14.1×10.1 厘米　十行二十五字　白口　左右双边　单黑鱼尾

1054　白雪遗音四卷　（清）华广辑
一九五九年上海中华书局铅印本　四册
集部/曲类/散曲之属　14.9×10.1 厘米　十二行三十八字　白口　左右双边　单黑鱼尾
存三卷　（一、三至四）

1055　梅亭先生四六标准四十卷　（宋）李刘撰
民国二十三年（1934）上海涵芬楼影印宋刻本　八册
集部/别集类/宋别集　13.9×9 厘米　十行十九字　上下黑口　四周单边　对黑鱼尾

1056　平斋文集三十二卷　（宋）洪咨夔撰
民国二十三年（1934）上海涵芬楼影印常熟瞿氏铁琴铜剑楼影宋钞本　十册
集部/别集类/宋别集　13.9×10.2 厘米　十一行十九字　白口　左右双边　单黑鱼尾

1057　**东周列国志权志二十三卷**　（清）蔡昇评点
清咸丰四年（1854）书成山房刻朱墨套印本　二十四册
集部/小说类/长篇之属　16.8 × 12.2 厘米　十二行二十六字　白口　四周单边　单黑鱼尾

1058　**雍熙乐府二十卷**　（明）郭勋辑
民国二十三年（1934）上海涵芬楼影印明嘉靖刻本　二十册
集部/曲类/散曲之属　13.6 × 9.4 厘米　十行二十一字　白口　四周双边　三黑鱼尾

1059　**傅氏文典三卷**　傅子东编
民国三十八年（1949）铅印本　三册
集部/诗文评类/文评之属　16.7 × 10.8 厘米　下黑口　四周双边单　黑鱼尾

1060　**傅氏文典三卷**　傅子东编
民国三十八年（1949）铅印本　三册
集部/诗文评类/文评之属　16.7 × 10.8 厘米　下黑口　四周双边　单黑鱼尾

1061　**参寥子诗集十二卷校勘记一卷**
（宋）释道潜撰　（宋）释法颖辑
民国上海涵芬楼影印四部丛刊本　二册
集部/别集类/宋别集　13 × 9 厘米　十一行二十四字　白口　左右双边　顺黑鱼尾

1062　**后山诗注十二卷**　（宋）任渊撰
民国上海涵芬楼影印四部丛刊本　四册
集部/别集类/宋别集　14.1 × 10.1 厘米　九行十六字　小字双行同　白口　四周双边　对黑花鱼尾

1063　**于湖居士文集四十卷附录一卷**　（宋）张孝祥撰
民国上海涵芬楼影印四部丛刊本　六册
集部/别集类/宋别集　13.4 × 10.8 厘米　十行十六字　白口　左右双边　顺黑鱼尾

1064　**石湖居士诗集三十四卷**　（宋）范成大撰
民国上海涵芬楼影印四部丛刊本　五册
集部/别集类/宋别集　14 × 10.2 厘米　十一行二十一字　黑口　左右双边　单黑鱼尾

1065　**精选陆放翁诗集二十卷别集一卷**
（宋）陆游撰
民国上海涵芬楼影印四部丛刊本　二册
集部/别集类/宋别集　14.5 × 9.2 厘米　十一行二十字　上下黑口　四周单边　顺黑鱼尾

1066　**望溪先生文集十八卷集外文十卷集外文补遗二卷年谱一卷年谱附录一卷**　（清）方苞撰
民国上海涵芬楼影印四部丛刊本　十二册
集部/别集类/清别集　14.2 × 10.2 厘米　十一行二十一字　白口　四周双边　单黑鱼尾

1067　**广成集十七卷**　（五代）杜光庭撰
民国上海涵芬楼影印四部丛刊本　三册
集部/别集类/唐五代别集　十行十七字　白口

1068　**禅月集二十五卷**　（五代）释贯休撰
民国上海涵芬楼影印四部丛刊本　二册
集部/别集类/唐五代别集　13.9 × 11.2 厘米　十三行二十字　白口　左右双边　单黑鱼尾

1069　**白莲集十卷风骚旨格一卷**　（唐）释齐己撰
民国上海涵芬楼影印四部丛刊本　二册
集部/别集类/唐五代别集　13.8 × 9.7 厘米　十一行二十一　白口　左右双边　单黑鱼尾

1070　**桂苑笔耕集二十卷**　（唐）崔致远撰
民国上海涵芬楼影印四部丛刊本　三册
集部/别集类/唐五代别集　13 × 10.3 厘米　十行二十字　白口　四周双边　对黑花鱼尾

1071　**密庵藁十卷目录一卷**　（明）谢肃撰
（明）任守礼校正　（明）刘翼南编次

民国二十四年（1935）上海涵芬楼影印四部丛刊本 四册
集部/别集类/明别集 14×9.8 厘米 十二行二十一字 上下黑口 四周双边 顺黑鱼尾

1072 **唐刘蜕集六卷目录一卷** （唐）刘蜕撰
民国上海涵芬楼影印四部丛刊本 一册
集部/别集类/唐别集 12.7×9 厘米 七行十六字 白口 四周双边

1073 **丁卯集二卷目录一卷** （唐）许浑撰
民国上海涵芬楼影印四部丛刊本 一册
集部/别集类/唐别集 13.7×10 厘米 十行十八字 白口 四周单边 单黑鱼尾

1074 **梨岳诗集一卷目录一卷** （唐）李频撰
民国二十五年（1936）上海涵芬楼影印四部丛刊本 一册
集部/别集类/唐别集 12.9×10.6 厘米 十行十六字 白口 四周单边 单黑鱼尾

1075 **李群玉诗集三卷目录一卷** （唐）李群玉撰
民国上海涵芬楼影印四部丛刊本 一册
集部/别集类/唐别集 14.3×10.6 厘米 十行十八字 白口 左右双边 单黑鱼尾

1076 **唐孙樵集十卷目录一卷** （唐）孙樵撰
民国上海涵芬楼影印四部丛刊本 一册
集部/别集类/唐别集 13×9 厘米 七行十六字 白口 四周双边

1077 **皮日休文集十卷目录一卷** （唐）皮日休撰
民国上海涵芬楼影印四部丛刊本 二册
集部/别集类/唐别集 13.9×10.1 厘米 九行十九字 白口 左右双边 顺黑鱼尾

1078 **李义山文集五卷** （唐）李商隐撰
民国上海涵芬楼影印四部丛刊本 二册
集部/别集类/唐别集 14.6×9 厘米 九行二十四字 白口 左右双边 单黑鱼尾

1079 **李义山文集五卷** （唐）李商隐撰
民国上海涵芬楼影印四部丛刊本 二册
集部/别集类/唐别集 14.6×9 厘米 九行二十四字 白口 左右双边 单黑鱼尾

1080 **唐李义山诗集六卷** （唐）李商隐撰
民国上海涵芬楼影印四部丛刊本 二册
集部/别集类/唐别集 13.9×10.2 厘米 十行二十字 白口 左右双边 单白鱼尾

1081 **傅氏文典三卷** 傅子东编
民国三十八年（1949）铅印本 三册
集部/诗文评类/文评之属 16.7×10.8 厘米 下黑口 四周双边 单黑鱼尾

1082 **鑫山集十二卷续集五卷** （清）方文撰
一九七九年上海古籍出版社影印本 八册
集部/别集类/清别集 13.4×9.8 厘米 十二行二十一字 白口 四周单边

1083 **茗斋诗初集二十三卷附明诗钞九卷** （清）彭孙贻著 （清）张伯魁校刊
民国上海涵芬楼影印本 三十四册
集部/别集类/清别集 14.1×10.2 厘米 十行二十一字 白口 左右双边

1084 **定国志安邦中集二十卷** （□）□□撰
清刻本 十六册
集部/曲类/弹词之属 11.9×9.6 厘米 十行二十二字 白口 左右双边 单黑鱼尾
缺四卷（十一、十八至二十）

1085 **荥阳外史集一百卷** （明）郑真撰
民国影印四库全书珍本初集本 十五册
集部/别集类/明别集 13.9×9.2 厘米 八行二十一字 四周双边 单黑鱼尾
存五十五卷（四十六至一百）

1086　白雪斋选订乐府吴骚合编四卷
（明）张楚叔选辑　（明）张旭初删订
民国上海涵芬楼影印明崇祯刻本　四册
集部/曲类/散曲之属　14 × 10.1 厘米　九行二十字　白口　四周单边　单白鱼尾

1087　绘图笔生花十六卷三十二回　（清）邱心如著
民国石印本　八册
集部/曲类/弹词之属　16.8 × 11.5 厘米　二十五行五十三字　白口　四周单边　单黑鱼尾

1088　敬业堂诗集五十卷　（清）查慎行撰
民国上海涵芬楼影印本　十六册
集部/别集类/清别集　13.8 × 10.2 厘米　十一行二十一字　白口　左右双边　单黑鱼尾

1089　曝书亭集八十一卷　（清）朱彝尊撰
民国上海涵芬楼影印四库丛刊本　二十册
集部/别集类/清别集　14 × 9.6 厘米　十二行二十三字　白口　左右双边　单黑鱼尾

1090　渔洋山人精华录十卷　（清）王士祯撰
民国上海涵芬楼影印林佶写刻本　四册
集部/别集类/清别集　14.2 × 11 厘米　十一行二十一字　上下黑口　左右双边　单黑鱼尾

1091　船山遗书七十七种　（清）王夫子著
清同治四年（1865）湘乡曾氏金陵节署刻本　九十八册
类丛部/丛书类/自著之属　18.7 × 12.7 厘米　十行二十二字　上下黑口　左右双边　对黑鱼尾
缺二卷　（续春秋左氏传博议二卷）

1092　抗战三周年纪念特刊
民国铅印本　一册

1093　渊颖吴先生文集十二卷附录一卷
（元）吴莱撰
民国上海涵芬楼影印四部丛刊本　四册
集部/别集类/元别集　14.7 × 10.3 厘米　十一行二十二字　白口　左右双边　单黑鱼尾

1094　揭文安公全集十四卷附录一卷
（元）揭傒斯著
民国上海涵芬楼影印四部丛刊本　四册
集部/别集类/元别集　14.3 × 11.2 厘米　十行十八字　白口　左右双边　单黑鱼尾

1095　范德机诗集七卷　（元）范梈撰
民国上海涵芬楼影印四部丛刊本　二册
集部/别集类/元别集　14.3 × 11.3 厘米　十行二十字　上下黑口　左右双边　对黑鱼尾

1096　道园学古录五十卷　（元）虞集撰
民国上海涵芬楼影印四部丛刊本　十二册
集部/别集类/元别集　13.7 × 9.2 厘米　十三行二十三字　上下黑口　四周双边　顺黑鱼尾

1097　清容居士五十卷　（元）袁桷撰
民国上海涵芬楼影印四部丛刊本　十六册
集部/别集类/元别集　14 × 10.6 厘米　十行十六字　黑口　左右双边　鱼尾

1098　孟涂文集十卷孟涂诗前集十卷后集二十卷骈体文集二卷　（清）刘开撰
民国四年（1915）扫叶山房石印本　七册
集部/别集类/清别集　16.2 × 11.2 厘米　十六行三十六字　黑口　四周双边　单黑鱼尾

1099　茗柯文四编五卷　（清）张惠言撰
民国上海涵芬楼影印本　三册
集部/别集类/清别集　14 × 10 厘米　十行二十一字　白口　左右双边　鱼尾

1100　大云山房文稿初集四卷二集四卷言事二卷　（清）恽敬著
民国上海涵芬楼影印本　六册
集部/别集类/清别集　14 × 11 厘米　十行二十二字　上下黑口　四周双边　单黑鱼尾

1101　**姚少监诗集十卷目录一卷**　（唐）姚合撰
民国上海涵芬楼影印四部丛刊本　二册
集部/别集类/唐别集　14.5 × 10.5 厘米　十行十八字　白口　左右双边　单黑鱼尾

1102　**樊川文集二十卷目录一卷**　（唐）杜牧撰
民国上海涵芬楼影印四部丛刊本　五册
集部/别集类/唐别集　14.5 × 9.9 厘米　十行十八字　白口　左右双边　单黑鱼尾

1103　**唐音统签一千零二十七卷**　（明）胡震亨辑
民国上海涵芬楼影印四部丛刊本　一册
集部/总集类/选集之属/断代　14.1 × 10.2 厘米　十行十九字　小字双行同　白口　左右双边　单黑鱼尾
存五卷　（卷七百〇四至七百〇八）

1104　**司空表圣文集十卷目录一卷**　（唐）司空图撰
民国上海涵芬楼影印四部丛刊本　二册
集部/别集类/唐别集　13.8 × 9.2 厘米　八行二十一字　白口　左右双边　单黑鱼尾

1105　**司空表圣文集十卷目录一卷**　（唐）司空图撰
民国上海涵芬楼影印四部丛刊本　二册
集部/别集类/唐别集　13.8 × 9.2 厘米　八行二十一字　白口　左右双边　单黑鱼尾

1106　**郑守愚文集三卷附校勘记一卷**
（唐）郑谷撰
民国二十三年（1934）上海涵芬楼影印四部丛刊本　一册
集部/别集类/唐别集　14 × 10 厘米　十二行二十字　白口　左右双边　单黑鱼尾

1107　**新雕注胡曾咏史诗三卷**　（唐）胡曾撰
民国二十五年（1936）上海涵芬楼影印四部丛刊本　一册
集部/别集类/唐别集　14.2 × 10 厘米　十行二十二字　小字双行同　白口　左右双边　顺黑鱼尾

1108　**玉山樵人集一卷附香奁集一卷**
（唐）韩偓撰
民国上海涵芬楼影印四部丛刊本　一册
集部/别集类/唐别集　13.8 × 8.9 厘米　九行二十四字　白口　左右双边　单黑鱼尾

1109　**甲乙集十卷目录一卷**　（唐）罗隐撰
民国上海涵芬楼影印四部丛刊本　一册
集部/别集类/唐别集　13.7 × 10 厘米　十行十八字　白口　左右双边　单黑鱼尾

1110　**唐黄先生文集八卷目录一卷附录一卷**
（唐）黄滔著
民国上海涵芬楼影印四部丛刊本　三册
集部/别集类/唐别集　13.9 × 9.7 厘米　九行十八字　白口　左右双边　单黑鱼尾

1111　**揅经室一集十四卷二集八卷三集五卷四集十一卷诗十一卷续集九卷外集五卷**
（清）阮元撰
民国上海涵芬楼影印四部丛刊本　二十册
集部/别集类/清别集　13.4 × 9.9 厘米　十行二十字　白口　四周双边　单黑鱼尾

1112　**定盦文集三卷续集四卷文集补四卷**
（清）龚自珍撰
民国上海涵芬楼影印四部丛刊本　二册
集部/别集类/清别集　14.1 × 10.7 厘米　十二行二十四字　小字双行同　白口　左右双边　单黑鱼尾
存八卷　（续集四卷、文集补四卷）

1113　**闲止书堂集钞二卷**　（清）陈梦雷著
一九七九年上海古籍出版社影印本　一册
集部/别集类/清别集　13.3 × 9.3 厘米　九行二十字　白口　四周双边　单黑鱼尾

1114　愚庵小集十五卷　（清）朱鹤龄著
一九七九年上海古籍出版社影印本　四册
集部/别集类/清别集　14 × 9.8 厘米　九行二十一字　小字双行同　白口　左右双边　单黑鱼尾

1115　腾笑集八卷　（清）朱彝尊著
一九七九年上海古籍出版社影印本　二册
集部/别集类/清别集　12.7 × 9.5 厘米　十行十八字　上下黑口　四周单边　单黑鱼尾

1116　赖古堂集三十四卷附录一卷　（清）周亮工著
一九七九年上海古籍出版社影印本　五册
集部/别集类/清别集　14.3 × 9.9 厘米　十一行十九字　上下黑口　四周单边　顺黑鱼尾

1117　曝书亭集八十卷附录一卷目录一卷笛渔小稿十卷　（清）朱彝尊著　**笛渔小稿**　（清）朱昆田著
民国上海涵芬楼影印四部丛刊本　二十册
集部/别集类/清别集　14 × 9.6 厘米　十二行二十三字　白口　左右双边　单黑鱼尾

1118　诗疑辨证六卷　（清）黄忠松撰
民国上海商务印书馆影印本　六册
经部/诗类　14 × 9.4 厘米　八行二十一字　小字双行同　白口　四周双边　单黑鱼尾

1119　周礼详解四十卷　（宋）王昭禹撰
民国上海商务印书馆影印本　十二册
经部/周礼类/传说之属　14 × 9.6 厘米　八行二十一字　小字双行同　白口　四周双边　单黑鱼尾

1120　周易图说二卷　（元）钱义方撰
民国上海商务印书馆影印本　一册
经部/易类/图说之属　9.3 × 14.2 厘米　八行二十一字　白口　四周双边　单黑鱼尾

1121　洪北江诗文集六十六卷　（清）洪亮吉学　**洪北江先生年谱一卷**　（清）吕培等编次
民国上海涵芬楼影印四部丛刊本　二十册
集部/别集/清别集　14.1 × 10.2 厘米　十一行二十二字　上下黑口　四周单边　对黑鱼尾
卷施阁文甲集十卷乙集八卷诗二十卷附鲒轩诗八卷||更生斋文甲集四卷乙集四卷诗八卷诗余二卷||拟两晋南北史乐府二卷

1122　青阳先生文集九卷　（元）余阙撰　（元）郭奎辑
民国二十三年（1934）上海商务印书馆影印四部丛刊续编本　一册
集部/别集/元别集　14.8 × 9.9 厘米　十二行二十二字　上下黑口　四周双边　对黑鱼尾

1123　蚁术诗选八卷词选四卷　（元）邵复儒（邵亨贞）著
民国二十五年（1936）上海商务印书馆影印四部丛刊三编本　二册
集部/别集/元别集　14.6 × 10.6 厘米　十一行二十一字　小字双行同　白口　左右双边　单黑鱼尾

1124　倪云林先生诗集六卷附录一卷　（元）倪瓒撰　（明）蹇曦编集
民国上海商务印书馆影印四部丛刊本　三册
集部/别集/元别集　13.7 × 9.0 厘米　十行二十字　上下黑口　四周双边　对黑鱼尾

1125　萨天锡诗集二卷　（元）萨都剌撰
民国上海商务印书馆影印四部丛刊本　二册
集部/别集/元别集　13.9 × 9.1 厘米　十行十八字　上下黑口　四周双边　对黑鱼尾

1126　句曲外史贞居先生诗集五卷　（元）张雨撰
民国上海商务印书馆影印四部丛刊本　一册
集部/别集/元别集　13.8 × 8.8 厘米　十行二十字　上下黑口　左右双边　顺黑鱼尾

1127　蜕庵诗四卷　（元）张翥撰　（明）释大杼编集
民国二十三年（1934）上海商务印书馆影印四

部丛刊续编本 一册
集部/别集/元别集 14.5×9.4 厘米 十三行二十四字 上下黑口 四周双边 顺黑鱼尾

1128 **翰林杨仲弘诗八卷** （元）杨载撰
民国上海商务印书馆影印四部丛刊本 一册
集部/别集/元别集 14.5×10.3 厘米 十行二十字 白口 四周双边 单白鱼尾

1129 **柳待制文集二十卷附录一卷** （元）柳贯撰
民国上海商务印书馆影印四部丛刊本 八册
集部/别集/元别集 14.3×10.5 厘米 十二行二十字 上下黑口 四周双边 单黑鱼尾

1130 **圭斋文集十六卷** （元）欧阳玄撰 （清）欧阳铭镛编集
民国上海商务印书馆影印四部丛刊本 四册
集部/别集/元别集 13.8×9.0 厘米 十一行二十一字 上下黑口 四周双边 双对黑鱼尾

1131 **述学内篇三卷外篇一卷补遗一卷别录一卷** （清）汪中撰
民国上海涵芬楼影印四部丛刊本 二册
集部/别集类/清别集 14.5×9.2 厘米 十三行三十字 白口 左右双边 单黑鱼尾

1132 **抱经堂文集三十四卷** （清）卢文弨撰
民国上海涵芬楼影印四部丛刊本 八册
集部/别集类/清别集 13.9×9.6 厘米 十一行二十一字 白口 左右双边 单黑鱼尾

1133 **鲒埼亭诗集十卷** （清）全祖望撰
民国上海涵芬楼影印四部丛刊本 三册
集部/别集类/清别集 14.2×9.7 厘米 十行二十字 白口 左右双边 单黑鱼尾

1134 **惜抱轩文集十六卷文后集十卷诗集十卷诗后集一卷诗外集一卷法帖题跋三卷笔记八卷** （清）姚鼐撰
民国三年（1914）上海会文书局石印本 八册
集部/别集类/清别集 16.6×10.7 厘米 十五行三十二字 白口 四周双边 单黑鱼尾

1135 **惜抱轩文集十六卷文后集十卷诗集十卷诗后集一卷诗外集一卷法帖题跋三卷笔记八卷** （清）姚鼐撰
民国三年（1914）上海会文书局石印本 八册
集部/别集类/清别集 17.1×10.9 厘米 十五行三十二字 白口 四周双边 单黑鱼尾

1136 **惜抱轩文集十六卷诗集十卷** （清）姚鼐撰
民国上海涵芬楼影印四部丛刊本 五册
集部/别集类/清别集 13.9×9.7 厘米 十行二十一字 上下黑口 左右双边 单黑鱼尾

1137 **诗缵绪十八卷** （元）刘玉汝撰
民国上海商务印书馆影印本 六册
经部/诗类 13.7×8.6 厘米 八行十一字 白口 四周双边 单黑鱼尾
存十二卷 （七至十八）

1138 **诗演义十五卷** （明）梁寅撰
民国上海商务印书馆影印本 六册
经部/诗类/传说之属 13.9×9 厘米 八行二十一字 白口 四周双边 单黑鱼尾

1139 **读诗略记六卷首一卷** （明）朱朝瑛撰
民国上海商务印书馆影印本 六册
经部/诗类 13.9×9 厘米 八行二十一字 白口 四周双边 单黑鱼尾

1140 **毛诗类释二十一卷续编三卷** （明）顾栋高撰
民国上海商务印书馆影印本 六册
经部/诗类/三家诗之属 14×9.1 厘米 八行二十一字 白口 四周双边 单黑鱼尾

1141 **河南穆公集三卷穆参军遗事一卷** （宋）穆修撰
民国上海涵芬楼影印四部丛刊本 一册

集部/别集类/宋别集 14.3×9.7 厘米 十行十八字 上下黑口 左右双边 单白鱼尾

1142 **徐公文集三十卷** （宋）徐铉撰
民国上海涵芬楼影印四部丛刊本 六册
集部/别集类/宋别集 13.7×10.6 厘米 十行十九字 白口 左右双边 单黑鱼尾

1143 **河东先生集十六卷** （宋）张景编
民国上海涵芬楼影印四部丛刊本 三册
集部/别集类/唐五代别集 14.8×10 厘米 十行二十字 白口 左右双边 单黑鱼尾

1144 **宋林和靖先生诗集四卷和靖先生补一卷** （宋）林逋撰
民国上海涵芬楼影印四部丛刊本 一册
集部/别集类/宋别集 13.3×9.2 厘米 十行二十字 黑口 四周单边 单白鱼尾

1145 **忠愍公诗集三卷** （宋）寇准撰
民国二十五年（1936）上海涵芬楼影印四部丛刊本 一册
集部/别集类/宋别集 14.1×9.9 厘米 八行十八字 白口 左右双边

1146 **增注秋水轩尺牍四卷** （清）许思湄著 （清）娄世瑞注
民国四年（1915）上海锦章图书局石印本 二册
集部/总集类/尺牍之属 16.9×12.1 厘米 十八行四十字 小字双行同 下黑口 四周双边 单黑鱼尾

1147 **古诗源十四卷** （清）沈德潜选
一九七三年广东人民出版社影印本 四册
集部/总集类/选集之属/通代 17.4×12.7 厘米 九行二十一字 小字双行同 上下黑口 左右双边 对黑鱼尾

1148 **孙渊如诗文集二十一卷** （清）孙星衍著
民国上海涵芬楼影印四部丛刊本 八册
集部/别集类/清别集 13.5×11 厘米 十二行二十四字 黑口 四周单边 对黑鱼尾

1149 **东维子文集三十一卷** （元）杨维桢撰
民国上海涵芬楼影印本 六册
集部/别集类/元别集 14.5×10.8 厘米 十一行二十二字 黑口 左右双边

1150 **九灵山房集七卷** （元）戴良撰
民国上海涵芬楼影印四部丛刊本 六册
集部/别集类/元别集 14.1×10 厘米 十四行二十字 上下黑口 四周双边 对黑鱼尾

1151 **龟巢稿二十卷附校勘记一卷** （元）谢应芳撰
民国上海涵芬楼影印四部丛刊本 十五册
集部/别集类/元别集 14×9.5 厘米 九行十八字 白口 左右双边

1152 **存复斋文集十卷附录一卷** （元）朱德润撰
民国上海涵芬楼影印四部丛刊本 二册
集部/别集类/元别集 14×9.6 厘米 十一行二十字 上下黑口 四周双边 对黑鱼尾

1153 **全相平话五种** （□）□□撰
一九五六年文学古籍出版社影印本 五册
类丛部/丛书类 15.4×20.7 厘米 上下栏 上图下字 行字不等 左右双边
新刊全相平话武王伐纣书三卷||新刊全相平话乐毅图齐七国春秋后集三卷||新刊全相秦并六国平话三卷||新刊全相平话前汉书续集三卷||至治新刊全相平话三国志三卷

1154 **太平天国印书不分卷** （□）□□辑
一九五九年江苏人民出版社影印本 二十册
史部/目录类/总录之属

1155 **三国志通俗演义二十四卷** （晋）陈寿史传 （明）罗贯中编次

一九七四年新华书店影印本 八册
集部/小说类/长篇之属 22.2×14.6 厘米 九行十七字 黑口 四周双边 对黑鱼尾
存八卷 （十七至二十四）

1156 **大易择言三十六卷** （清）程廷祚撰
民国上海商务印书馆影印四库全书珍本初集本 十八册
经部/易类/分篇之属 13.8×9.2 厘米 八行二十一字 白口 四周双边 单黑鱼尾

1157 **易原就正十二卷** （清）包仪撰
民国上海商务印书馆影印四库全书珍本初集本 十册
经部/易类/专著之属 13.6×9.3 厘米 八行二十一字 白口 四周双边 单黑鱼尾

1158 **大易通解四十卷附录一卷** （清）魏荔彤撰
民国上海商务印书馆影印四库全书珍本初集本 十六册
经部/易类/专著之属 14×9.4 厘米 八行二十一字 白口 四周双边 单黑鱼尾

1159 **礼部志稿一百卷** （明）俞汝辑编
民国上海商务印书馆影印四库全书珍本初集本 五十册
史部/政书类/仪制之属 14×9.3 厘米 八行二十一字 白口 四周双边 单黑鱼尾

1160 **乐庵语录五卷** （宋）龚昱撰
民国上海商务印书馆影印四库全书珍本初集本 一册
子部/杂家类 14×9.4 厘米 八行二十一字 白口 四周双边 单黑鱼尾

1161 **唐秘书省正字先辈徐公钓矶文集十卷补一卷附校记一卷** （唐）徐寅著
民国二十四年（1935）上海涵芬楼影印四部丛刊本 二册
集部/别集类/唐别集 14×9.3 厘米 十一行二十字 白口 四周双边 对黑鱼尾

1162 **鲒埼亭集三十八卷首一卷目录一卷经史问答十卷外编五十卷** （清）全祖望撰 （清）史梦蛟校
民国上海涵芬楼影印四部丛刊本 三十二册
集部/别集类/清别集 14×10.4 厘米 十行二十一字 白口 左右双边 单黑鱼尾

1163 **评论出像水浒传二十卷七十回**
（元）施耐庵撰 （清）金人瑞（金圣叹）评
清刻本 二册
集部/小说类/长篇之属 21.6×14.5 厘米 十一行二十四字 白口 四周单边 单黑鱼尾
存二卷 （十一至十二）

1164 **船山诗草二十卷** （清）张问陶撰
清宣统二年（1910）石印本 六册
集部/别集类/清别集 17.1×11.8 厘米 十三行二十八字 白口 四周双边 单黑鱼尾

1165 **逊志斋集二十四卷目录一卷** （明）方孝孺撰 （明）范惟一编辑 （明）唐尧臣校订
民国上海涵芬楼影印四部丛刊本 十二册
集部/别集类/明别集 14×9.8 厘米 十行二十字 白口 左右双边 单黑鱼尾

1166 **书义断法六卷** （元）陈悦道撰 **附作义要诀一卷** 倪士毅辑
民国二十三年至二十四年（1934—1935）上海商务印书馆影印四库全书珍本初集本 三册
经部/书类/传说之属 13.9×9.8 厘米 八行二十一字 白口 四周双边 单黑鱼尾

1167 **尚书疑义六卷** （明）马明衡撰
民国二十三年至二十四年（1934—1935）上海商务印书馆影印四库全书珍本初集本 三册
经部/书类/传说之属 14.1×9.5 厘米 八行二十一字 白口 四周双边 单黑鱼尾

1168　毛诗讲义十二卷　（宋）林岊撰
民国二十三年至二十四年（1934—1935）上海商务印书馆影印四库全书珍本初集本　六册
经部/诗类/传说之属　13.3×9.2 厘米　八行二十一字　白口　四周双边　单黑鱼尾

1169　春秋左传谳十卷公羊传谳六卷谷梁传谳六卷　（宋）叶梦得撰
民国上海商务印书馆影印文渊阁本　十二册
经部/群经总义类/传说之属　14×9.3 厘米　八行二十一字　白口　四周双边　单黑鱼尾

1170　文选六十卷附李善与五臣同异不分卷（南朝梁）萧统编　（唐）李善注
一九七四年中华书局影印本　二十册
集部/总集类/选集之属/通代　21.1×13.8 厘米　十行二十一字　小字双行同　白口　左右双边　单黑鱼尾

1171　有宋福建莆阳黄仲元四如先生文稿五卷　（元）黄仲元撰
民国上海涵芬楼影印四部丛刊本　二册
集部/别集类/元别集　14×8.8 厘米　十行二十字　小字双行同　白口　四周双边　顺黑鱼尾

1172　先天集二卷附录二卷　（宋）许月卿著
民国二十三年（1934）上海商务印书馆影印四部丛刊本　二册
集部/别集类/宋别集　14×9.3 厘米　十行二十字　白口　左右双边　单黑鱼尾

1173　萧水厓诗集拾遗三卷附识水厓公诗集拾遗一卷　（南朝梁）萧毓编
民国二十三年（1934）上海商务印书馆影印四部丛刊本　二册
集部/别集类/汉魏六朝别集　13.6×10 厘米　十行十六字　上下黑口　四周双边　三黑鱼尾

1174　三山郑菊山先生清隽集一卷附所南先生诗文集一卷　（宋）郑起撰
民国上海涵芬楼影印四部丛刊本　一册
集部/别集类/宋别集　13.1×9.9 厘米　九行十九字　白口　四周单边

1175　叠山集十六卷　（宋）谢枋撰
民国二十三年（1934）上海商务印书馆影印四部丛刊本　二册
集部/别集类/宋别集　14×9.8 厘米　十行二十字　白口　左右双边　单黑鱼尾

1176　吾汶稿十卷附校勘记一卷　（宋）王炎午撰
民国二十五年（1936）上海商务印书馆影印四部丛刊本　四册
集部/别集类/宋别集　13.7×8.4 厘米　八行十四字　白口　四周单边

1177　长生殿传奇二卷　（清）洪升撰
一九五四年北京人民文学出版社影印本　六册
集部/戏剧类/传奇之属　20×14.2 厘米　十行二十字　上下黑口　四周单边　单黑鱼尾

1178　明成化说唱词话丛刊十六种附白兔记传奇一种　上海博物馆、上海市文物保管委员会编
一九七三年上海博物馆、上海市文物保管委员会影印本　十二册
集部/戏剧类/总集之属/杂剧　版式不等
新编全相说唱足本花关索出身传等四种‖新编说唱全相石郎驸马传‖新刊全相唐薛仁贵跨海征辽故事‖新刊全相说唱包待制出身传等三种‖新编说唱包龙图公案断歪乌盆传‖新刊说唱包龙图断曹国舅公案传‖新刊全相说唱张文贵传‖新编说唱包龙图断白虎精传‖全相说唱师官受妻刘都赛上元十五夜看灯传‖新刊全相莺哥孝义传‖新刊全相说唱开宗义富贵孝义传‖新编刘知远还乡白兔记

1179　古今词话八卷　（清）沈雄撰
北京市中国书店影印本　四册
集部/词类/词话之属　18.8×13.2 厘米　九行二十字　白口　四周单边　单黑鱼尾
词话二卷‖词品二卷‖词辨二卷‖词评二卷

1180　毛泽东选集第五卷　中共中央毛泽东主席著作编辑出版委员会编
一九七七年人民出版社铅印本　四册
19.4×12.8 厘米　十二行二十五字　白口　四周双边　单黑鱼尾

1181　颜鲁公文集十五卷补遗一卷附行状一卷神道碑铭一卷新史本传一卷旧史本传一卷（唐）颜真卿撰　**颜鲁公年谱一卷**　（宋）留元刚编
民国上海涵芬楼影印本　三册
集部/别集类/唐五代别集　14.4×10.2 厘米　十行二十字　白口　左右双边　单黑鱼尾

1182　评校音注续古文辞类纂三十四卷　王先谦纂集　王文濡评注
民国二十年（1931）上海文明书局铅印本　八册
集部/总集类/选集之属/通代　14.9×11 厘米　十三行三十字　小字双行三十四字　下黑口　四周单边　单黑鱼尾

1183　评校音注续古文辞类纂三十四卷　王先谦纂集　王文濡评注
民国二十年（1931）上海文明书局铅印本　一册
集部/总集类/选集之属/通代　14.9×11 厘米　十三行三十字　小字双行三十四字　黑口　四周单边　单黑鱼尾
存三卷　（四至六）

1184　评校音注续古文辞类纂三十四卷　王先谦纂集　王文濡评注
民国十三年（1924）上海文明书局铅印本　八册
集部/总集类/选集之属/通代　16×11.3 厘米　十三行三十二字　小字双行同　下黑口　四周单边　单黑鱼尾

1185　文选六十卷　（南朝梁）萧统撰　（唐）李善注　**文选考异十卷**　（清）胡克家撰
清末民初上海鸿文书局石印本　十册
集部/总集类/选集之属/通代　17×11.8 厘米　二十行四十二字　小字双行同　白口　四周双边　单黑鱼尾

1186　铁厓乐府注十卷逸编注八卷咏史注八卷　（明）杨维祯著　（清）楼卜瀍注
清宣统二年（1910）扫叶山房石印本　十册
集部/别集类　17.2×12.1 厘米　十二行二十七字　小字双行同　白口　四周双边　单黑鱼尾

1187　存复斋文集十卷附录一卷　（元）朱德润著
民国七年（1918）上海涵芬楼影印本　二册
集部/别集类/元别集　14.2×8.9 厘米　十二行二十四字　白口　四周单边

1188　乐府新编阳春白雪前集五卷后集五卷补集一卷　（元）杨朝英选集
民国上海中华书局铅印本　二册
集部/曲类/曲选之属　15.3×10.8 厘米　十三行二十字　小字双行同　上下黑口　四周单边　单黑鱼尾

1189　御选唐宋文醇五十八卷　（清）高宗弘历选
清刻朱墨套印本　七册
集部/总集类/选集之属/通代　19.7×14.3 厘米　九行二十二字　白口　四周单边　单黑鱼尾
存十二卷　（二十一至二十二、二十九、四十四至五十、五十二、五十四）

1190　明张文忠公文集十一卷诗集六卷（明）张居正撰
清宣统三年（1911）醉古堂石印本　四册

集部/别集/明别集 16.2×11.4 厘米 十四行三十字 小字双行同 白口 四周双边 单黑鱼尾

1191 **白沙子八卷** （明）陈献章撰
民国二十五年（1936）上海涵芬楼影印四部丛刊本 八册
集部/别集类/明别集 14.1×10.5 厘米 九行十八字 白口 左右双边 单黑鱼尾

1192 **剡源戴先生文集三十卷** （元）戴表元撰
民国上海涵芬楼影印四部丛刊本 六册
集部/别集类/元别集 15×10.7 厘米 十二行二十三字 白口 左右双边 单黑鱼尾

1193 **湛然居士文集十四卷** （元）耶律楚材撰
民国上海涵芬楼影印四部丛刊本 四册
集部/别集类/元别集 13.5×9.3 厘米 十行十七字 白口 左右双边 单黑鱼尾

1194 **唐甫里先生文集二十卷** （唐）陆龟蒙撰
民国上海涵芬楼影印四部丛刊本 五册
集部/别集类/唐五代别集 14.8×10.5 厘米 八行十六字 白口 左右双边 单黑鱼尾

1195 **温庭筠诗集七卷别集一卷** （唐）温庭筠撰
民国上海涵芬楼影印四部丛刊本 一册
集部/别集类/唐五代别集 14.1×10.1 厘米 十二行二十一字 白口 左右双边

1196 **碧云集三卷** （五代）李中撰
民国上海涵芬楼影印四部丛刊本 一册
集部/别集类/唐五代别集 14.7×10.5 厘米 十行十八字 白口 左右双边 单黑鱼尾

1197 **浣花集十卷补遗一卷** （唐）韦庄撰
民国上海涵芬楼影印四部丛刊本 一册
集部/别集类/唐五代别集 12.6×10.8 厘米 十行十六字 白口 左右双边 单黑鱼尾

1198 **唐李推官披沙集六卷** （唐）李咸用撰
民国上海涵芬楼影印四部丛刊本 一册
集部/别集类/唐五代别集 14.7×10.8 厘米 十行十八字 白口 左右双边 单黑鱼尾

1199 **周贺诗集一卷校勘记一卷** （唐）周贺撰 **李丞相诗集卷校勘记一卷** （五代）李建勋撰
民国二十三年（1934）上海涵芬楼影印四部丛刊本 一册
集部/别集类/唐五代别集 14×10.3 厘米 十行十八字 白口 左右双边 顺黑鱼尾

1200 **西堂杂俎一集八卷二集八卷三集八卷** （清）尤侗著
民国中华图书馆石印本 六册
集部/别集类/清别集 16.8×11.6 厘米 十六行三十五字 白口 四周双边 单黑鱼尾

1201 **金华黄先生文集四十三卷** （元）黄溍撰 （元）危素编次
民国上海商务印书馆影印四部丛刊本 十二册
集部/别集/元别集 14.1×8.6 厘米 十二行二十四字 上下黑口 左右双边 对黑鱼尾

1202 **书林外集七卷** （元）袁士元撰
民国七年（1918）上海商务印书馆影印涵芬楼秘籍本 二册
集部/别集/元别集 14.2×10.0 厘米 十行二十字 白口 左右双边

1203 **周易图书质疑二十四卷** （清）赵继序撰
民国上海商务印书馆影印四库全书珍本初集本 十册
经部/易类/图说之属 13.9×9.2 厘米 八行二十一字 小字双行同 白口 四周双边 单黑鱼尾

1204 **周易章句证异十二卷** （清）翟均廉撰
民国上海商务印书馆影印四库全书珍本初集本 五册

经部/易类/传说之属 13.7×9.1 厘米 八行二十一字 小字双行同 白口 四周双边 单黑鱼尾

1205 **絜斋家塾书钞十二卷** （宋）袁燮撰
民国上海商务印书馆影印四库全书珍本初集本 十二册
经部/书类/传说之属 13.6×9.2 厘米 八行二十一字 白口 四周双边 单黑鱼尾

1206 **儒林外史五十六回** （清）吴敬梓撰
一九七四年人民文学出版社影印本 十六册
集部/小说类/长篇之属 13.7×10.1 厘米 九行十八字 白口 四周单边 单黑鱼尾

1207 **西溪易说十二卷** （宋）李过撰
民国上海商务印书馆影印四库全书珍本初集本 五册
经部/易类/传说之属 13.9×9.3 厘米 八行二十一字 白口 四周双边 单黑鱼尾

1208 **绣像东周列国志十二卷一百八回首一卷** （清）冯梦龙著 （清）蔡奡评点
清宣统二年（1910）上海章福记石印本 十二册
集部/小说类/长篇之属 18.0×12.2 厘米 二十行行字不等 白口 四周双边 单黑鱼尾

1209 **东周列国志二十七卷一百八回首一卷** （清）冯梦龙著 （清）蔡奡评点
清末民初上海锦章图书局石印本 十四册
集部/小说类/长篇之属 17.9×11.7 厘米 十八行四十字 白口 四周双边 单黑鱼尾

1210 **衷圣斋文集不分卷** （清）刘光第著
民国成都昌福公司铅印本 二册
集部/别集/清别集 16.4×11.0 厘米 十一行二十八字 白口 四周双边 单黑鱼尾

1211 **中国地方志综录** 朱士嘉编著
民国二十四年（1935）上海商务印书馆铅印本 三册
史部/目录类/专录之属 版式不等

1212 **尧峰文钞四十卷** （清）汪琬撰 （清）林佶编
清宣统二年（1910）集成图书公司石印本 八册
集部/别集类/清别集 16.1×11 厘米 十四行三十字 白口 四周双边 单黑鱼尾

1213 **樊榭山房集十卷续十卷文八卷** （清）厉鹗撰
民国十八年（1929）上海涵芬楼影印本 八册
集部/别集类/清别集 14.1×9.8 厘米 十一行二十一字 上下黑口 左右双边 单黑鱼尾

1214 **春秋左传类编六卷** （宋）吕祖谦撰
民国二十三年（1934）上海商务印书馆影印本 一册
经部/春秋左传类/传说之属 14.1×10.5 厘米 白口 单白鱼尾
存七十三页（一百三十一至二百零三页）

1215 **金谷遗音一卷** （宋）石孝友撰 **散花庵词一卷** （宋）黄昇撰 **和清真词一卷** （宋）方千里撰 **后村别调一卷** （宋）刘克庄撰
民国刻本 一册
集部/别集类/宋别集 15.3×11.7 厘米 十一行二十字 上下黑口 左右双边

1216 **审势策二卷** （宋）苏洵撰
清刻本 一册
集部/别集类/宋别集 18.7×11.8 厘米 九行二十五字 上下黑口 四周双边 单黑鱼尾
存一卷 （下）

1217 **吹万集一卷** 张立民编
民国三十年（1941）复性书院铅印本 一册
子部/杂著类/杂纂之属 15.7×12.2 厘米 十三行三十九字 白口 四周单边

1218　**群书治要五十卷**　（唐）魏徵等编
民国影印本　一册
子部/杂著类/杂纂之属　14.2×10.0 厘米　九行十八字　白口　四周双边　单黑鱼尾
存三卷　（三十六至三十八）

1219　**天方诗经不分卷**　（埃及）补虽里撰（清）马安礼译
一九五七年北京人民文学出版社影印本　二册
子部/宗教类/其它宗教之属/回教　14.7×10.5 厘米　九行十四字　小字双行同　白口　四周双边　单黑鱼尾
存颂一、颂二

1220　**黄帝阴符经十真集解三卷**　（□）□□撰
清光绪刻本　一册
子部/宗教类/道家之属　19.8×15 厘米　十行二十四字　左右双边　单黑鱼尾

1221　**周易文诠四卷**　（元）赵汸撰
民国商务印书馆影印本　六册
经部/易类/文字音义之属　14.3×9.4 厘米　八行二十一字　白口　四周双边　单黑鱼尾

1222　**易象钞十八卷**　（明）胡居仁撰
民国商务印书馆影印本　七册
经部/易类/分篇之属　14.1×9.5 厘米　八行二十一字　白口　四周双边　单黑鱼尾

1223　**周易札记三卷首一卷**　（明）逯中立著
民国商务印书馆影印本　三册
经部/易类/传说之属　14.1×9.3 厘米　八行二十一字　白口　四周双边　单黑鱼尾

1224　**周易像象述十卷**　（明）吴桂森撰
民国商务印书馆影印本　十册
经部/易类/分篇之属　14×9.1 厘米　八行二十一字　白口　四周双边　单黑鱼尾

1225　**易用六卷**　（明）陈祖念撰
民国商务印书馆影印本　四册
经部/易类　14.1×9.2 厘米　八行二十一字　白口　四周双边　单黑鱼尾

1226　**唐诗纪事八十一卷**　（宋）计有功著
民国上海涵芬楼影印四部丛刊本　十六册
子部/诗文评类/诗评之属　13.9×10.2 厘米　十行二十字　白口　四周单边

1227　**文通十卷**　（清）马建忠著
民国铅印本　四册
经部/小学类/文字之属/字书/通论　14.1×10.5 厘米　十行二十四字　白口　四周双边　单黑鱼尾
存五卷　（四至七、九）

1228　**枣窗闲笔一卷**　（清）爱新觉罗・裕瑞著
一九五七年文学古籍刊行社影印本　一册
集部/诗文评类/文评之属　16×10.4 厘米　六行十四字　白口　四周双边　单黑鱼尾

1229　**中国文学史不分卷**　□□编
民国成城初级中学校铅印本　一册
新学/史志　17.3×12.3 厘米　十三行三十五字　白口　四周双边　单黑鱼尾

1230　**傅氏白话文法九章**　傅子东撰
民国三十八年（1949）铅印本　一册
经部/小学类　版式不等

1231　**五桂轩文集八卷**　艾光清撰
民国中西印书局铅印本　三册
集部/别集类　18×11.7 厘米　十二行三十字　白口　四周双边　单黑鱼尾
存六卷　（三至八）

1232　**梁任公诗稿手迹一卷**　梁启超撰（清）康有为评
一九五七年古典文学出版社影印本　一册

集部/别集类 17.1×12.3 厘米 十行二十一字 小字双行同 白口 四周单边

1233 **王摩诘集六卷** （唐）王维撰
民国十五年（1926）上海会文书局石印本 二册
集部/别集类/唐五代别集 14.9×10 厘米 十行十八字 白口 左右双边

1234 **三苏文集四十四卷** （宋）苏洵等撰 （清）邵希雍辑
清宣统二年（1910）上海会文学社石印本 八册
集部/总集类/氏族之属 17.1×11.1 厘米 十五行三十二字 白口 四周双边 单黑鱼尾

1235 **三苏文集四十四卷** （宋）苏洵等撰 （清）邵希雍辑
清宣统二年（1910）上海会文学社石印本 一册
集部/总集类/氏族之属 16.9×11.1 厘米 十五行三十二字 白口 四周双边 单黑鱼尾
存八卷 （九至十六）

1236 **丹隐诗存四卷** 郭延撰 马自广校
民国二十四年（1935）成都刻紫印本 一册
集部/别集类 14.7×10.3 厘米 十一行二十一字 上下紫口 左右双边 单紫鱼尾

1237 **啸风诗集一卷** 刘存重撰
民国十八年（1929）美利利印刷公司铅印本 一册
集部/别集类 19.8×9.4 厘米 十行三十五字 白口 四周单边

1238 **章太炎先生家书一卷** 章炳麟撰 章见伊等校
一九六一年上海中华书局影印本 一册
集部/别集类 版式不等

1239 **林则徐书札手稿一卷** （清）林则徐撰
一九八五年上海古籍出版社影印本 一册
集部/别集类/清别集 版式不等

1240 **瓶庐丛稿十卷** （清）翁同龢撰
民国二十四年（1935）上海商务印书馆影印本 十册
集部/别集类/清别集 版式不等

1241 **礼经本义十七卷** （清）蔡德晋撰
民国二十三年至二十四年（1934—1935）上海商务印书馆影印四库全书珍本初集本 十册
经部/仪礼类/传说之属 14×9.4 厘米 八行二十一字 小字双行十八字 白口 四周双边 单黑鱼尾

1242 **月令解十二卷** （宋）张虙撰
民国二十三年至二十四年（1934—1935）上海商务印书馆影印四库全书珍本初集本 三册
经部/礼记类/传说之属 14×9.6 厘米 八行二十一字 白口 四周双边 单黑鱼尾

1243 **春秋经解十二卷附录一卷** （宋）崔子方撰
民国二十三年至二十四年（1934—1935）上海商务印书馆影印四库全书珍本初集本 五册
经部/春秋总义类/传说之属 14.4×9.5 厘米 八行二十一字 白口 四周双边 单黑鱼尾

1244 **春秋比事二十卷** （宋）沈棐撰
民国二十三年至二十四年（1934—1935）上海商务印书馆影印四库全书珍本初集本 八册
经部/春秋总义类/传说之属 14.3×9.5 厘米 八行二十一字 白口 四周双边 单黑鱼尾

1245 **春秋左传要义四卷** （宋）魏了翁撰
民国二十三年至二十四年（1934—1935）上海商务印书馆影印四库全书珍本初集本 二册
经部/春秋左传类/传说之属 14.3×9.5 厘米 八行二十一字 白口 四周双边 单黑鱼尾

1246 **六艺之一录四百零六卷续编十四卷** （清）倪涛撰
民国二十三年至二十四年（1934—1935）上海

商务印书馆影印四库全书珍本初集本 一百八十册
子部/艺术类/书画之属/书法书品 14.1×9.2 厘米 八行二十一字 白口 四周双边 单黑鱼尾
缺三卷 （二百四十五至二百四十七）

1247 **职官分纪五十卷** （宋）孙逢吉撰
民国二十三年至二十四年（1934—1935）上海商务印书馆影印四库全书珍本初集本 二十八册
类丛部/类书类/专类之属 14×9.4 厘米 八行二十一字 白口 四周双边 单黑鱼尾

1248 **明贤氏族言行类稿六十卷** （宋）章定撰
民国二十三年至二十四年（1934—1935）上海商务印书馆影印四库全书珍本初集本 二十四册
类丛部/类书类/专类之属 14.2×9.6 厘米 八行二十一字 白口 四周双边 单黑鱼尾

1249 **琴堂论俗编二卷** （宋）应俊辑补
民国二十三年至二十四年（1934—1935）上海商务印书馆影印四库全书珍本初集本 一册
子部/杂著类/杂说之属 14.2×9.3 厘米 八行二十一字 白口 四周双边 单黑鱼尾

1250 **砚山斋杂记四卷** （清）孙承泽编辑
民国二十三年至二十四年（1934—1935）上海商务印书馆影印四库全书珍本初集本 二册
子部/杂著类/杂品之属 13.9×9.6 厘米 八行二十一字 白口 四周双边 单黑鱼尾

1251 **言行龟鉴七卷** （元）张光祖撰
民国二十三年至二十四年（1934—1935）上海商务印书馆影印四库全书珍本初集本 三册
子部/杂著类/杂纂之属 14.2×9.6 厘米 八行二十一字 白口 四周双边 单黑鱼尾

1252 **元明事类钞二十三卷** （清）姚之骃撰
民国二十三年至二十四年（1934—1935）上海商务印书馆影印四库全书珍本初集本 十五册
子部/杂著类/杂纂之属 14.2×9.6 厘米 八行二十一字 白口 四周双边 单黑鱼尾

1253 **西清砚谱二十四卷** （清）□□编辑
民国二十三年至二十四年（1934—1935）上海商务印书馆影印四库全书珍本初集本 二十册
子部/工艺类/文房四宝之属/砚 14.2×9.6 厘米 八行二十一字 白口 四周双边 单黑鱼尾

1254 **增修校正押韵释疑五卷** （宋）欧阳德隆撰 （宋）郭守正校正
民国二十三年至二十四年（1934—1935）上海商务印书馆影印四库全书珍本初集本 五册
经部/小学类/音韵之属/韵书 14.5×10.1 厘米 八行二十一字 白口 四周双边 单黑鱼尾

1255 **音韵述微三十卷** （清）梁国治等撰
民国二十三年至二十四年（1934—1935）上海商务印书馆影印四库全书珍本初集本 十二册
经部/小学类/音韵之属/韵书 13.9×9.5 厘米 八行二十一字 白口 四周双边 单黑鱼尾

1256 **两朝纲目备要十五卷** （□）□□撰
民国二十三年至二十四年（1934—1935）上海商务印书馆影印四库全书珍本初集本 三册
史部/编年类/断代之属 14.3×9.4 厘米 八行二十一字 白口 四周双边 单黑鱼尾
存六卷 （一至六）

1257 **两汉笔记十二卷** （宋）钱时撰
民国二十三年至二十四年（1934—1935）上海商务印书馆影印四库全书珍本初集本 六册
史部/史评类/史论之属 14.4×9.6 厘米 八行二十一字 白口 四周双边 单黑鱼尾

1258 **铁崖先生古乐府十卷铁崖先生复古诗集六卷** （元）杨维桢撰
民国上海涵芬楼影印四部丛刊本 二册
集部/别集类/元别集 13.5×9.2 厘米 十一行二十字 上下黑口 四周双边 顺黑鱼尾

1259　**近思录集注十四卷**　（清）茅星来撰
民国二十三年至二十四年（1934—1935）上海商务印书馆影印四库全书珍本初集本　六册
子部/儒家类/儒学之属/性理　14.2 × 9.6 厘米　八行二十一字　白口　四周双边　单黑鱼尾

1260　**释文纪四十五卷**　（明）梅鼎祚辑
民国二十三年至二十四年（1934—1935）上海商务印书馆影印四库全书珍本初集本　二十三册
集部/总集/选集之属/通代　14 × 9.6 厘米　八行二十一字　白口　四周双边　单黑鱼尾

1261　**戒子通录八卷**　（宋）刘清之撰
民国二十三年至二十四年（1934—1935）上海商务印书馆影印四库全书珍本初集本　四册
子部/儒家类/儒学之属/礼教/家训　14.1 × 9.3 厘米　八行二十一字　白口　四周双边　单黑鱼尾

1262　**家山图书一卷**　（□）□□撰
民国二十三年至二十四年（1934—1935）上海商务印书馆影印四库全书珍本初集本　一册
子部/儒家类/儒学之属/礼教　14.4 × 9.5 厘米　八行二十一字　白口　四周双边　单黑鱼尾

1263　**双桥随笔十二卷**　（清）周召撰
民国二十三年至二十四年（1934—1935）上海商务印书馆影印四库全书珍本初集本　六册
子部/儒家类/儒学之属/礼教　14 × 9.4 厘米　八行二十一字　白口　四周双边　单黑鱼尾

1264　**忠穆集八卷**　（宋）吕颐浩撰
民国二十三年至二十四年（1934—1935）上海商务印书馆影印四库全书珍本初集本　四册
集部/别集类/宋别集　14.2 × 9.6 厘米　八行二十一字　白口　四周双边　单黑鱼尾

1265　**厚斋易学五十卷附录二卷**　（宋）冯椅撰
民国二十三年至二十四年（1934—1935）上海商务印书馆影印四库全书珍本初集本　二十四册
经部/易类/传说之属　13.9 × 9.2 厘米　八行二十一字　白口　四周双边　单黑鱼尾

1266　**河汾诸老诗集八卷**　（元）房祺编辑
民国上海涵芬楼影印四部丛刊本　一册
集部/总集类/选集之属/断代　14.1 × 9.6 厘米　十行十七字　白口　四周双边　顺黑鱼尾

1267　**张光弼诗集七卷**　（元）张昱撰
民国上海涵芬楼影印四部丛刊本　二册
集部/别集类/元别集　14.3 × 10.5 厘米　十二行二十四字　下黑口　四周单边　单白鱼尾

1268　**夷白斋稿文五卷外集一卷补遗一卷**　（元）陈基著
民国上海涵芬楼影印四部丛刊本　六册
集部/别集类/元别集　14.4 × 10 厘米　十二行二十四字　白口　左右双边　单黑鱼尾

1269　**文山先生全集二十卷**　（宋）文天祥撰
民国上海涵芬楼影印四部丛刊本　十册
集部/别集类/宋别集　13.6 × 9.2 厘米　十行二十二字　白口　四周单边　单白鱼尾

1270　**东塘集二十卷**　（宋）袁说友撰
民国二十三年至二十四年（1934—1935）上海商务印书馆影印四库全书珍本初集本　十册
集部/别集类/宋别集　14.2 × 9.5 厘米　八行二十一字　白口　四周双边　单黑鱼尾

1271　**尊白堂集六卷**　（宋）虞俦著
民国上海商务印书馆影印本　五册
集部/别集类/宋别集　14.3 × 9.6 厘米　八行二十一字　白口　四周双边　单黑鱼尾

1272　**澹轩集八卷**　（宋）李吕撰
民国二十三年至二十四年（1934—1935）上海商务印书馆影印四库全书珍本初集本　二册

集部/别集类/宋别集 14.3×9.6 厘米 八行二十一字 白口 四周双边 单黑鱼尾

1273 **定庵类稿四卷** （宋）卫博撰
民国上海商务印书馆影印本 三册
集部/别集类/宋别集 14.1×9.6 厘米 八行二十一字 白口 四周双边 单黑鱼尾

1274 **网山集八卷** （宋）林亦之撰
民国上海商务印书馆影印本 二册
集部/别集类/宋别集 14.2×9.6 厘米 八行二十一字 白口 四周双边 单黑鱼尾

1275 **东牟集十四卷** （宋）王洋撰
民国二十三年至二十四年（1934—1935）上海商务印书馆影印四库全书珍本初集本 八册
集部/别集类/宋别集 14.2×9.4 厘米 八行二十一字 白口 四周双边 单黑鱼尾

1276 **相山集三十卷** （宋）王之道撰
民国上海商务印书馆影印本 四册
集部/别集类/宋别集 14.3×9.6 厘米 八行二十一字 白口 四周双边 单黑鱼尾
存十五卷（一至十五）

1277 **武经总要前集二十卷后集二十卷** （宋）曾公亮等撰
民国上海商务印书馆影印本 十四册
子部/兵家类/兵法之属 14.2×9.5 厘米 八行二十一字 白口 四周双边 单黑鱼尾

1278 **平定三逆方略六十卷** （清）纪昀编
民国上海商务印书馆影印本 十二册
史部/纪事本末类/断代之属 14.1×9.5 厘米 八行二十一字 白口 四周双边 单黑鱼尾

1279 **钦定石峰堡纪略二十卷首一卷** （清）高宗弘历敕撰
民国上海商务印书馆影印本 十二册
史部/纪事本末类/断代之属 14.1×9.6 厘米 八行二十一字 白口 四周双边 单黑鱼尾

1280 **春秋战国异辞五十五卷通表二卷** （清）陈厚耀撰
民国上海商务印书馆影印本 三十册
史部/纪传类/别史之属 14.3×9.3 厘米 八行二十一字 白口 四周双边 单黑鱼尾

1281 **谠论集五卷** （宋）陈次升撰
民国上海商务印书馆影印本 三册
集部/别集类/宋别集 14.3×9.6 厘米 八行二十一字 白口 四周双边 单黑鱼尾

1282 **廉吏传二卷** （宋）费枢撰
民国上海商务印书馆影印本 二册
史部/传记类/仕宦 14.1×9.4 厘米 八行二十一字 白口 四周双边 单黑鱼尾

1283 **廉吏传二卷** （宋）费枢撰
民国上海商务印书馆影印本 二册
史部/传记类/仕宦 14.1×9.4 厘米 八行二十一字 白口 四周双边 单黑鱼尾

1284 **水经注集释订讹四十卷** （清）沈炳异撰
民国上海商务印书馆影印本 十八册
史部/地理类/水利之属 14.1×9.6 厘米 八行二十一字 白口 四周双边 单黑鱼尾

1285 **左史谏草一卷** （宋）吕午著
民国上海商务印书馆影印本 一册
史部/诏令奏议类/奏议之属 14.3×9.6 厘米 八行二十一字 白口 四周双边 单黑鱼尾

1286 **忠贞录三卷附录一卷** （明）李维樾（明）林增志编
民国上海商务印书馆影印本 一册
史部/传记类/忠孝 14.1×9.6 厘米 八行二十一字 白口 四周双边 单黑鱼尾

1287 **浮山集十卷** （宋）仲并撰
民国上海商务印书馆影印本 四册
集部/别集类/宋别集 14.4×9.5 厘米 八行二十一字 白口 四周双边 单黑鱼尾

1288 **缙云文集四卷附录一卷** （宋）冯时行著
民国上海商务印书馆影印本 四册
集部/别集类/宋别集 14.3×9.4 厘米 八行二十一字 白口 四周双边 单黑鱼尾

1289 **唯室集五卷附录一卷** （宋）陈长方著
民国上海商务印书馆影印本 二册
集部/别集类/宋别集 14.2×9.3 厘米 八行二十一字 白口 四周双边 单黑鱼尾

1290 **郑忠肃奏议遗集二卷** （宋）郑兴裔撰
民国上海商务印书馆影印本 一册
集部/别集类/宋别集 14.2×9.6 厘米 八行二十一字 白口 四周双边 单黑鱼尾

1291 **高峰文集十二卷** （宋）廖刚撰
民国二十三年至二十四年（1934—1935）上海商务印书馆影印四库全书珍本初集本 七册
集部/别集类/宋别集 14.3×9.6 厘米 八行二十一字 白口 四周双边 单黑鱼尾

1292 **艾轩集十卷** （宋）林光朝撰
民国二十三年至二十四年（1934—1935）上海商务印书馆影印四库全书珍本初集本 十册
集部/别集类/宋别集 14.2×9.6 厘米 八行二十一字 白口 四周双边
单黑鱼尾

1293 **九经辨字渎蒙十二卷** （清）沈炳震撰
民国二十三年至二十四年（1934—1935）上海商务印书馆影印四库全书珍本初集本 七册
经部/群经总义类/文字音义之属 13.9×9.3 厘米 八行行字不等 白口 四周双边 单黑鱼尾

1294 **蒙斋中庸讲义四卷** （宋）袁甫撰
民国二十三年至二十四年（1934—1935）上海商务印书馆影印四库全书珍本初集本 四册
经部/四书类/中庸之属/传说 14.3×9.6 厘米 八行二十一字 白口 四周双边 单黑鱼尾

1295 **遗山先生文集四十卷附录一卷** （金）元好问撰 （元）张德辉类次
民国上海涵芬楼影印四部丛刊本 十二册
集部/别集类/金别集 14×10.1 厘米 十行十九字 上下黑口 四周双边 顺黑鱼尾

1296 **陈迦陵文集六卷俪体文集十卷诗集八卷词三十卷** （清）陈维崧撰
民国上海涵芬楼影印四部丛刊本 十四册
集部/别集类/清别集 14.1×11 厘米 十二行二十二字 上黑口 左右双边 对黑鱼尾

1297 **周易经传集解三十六卷** （宋）林栗撰
民国影印本 十一册
经部/易类/传说之属 14.1×9.4 厘米 八行二十一字 白口 四周双边 单黑鱼尾
缺九卷 （一至九）

1298 **增评补像全图金玉缘一百二十回** （清）曹沾撰
民国石印本 四册
集部/小说类/长篇之属 17.6×12 厘米 十八行四十字 小字双行同 白口 四周双边 单黑鱼尾
存三十二回（一至三十二）

1299 **增评加批金玉缘图说十六卷一百二十回首一卷** （清）曹沾撰
民国石印本 十六册
集部/小说类/长篇之属 17.2×12.5 厘米 二十七行五十八字 白口 四周单边 单黑鱼尾

1300 **雨村诗话十六卷** （清）李调元撰
清蔚文堂刻本 四册
集部/诗文评类/诗评之属 14.3×10.1 厘米 十行二十一字 白口 四边不等 单黑鱼尾

1301　**万花集一卷**　黄缘芳编校
民国二十九年（1940）中华书局铅印本　一册
集部/曲类/散曲之属　14.1 × 9.6 厘米　十二行十九字　上下黑口　四周单边　对黑鱼尾

1302　**红拂记三十四出**　（明）张凤翼著
民国开明书店铅印本　一册
集部/戏剧类/传奇之属　15.1 × 9.2 厘米　十二行三十字　四周单边

1303　**朝野新声太平乐府九卷**　（元）杨朝英辑
民国上海涵芬楼影印四部丛刊本　二册
集部/曲类/曲选之属　14.6 × 8.9 厘米　十四行二十三字　上下黑口　四周单边　对黑鱼尾

1304　**山歌一卷**　（明）冯梦龙编
一九六二年上海中华书局铅印本　一册
集部/曲类　14.5 × 10.6 厘米　十行二十五字　白口　左右双边　单黑鱼尾

1305　**夹竹桃顶针千家诗歌一卷**　（明）浮白主人述
一九五九年中华书局铅印本　一册
集部/曲类　14.8 × 10 厘米　十行二十五字　白口　左右双边　单黑鱼尾

1306　**挂枝儿一卷**　（明）冯梦龙编
一九六一年中华书局铅印本　二册
集部/曲类　14.5 × 10.6 厘米　十行二十五字　白口　左右双边　单黑鱼尾

1307　**评注图像水浒传首一卷**　（明）施耐庵撰　（清）金圣叹评
民国十八年（1929）上海共和书局石印本　十五册
集部/小说类/长篇之属　16.9 × 12.4 厘米　二十行四十二字　小字双行同　白口　四周单边　单黑鱼尾
存三十二卷　（一至十二、四十三至四十八、六十二至七十五）

1308　**新编宣和遗事前集一卷后集一卷**　（宋）□□撰
民国中华书局铅印四部备要本　一册
子部/小说家类/杂事之属　15 × 10.5 厘米　十三行三十字　上下黑口　四周单边　单黑鱼尾

1309　**全像古今小说四十卷**　（明）冯梦龙纂
民国商务印书馆铅印本　四册
集部/小说类　15 × 10.1 厘米　十三行三十字　白口　四周单边　单黑鱼尾
存二十六卷　（一至十四、二十二至二十九、三十七至四十）

1310　**周易衍义十六卷**　（元）胡震撰
民国商务印书馆影印本　十六册
经部/易类/文字音义之属　14 × 9.3 厘米　八行二十一字　白口　四周双边　单黑鱼尾

1311　**可爱的中国一卷**　方志敏撰
一九五四年北京人民文学出版社影印本　一册
集部/别集类　版式不等

1312　**可爱的中国一卷**　方志敏撰
一九五四年北京人民文学出版社影印本　一册
集部/别集类　版式不等

1313　**可爱的中国一卷**　方志敏撰
一九五四年北京人民文学出版社影印本　一册
集部/别集类　版式不等

1314　**瓶水斋诗选注一卷**　李庸撰
稿本　一册
集部/别集类　版式不等

1315　**丹隐词一卷**　郭延撰　郭珏校　**滋兰馆词一卷**　王德芳撰
民国二十四年（1935）郭氏成都刻本　一册
集部/词类/别集之属　14.8 × 10.3 厘米　十一行二十一字　上下蓝口　四周单边　单蓝鱼尾

1316　**定庵文集三卷**　（清）龚自珍撰
民国上海涵芬楼影印本　一册
集部/别集类/清别集　14.2 × 10.2 厘米　十二行二十四字　白口　左右双边　单黑鱼尾

1317　**梨园按试乐府新声三卷**　（□）□□撰
民国上海涵芬楼影印本　一册
集部/曲类/曲选之属　14.1 × 9 厘米　十七行三十字　上下黑口　左右双边　顺黑鱼尾

1318　**四库全书珍本初集目录不分卷**　商务印书馆撰
民国二十四年（1935）上海商务印书馆铅印本　一册
史部/目录类/总类之属　14.2 × 9.8 厘米　十行二十四字　白口　四周双边　单黑鱼尾

1319　**了斋易说一卷**　（宋）陈瓘撰
民国二十三年至二十四年（1934—1935）上海商务印书馆影印四库全书珍本初集本　一册
经部/易类/传说之属　14.2 × 9.5 厘米　八行二十一字　白口　四周双边　单黑鱼尾

1320　**周易新讲义六卷**　（宋）耿南仲撰
民国二十三年至二十四年（1934—1935）上海商务印书馆影印四库全书珍本初集本　四册
经部/易类/传说之属　13.5 × 9.2 厘米　八行二十一字　白口　四周双边　单黑鱼尾

1321　**东周列国志二十七卷首一卷一百八回**（清）冯梦龙著　（清）蔡奡评点
清末民初上海锦章图书局石印本　十四册
集部/小说类/长篇之属　18.0 × 12.4 厘米　十八行四十字　白口　四周双边　单黑鱼尾

1322　**增像第六才子书六卷**　（元）王德信（元）关汉卿撰　（清）金圣叹著
民国三年（1914）上海章福记书局石印本　二册
集部/戏剧类/杂剧之属　17.3 × 12.1 厘米　二十行四十字　白口　四周双边　单黑鱼尾

1323　**易通六卷**　（宋）赵以夫撰
民国上海商务印书馆影印四库全书珍本初集本　六册
经部/易类　14.0 × 9.2 厘米　八行二十一字　白口　四周双边　单黑鱼尾

1324　**周易卦爻经传训解二卷**　（宋）蔡渊撰
民国上海商务印书馆影印四库全书珍本初集本　二册
经部/易类/传说之属　13.9 × 9.1 厘米　八行二十一字　白口　四周双边　单黑鱼尾

1325　**周易详解十六卷**　（宋）李杞撰
民国上海商务印书馆影印四库全书珍本初集本　七册
经部/易类　13.4 × 8.9 厘米　八行二十一字　白口　四周双边　单黑鱼尾

1326　**淙山读周易二十一卷图一卷**　（宋）方寔孙撰
民国上海商务印书馆影印四库全书珍本初集本　七册
经部/易类/传说之属　13.9 × 9.0 厘米　八行二十一字　白口　四周双边　单黑鱼尾

1327　**大衍索隐三卷**　（宋）丁易东撰
民国上海商务印书馆影印四库全书珍本初集本　三册
子部/术数类/数学之属　14.3 × 9.4 厘米　八行二十一字　白口　四周双边　单黑鱼尾

1328　**玉照定真经一卷**　（晋）郭璞撰（明）张颙注
民国上海商务印书馆影印四库全书珍本初集本　一册
子部/术数类/命书相书之属　13.9 × 9.1 厘米　八行二十一字　小字双行同　白口　四周双边　单黑鱼尾

1329 **星命溯源五卷** （□）□□撰
民国上海商务印书馆影印四库全书珍本初集本 二册
子部/术数类/命书相书之属 13.9×9.5 厘米 八行二十一字 白口 四周双边 单黑鱼尾

1330 **星命总括三卷** （辽）耶律纯撰
民国上海商务印书馆影印四库全书珍本初集本 一册
子部/术数类/命书相书之属 14.1×9.1 厘米 八行二十一字 白口 四周双边 单黑鱼尾

1331 **五峰集五卷** （宋）胡宏撰
民国上海商务印书馆影印文渊阁四库全书本 五册
集部/别集类/宋别集 13.8×9.3 厘米 八行二十一字 白口 四周双边 单黑鱼尾

1332 **斐然集三十卷** （宋）胡寅撰
民国上海商务印书馆影印文渊阁四库全书本 二十册
集部/别集类/宋别集 13.9×9.4 厘米 八行二十一字白口 四周双边 单黑鱼尾

1333 **尧峰文钞四十卷** （清）汪琬撰
民国上海涵芬楼影印宋佶写刻本 八册
集部/别集类/清别集 14.3×10 厘米 十三行二十五字 上下黑口 左右双边 单黑鱼尾

1334 **蜀中广记一百八卷** （明）曹学佺撰
民国上海商务印书馆影印文渊阁四库全书本 四十四册
史部/地理类/杂志之属 14.1×9.1 厘米 八行二十一字 白口 四周双边 单黑鱼尾

1335 **相山集三十卷** （宋）王之道撰
民国上海商务印书馆影印文渊阁四库全书本 四册
集部/别集类/宋别集 13.9×9.3 厘米 八行二十一字 白口 四周双边 单黑鱼尾
存十五卷 （十六至三十）

1336 **云溪集十二卷** （宋）郭印撰
民国上海商务印书馆影印文渊阁四库全书本 四册
集部/别集类/宋别集 14×9.4 厘米 八行二十一字 白口 四周双边 单黑鱼尾

1337 **北海集四十六卷附录三卷** （宋）綦崇礼撰
民国上海商务印书馆影印文渊阁四库全书本 十二册
集部/别集类/宋别集 14×9.3 厘米 八行二十一字 白口 四周双边 单黑鱼尾

1338 **春秋分记九十卷** （宋）程公说撰
民国上海商务印书馆影印文渊阁四库全书本 四十六册
经部/春秋左传类/传说之属 14.1×9.3 厘米 八行二十一字 白口 四周双边 单黑鱼尾

1339 **春秋左传要义三十一卷** （宋）魏了翁撰
民国上海商务印书馆影印文渊阁四库全书本 十册
经部/春秋左传类/传说之属 14.1×9.4 厘米 八行二十一字 白口 四周双边 单黑鱼尾

1340 **读易举要四卷** （宋）俞琰撰
民国上海商务印书馆影印文渊阁四库全书本 三册
经部/易类/传说之属 13.7×9 厘米 八行二十一字 白口 四周双边 单黑鱼尾

1341 **俗书刊误十二卷** （明）焦竑撰
民国二十三年至二十四年（1934—1935）上海商务印书馆影印四库全书珍本初集本 二册
经部/小学类/文字之属/字书/通论 14.1×9.3 厘米 八行行字不等 白口 四周双边 单黑鱼尾

1342 **篆隶考异四卷** （清）周靖撰 （清）文含校
民国二十三年至二十四年（1934—1935）上海商务印书馆影印四库全书珍本初集本 四册
经部/小学类/文字之属/字书/字体 14.3 × 9.6 厘米 六行行字不等 白口 四周双边 单黑鱼尾

1343 **海塘录二十六卷首二卷** （清）翟均廉撰
民国二十三年至二十四年（1934—1935）上海商务印书馆影印四库全书珍本初集本 十八册
史部/防务之属/海防 14.2 × 9.6 厘米 八行二十一字 白口 四周双边 单黑鱼尾

1344 **五经稽疑八卷** （明）朱睦㮮撰
民国二十三年至二十四年（1934—1935）上海商务印书馆影印四库全书珍本初集本 五册
经部/群经总义类/传说之属 14.2 × 9.6 厘米 八行二十一字 白口 四周双边 单黑鱼尾

1345 **十三经义疑十一卷** （清）吴浩撰
民国二十三年至二十四年（1934—1935）上海商务印书馆影印四库全书珍本初集本 四册
经部/群经总义类/传说之属 14.2 × 9.6 厘米 八行二十一字 白口 四周双边 单黑鱼尾

1346 **十三经注疏正字八十一卷** （清）沈廷芳撰
民国二十三年至二十四年（1934—1935）上海商务印书馆影印四库全书珍本初集本 三十二册
经部/群经总义类/传说之属/文字音义之属 14.1 × 9.4 厘米 八行二十一字 小字双行不等 白口 四周双边 单黑鱼尾

1347 **春秋质疑十二卷** （明）杨于庭撰
民国二十三年至二十四年（1934—1935）上海商务印书馆影印四库全书珍本初集本 二册
经部/春秋总义类/传说之属 14.4 × 9.6 厘米 八行二十一字 白口 四周双边 单黑鱼尾

1348 **读春秋略记十二卷首一卷** （明）朱朝瑛撰
民国二十三年至二十四年（1934—1935）上海商务印书馆影印四库全书珍本初集本 七册
经部/春秋总义类/传说之属 14.3 × 9.2 厘米 八行二十一字 白口 四周双边 单黑鱼尾

1349 **春秋管窥十二卷** （清）徐廷垣撰
民国二十三年至二十四年（1934—1935）上海商务印书馆影印四库全书珍本初集本 六册
经部/春秋总义类/传说之属 14.2 × 9.6 厘米 八行二十一字 白口 四周双边 单黑鱼尾

1350 **融堂四书管见十三卷** （宋）钱时撰
民国二十三年至二十四年（1934—1935）上海商务印书馆影印四库全书珍本初集本 五册
经部/四书类/总义之属/传说 14.2 × 9.6 厘米 八行二十一字 小字双行不等 白口 四周双边 单黑鱼尾

1351 **忠惠集十卷附录一卷** （宋）翟汝文撰
民国二十三年至二十四年（1934—1935）上海商务印书馆影印四库全书珍本初集本 五册
集部/别集类/宋别集 14.4 × 9.4 厘米 八行二十一字 白口 四周双边 单黑鱼尾

1352 **𣑯溪居士集十二卷** （宋）刘才邵撰
民国二十三年至二十四年（1934—1935）上海商务印书馆影印四库全书珍本初集本 七册
集部/别集类/宋别集 14.2 × 9.5 厘米 八行二十一字 小字双行不等 白口 四周双边 单黑鱼尾

1353 **筠溪集二十四卷附录一卷** （宋）李弥逊撰
民国二十三年至二十四年（1934—1935）上海商务印书馆影印四库全书珍本初集本 十二册
集部/别集类/宋别集 14.2 × 9.5 厘米 八行二十一字 白口 四周双边 单黑鱼尾

1354 **春秋明志录十二卷** （明）熊过撰
民国二十三年至二十四年（1934—1935）上海商务印书馆影印四库全书珍本初集本 十册
经部/春秋总义类/传说之属 14.2×9.5 厘米 八行二十一字 白口 四周双边 单黑鱼尾

1355 **春秋辑传十三卷宗旨一卷凡例二卷** （明）王樵撰
民国二十三年至二十四年（1934—1935）上海商务印书馆影印四库全书珍本初集本 十六册
经部/春秋总义类/传说之属 13.9×9.3 厘米 八行二十一字 白口 四周双边 单黑鱼尾

1356 **春秋集义五十卷纲领二卷** （宋）李明复撰
民国二十三年至二十四年（1934—1935）上海商务印书馆影印四库全书珍本初集本 十八册
经部/春秋总义类/传说之属 14×9.6 厘米 八行二十一字 白口 四周双边 单黑鱼尾

1357 **文庄集三十六卷** （宋）夏竦撰
民国二十三年至二十四年（1934—1935）上海商务印书馆影印四库全书珍本初集本 十二册
集部/别集类/宋别集 14.6×9.6 厘米 八行二十一字 白口 四周双边 单黑鱼尾

1358 **毛泽东选集第五卷** 中共中央毛泽东主席著作编辑出版委员会编
一九七七年人民出版社铅印本 四册
16.4×10.7 厘米 十二行二十五字 上下白口 四周双边 单黑鱼尾

1359 **五百家注柳先生集二十一卷附录四卷新编外集三卷柳先生龙城录二卷** （宋）魏仲举集注
民国上海商务印书馆影印本 十册
集部/别集类/唐五代别集 14×9.1 厘米 八行二十一字 白口 四周双边 单黑鱼尾

1360 **韩集举正十卷附外集举正一卷** （宋）方崧卿撰
民国上海商务印书馆影印本 四册
集部/别集类/唐五代别集 14.6×9.5 厘米 八行二十一字 白口 四周双边 单黑鱼尾

1361 **范太史集五十五卷** （宋）范祖禹撰
民国二十三年至二十四年（1934—1935）上海商务印书馆影印四库全书珍本初集本 二十册
集部/别集类/宋别集 14.1×9.4 厘米 八行二十一字 白口 四周双边 单黑鱼尾

1362 **秋岩诗集二卷** （元）陈宜甫撰
民国二十三年至二十四年（1934—1935）上海商务印书馆影印四库全书珍本初集本 一册
集部/别集类/元别集 14.3×9.7 厘米 八行二十一字 白口 四周双边 单黑鱼尾

1363 **东庵集四卷** （元）滕安上撰
民国二十三年至二十四年（1934—1935）上海商务印书馆影印四库全书珍本初集本 二册
集部/别集类/元别集 14.2×9.6 厘米 八行二十一字 白口 四周双边 单黑鱼尾

1364 **兰轩集十六卷** （元）王旭撰
民国二十三年至二十四年（1934—1935）上海商务印书馆影印四库全书珍本初集本 六册
集部/别集类/元别集 14.1×9.5 厘米 八行二十一字 白口 四周双边 单黑鱼尾

1365 **玉井樵唱三卷** （元）尹廷高撰
民国二十三年至二十四年（1934—1935）上海商务印书馆影印四库全书珍本初集本 一册
集部/别集类/元别集 14.2×9.6 厘米 八行二十一字 白口 四周双边 单黑鱼尾

1366 **剩语二卷** （元）艾性撰
民国二十三年至二十四年（1934—1935）上海商务印书馆影印四库全书珍本初集本 一册

集部/别集类/元别集 14.2×9.6 厘米 八行二十一字 白口 四周双边 单黑鱼尾

1367 **青崖集五卷** （元）魏初撰
民国二十三年至二十四年（1934—1935）上海商务印书馆影印四库全书珍本初集本 四册
集部/别集类/元别集 14.1×9.5 厘米 八行二十一字 白口 四周双边 单黑鱼尾

1368 **小亨集六卷** （元）杨弘道撰
民国二十三年至二十四年（1934—1935）上海商务印书馆影印四库全书珍本初集本 三册
集部/别集类/元别集 14×9.4 厘米 八行二十一字 白口 四周双边 单黑鱼尾

1369 **养吾斋集三十二卷** （元）刘将孙撰
民国二十三年至二十四年（1934—1935）上海商务印书馆影印四库全书珍本初集本 十四册
集部/别集类/元别集 14.2×9.6 厘米 八行二十一字 白口 四周双边 单黑鱼尾

1370 **周易原旨八卷** （元）保巴撰
民国上海商务印书馆影印文渊阁四库全书本 七册
经部/易类/传说之属 14×9.2 厘米 八行二十一字 白口 四周双边 单黑鱼尾

1371 **周易程朱传义折衷三十三卷** （元）赵采撰
民国上海商务印书馆影印文渊阁四库全书本 十五册
经部/易类/传说之属 14×9.2 厘米 八行二十一字 白口 四周双边 单黑鱼尾

1372 **论一卷** □□撰
民国刻本 一册
集部 19×12.1 厘米 九行二十五字 上下黑口 四周双边 单黑鱼尾
存一卷 （论下）

1373 **读易详说十卷** （宋）李光撰
民国二十三年至二十四年（1934—1935）上海商务印书馆影印四库全书珍本初集本 六册
经部/易类/传说之属 14×9.4 厘米 八行二十一字 白口 四周双边 单黑鱼尾

1374 **易变体义十二卷** （宋）都絜撰
民国二十三年至二十四年（1934—1935）上海商务印书馆影印四库全书珍本初集本 五册
经部/易类/传说之属 13.9×9.3 厘米 八行二十一字 白口 四周双边 单黑鱼尾

1375 **周易经传集解九卷** （宋）林栗撰
民国二十三年至二十四年（1934—1935）上海商务印书馆影印四库全书珍本初集本 四册
经部/易类/传说之属 14.1×9.5 厘米 八行二十一字 白口 四周双边 单黑鱼尾

1376 **太常续考八卷** （□）□□撰
民国二十三年至二十四年（1934—1935）上海商务印书馆影印四库全书珍本初集本 八册
史部/职官类/官制之属 14.1×9.2 厘米 八行二十一字 白口 四周双边 单黑鱼尾

1377 **土官底簿二卷** （□）□□撰
民国二十三年至二十四年（1934—1935）上海商务印书馆影印四库全书珍本初集本 二册
史部/职官类/官制之属 14.1×9.5 厘米 八行二十一字 白口 四周双边 单黑鱼尾

1378 **诗家鼎脔二卷** （□）□□撰
民国二十三年至二十四年（1934—1935）上海商务印书馆影印四库全书珍本初集本 一册
集部/总集类/选集之属/断代 14×9.1 厘米 八行二十一字 白口 四周双边 单黑鱼尾

1379 **玉山纪游一卷** （明）袁华编辑
民国二十三年至二十四年（1934—1935）上海商务印书馆影印四库全书珍本初集本 一册

集部/总集类/酬唱之属 14.1×9.5 厘米 八行二十一字 白口 四周双边 单黑鱼尾

1380 **三华集十八卷** （明）钱子正撰
民国二十三年至二十四年（1934—1935）上海商务印书馆影印四库全书珍本初集本 五册
集部/总集类/选集之属/断代 14.1×9.2 厘米 八行二十一字 白口 四周双边 单黑鱼尾

1381 **文氏五家集十四卷** （明）文洪撰
民国二十三年至二十四年（1934—1935）上海商务印书馆影印四库全书珍本初集本 八册
集部/总集类/选集之属/断代 14.2×9.2 厘米 八行二十一字 白口 四周双边 单黑鱼尾

1382 **同文馆唱和诗十卷** （宋）邓忠等撰
民国二十三年至二十四年（1934—1935）上海商务印书馆影印四库全书珍本初集本 二册
集部/总集类/酬唱之属 14.2×9.4 厘米 八行二十一字 白口 四周双边 单黑鱼尾

1383 **南岳倡酬集一卷附录一卷** （宋）朱熹 （宋）张栻 （宋）林用中撰
民国二十三年至二十四年（1934—1935）上海商务印书馆影印四库全书珍本初集本 一册
集部/总集类/酬唱之属 14.1×9.4 厘米 八行二十一字 白口 四周双边 单黑鱼尾

1384 **天台前集三卷前集别编一卷拾遗一卷续集三卷拾遗一卷续集别编六卷** （宋）林师蒧 （宋）林表民编辑
民国二十三年至二十四年（1934—1935）上海商务印书馆影印四库全书珍本初集本 八册
集部/总集类/选集之属 14.2×9.4 厘米 八行二十一字 白口 四周双边 单黑鱼尾

1385 **玄览堂丛书三十一种** 郑振铎辑
民国三十六年（1947）上海精华印刷公司影印本 三十册
类丛部/丛书类/汇编之属 版式不等
纪古滇说原集一卷 （元）张道宗撰‖朝鲜杂志一卷 （明）董越撰‖北狄顺义王俺答谢表一卷 （明）俺答撰‖裔乘八卷 （明）杨一葵撰‖交黎剿平事略四卷（明）欧阳必进撰（明）方民悦辑‖安南来威图册三卷辑略三卷 （明）梁天锡辑‖九边图说不分卷 （明）兵部辑‖宣大山西三镇图说三卷 （明）杨时宁撰‖开原图说二卷 （明）冯瑗辑‖皇舆考十二卷（明）张天复撰‖通惠河志二卷（明）吴仲撰‖海运新考三卷 （明）梁梦龙撰‖诸司职掌十卷 （明）洪武中敕辑‖漕船志八卷 （明）席书辑（明）朱家相增修‖福建运司志十六卷（明）江大鲲等修‖旧京词林志六卷 （明）周应宾撰‖皇朝马政记十二卷（明）杨时乔撰‖昭代王章五卷首一卷名例一卷 （明）熊鸣岐辑‖兵部问宁夏案一卷 （明）□□辑‖刑部问宁王案一卷 （明）□□辑‖神器谱一卷（明）赵士桢撰‖神器谱或问一卷 （明）赵士桢撰‖明朝小史十八卷 （明）吕毖辑‖皇明帝后纪略一卷附藩封一卷 （明）郑汝璧撰‖高科考一卷 （明）□□辑‖东夷考略三卷附图一卷东事答问一卷 （明）茅瑞征撰‖九十九筹十卷 （明）颜季亨撰‖辽筹二卷辽夷略一卷陈谣杂咏一卷 （明）张鼐撰‖东事书一卷 （明）郭淐撰‖甲申纪事十三卷 （明）冯梦龙辑‖皺闻小史六卷 （清）葫芦道人撰

1386 **竹庄诗话二十四卷** （宋）何溪汶撰
民国二十三年至二十四年（1934—1935）上海商务印书馆影印四库全书珍本初集本 八册
集部/诗文评类/诗评之属 14.1×9.4 厘米 八行二十一字 白口 四周双边 单黑鱼尾

1387 **颐山诗话一卷** （明）安盘撰
民国二十三年至二十四年（1934—1935）上海商务印书馆影印四库全书珍本初集本 一册
集部/诗文评类/诗评之属 14×9.4 厘米 八行二十一字 白口 四周双边 单黑鱼尾

1388 **新体广注文心雕龙十卷** （南朝梁）刘勰撰
民国十七年（1928）大一统图书局石印本 四册
集部/诗文评类/文评之属 15.9 × 11.2 厘米 十二行二十五字 白口 四周单边 单黑鱼尾

1389 **一字不识之新党一卷三十三回** （清）杭州老耘撰
清光绪三十三年（1907）彪蒙书室铅印本 八册
集部/小说类/短篇之属 15.7 × 10.9 厘米 十行三十字 白口 四周双边 单黑鱼尾

1390 **李文忠公全集七种** （清）李鸿章撰 吴汝纶辑
民国十年（1921）上海商务印书馆影印本 一百册
史部/政书类/公牍档册之属 14.8 × 11 厘米 十二行二十五子 白口 左右双边 单黑鱼尾
李文忠公全集卷首一卷 （清）李鸿章撰||李文忠公奏稿八十卷 （清）李鸿章撰||朋僚函稿二十卷 （清）李鸿章撰||译署函稿二十卷 （清）李鸿章撰||迁移蚕池函稿一卷 （清）李鸿章撰||海军函稿四卷 （清）李鸿章撰||电稿四十卷 （清）李鸿章撰

1391 **演禽通纂二卷** （□）□□撰
民国上海商务印书馆影印四库全书珍本初集本 二册
子部/术数类/命书相书之属 14.0 × 9.1 厘米 八行二十一字 白口 四周双边 单黑鱼尾

1392 **太乙金镜式经十卷** （唐）王希明撰
民国上海商务印书馆影印四库全书珍本初集本 二册
子部/术数类/阴阳五行之属 14.2 × 9.4 厘米 八行二十一字 白口 四周双边 单黑鱼尾

1393 **遁甲演义四卷** （明）程道生撰
民国上海商务印书馆影印四库全书珍本初集本 四册
子部/术数类/阴阳五行之属 14.3 × 9.3 厘米 八行二十一字 白口 四周双边 单黑鱼尾

1394 **禽星易见一卷** （明）池本理撰
民国上海商务印书馆影印四库全书珍本初集本 一册
子部/术数类/阴阳五行之属 14.0 × 9.2 厘米 八行二十一字 小字双行同 白口 四周双边 单黑鱼尾

1395 **绘事微言二卷** （明）唐志契撰
民国上海商务印书馆影印四库全书珍本初集本 二册
子部/艺术类/书画之属/画法画品 14.4 × 9.3 厘米 八行二十一字 白口 四周双边 单黑鱼尾

1396 **实宾录十四卷** （宋）马永易撰
民国上海商务印书馆影印四库全书珍本初集本 六册
类丛部/类书类 14.3 × 9.5 厘米 八行二十一字 白口 四周双边 单黑鱼尾

1397 **吴都文粹续集五十六卷补遗二卷** （明）钱谷撰
民国上海商务印书馆影印四库全书珍本初集本 四十六册
集部/总集类/郡邑之属 14.2 × 9.2 厘米 八行二十三字 白口 四周双边 单黑鱼尾

1398 **瓢泉吟稿五卷** （元）朱晞颜撰
民国上海商务印书馆影印四库全书珍本初集本 二册
集部/别集类/元别集 14.1 × 9.2 厘米 八行二十一字 白口 四周双边 单黑鱼尾

1399 **野处集四卷** （元）邵亨贞撰
民国上海商务印书馆影印四库全书珍本初集本 二册
集部/别集类/元别集 14.1 × 9.5 厘米 八行二十一字 白口 四周双边 单黑鱼尾

1400　**子渊诗集六卷**　（元）张仲深撰
民国上海商务印书馆影印四库全书珍本初集本　二册
集部/别集类/元别集　14.0 × 9.3 厘米　八行二十一字　白口　四周双边　单黑鱼尾

1401　**性善堂稿十五卷**　（宋）度正撰
民国上海商务印书馆影印本　五册
集部/别集类/宋别集　14.4 × 9.7 厘米　八行二十一字　白口　四周双边　单黑鱼尾

1402　**鹤林集四十卷**　（宋）吴泳著
民国上海商务印书馆影印本　十七册
集部/别集类/宋别集　14.2 × 9.5 厘米　八行二十一字　白口　四周双边　单黑鱼尾

1403　**东涧集十四卷**　（宋）陈应龙撰
民国二十三年至二十四年（1934—1935）上海商务印书馆影印四库全书珍本初集本　六册
集部/别集类/宋别集　14.3 × 9.7 厘米　八行二十一字　白口　四周双边　单黑鱼尾

1404　**渔墅类稿八卷**　（宋）陈元晋撰
民国二十三年至二十四年（1934—1935）上海商务印书馆影印四库全书珍本初集本　三册
集部/别集类/宋别集　14.3 × 9.7 厘米　八行二十一字　白口　四周双边　单黑鱼尾

1405　**沧州尘缶编十四卷**　（宋）程公许撰
民国二十三年至二十四年（1934—1935）上海商务印书馆影印四库全书珍本初集本　五册
集部/别集类/宋别集　14.3 × 9.7 厘米　八行二十一字　白口　四周双边　单黑鱼尾

1406　**阳明先生集要年谱一卷理学编四卷经济编七卷文章编四卷**　（明）王守仁撰　（明）施邦曜辑
民国上海涵芬楼影印四部丛刊本　十二册
集部/别集类/明别集　14 × 9.6 厘米　十行二十字　白口　左右双边　单黑鱼尾

1407　**庐山集五卷附英溪集一卷**　（宋）董嗣杲撰
民国二十三年至二十四年（1934—1935）上海商务印书馆影印四库全书珍本初集本　三册
集部/别集类/宋别集　14.2 × 9.6 厘米　八行二十一字　白口　四周双边　单黑鱼尾

1408　**则堂集六卷**　（宋）家铉翁撰
民国二十三年至二十四年（1934—1935）上海商务印书馆影印四库全书珍本初集本　四册
集部/别集类/宋别集　14.1 × 9.8 厘米　八行二十一字　白口　四周双边　单黑鱼尾

1409　**昌谷集二十二卷**　（宋）曹彦约撰
民国上海商务印书馆影印文渊阁四库全书本　十册
集部/别集类/宋别集　14 × 9.2 厘米　八行二十一字　白口　四周双边　单黑鱼尾

1410　**莲峰集十卷**　（宋）史尧弼撰
民国上海商务印书馆影印文渊阁四库全书本　五册
集部/别集类/宋别集　14 × 9.3 厘米　八行二十一字　白口　四周双边　单黑鱼尾

1411　**芸庵类稿六卷**　（宋）李洪撰
民国上海商务印书馆影印文渊阁四库全书本　三册
集部/别集类/宋别集　14 × 9.4 厘米　八行二十一字　白口　四周双边　单黑鱼尾

1412　**九华集二十五卷**　（宋）员兴宗撰
民国上海商务印书馆影印文渊阁四库全书本　八册
集部/别集类/宋别集　14.5 × 9.7 厘米　八行二十一字　白口　四周双边　单黑鱼尾

1413　**后乐集二十卷**　（宋）卫泾撰
民国上海商务印书馆影印文渊阁四库全书本　十册

集部/别集类/宋别集 13.7×9.2 厘米 八行二十一字 白口 四周双边 单黑鱼尾

1414 **演山集六十卷** （宋）黄裳撰
民国上海商务印书馆影印文渊阁四库全书本 十六册
集部/别集类/宋别集 14.2×9.6 厘米 八行二十一字 白口 四周双边 单黑鱼尾

1415 **乐静集三十卷** （宋）李昭玘撰
民国上海商务印书馆影印文渊阁四库全书本 六册
集部/别集类/宋别集 14.2×9.5 厘米 八行二十一字 白口 四周双边 单黑鱼尾

1416 **灌园集二十卷** （宋）吕南公撰
民国上海商务印书馆影印文渊阁四库全书本 八册
集部/别集类/宋别集 14.3×9.6 厘米 八行二十一字 白口 四周双边 单黑鱼尾

1417 **午溪集十卷** （元）陈镒撰
民国上海商务印书馆影印四库全书珍本初集本 二册
集部/别集类/元别集 14.1×9.1 厘米 八行二十一字 白口 四周双边 单黑鱼尾

1418 **傲轩吟稿一卷** （元）胡天游撰
民国上海商务印书馆影印四库全书珍本初集本 一册
集部/别集类/元别集 14.0×9.4 厘米 八行二十一字 白口 四周双边 单黑鱼尾

1419 **桐山老农集四卷** （元）鲁贞撰
民国上海商务印书馆影印四库全书珍本初集本 一册
集部/别集类/元别集 13.8×9.4 厘米 八行二十一字 白口 四周双边 单黑鱼尾

1420 **佩玉斋类稿十卷** （元）杨翮撰
民国上海商务印书馆影印四库全书珍本初集本 二册
集部/别集类/元别集 14.1×9.3 厘米 八行二十一字 白口 四周双边 单黑鱼尾

1421 **麟原前集十二卷后集十二卷** （元）王礼撰
民国上海商务印书馆影印四库全书珍本初集本 八册
集部/别集类/元别集 14.2×9.3 厘米 八行二十一字 白口 四周双边 单黑鱼尾

1422 **艮斋诗集十四卷** （元）侯克中撰
民国上海商务印书馆影印四库全书珍本初集本 三册
集部/别集类/元别集 14.4×9.4 厘米 八行二十一字 白口 四周双边 单黑鱼尾

1423 **文忠集六卷** （元）王结撰
民国上海商务印书馆影印四库全书珍本初集本 三册
集部/别集类/元别集 14.1×9.5 厘米 八行二十一字 白口 四周双边 单黑鱼尾

1424 **榘庵集十五卷** （元）同恕撰
民国上海商务印书馆影印四库全书珍本初集本 六册
集部/别集类/元别集 14.4×9.5 厘米 八行二十一字 白口 四周双边 单黑鱼尾

1425 **毅斋集八卷** （明）王洪撰
民国上海商务印书馆影印四库全书珍本初集本 三册
集部/别集类/明别集 14.4×9.4 厘米 八行二十一字 白口 四周双边 单黑鱼尾

1426 **兰庭集二卷** （明）谢晋撰
民国上海商务印书馆影印四库全书珍本初集本 二册
集部/别集类/明别集 14.0×9.4 厘米 八行二十一字 白口 四周双边 单黑鱼尾

1427 **草泽狂歌五卷** （明）王恭撰
民国上海商务印书馆影印四库全书珍本初集本 三册
集部/别集类/明别集 13.9 × 9.1 厘米 八行二十一字 白口 四周双边 单黑鱼尾

1428 **樗庵类稿二卷** （明）郑潜撰
民国上海商务印书馆影印四库全书珍本初集本 一册
集部/别集类/明别集 14.0 × 9.3 厘米 八行二十一字 白口 四周双边 单黑鱼尾

1429 **可传集一卷** （明）袁华撰
民国上海商务印书馆影印四库全书珍本初集本 一册
集部/别集类/明别集 14.1 × 9.2 厘米 八行二十一字 白口 四周双边 单黑鱼尾

1430 **独醉亭集三卷** （明）史谨撰
民国上海商务印书馆影印四库全书珍本初集本 二册
集部/别集类/明别集 14.2 × 9.4 厘米 八行二十一字 白口 四周双边 单黑鱼尾

1431 **心泉学诗稿六卷** （宋）蒲寿宬撰
民国二十三年至二十四年（1934—1935）上海商务印书馆影印四库全书珍本初集本 六册
集部/别集类/宋别集 14.2 × 9.6 厘米 八行二十一字 白口 四周双边 单黑鱼尾

1432 **在轩集不分卷** （宋）黄公绍撰
民国二十三年至二十四年（1934—1935）上海商务印书馆影印四库全书珍本初集本 一册
集部/别集类/宋别集 14.2 × 9.6 厘米 八行二十一字 白口 四周双边 单黑鱼尾

1433 **富山遗稿十卷** （宋）方夔撰
民国二十三年至二十四年（1934—1935）上海商务印书馆影印四库全书珍本初集本 四册
集部/别集类/宋别集 14.2 × 9.6 厘米 八行二十一字 白口 四周双边 单黑鱼尾

1434 **革象新书五卷** （元）赵友钦撰
民国上海商务印书馆影印本 三册
子部/天文历算类/天文之属 14.1 × 9.5 厘米 八行二十一字 白口 四周双边 单黑鱼尾

1435 **脚气治法总要二卷** （宋）董汲著
民国上海商务印书馆影印本 一册
子部/医家类/内科之属/其它内科病症 14.1 × 9.5 厘米 八行二十一字 白口 四周双边 单黑鱼尾

1436 **集验背疽方不分卷** （宋）李迅著
民国上海商务印书馆影印本 一册
子部/医家类/外科之属/外科方 14.2 × 9.4 厘米 八行二十一字 小字双行十九字 白口 四周双边 单黑鱼尾

1437 **七政推步七卷** （明）贝琳编
民国上海商务印书馆影印本 五册
子部/天文历算类/历法之属 14.2 × 9.6 厘米 八行二十一字 白口 四周双边 单黑鱼尾

1438 **庄氏算学八卷** （清）庄亨阳编
民国上海商务印书馆影印本 四册
子部/天文历算类/算书之属 14 × 9.4 厘米 八行二十一字 白口 四周双边 单黑鱼尾

1439 **皇极经世索隐二卷** （宋）张行成撰
民国上海商务印书馆影印本 一册
子部/术数类/数学之属 14.2 × 9.4 厘米 八行二十一字 白口 四周双边 单黑鱼尾

1440 **皇极经世观物外篇衍义九卷** （宋）张行成撰
民国上海商务印书馆影印本 七册
子部/术数类/数学之属 13.9 × 9.2 厘米 八行二十一字 白口 四周双边 单黑鱼尾

1441 **王文成公全书三十八卷目录一卷** （明）王守仁撰
民国上海商务印书馆影印本 二十四册

集部/别集类/明别集 14.2×10.5 厘米 八行二十一字 白口 四周双边 单黑鱼尾

1442 **扁鹊神应针灸玉龙经一卷** （元）王国瑞撰
民国上海商务印书馆影印本 一册
子部/医家类/针灸之属/针法灸法 14.1×9.4 厘米 八行二十一字 白口 四周双边 单黑鱼尾

1443 **张氏拙轩集六卷** （宋）张侃撰
民国上海商务印书馆影印本 三册
集部/别集类/宋别集 14.3×9.7 厘米 八行二十一字 白口 四周双边 单黑鱼尾

1444 **潜山集十二卷** （宋）释文珦撰
民国上海商务印书馆影印本 四册
集部/别集类/宋别集 14.3×9.5 厘米 八行二十一字 白口 四周双边 单黑鱼尾

1445 **字溪集十一卷附录一卷** （宋）阳枋撰
民国上海商务印书馆影印本 七册
集部/别集类/宋别集 14.3×9.5 厘米 八行二十一字 白口 四周双边 单黑鱼尾

1446 **苇航漫游稿四卷** （宋）胡仲弓撰
民国上海商务印书馆影印本 二册
集部/别集类/宋别集 14.5×9.6 厘米 八行二十一字 白口 四周双边 单黑鱼尾

1447 **秋声集六卷** （宋）卫宗武撰
民国上海商务印书馆影印本 三册
集部/别集类/宋别集 14.4×9.5 厘米 八行二十一字 白口 四周双边 单黑鱼尾

1448 **梅岩文集十卷** （宋）胡次焱撰
民国上海商务印书馆影印本 二册
集部/别集类/宋别集 14.2×9.5 厘米 八行二十一字 白口 四周双边 单黑鱼尾

1449 **可斋杂稿三十四卷续稿十二卷** （宋）李曾伯撰
民国上海商务印书馆影印本 二十六册
集部/别集类/宋别集 14.1×9.3 厘米 八行二十一字 白口 四周双边 单黑鱼尾

1450 **筼窗集十卷** （宋）陈耆卿撰
民国上海商务印书馆影印本 四册
集部/别集类/宋别集 14.1×9.5 厘米 八行二十一字 白口 四周双边 单黑鱼尾

1451 **壶山四六一卷** （宋）方大琮撰
民国上海商务印书馆影印本 一册
集部/别集类/宋别集 14.1×9.5 厘米 八行二十一字 白口 四周双边 单黑鱼尾

1452 **臞轩集十六卷** （宋）王迈撰
民国上海商务印书馆影印本 十册
集部/别集类/宋别集 14.2×9.6 厘米 八行二十一字 白口 四周双边 单黑鱼尾

1453 **东野农歌集五卷** （宋）戴昺撰
民国上海商务印书馆影印本 一册
集部/别集类/宋别集 14.2×9.6 厘米 八行二十一字 白口 四周双边 单黑鱼尾

1454 **泠然斋诗集八卷** （宋）苏泂撰
民国上海商务印书馆影印本 四册
集部/别集类/宋别集 14.3×9.5 厘米 八行二十一字 白口 四周双边 单黑鱼尾

1455 **易通变四十卷** （宋）张行成撰
民国上海商务印书馆影印本 十八册
子部/术数类/占卜之属 14.3×9.4 厘米 八行二十一字 白口 四周双边 单黑鱼尾

1456 **吴中金石新编八卷** （明）陈暐辑
民国上海商务印书馆影印本 六册
史部/金石类/总志之属/文字 14.1×9.5 厘米 八行二十一字 白口 四周双边 单黑鱼尾

1457 **六朝通鉴博议十卷** （宋）李焘撰
民国上海商务印书馆影印本 四册

史部/史评类/史论之属 14.1×9.5 厘米 八行二十一字 白口 四周双边 单黑鱼尾

1458 **庙学典礼六卷** （□）□□撰
民国上海商务印书馆影印本 三册
史部/政书类/仪制之属/典礼 14.1×9.5 厘米 八行二十一字 白口 四周双边 单黑鱼尾

1459 **庄简集十八卷** （宋）李光撰
民国上海商务印书馆影印本 八册
集部/别集类/宋别集 14×9.3 厘米 八行二十一字 白口 四周双边 单黑鱼尾

1460 **东窗集十六卷** （宋）张扩撰
民国上海商务印书馆影印本 七册
集部/别集类/宋别集 14.3×9.7 厘米 八行二十一字 白口 四周双边 单黑鱼尾

1461 **襄陵文集十二卷** （宋）许翰撰
民国上海商务印书馆影印本 四册
集部/别集类/宋别集 13.9×9.2 厘米 八行二十一字 白口 四周双边 单黑鱼尾

1462 **东堂集十卷** （宋）毛滂撰
民国上海商务印书馆影印本 五册
集部/别集类/宋别集 14.2×9.4 厘米 八行二十一字 白口 四周双边 单黑鱼尾

1463 **竹隐畸士二十卷** （宋）赵鼎臣撰
民国上海商务印书馆影印本 八册
集部/别集类/宋别集 14.2×9.3 厘米 八行二十一字 白口 四周双边 单黑鱼尾

1464 **洪龟父集二卷** （宋）洪朋撰
民国上海商务印书馆影印本 一册
集部/别集类/宋别集 14.2×9.4 厘米 八行二十一字 白口 四周双边 单黑鱼尾

1465 **观物篇解五卷附皇极经世解数诀三卷** （宋）祝泌撰
民国上海商务印书馆影印本 六册
子部/术数类/数学之属 14.2×9.4 厘米 八行二十一字 小字双行十九字 白口 四周双边 单黑鱼尾

1466 **稼村类稿三十卷** （元）王义山撰
民国上海商务印书馆影印本 十册
集部/别集类/元别集 14.2×9.4 厘米 八行二十一字 白口 四周双边 单黑鱼尾

1467 **西岩集二十卷** （元）张之翰撰
民国上海商务印书馆影印本 七册
集部/别集类/元别集 14.3×9.7 厘米 八行二十一字 白口 四周双边 单黑鱼尾

1468 **青山集八卷** （元）赵文撰
民国上海商务印书馆影印本 三册
集部/别集类/元别集 14.3×9.6 厘米 八行二十一字 白口 四周双边 单黑鱼尾
存六卷 （一至六）

1469 **桐江续集三十六卷** （元）方回撰
民国上海商务印书馆影印本 十八册
集部/别集类/元别集 14×9.2 厘米 八行二十一字 白口 四周双边 单黑鱼尾

1470 **乐全集四十卷附录一卷** （宋）张方平撰
民国上海商务印书馆影印本 二十二册
集部/别集类/宋别集 14.3×9 厘米 八行二十一字 白口 四周双边 单黑鱼尾

1471 **庸庵全集十种** （清）薛福成撰
清光绪二十三年（1897）无锡薛氏刻本 四十四册
类丛部/丛书类/自着之属 16.9×12 厘米 十行二十一字 白口 左右双边 单黑鱼尾
庸庵文编四卷续编二卷外编四卷海外文编四卷‖筹洋刍议一卷‖浙东筹防录四卷‖出使奏疏二卷‖出使公牍十卷‖出使英法义比四国日记六卷‖出使日记续刻十卷

1472 **随园诗话十六卷补遗十卷** （清）袁枚撰
清刻本 四册
集部/诗文评类/诗评之属 14.3 × 10 厘米 十一行二十三字 上下黑口 左右双边
存十三卷 （随园诗话四至六、十至十六，补遗三至五）

1473 **欧阳文忠公全集一百五十三卷首一卷附录五卷** （宋）欧阳修撰
民国上海锦章图书局石印本 二十四册
集部/别集类/宋别集 17.1 × 11.5 厘米 十四行三十二字 白口 四周双边 单黑鱼尾

1474 **跨鳌集三十卷** （宋）李新撰
民国上海商务印书馆影印本 八册
集部/别集类/宋别集 14.1 × 9.6 厘米 八行二十一字 白口 四周双边 单黑鱼尾

1475 **方舟集二十四卷** （宋）李石撰
民国上海商务印书馆影印本 九册
集部/别集类/宋别集 14.2 × 9.6 厘米 八行二十字 白口 四周双边 单黑鱼尾
缺四卷 （一至四）

1476 **庸斋集六卷** （宋）赵汝腾撰
民国商务印书馆影印本 三册
集部/别集类/宋别集 14.3 × 9.6 厘米 八行二十一字 白口 四周双边 单黑鱼尾

1477 **定盦文集补编四卷** （清）龚自珍撰
民国上海涵芬楼影印本 一册
集部/别集类/清别集 13.9 × 10.4 厘米 十行二十二字 白口 四周双边 单黑鱼尾

1478 **巢经巢集全集二十一种** （清）郑珍撰
民国二十九年（1940）贵州省政府铅印清刊板汇本 四十册
类丛部/丛书类/自着之属 版式不等
郑子尹先生年谱一卷 赵恺撰 ‖ 巢经巢经说一卷 ‖ 仪礼私笺八卷 ‖ 轮舆私笺二卷附图一卷 ‖ 说文逸字二卷附录一卷 ‖ 说文新附考六卷 ‖ 汗简笺正七卷目录一卷 ‖ 郑学录四卷 ‖ 巢经巢文钞四卷 ‖ 诗钞前集九卷后集六卷外集一卷 ‖ 亲属记二卷 ‖ 母教录一卷 ‖ 凫氏图说一卷 ‖ 樗茧谱一卷 ‖ 播雅二十四卷 ‖ 屈庐诗稿四卷 ‖ 漱芳斋文钞一卷 ‖ 六书浅说一卷 ‖ 说文本经答问二卷

1479 **随园诗话十六卷补遗三卷** （清）袁枚撰
民国三年（1914）上海鸿宝斋书局石印本 四册
集部/诗文评类/诗评之属 17.1 × 12 厘米 二十一行四十四字 白口 四周双边 单黑鱼尾

1480 **十先生奥论注前集十五卷后集十五卷续集十五卷** （宋）□□辑
民国上海商务印书馆影印本 十四册
集部/总集类/汇编之属 13.9 × 9.3 厘米 八行二十一字 白口 四周双边 单黑鱼尾

1481 **船山遗书七十种** （清）王夫之撰 **王船山丛书校勘记二卷** （清）刘毓嵩撰
民国二十四年（1935）上海太平洋书店铅印本 八十册
集部/别集类/清别集 15.4 × 10.3 厘米 十三行三十一字 白口 四周单边 单黑鱼尾
存三百五十九卷 （永历实录原缺卷十六）
周易内传六卷‖周易内传发例一卷‖周易大象解一卷‖周易稗疏四卷‖周易考异一卷‖周易外传七卷‖书经稗疏四卷‖尚书引义六卷‖诗经稗疏四卷‖诗经考异一卷‖诗经叶韵辨一卷‖诗广传五卷‖礼记章句四十九卷‖春秋稗疏二卷‖春秋家说三卷‖春秋世论五卷‖续春秋左氏传博议二卷‖四书训义三十八卷‖读四书大全说十卷‖四书稗疏一卷‖四书考异一卷‖说文广义三卷‖读通鉴论三十卷附一卷‖宋论十五卷‖永历实录二十六卷‖莲峰志五卷‖张子正蒙注九卷‖思问录内篇一卷‖思问录外篇一卷‖俟解一卷‖噩梦一卷‖黄书一卷‖识小录一卷‖搔首问一卷‖龙源夜话一卷‖老子衍一卷‖庄子解三十三卷‖庄子通一卷‖愚鼓词一卷‖相宗络索一卷‖楚辞通释十四卷附一卷‖姜斋文集十卷‖姜斋文集补遗三卷‖

船山经义一卷‖五十自定稿一卷‖六十自定稿一卷‖七十自定稿一卷‖柳岸吟一卷‖姜斋诗分体稿四卷‖姜斋诗编年稿一卷‖落花诗一卷‖遣兴诗一卷‖和梅花百咏一卷‖洞庭秋诗一卷‖雁字诗一卷‖仿体诗一卷‖岳余集一卷‖姜斋诗剩稿一卷‖忆得一卷‖船山鼓棹初集一卷‖船山鼓棹二集一卷‖潇湘怨词一卷‖诗译一卷‖夕堂永日绪论内编一卷‖夕堂永日绪论外编一卷‖南窗漫记一卷‖龙舟会杂剧一卷‖古诗评选六卷‖唐诗评选四卷‖明诗评选八卷

1482 **随园全集四十四种** （清）袁枚辑 陈栩校
民国十年（1921）上海著易堂书局铅印本 四十六册
集部/别集类/清别集 17.2×11.9 厘米 十八行三十五字 下黑口 四周单边 单黑鱼尾
缺七种四十七卷（小仓山房诗集三十七卷、小仓山房诗集补遗二卷、袁太史稿一卷、牍外余言一卷、袁家三妹合稿四卷、绣余吟稿一卷、楼居小草一卷）
小仓山房文集三十五卷（清）袁枚撰‖小仓山房外集八卷（清）袁枚撰‖小仓山房尺牍十卷（清）袁枚撰‖随园诗话十六卷（清）袁枚撰‖随园诗话补遗十卷（清）袁枚撰‖随园随笔二十八卷（清）袁枚撰‖新齐谐二十四卷（清）袁枚撰‖续新齐谐十卷（清）袁枚撰‖随园食单一卷（清）袁枚撰‖随园续同人集十七卷（清）袁枚辑‖随园八十寿言六卷（清）袁枚辑‖红豆村人诗稿十四卷（清）袁树撰‖碧腴斋诗存八卷（清）胡德琳撰‖南园诗选二卷（清）何士颙撰‖筱云诗集二卷（清）陆应宿撰‖粲花轩诗稿二卷（清）陆建撰‖闽南杂咏一卷（清）‖盈书阁遗稿一卷‖素文女子遗稿一卷（清）袁机撰‖湘痕阁诗稿二卷（清）袁嘉撰‖湘痕阁词稿一卷（清）袁嘉撰‖瑶华阁诗草一卷（清）袁绶撰‖瑶华阁词钞一卷（清）袁绶撰‖瑶华阁词钞补遗一卷（清）袁绶撰‖六卷（清）袁枚辑‖饮水词钞二卷（清）袁通选‖筝船词一卷（清）刘嗣绾撰‖捧月楼词二卷（清）袁通撰‖绿秋草堂词一卷（清）顾翰撰‖玉山堂词一卷（清）汪度撰‖崇睦山房词一卷（清）汪全德撰‖过云精舍词二卷（清）杨夔生撰‖碧梧山馆词二卷（清）汪世泰撰‖随园琐记二卷（清）袁祖志撰‖涉洋管见一卷（清）袁祖志撰‖红豆村人续稿四卷（清）袁树撰‖诸子詹詹录二卷（清）袁树辑

1483 **随园诗法丛话八卷** （清）袁枚辑
民国碧梧山庄石印本 三册
集部/诗文评类/诗评之属 16.5×11.5 厘米 十四行三十字 白口 四周双边 单黑鱼尾
存六卷（卷一至四、七至八）

1484 **吕和叔文集十卷目录一卷** （唐）吕温撰
民国上海涵芬楼影印本 二册
集部/别集类/唐五代别集 14.7×9.5 厘米 十一行二十二字 白口 左右双边 单黑鱼尾

1485 **易源奥义一卷周易原旨一卷** （元）保巴撰
民国上海商务印书馆影印本 一册
经部/易类/传说之属 13.8×9.2 厘米 八行二十一字 白口 四周双边 单黑鱼尾

1486 **毛主席诗词一卷** 毛泽东著
一九六三年人民文学出版社铅印本 一册
新学/理学/文学 14×9.8 厘米 七行十四字 上下黑口 四周双边 单黑鱼尾

1487 **各省审判厅判牍不分卷** □□撰
民国石印本 六册
新学/政治法律/律例 17.2×11.2 厘米 十二行三十五字 白口 四周双边 单黑鱼尾

1488 **复性书院讲录六卷** 马一浮撰
民国二十八年（1939）复性书院刻本 六册
子部/杂家类 16.2×12.3 厘米 十一行二十一字 下黑口 左右双边 单黑鱼尾

1489 **胡子知言六卷疑义一卷附录一卷**
（宋）胡宏撰 附录一卷 （明）程敏政辑
民国二十九年（1940）复性书院刻本 一册
子部/儒家类/儒学之属/性理 16×12.2 厘米 十一行二十一字 下黑口 左右双边 单黑鱼尾

1490 **云溪居士集三十卷** （宋）华镇撰
民国上海商务印书馆影印文渊阁四库全书本 十二册
集部/别集类/宋别集 14.3×9.6 厘米 八行二十一字 白口 四周双边 单黑鱼尾

1491 **省斋集十卷** （宋）廖行之撰
民国上海商务印书馆影印文渊阁四库全书本 五册
集部/别集类/宋别集 14.1×9.5 厘米 八行二十一字 白口 四周双边 单黑鱼尾

1492 **中国文学史一卷** 王梦曾编 蒋维乔校
民国商务印书馆铅印本 十七册
史部/史评类/史学之属

1493 **涧泉集二十卷** （宋）韩淲撰
民国上海商务印书馆影印本 十二册
集部/别集类/宋别集 14.2×9.2 厘米 八行二十一字 白口 四周双边 单黑鱼尾

1494 **周易系辞精义二卷** （宋）吕祖谦编
民国三十三年（1944）复性书院刻本 一册
经部/易类/分篇之属 16.2×11.4 厘米 十一行二十一字 下黑口 左右双边 单黑鱼尾

1495 **易学滥觞一卷** （元）黄泽撰 **春秋师说三卷附录二卷** （元）赵汸编
民国三十三年（1944）复性书院刻本 一册
经部/易类/专著之属 16.1×11.5 厘米 十一行二十一字 下黑口 左右双边 单黑鱼尾

1496 **大学纂疏一卷附录四书纂疏札记一卷** （宋）赵顺孙纂疏
民国三十三年（1944）复性书院刻本 一册
经部/四书类/大学之属 16.1×11.5 厘米 十一行二十一字 小字双行同 下黑口 左右双边 单黑鱼尾

1497 **中庸纂疏一卷** （宋）赵顺孙纂疏
民国三十三年（1944）复性书院刻本 一册
经部/四书类/中庸之属 16.1×11.5 厘米 十一行二十一字 小字双行同 下黑口 左右双边 单黑鱼尾

1498 **春秋传三十卷附录一卷** （宋）胡安国撰
民国三十一年（1942）复性书院铅印本 二册
经部/春秋总义类/正文之属 15.6×11.3 厘米 十五行三十一字 白口 四周单边

1499 **慈湖家记十卷** （明）秦钺编
民国三十三年（1944）复性书院刻本 二册
子部/儒家类/儒学之属 16×11.4 厘米 十一行二十一字 下黑口 左右双边 单黑鱼尾

1500 **尔雅台答问续编六卷** 王培德 张立民编
民国三十二年（1943）复性书院刻本 二册
经部/小学类/训诂之属 16.2×11.5 厘米 十一行二十一字 下黑口 左右双边 单黑鱼尾

1501 **纳兰词五卷补遗一卷** （清）纳兰性德撰
民国上海中华书局铅印本 一册
集部/词类/别集之属 14.8×10.6 厘米 十三行二十六字 下黑口 四周单边 单黑鱼尾

1502 **阅微草堂笔记二十四卷** （清）纪昀撰
民国石印本 二册
子部/小说家类/异闻之属 17.8×12.5 厘米 二十一行四十五字 下黑口 四周双边 单黑鱼尾
存十二卷 （十三至二十四）

1503 **续古文辞类纂三十四卷** 王先谦纂集
民国铅印本 一册

集部/总集类/选集之属/通代 17×12 厘米 十九行四十四字 白口 四周单边 对黑鱼尾
存二卷 （五至六）

1504 **古文辞类纂七十五卷** （清）姚鼐纂
民国石印本 一册
集部/总集类/选集之属/通代 17.1×12.4 厘米 二十行四十四字 白口 四周双边 单黑鱼尾
存五卷 （五至九）

1505 **评注昭明文选十五卷首一卷附一卷** （清）于光华编次
民国十一年（1922）扫叶山房石印本 八册
集部/总集类/选集之属/通代 16.1×11.9 厘米 十四行三十一字 小字双行同 白口 四周双边 单黑鱼尾
存九卷 （八至十五、附一卷）

1506 **政和御制冠礼十卷政和五礼新仪二百二十卷** （□）□□撰
民国上海商务印书馆影印文渊阁四库全书本 四十册
经部/仪礼类/正文之属 14×9.3 厘米 八行二十一字 白口 四周双边 单黑鱼尾

1507 **军政府公报三辑** □□撰
民国七年至十五年（1918—1926）军政府印铸局铅印本 八十九册

1508 **徐光启著译集** （明）徐光启著
1983 年上海市文物保管委员会影印本 二十册
集部/别集类/明别集

1509 **政艺丛书** 政艺通报社辑
清光绪三十一年（1905）铅印本 十五册
史部/政书类
存四十六卷 ［上谕恭录一卷、内政通纪六卷、艺学新编五卷、皇朝外交政史七卷、艺学图表五卷、东亚风云录一卷、政治图表五卷、艺书通辑三卷、外政通纪五卷、政学文编四卷 （卷四至七）、风雨鸡声集一卷、政学文编三卷］
上谕恭录一卷||内政通纪六卷||艺学新编五卷||皇朝外交政史七卷||艺学图表五卷||东亚风云录一卷||政治图表五卷||艺书通辑三卷||外政通纪五卷||政学文编七卷 （存卷四至七）||风雨鸡声集一卷||政学文编三卷

1510 **希澹园诗集三卷** （明）虞堪撰
民国上海商务印书馆影印四库全书珍本初集本 二册
集部/别集类/明别集 14.0×9.3 厘米 八行二十一字 白口 四周双边 单黑鱼尾

1511 **性情集六卷** （元）周巽撰
民国上海商务印书馆影印四库全书珍本初集本 二册
集部/别集类/元别集 13.9×9.3 厘米 八行二十一字 白口 四周双边 单黑鱼尾

1512 **可闲老人集四卷** （明）张昱撰
民国上海商务印书馆影印四库全书珍本初集本 四册
集部/别集类/明别集 14.0×9.3 厘米 八行二十一字 白口 四周双边 单黑鱼尾

1513 **玉笥集九卷** （明）邓雅撰
民国上海商务印书馆影印四库全书珍本初集本 四册
集部/别集类/明别集 13.9×9.4 厘米 八行二十一字 白口 四周双边 单黑鱼尾

1514 **覆瓿集八卷** （明）朱同撰
民国上海商务印书馆影印四库全书珍本初集本 四册
集部/别集类/明别集 13.9×9.1 厘米 八行二十一字 白口 四周双边 单黑鱼尾

1515 伊滨集二十四卷 （元）王沂撰
民国上海商务印书馆影印四库全书珍本初集本 八册
集部/别集类/元别集 14.2×9.2 厘米 八行二十一字 白口 四周双边 单黑鱼尾

1516 尚䌹斋集五卷 （明）童冀撰
民国上海商务印书馆影印四库全书珍本初集本 三册
集部/别集/明别集 14.0×9.4 厘米 八行二十一字 白口 四周双边 单黑鱼尾

1517 渊颖吴先生集十二卷附录一卷
（元）吴莱撰 （明）宋濂编 **札记一卷** 林志烜撰
民国上海商务印书馆影印四部丛刊本 四册
集部/别集类/元别集 13.9×10.3 厘米 十三行二十三字 上下黑口 左右双边 单黑鱼尾

1518 鄦斋丛书 徐乃昌编
清光绪南陵徐氏刻扬州古旧书店补刻重印本 二十册
类丛部/丛书类/汇编之属 16.2×12.0 厘米 十一行二十一字 小字双行同 上下黑口 左右双边 对黑鱼尾
周易诸卦合象考一卷 （清）任云倬学||周易互体卦变考一卷 （清）任云倬学 ||易经象类一卷 （清）丁晏撰||卢氏礼记解诂一卷补遗一卷附录一卷 （汉）卢植撰 （清）臧庸辑||蔡氏月令章句二卷 （汉）蔡邕撰 （清）臧庸述 ||夏小正分笺四卷 （清）黄模学||郑氏三礼目录一卷 （汉）郑玄撰 （清）臧庸辑||何休注训论语述一卷 （清）刘恭冕撰||尔雅小笺三卷（清）江藩释 ||郑氏六艺论一卷 （汉）郑玄撰（清）臧琳辑（清）臧庸补辑 ||经考五卷 （清）戴震记 ||说文谐声孳生述 （清）陈立撰 ||隶通二卷 （清）钱庆曾撰 ||续方言又补二卷 徐乃昌撰集 ||后汉儒林传补逸一卷续补逸一卷（清）田普光学 徐乃昌续补逸||唐折冲府考四卷 （清）劳经原撰（清）劳格校补 ||读书小记二卷 （清）焦廷琥譔||汉氾胜之遗书一卷（汉）氾胜之撰（清）宋葆淳辑||焦里堂先生轶文一卷 （清）焦循撰 徐乃昌校录

1519 墨子十五卷 （战国）墨翟撰
民国上海商务印书馆影印四部丛刊本 四册
子部/墨家类 14.1×9.9 厘米 八行十七字 白口 四周单边 单白鱼尾

1520 毛泽东选集第二卷 毛泽东著
一九六五年人民出版社铅印本 四册
集部/别集 16.4×11.3 厘米 十二行行字不等 小字双行三十五字 白口 四周双边 单黑鱼尾

1521 百梅书屋诗存一卷 陈叔通著
一九五九年中华书局影印本 一册
新学/理学/文学 版式不等

1522 毛主席诗词三十九首一卷 毛泽东撰
一九七六年文物出版社铅印本 一册
新学/理学/文学 16.6×9.7 厘米 七行十五字 白口 左右双边 单黑鱼尾

1523 止园丛书第一集五种 尹昌衡撰
民国七年（1918）商务印书馆铅印本 七册
类丛部/丛书类/自著之属 16×11.7 厘米 十三行三十一字 四周双边 白口 单黑鱼尾
圣学渊源诠证二卷 || 止园文集一卷 || 易钵一卷 || 止园诗钞二卷 || 止心篇一卷

1524 延平答问一卷 （宋）朱熹撰
民国二十九年（1940）复性书院刻本 一册
子部/儒家类/儒学之属/性理 16×12 厘米 十行二十一字 下黑口 左右双边 单黑鱼尾

1525 枕碧楼丛书十二种 沈家本辑
民国二年（1913）归安沈氏枕碧楼刻本 十六册
类丛部/丛书类/汇编之属 12.3×9.9 厘米 九行

二十一字 白口 左右双边

南轩易说五卷||双峰先生内外服制通释七卷||刑统赋解二卷||粗解刑统赋一卷||别本刑统赋解一卷||刑统赋疏一卷||无冤录二卷||河汾旅话四卷||河南集三卷||吴兴沈梦麟先生花溪集三卷||来鹤亭集九卷||玉斗山人文集三卷

1526 **圣传论一卷** （宋）刘子翚撰
民国二十九年（1940）复性书院刻本 一册
子部/儒家类/儒家之属 16.2 × 12.1 厘米 十一行二十一字 下黑口 左右双边 单黑鱼尾

1527 **正蒙注解二卷** （清）李光地撰
民国二十九年（1940）复性书院刻本 一册
子部/儒家类/儒学之属 16 × 12.1 厘米 十一行二十一字 下黑口 左右双边 单黑鱼尾

1528 **上蔡语录三卷** （宋）朱熹撰
民国二十九年（1940）复性书院刻本 一册
子部/儒家类/儒学之属 16 × 12 厘米 十一行二十一字 下黑口 左右双边 单黑鱼尾

1529 **盱坛直诠二卷** 曹胤儒编
民国二十九年（1940）复性书院刻本 二册
子部/儒家类/儒学之属 16.2 × 12 厘米 十一行二十一字 下黑口 左右双边 单黑鱼尾

1530 **龙溪精舍丛书六十种** 郑国勋辑
民国六年（1917）潮阳郑氏刻本 一百二十册
类丛部/丛书类/汇编之属 17.1 × 13.0 厘米 十行二十一字 小字双行同 白口 左右双边 单黑鱼尾

韩诗外传十卷 （汉）韩婴撰 补逸一卷 （清）赵怀玉校并辑||蔡氏月令二卷 （汉）蔡邕譔（清）蔡云辑||春秋繁露十七卷 （汉）董仲舒撰 （清）凌曙注||释名八卷 （汉）刘熙撰||小尔雅训纂六卷 （宋）宋翔凤撰||山海经笺疏十八卷图赞一卷订讹一卷叙录一卷 （清）郝懿行撰||穆天子传六卷 （晋）郭璞注 （清）洪颐煊校||世本一卷 （汉）宋衷注 （清）茆泮林辑||谯周古史考一卷（三国蜀）谯周撰（清）章宗源辑||越绝书十五卷 （汉）袁康撰 附札记一卷 （清）钱培名撰||吴越春秋十卷 （汉）赵晔撰 （宋）徐天祜音注 附札记一卷逸文一卷 徐乃昌撰并辑||列女传补注八卷叙录一卷校正一卷 （清）王照圆撰||新序十卷 （汉）刘向撰||说苑二十卷 （汉）刘向撰||楚汉春秋一卷附疑义一卷 （汉）陆贾撰（清）茆泮林辑||前汉纪三十卷考一卷 （汉）荀悦撰||后汉纪三十卷 （晋）袁宏撰||两汉纪字句异同考一卷（清）蒋国祚撰||华阳国志十二卷 （晋）常璩撰 补华阳国志三州郡县目录一卷 （清）廖寅撰 校勘记一卷 （清）顾观光撰||邺中记一卷（晋）陆翙撰||古孝子传一卷（清）茆泮林辑 孝子传 （汉）刘向撰 ||孝子传 （晋）萧广济撰 ||孝子传 （□）王歆撰||孝子传 （南朝宋）王韶之撰||孝子传 （□）周景式撰||孝子传 （南朝宋）师觉授撰|| 孝子传 （□）宋躬撰||孝子传 （□）虞盘佑撰||孝子传（南朝宋）郑缉之撰||孝子传||孝子传补遗||高士传三卷 （晋）皇甫谧撰||三辅黄图六卷补遗一卷 （汉）□□撰（清）毕沅校||三辅决录一卷（汉）赵岐撰（晋）挚虞注（清）张澍辑||三秦记一卷 （□）辛□撰 （清）张澍辑||三辅旧事一卷 （清）张澍辑||三辅故事一卷 （清）张澍辑||洛阳迦蓝记钩沉五卷 唐晏撰||陆子新语校注二卷 唐晏撰||新书十卷 （汉）贾谊撰||孔丛子三卷 （汉）孔鲋撰||盐铁论十卷（汉）桓宽撰||考证一卷（清）张敦仁撰||桓子新论一卷 （汉）桓谭撰 （清）孙冯翼辑||申鉴五卷附录一卷 （汉）荀悦撰（明）黄省曾注||典论一卷 （三国魏）文帝曹丕撰 （清）黄奭辑||徐干中论二卷 （汉）徐干撰||札记二卷逸文一卷 （清）陈鳣撰并辑||人物志三卷 （三国魏）刘邵撰 （北魏）刘炳注||伏侯古今注三卷补遗一卷又补遗一卷

（汉）伏无忌撰（清）茆泮林辑‖独断二卷 （汉）蔡邕撰 （清）卢文弨校‖论衡三十卷 （汉）王充撰‖风俗通义十卷 （汉）应劭撰 （清）卢文弨校‖风俗通姓氏篇二卷 （汉）应劭撰（清）张澍辑并注‖物理论一卷 （晋）杨泉撰（清）孙星衍辑‖新论二卷 （北齐）刘昼撰‖梦书一卷（清）王照圆辑‖焦氏易林十六卷（汉）焦赣撰‖世说新语三卷 （南朝宋）刘义庆撰（南朝梁）刘孝标注‖金楼子六卷 （南朝梁）元帝萧绎撰‖颜氏家训七卷壬子年重校一卷（北齐）颜之推撰 （清）赵曦明注 注补并重校一卷 （清）卢文弨撰 注补正一卷 （清）钱大昕撰‖西京杂记二卷 （汉）刘歆撰 （清）卢文弨校‖博物志十卷 （晋）张华撰（宋）周日用 （宋）卢□注‖淮南万毕术一卷补遗一卷再补遗一卷 （汉）刘安撰 （清）茆泮林辑‖列仙传校正本二卷赞一卷（汉）刘向撰 （清）王照圆校‖佛国记一卷（晋）释法显撰‖计然万物录一卷补遗一卷 （周）辛文撰 （清）茆泮林辑‖齐只要术十卷（北魏）贾思勰撰‖修文御览残一卷 （北齐） 祖珽等撰‖古文苑二十一卷 （宋）章樵注 ‖文心雕龙十卷 （南朝梁）刘勰撰 （清）黄叔琳注 附补注一卷 （清）李详撰 ‖两汉三国学案十一卷 唐晏撰

1531 **曾文正公书牍汇钞四卷** （清）曾国藩撰
民国涵青山房石印本 三册
集部/总集类/尺牍之属 16.4 × 11.8 厘米 十四行三十三字 白口 四周双边 单黑鱼尾
存三卷 （一至二、四）

1532 **增评补像全图金玉缘一百二十回卷首一卷** （清）曹雪芹著
清光绪三十四年（1908）求不负斋石印本 一册
集部/小说类/长篇之属 17.5 × 11.7 厘米 十八行四十字 白口 四周双边 单黑鱼尾
存一卷 （首一卷）

1533 **西藏通览** （日本）山县初男编
清宣统元年（1909）四川西藏研究会铅印本 一册
史部/地理类/方志之属/通志 15.2 × 11.3 厘米 十一行二十七字 白口 四周单边 单黑鱼尾

1534 **第九才子书平鬼传四卷十回** （清）樵云山人编次
清维新书局刻本 四册
集部/小说类/短篇之属 12.8 × 9.5 厘米 八行十八字 白口 四周单边 单黑鱼尾

1535 **山海经十八卷** （晋）郭璞传
民国上海商务印书馆影印四部丛刊本 一册
子部/小说家类/异闻之属 14.9 × 8.9 厘米 九行二十字 小字双行同 上下黑口 四周双边 三黑鱼尾
存十四卷 （五至十八）

1536 **明本释二卷目录一卷** （宋）刘荀撰
民国二十九年（1940）复性书院丛刊本 一册
子部/儒家类/儒学之属/性理 16 × 12.1 厘米 十一行二十一字 下黑口 左右双边 单黑鱼尾

1537 **周易六龙解一卷附东溟粹言一卷** （明）管志道撰
民国三十三年（1944）复性书院丛刊本 一册
经部/易类/传说之属 16.2 × 12.2 厘米 十一行二十一字 下黑口 左右双边 单黑鱼尾

1538 **续春秋左氏传博议二卷** （清）王夫之撰
清同治四年（1865）曾氏金陵节署刻本 一册
经部/春秋左传类 19.8 × 12.7 厘米 十行二十二字 上下黑口 左右双边 单黑鱼尾

1539 **两朝纲目备要十六卷** （□）□□撰
民国上海商务印书馆影印文渊阁四库全书本 五册
史部/编年类/断代之属 14 × 9.3 厘米 八行二

十一字 四周双边 单黑鱼尾
存九卷 （七至十六）

1540 **武经备要后集二十卷** （宋）鲁公亮撰
民国上海商务印书馆影印文渊阁四库全书本 十五册
子部/兵家类/兵法之属 14.2 × 9.4 厘米 八行二十一字 白口 四周双边 单黑鱼尾
缺二卷 （一至二）

1541 **黄帝龙首经二卷黄帝金匮玉衡经一卷黄帝授三子玄女经一卷广黄帝本行记一卷轩辕黄帝传一卷** （清）孙星衍校
清光绪十年（1884）孙溪槐庐家塾刻本 一册
子部/术数类/占侯之属 16.3 × 11.2 厘米 十一行二十字 白口 左右双边 单黑鱼尾

1542 **皇甫持正文集六卷** （唐）皇甫湜撰
民国上海涵芬楼影印本 一册
集部/别集类/唐五代别集 13.8 × 10.1 厘米 十二行二十一字 白口 单黑鱼尾 左右双边

1543 **唐张司业诗集八卷** （唐）张籍撰
民国上海涵芬楼影印本 一册
集部/别集类/唐五代别集 13.6 × 10 厘米 十行二十字 白口 左右双边 单白鱼尾

1544 **欧阳行周文集十卷** （唐）欧阳詹撰
民国上海涵芬楼影印本 一册
集部/别集类/唐五代别集 14 × 8.7 厘米 十行二十二字 白口 四周单边 顺黑鱼尾

1545 **李文十八卷** （唐）李翱撰
民国上海涵芬楼影印本 二册
集部/别集类/唐五代别集 14.4 × 10.1 厘米 十行二十字 白口 四周双边 单白鱼尾

1546 **绘图永庆升平前传四卷九十七回** （清）郭广瑞编撰 **后传四卷一百回** （清）贪梦道人续
民国章福记书局石印本 八册
集部/小说类/长篇之属 15.8 × 12.5 厘米 三十行五十六字 白口 四周双边 单黑鱼尾

1547 **尔雅台答问六卷** 王培德 张立民编
民国三十年（1941）复性书院刻本 一册
经部/小学类/训诂之属 16.1 × 12.1 厘米 十一行二十一字 下黑口 左右双边 单黑鱼尾
存一卷 （一）

1548 **元明事类钞四十卷** （清）姚之骃撰
民国上海商务印书馆影印本 九册
类丛部/类书类/通类之属 14.2 × 9.5 厘米 八行二十字 白口 四周双边 单黑鱼尾
存十七卷 （二十四至四十）

1549 **公是弟子记四卷** （宋）刘敞撰
民国二十九年（1940）复性书院刻本 一册
子部/儒家类/儒学之属 16 × 12.1 厘米 十一行二十一字 黑口 左右双边 单黑鱼尾

1550 **太极图说述解一卷通书述解一卷西铭述解一卷** （明）曹端撰
民国二十九年（1940）复性书院刻本 一册
子部/儒家类/儒学之属 16 × 12.1 厘米 十一行二十一字 黑口 左右双边 单黑鱼尾

1551 **今县释名六卷** 吕式斌撰
民国二十年（1931）铅印本 二册
史部/地理类/总志之属 14.8 × 11.4 厘米 九行下黑口 四周双边 单黑鱼尾

1552 **隶释二十七卷** （宋）洪适著
民国上海商务印书馆影印四部丛刊三编本 二册
史部/金石类/石之属/文字 13.2 × 10.0 厘米 九行二十字 白口 四周双边 单黑鱼尾
存五卷 （一至五）

1553　辽诗纪事十二卷 陈衍辑
民国二十五年（1936）上海商务印书馆铅印本　一册
集部/诗文评类/汇编之属　17.6 × 11.3 厘米　十一行二十六字　上下黑口　四周单边　单黑鱼尾

1554　东坡乐府笺三卷（宋）苏轼撰　龙沐勋校笺
民国二十五年（1936）上海商务印书馆铅印本　二册
集部/词类/别集之属　15.5 × 11.3 厘米　十二行三十一字　小字双行同　下黑口　四周双边　单黑鱼尾

1555　虚斋乐府二卷（宋）赵以夫撰
民国二十五年（1936）上海涵芬楼影印本　一册
集部/词类/别集之属　14.1 × 10.2 厘米　十行十八子　白口　左右双边

1556　文心雕龙十卷（南朝梁）刘勰撰　**隐秀篇阙文补不分卷**（□）□□撰
民国上海涵芬楼影印本　一册
集部/诗文评类/文评之属　14 × 10.4 厘米　十行十九字　白口　左右双边　单黑鱼尾

1557　百衲本二十四史影印描润始末记不分卷 张元济撰
民国二十二年（1933）铅印本　一册
新学类/杂著/杂记　版式不等

d1　汉语古文字字形表十四卷 汉语古文字字形表编写组编
一九八〇年四川人民出版社铅印本　三册
史部/小学类/字书之属　19.2 × 14.4 厘米　三栏十行行字不等　白口　四周单边

d2　台湾战纪二卷（清）洪弃父纂
一九八〇年杭州古旧书店影印本　一册
史部/杂史类/外纪之属　14.6 × 10.2 厘米　十行二十五字　下黑口　四周双边　单黑鱼尾

d3　台湾战纪二卷（清）洪弃父纂
一九八〇年杭州古旧书店影印本　一册
史部/杂史类/外纪之属　14.6 × 10.2 厘米　十行二十五字　下黑口　四周双边　单黑鱼尾

d4　世界通史三卷 周一良等主编
一九七三年人民出版社铅印本　四十八册
新学/史志/诸国史　21.6 × 15.3 厘米　十行二十一字　白口　四周双边　单黑鱼尾

d5　中国古籍善本书目 上海古籍善本书目编辑委员会编
一九八五年上海古籍出版社铅印本　十册
史部/目录类/总录之属/官修　16.2 × 11.7 厘米　行数字数不等　上下黑口　四周双边
存十一卷（一至四、三十二至三十六，附经部藏书单位索引一卷、丛部藏书单位索引一卷）

d6　新疆大学图书馆藏古籍书目三卷 新疆大学图书馆编
一九八五年新疆大学图书馆铅印本　一册
史部/目录类/总录之属/官修　版式不等
存第二辑（数据书目一、二编，地方志书目）

d7　国朝诗别裁集三十二卷目次一卷（清）沈德潜纂评（清）沈种孙校字（清）翁照（清）周准辑
一九七三年中华书局影印本　十六册
集部/别集类/清别集　17.9 × 13.6 厘米　十行十九字　白口　左右双边　单黑鱼尾

d8　訄书五十卷 章太炎撰
一九八五年上海古籍出版社影印本　一册
新学/政治法律/政治　无版框　十行二十二字

d9　东坡乐府二卷　（宋）苏轼著　**稼轩长短句十二卷**　（宋）辛弃疾著
一九五七年古典文学出版社影印本　五册
集部/总集类/汇编之属　东坡乐府 13.9 × 10.7 厘米　十行十八字　白口　左右双边　对黑鱼尾
稼轩长短句 13.9 × 9.2 厘米　九行十六字　白口　左右双边　对黑鱼尾

d10　溉堂集二十八卷　（清）孙枝蔚著
一九七九年上海古籍出版社影印本　八册
集部/别集/清别集　13.1 × 9.8 厘米　十一行二十一字　小字双行同　白口　四周单边　单黑鱼尾
溉堂前集九卷 ||溉堂续集六卷 ||溉堂文集五卷||溉堂诗余二卷 ||溉堂后集六卷

d11　鲁迅批判孔孟之道手稿选编不分卷　文物出版社编辑
一九七五年文物出版社影印本　一册
新学类/理学/文学　版式不等

d12　鲁迅诗稿不分卷　上海鲁迅纪念馆编辑
一九六一年上海人民美术出版社影印本　一册
新学类/理学/文学　版式不等

d13　鲁迅手稿选集续编不分卷　北京鲁迅博物馆编辑
一九六三年文物出版社影印本　一册
新学类/理学/文学　版式不等

d14　鲁迅手稿选集三编不分卷　北京鲁迅博物馆编辑
一九七三年文物出版社影印本　一册
新学类/理学/文学　版式不等

d15　鲁迅手稿选集三编不分卷　北京鲁迅博物馆编辑
一九七二年文物出版社影印本　一册
新学类/理学/文学　版式不等

d16　鲁迅手稿选集三编不分卷　北京鲁迅博物馆编辑
一九七三年文物出版社影印本　一册
新学类/理学/文学　版式不等

d17　鲁迅手稿选集四编不分卷　北京鲁迅博物馆编辑
一九七四年文物出版社影印本　一册
新学类/理学/文学　版式不等

d18　鲁迅手稿选集四编不分卷　北京鲁迅博物馆编辑
一九七五年文物出版社影印本　一册
新学类/理学/文学　版式不等

d19　鲁迅手稿选集四编不分卷　北京鲁迅博物馆编辑
一九七四年文物出版社影印本　一册
新学类/理学/文学　版式不等

d20　鲁迅手稿选集四编不分卷　北京鲁迅博物馆编辑
一九七四年文物出版社影印本　一册
新学类/理学/文学　版式不等

d21　荥阳外史集一百卷　（明）郑真撰
民国二十四年（1935）上海商务印书馆影印本　十一册
集部/别集/明别集
存四十卷　（一至四十）

CHAPTER TWO

馆藏善本提要与书影

1. 管窥辑要八十卷 （清）黄鼎撰 清顺治刻本

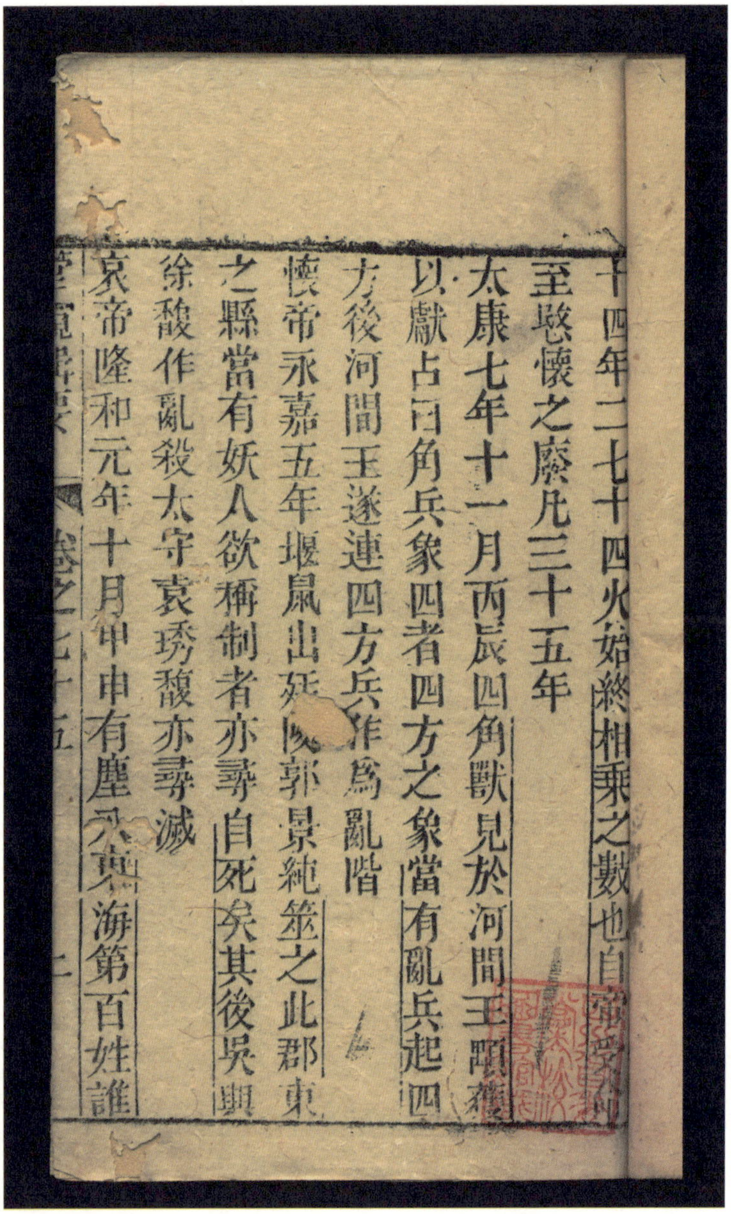
十四年二七十四火始終相乘之數也自
至愍懷之廢凡三十五年
太康七年十一月丙辰四角獸見於河間王顒獲
以獻占曰角兵象四者四方之象當有亂兵起四
方後河間王遂連四方兵作爲亂階
懷帝永嘉五年堰鼠出延陵郭景純筮之此郡東
之縣當有妖人欲稱制者亦尋自死矣其後吳興
徐馥作亂殺太守袁琇馥亦尋滅
哀帝隆和元年十月甲申有麈見東海第百姓譙
管窺輯要 卷之七十五

黄鼎，字玉耳，六安人，明末以诸生从军，入清官至提督。全书八十卷，收集历代天文书，摘其主要内容，分门别类，汇成一书。该书详细记录了日月星宿的星象及其卜辞，还收录了除恒星图外各种异星图，旁注引文评论。其中卷十六绘制的极光草图，部分绘制得几与今天极光摄影一样。是书对于现代天文气象研究，具有重要的文献参考价值。清初刻本，延续明末刻本诸多形态，具有重要的版本价值。

2. 渊鉴类函四百五十卷目录四卷 （清）张英（清）王士禛等编

清康熙四十九年（1710）刻本

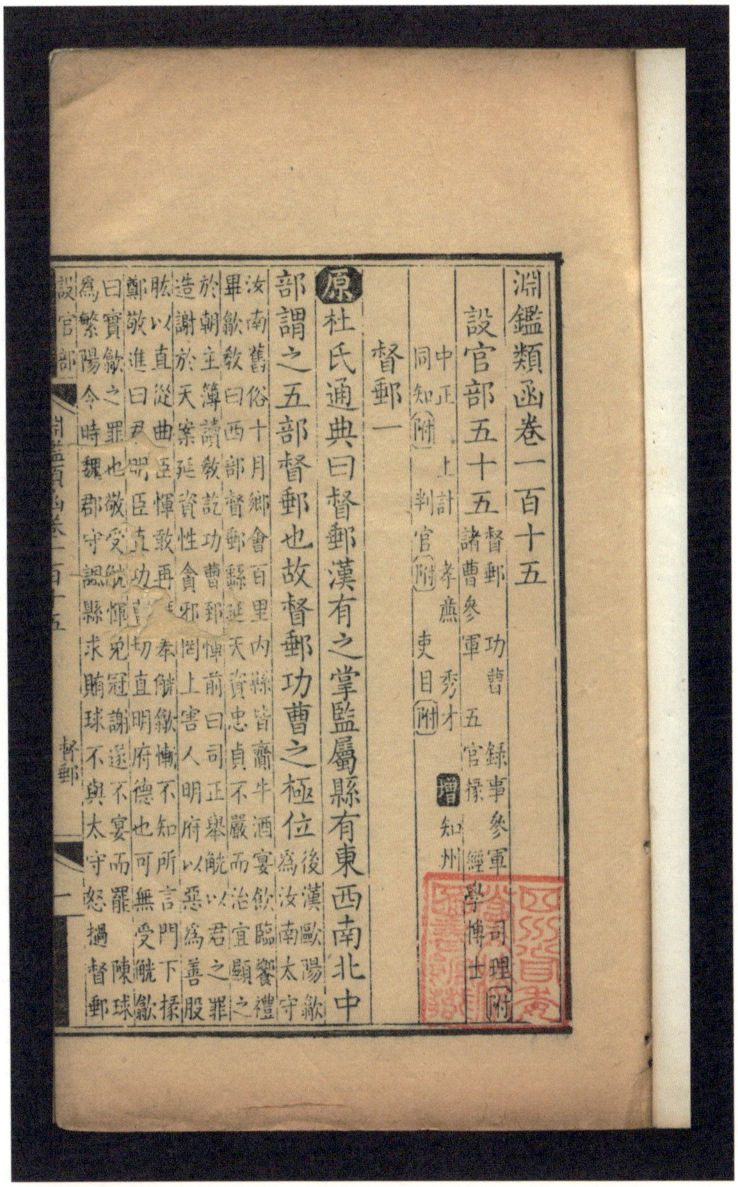
淵鑑類函卷一百十五

設官部五十五 督郵 功曹 錄事參軍 司理附 諸曹參軍 五官掾 經學博士

中正 上計 孝廉 秀才 增 知州 同知附 判官附 吏目附

督郵一

原杜氏通典曰督郵漢有之掌監屬縣有東西南北中部謂之五部督郵也故督郵功曹之極位後漢歐陽歙為汝南太守汝南舊俗十月饗會百里內縣皆齎牛酒宴飲臨饗禮畢歙教曰西部督郵繇延天資忠貞不嚴而治宜顯之於朝主簿讀教戶曹掾功曹前曰司正舉觥以君之罪造謝於天案延資性貪邪罔上害人明府以惡為善股肱以直從曲臣敢奉觥歙慚不知所言門下掾鄭敬進曰君明臣直功曹言切直明府德也可無受觥歙曰實歙之罪也敬受觥歙惶免冠謝遂不宴而罷陳球為繁陽令時魏郡守諷縣求賄球不與太守怒撾督郵

設官部 淵鑑類函卷一百十五 督郵 一

张英（1636—1708），字敦复，号乐圃，安徽桐城人。明代俞安期曾编纂过《唐类函》，张英等编实为续补，故体例一致。是书资料选择范围很广，既有前代十七种类书，亦有明嘉靖以前的各类文献，故题名为《渊鉴类函》。全书分天部、岁时部、地部、帝王部、后妃部、储宫部、帝戚部、设官部、封爵部、政术部、礼仪部、乐部等四十五部，部下又分类，共有二千五百多个小类。凡《唐类函》原有的引证，皆以“原”字标识，续增的都标“增”字，以示区别。是书为该书较早刊行版本。

3. [嘉庆]四川通志二百零四卷首二十二卷 （清）常明修
清嘉庆二十一年（1816）四川抚署刻本

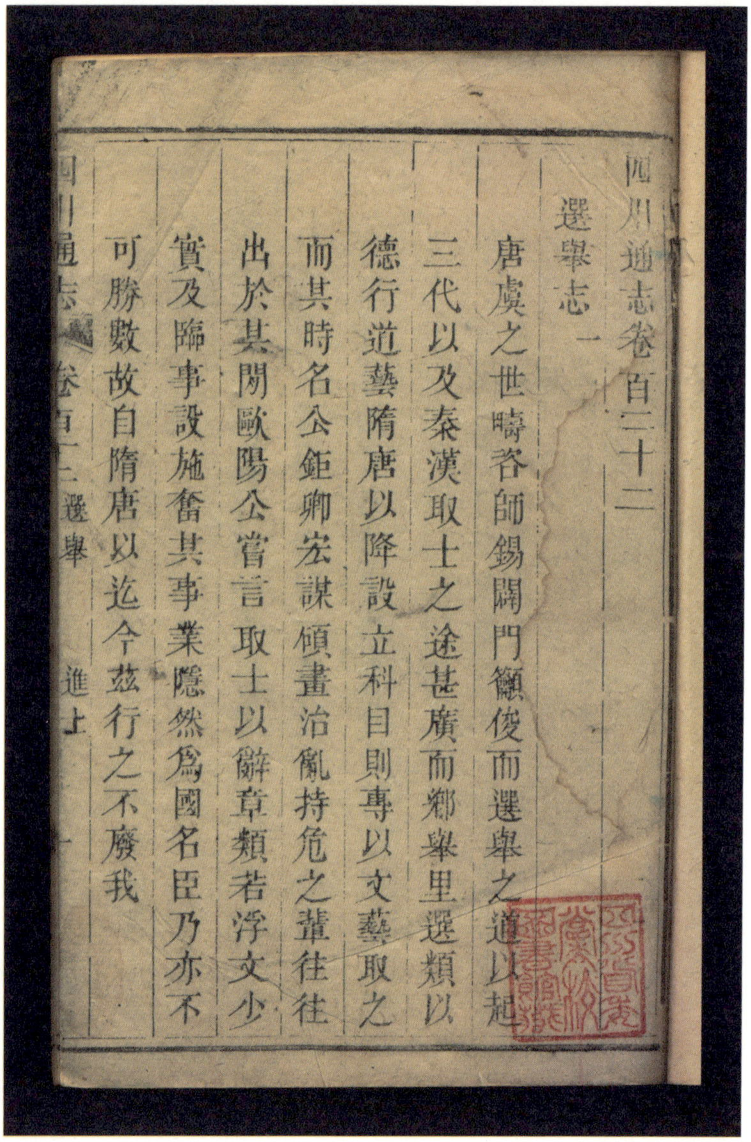
四川通志卷百二十二
選舉志一
唐虞之世疇咨師錫闢門籲俊而選舉之道以起三代以及秦漢取士之途甚廣而鄉舉里選類以德行道藝隋唐以降設立科目則專以文藝取之而其時名公鉅卿宏謀碩畫治亂持危之輩往往出於其閒歐陽公嘗言取士以辭章類若浮文少實及臨事設施奮其事業隱然爲國名臣乃亦不可勝數故自隋唐以迄今兹行之不廢我

清代康熙、雍正、嘉庆三朝，修了三部省志，其中，以嘉庆《四川通志》修得最好。这部通志汇集了乾隆以来各府厅州县上报的资料，分门别类，纳入子目，然后按大类分编，以府、直隶州、州编排，便于检索；一事一物，按年代将所有资料辑录于后，可谓搜罗齐全，是四川志书中上乘之作。嘉庆《四川通志》篇幅浩大，总计二百零四卷，加卷首二十二卷，共分十二个大类，六十八个子目，近五百万字。其《舆地志》是全志最大的一类，涵盖建置沿革、疆域、形势、山川、江源、堤堰、城池等十六个子目，按地区、时间先后逐条列次，并配有地图方便检索。其《西域志》更是研究西藏史、川边藏族史不可或缺的珍贵资料。

4. 筹济编三十二卷首一卷（清）杨景仁辑

清道光六年（1826）诒砚斋刻本

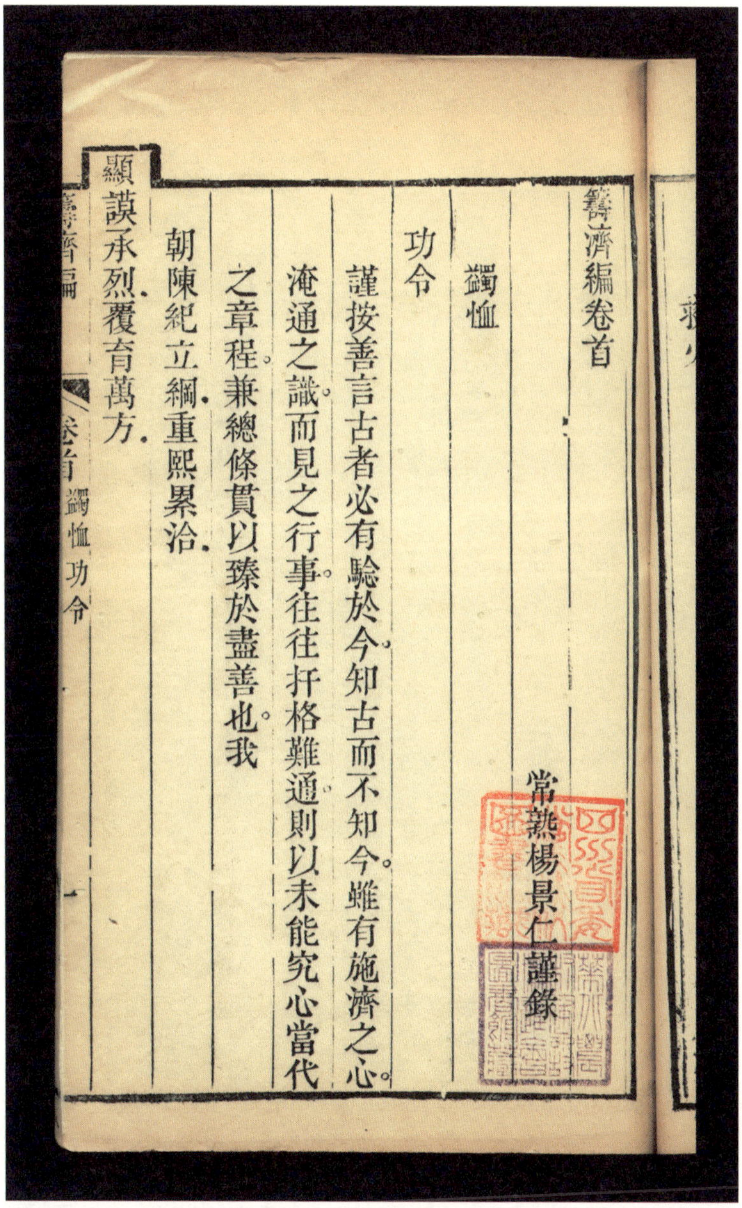
籌濟編卷首

常熟楊景仁謹錄

蠲恤

功令

謹按善言古者必有驗於今。知古而不知今。雖有施濟之心。淹通之識。而見之行事。往往扞格難通。則以未能究心當代之章程。兼總條貫。以臻於盡善也。我

朝陳紀立綱。重熙累洽。

顯謨承烈。覆育萬方。

籌濟編 卷首 蠲恤 功令

杨景仁（1768—1828），字育之，号静岩，杨岱之子，今张家港市人。清嘉庆三年（1798）举人，官至刑部员外郎。《筹济编》采集古往今来有关救济灾荒的事例和经验，并严格按照实用可行的标准选材，时任江苏巡抚的林则徐为之写序。清光绪五年（1879），其孙杨恩海、曾孙杨崇伊将此书进呈朝廷，时值山西、河南两省发生灾荒，此书受到朝廷重视并下令刊行各省，作为救荒赈灾的重要参考书。

5. 康熙字典十二集三十六卷检字一卷辨似一卷等韵一卷备考一卷补遗一卷 （清）张廷玉等纂 清道光七年（1827）刻本

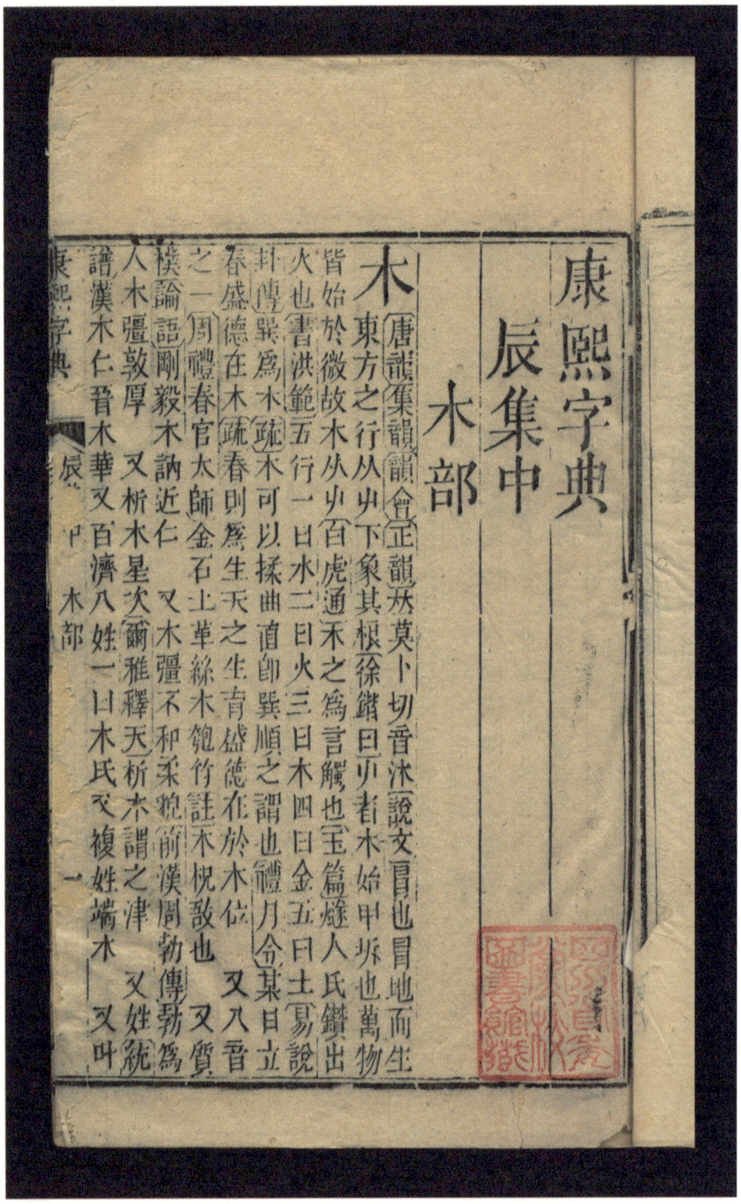
康熙字典
辰集中
木部
木【唐韻】【集韻】【韻會】【正韻】𠀤莫卜切音沐【說文】冒也冒地而生
東方之行从屮下象其根【徐鍇曰】屮者木始甲拆也萬物
皆始於微故木从屮【白虎通】木之爲言觸也【玉篇】燧人氏鑽出
火也【書洪範】五行一曰水二曰火三曰木四曰金五曰土【易說
卦傳】巽爲木【疏】木可以揉曲直卽巽順之謂也【禮月令】某日立
春盛德在木【疏】春則爲生天之生育盛德在於木位 又八音
之一【周禮春官大師】金石土革絲木匏竹【註】木柷敔也 又質
樸【論語】剛毅木訥近仁 又木彊不和柔貌【前漢周勃傳】勃爲
人木彊敦厚 又析木星次【爾雅釋天】析木謂之津 又姓
諸漢木仁晉木華又百濟八姓一曰木氏 又複姓端木 又叶
康熙字典 辰集中 木部 一

《康熙字典》是由清张廷玉担任总纂官，张玉书、陈廷敬等三十多位著名学者编撰的一部具有深远影响的汉字辞书。成书于康熙五十五年（1716），因此书名为《康熙字典》。《康熙字典》采用部首分类法，按笔画排列单字，共立214个部首，收字47 035个，所有收录字均注明音节和不同的意义。由于在释义时举出古籍中的例证并附词语解释，从而使其兼具了词典的功能。《康熙字典》是中国第一部官修字典，也是唯一一部以皇帝年号命名的字典。在我国辞书发展史上占有重要地位，是研究古代汉语不可缺少的工具。

张廷玉（1672—1755），字衡臣，号研斋，安徽桐城人，清朝大学士张英次子，保和殿大学士、军机大臣。他曾先后编撰《康熙字典》《雍正实录》等。

6. 礼记恒解四十九卷（清）刘沅辑注
清道光八年（1828）豫诚堂刻本

刘沅（1767—1855），清代四川著名学者、一代大儒。主要致力于“十三经”注疏，对儒家主要经典都有考订和诠释，民国时其孙刘咸炘整理出《槐轩全书》，涵盖了刘沅丰富的哲学思想，引起学界轰动。他在医学上也颇有成就，被后世尊称为“火神之祖”，辑有《火神之祖——槐轩医学全书》。清《国史馆本传》列有《刘沅传》。清初四川遭遇战乱后，民生凋敝，学术空乏。通“十三经”者，唯刘沅、廖平、李调元等数人而已，尤以刘沅用力最甚，其《书经恒解》收入《续修四库全书》。在《礼记恒解》中，刘沅对《周礼》《仪礼》《礼记》的研究，不拘于门户之别，以独特见解而成为清代治“礼”的最佳著作之一。

刘沅以毕生精力，为四川教育及学术发展作出巨大贡献：一是成立槐轩学派，开课授徒，学生多达数千人；恢复汉学、传播孔孟之道，成绩卓著，是继石室文翁之后，四川又一著名教育家。二是其槐轩学派之槐轩学说，以传统汉学为宗旨，吸纳百家之言，尤以“四书”“五经”恒解为著，是有清一代贯通“十三经”之佼佼者。

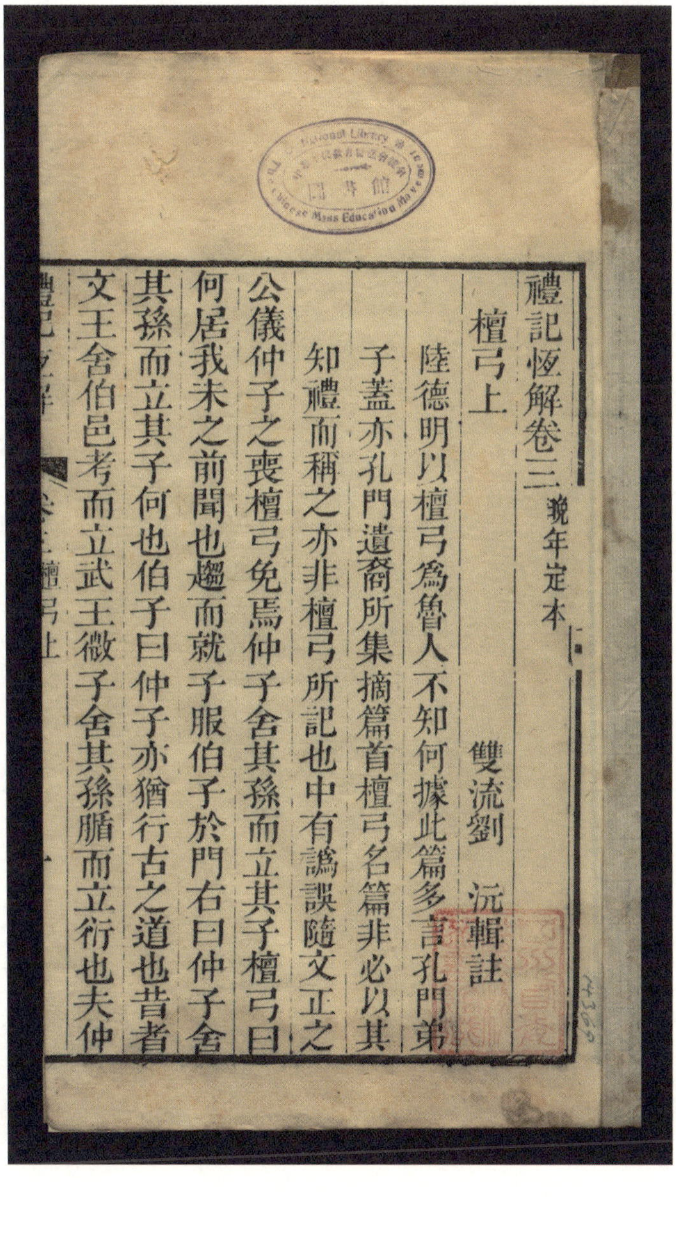
禮記恆解卷三 晚年定本
檀弓上 雙流劉 沅輯註
陸德明以檀弓爲魯人不知何據此篇多言孔門弟子蓋亦孔門遺裔所集摘篇首檀弓名篇非必以其知禮而稱之亦非檀弓所記也中有譌謬隨文正之
公儀仲子之喪檀弓免焉仲子舍其孫而立其子檀弓曰何居我未之前聞也趨而就子服伯子於門右曰仲子舍其孫而立其子何也伯子曰仲子亦猶行古之道也昔者文王舍伯邑考而立武王微子舍其孫腯而立衍也夫仲

7. 圣武记十四卷　（清）魏源撰

清道光二十年（1840）古微堂刻本

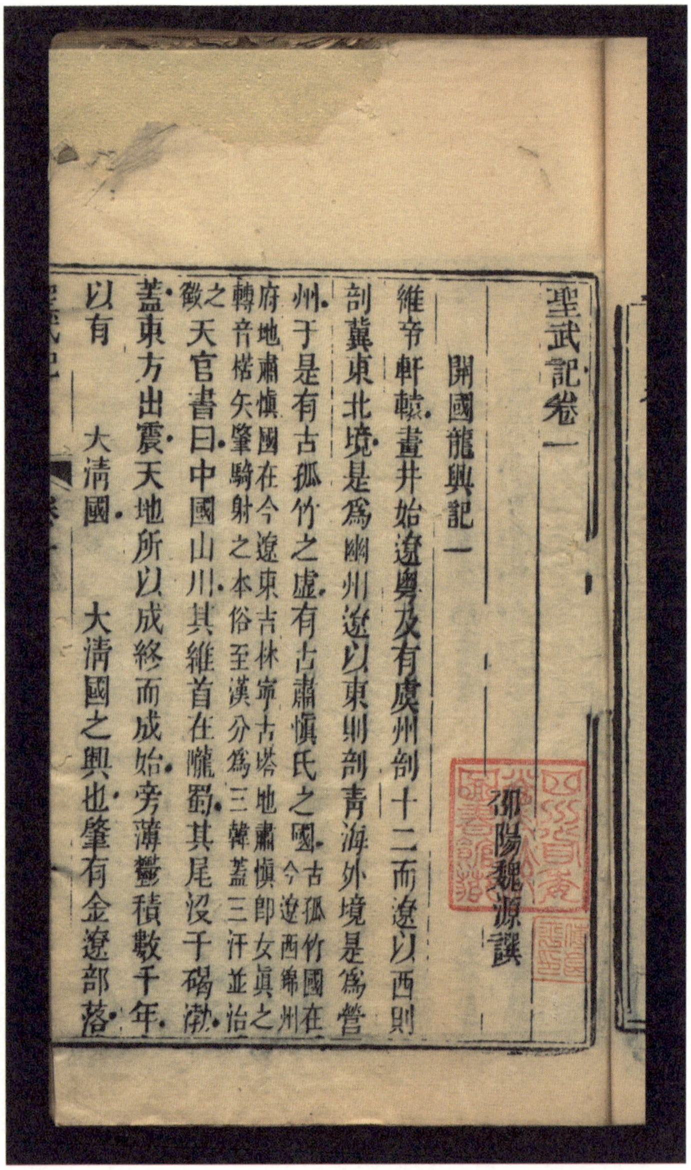
聖武記卷一

邵陽魏源譔

開國龍興記一

維帝軒轅畫井始遼粵及有虞州剖十二而遼以西則剖冀東北境是爲幽州遼以東則剖青海外境是爲營州于是有古孤竹之虛有古肅愼氏之國古孤竹國在今遼西錦州府地肅愼國在今遼東吉林寧古塔地肅愼卽女眞之轉音楛矢肇騎射之本俗至漢分爲三韓蓋三汗並治之徼天官書曰中國山川其維首在隴蜀其尾沒于碣勃蓋東方出震天地所以成終而成始旁薄鬱積數千年以有

大清國

大清國之興也肇有金遼部落

《圣武记》是清代著名思想家、史学家魏源的一部关于清代历史的专著。《圣武记》全书十四卷分为两个部分。前十卷是用纪事本末体叙述清朝开国以来的丰功伟绩，并归纳为开创、藩镇、外藩、土司苗瑶回民、海寇民变兵变、教匪六个专题叙述。后四卷则是武事余记，包含海防、练兵等内容。通过《圣武记》的这些叙述可以了解鸦片战争以前清朝历史的梗概。

魏源（1794—1857），清末思想家、史学家、文学家，道光进士。鸦片战争时，参与浙东抗英战役。魏源于1842年写成《圣武记》。后又受林则徐嘱托，据《四洲志》和中外文献资料编成《海国图志》。他主张“师夷之长技以制夷”，学习西方技艺，制造枪炮、轮船，加强海防，抵抗外国侵略。提倡兴办现代民族工业，减轻赋税，兼顾商人利益。开启了了解世界、向西方学习的新潮流，对于后来的资产阶级变法维新运动起了积极的推动作用。

8. 西招图略一卷 （清）松筠撰
清道光二十七年（1847）刻本

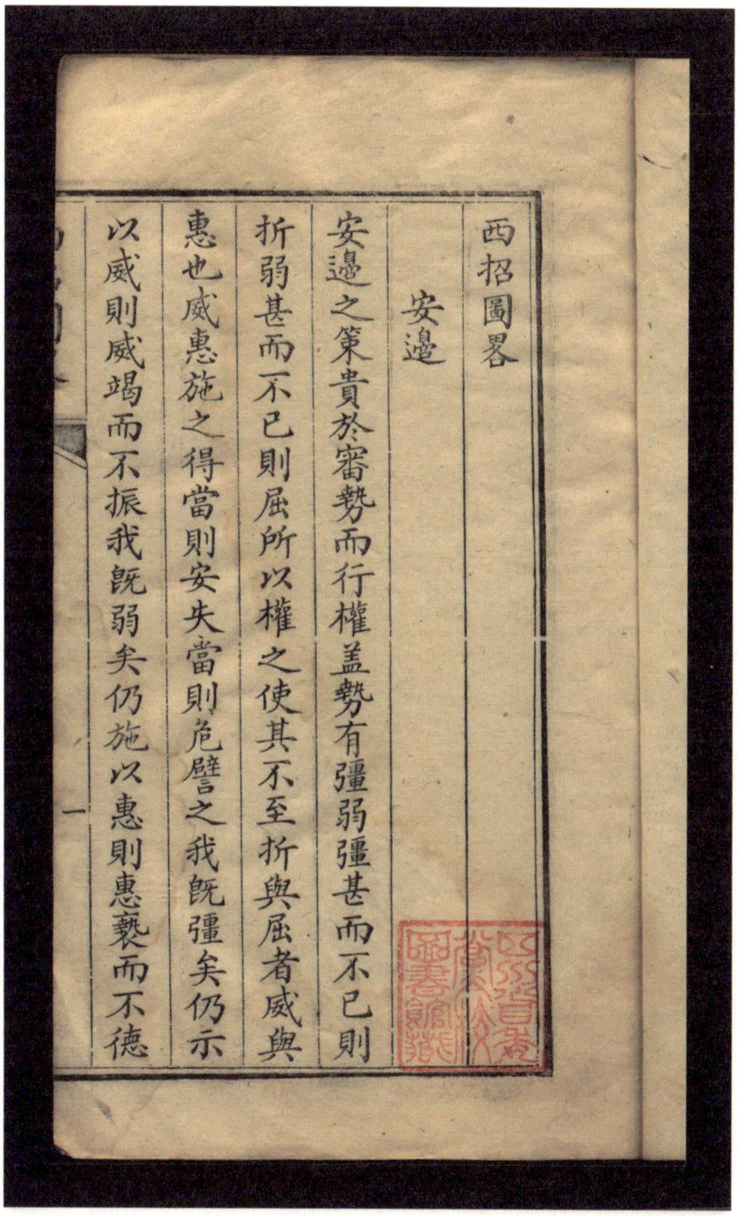
西招圖畧
安邊
安邊之策貴於審勢而行權蓋勢有彊弱彊甚而不已則
折弱甚而不已則屈所以權之使其不至折與屈者威與
惠也威惠施之得當則安失當則危譬之我既彊矣仍示
以威則威竭而不振我既弱矣仍施以惠則惠褻而不德

该书为松筠担任驻藏大臣时所著，目的为便于后来者了解当地政事情况，成书于嘉庆三年（1798）。全书分为安边、抚藩、戒怒、遏欲、抑强、除苛、厉俗、慎刑、绥远等二十八目，叙述了其治理藏地的经验和亲身经历的藏人藏事。其中绘图十二幅，记录了西藏地区的山川形势、关隘兵卡等。是书为研究西藏地区地理、兵制、宗教、民族关系的重要史料。

9. 明季北略二十四卷 （清）计六奇编

清嘉庆道光间京都琉璃厂半松居士木活字印本

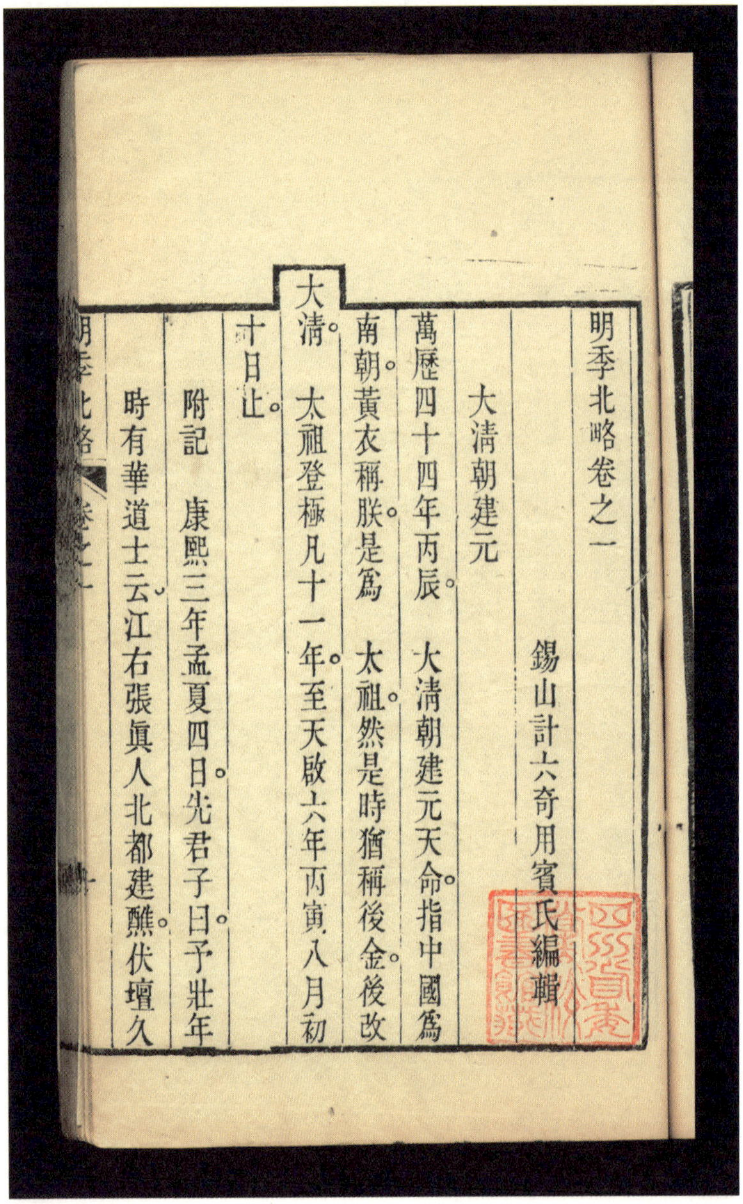

明季北略卷之一

錫山計六奇用賓氏編輯

大清朝建元

萬歷四十四年丙辰。大清朝建元天命。指中國爲南朝。黄衣稱朕。是爲太祖。然是時猶稱後金。後改大清。太祖登極凡十一年。至天啟六年丙寅八月初十日止。

附記　康熙三年孟夏四日。先君子曰。予壯年時有華道士云。江右張真人北都建醮。伏壇久

计六奇（1622—1687），字用宾，号天节子，别号九峰居士，江苏无锡人，清初史学家。《明季北略》是一部记载明万历至崇祯时期北方地区史实的史书。始于明万历二十三年（1595）清太祖努尔哈赤兴事，迄于明崇祯十七年（1644）吴三桂引清兵入关，前后五十年。此书体例上以编年为纲，杂以纪传、纪事本末诸体，内容涉及明末农民战争、阶级矛盾、民族关系等，取材广泛，记事有序，是研究明末清初史实的重要参考文献。

10. 读史兵略四十六卷 （清）胡林翼纂
清咸丰十一年（1861）武昌节署刻本

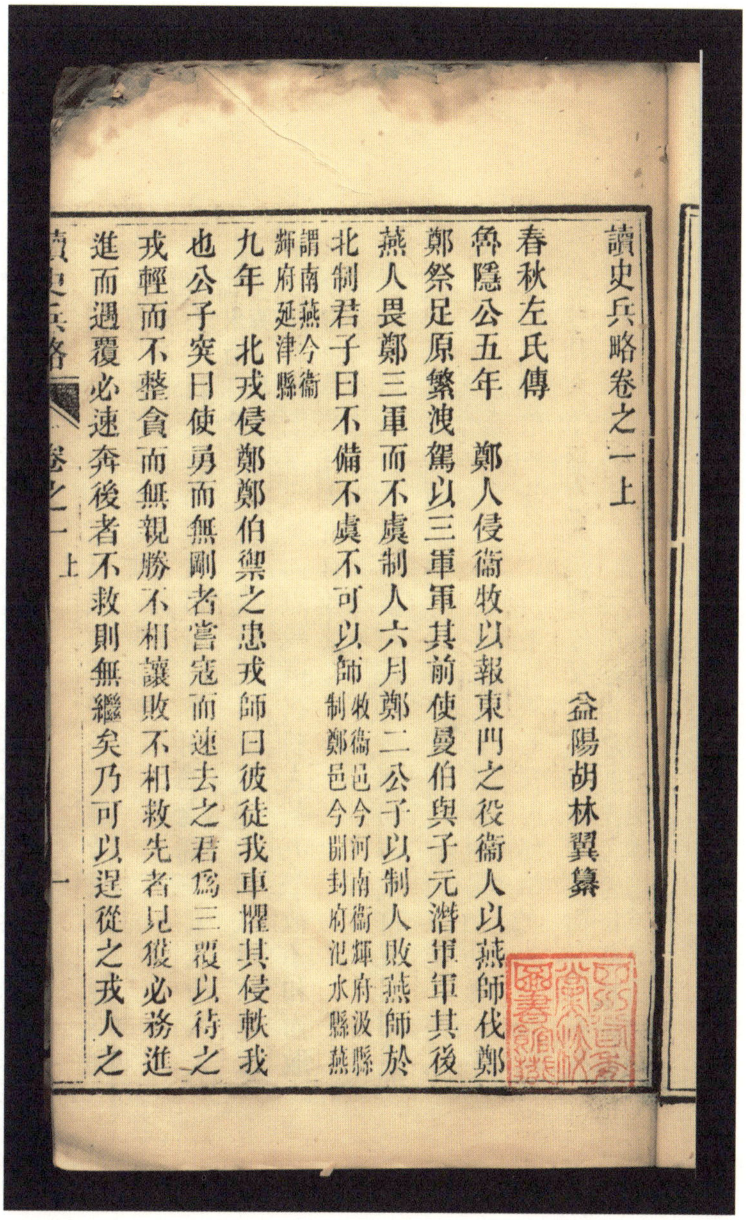
讀史兵略卷之一上
益陽胡林翼纂
春秋左氏傳
魯隱公五年　鄭人侵衛牧以報東門之役衛人以燕師伐鄭鄭祭足原繁洩駕以三軍軍其前使曼伯與子元潛軍軍其後燕人畏鄭三軍而不虞制人六月鄭二公子以制人敗燕師於北制君子曰不備不虞不可以師（牧衛邑今河南衛輝府汲縣 制鄭邑今開封府汜水縣 謂南燕今衛輝府延津縣）
九年　北戎侵鄭鄭伯禦之患戎師曰彼徒我車懼其侵軼我也公子突曰使勇而無剛者嘗寇而速去之君爲三覆以待之戎輕而不整貪而無親勝不相讓敗不相救先者見獲必務進進而遇覆必速奔後者不救則無繼矣乃可以逞從之戎人之
讀史兵略　卷之一　上　一

胡林翼（1812—1861），字贶生，号润芝，益阳（今属湖南）人。是书为胡林翼命幕僚门人汪士铎、胡兆春、莫友芝等汇辑而成。该书记载了春秋鲁隐公五年（前718）至明崇祯十七年（1644）期间发生的著名战争，对研究中国古代战争有较高的参考价值。而后胡林翼又纂《读史兵略续编》，与此书一并形成了比较完整、系统的编年古代战争史。

11. 胡文忠公遗集十卷首一卷（清）胡林翼撰 （清）汪士铎校
清同治三年（1864）武昌节署刻本

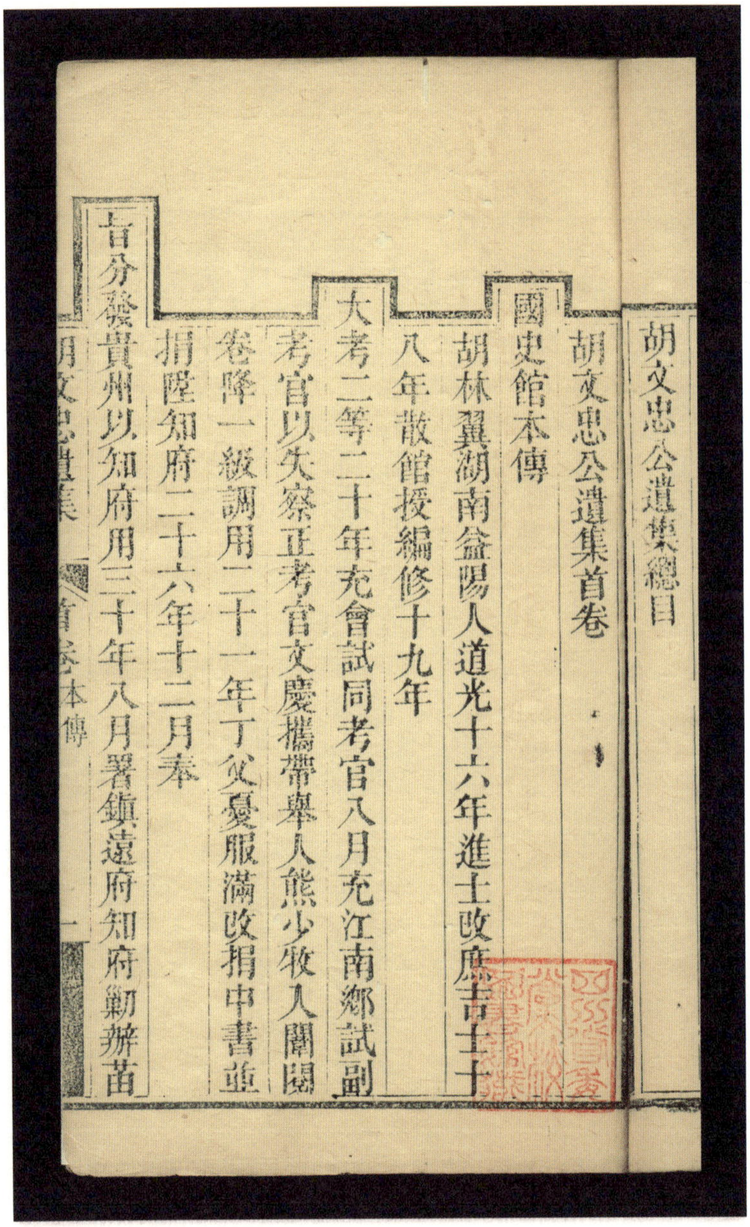
胡文忠公遺集總目

胡文忠公遺集首卷

國史館本傳

胡林翼湖南益陽人道光十六年進士改庶吉士十八年散館授編修十九年

大考二等二十年充會試同考官八月充江南鄉試副考官以失察正考官文慶攜帶舉人熊少牧入闈閱卷降一級調用二十一年丁父憂服滿改捐中書並捐陞知府二十六年十二月奉

旨分發貴州以知府用三十年八月署鎮遠府知府勦辦苗

胡文忠公遺集 首卷本傳

胡林翼（1812—1861），字貺生，号润芝。益阳（今属湖南）人。清道光十六年（1836）进士。是书汇集胡氏奏疏、书牍和批札等。起自道光二十四年（1844），迄于咸丰十一年（1861）。此书记载了胡林翼镇压贵州苗民起义、湖南李元发起义以及在湖北、安徽等地镇压太平天国革命的作战情况，有较高史料价值。

12. 船山遺书七十七种 （清）王夫之著

清同治四年（1865）湘乡曾氏金陵节署刻本

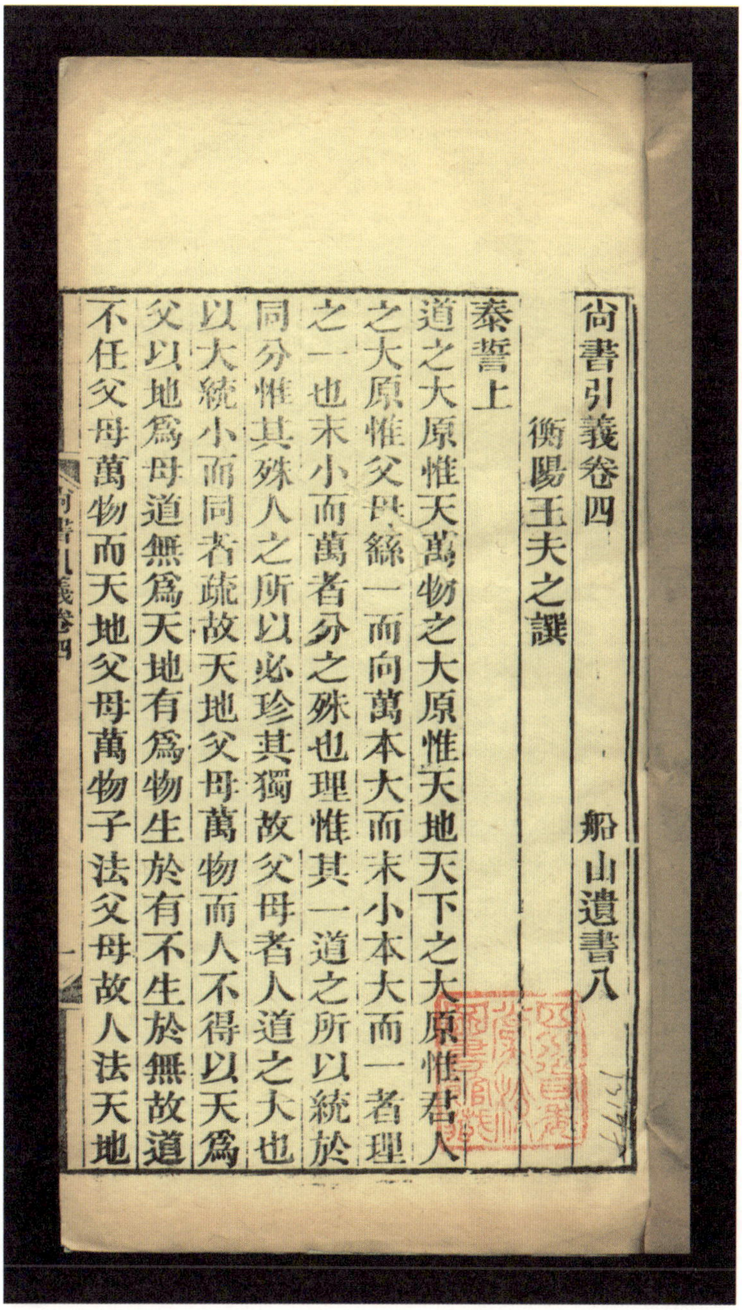

尚書引義卷四　　船山遺書八

衡陽王夫之譔

秦誓上

道之大原惟天萬物之大原惟天地天下之大原惟君人之大原惟父母繇一而向萬本大而末小本大而一者理之一也末小而萬者分之殊也理惟其一道之所以統於同分惟其殊人之所以必珍其獨故父母者人道之大也以大統小而同者疏故天地父母萬物而人不得以天爲父以地爲母道無爲天地有爲物生於有不生於無故道不任父母萬物而天地父母萬物子法父母故人法天地

尚書引義卷四

王夫之（1619—1692），字而农，号姜斋，湖南衡阳人，因晚年居于衡阳石船山，故自号“船山老人”，世称“船山先生”，明末清初文学家、思想家。他对经、史、诗、文、词都有很深的造诣，生平著述众多。后人将他的一百多种著作合编为《船山遗书》，并按照经史子集分类。他在诗词上强调“以意为主”，艺术上强调“神理凑合时自然恰得”，哲学上提出“虚空皆器”等观点，对后人影响深远。此书另有道光二十二年（1842）湘潭王氏守遗经书屋刻本（十八种）、光绪十三年（1887）湖南船山书院曾氏补课本、1930年上海太平洋书店铅印本等众多版本。

13. 国朝先正事略六十卷 （清）李元度纂 （清）孔广心等校

清同治五年（1866）陔草堂刻本

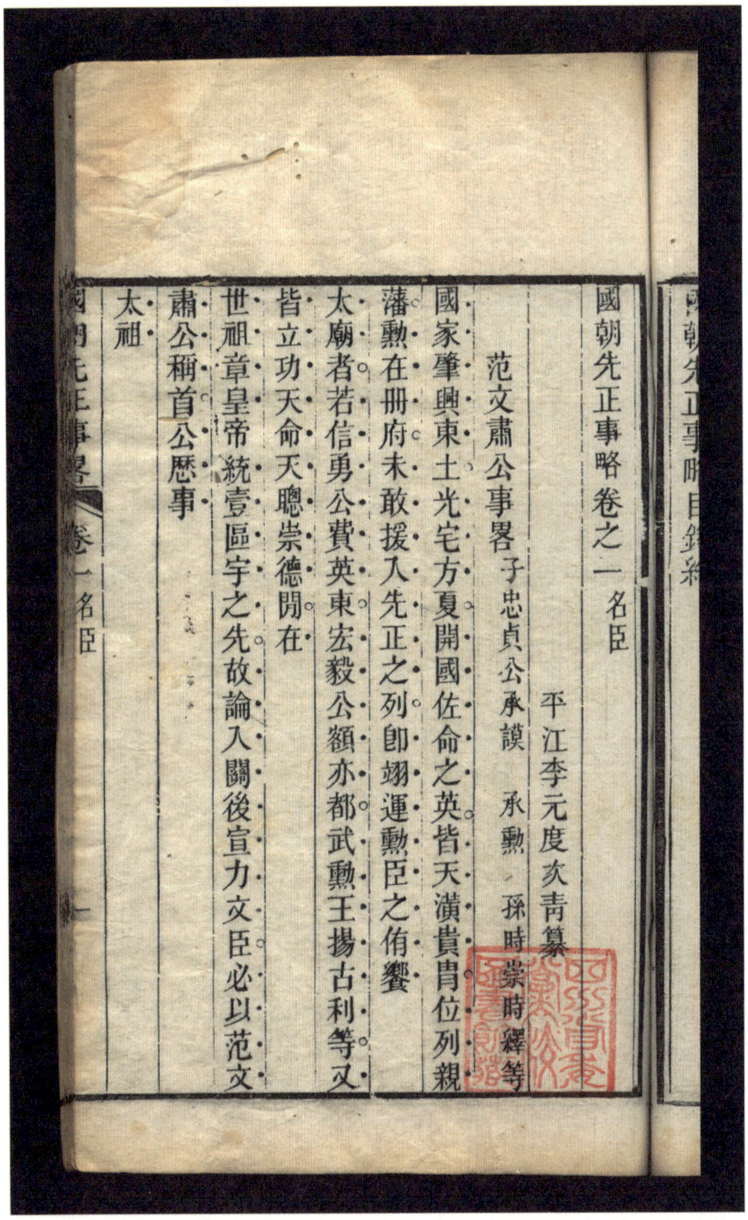
國朝先正事略卷之一 名臣
平江李元度次青纂
范文肅公事畧 子忠貞公承謨 承勳 孫時崇時繹等
國家肇興東土光宅方夏開國佐命之英皆天潢貴胄位列親
藩勳在冊府未敢援入先正之列即翊運勳臣之侑饗
太廟者若信勇公費英東宏毅公額亦都武勳王揚古利等又
皆立功天命天聰崇德間在
世祖章皇帝統壹區宇之先故論入關後宣力文臣必以范文
肅公稱首公歷事
太祖

李元度（1821—1887），字次青，又字笏庭，自号天岳山樵，晚年更号超然老人，湖南平江县人。清道光举人，官至布政使。《国朝先正事略》为清代人物传记汇编。全书分为名臣、名儒、经学、文苑、遗逸、循良、孝义七类。收录人物一千一百零八人，包括正传五百人，附传六百零八人，皆为清开国至咸丰年间知名的人物。此书是较早问世的私家纂写的清代大型综合人物传记专著，系开风气之作，其资料丰富，且多为原始资料，极具使用价值，是清史研究的重要文献资料。

14. 说文解字十五卷 （汉）许慎记 （宋）徐铉等校定
清同治十年（1871）刻本

《说文解字》是中国第一部系统分析汉字字源字形的字书，也是第一部按部首编排的字典，在中国流传甚广，是研究古字的必备工具书。全书一共收录 9 553 个字，分 540 个部首，把部首相同的字排列在一起，每字下先释含义，再析字形，最后辨字音。《说文解字》注解内容丰富，涉及当时社会的各个方面，为后人保留了大量先秦、汉的资料，尤其对字义的解释，保留了众多上古字源，书中对于秦汉时期各地方言的介绍也使其成为研究中国古方言的重要考证资源。

许慎（约 58—约 147），字叔重，东汉汝南召陵人（今河南郾城）。汉代著名经学家、语言学家、文字学家，以《说文解字》而奠定了中国文字学研究开拓者的地位。

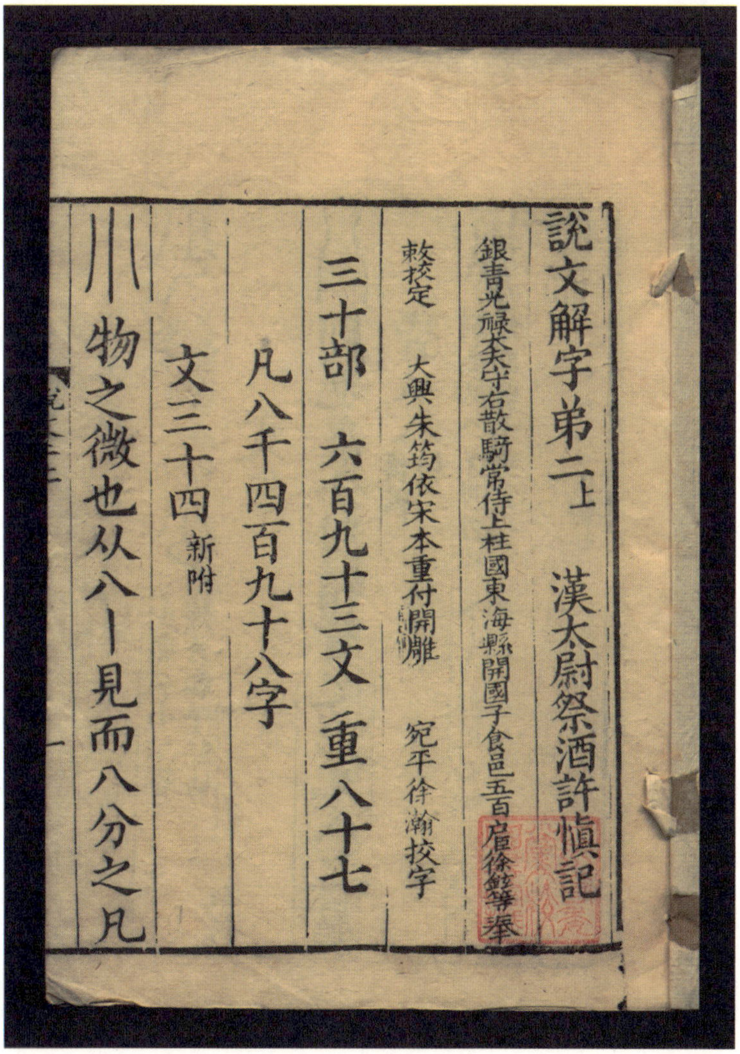

15. 牧令全书五种 （清）丁日昌辑
清同治十二年（1873）羊城书局刻本

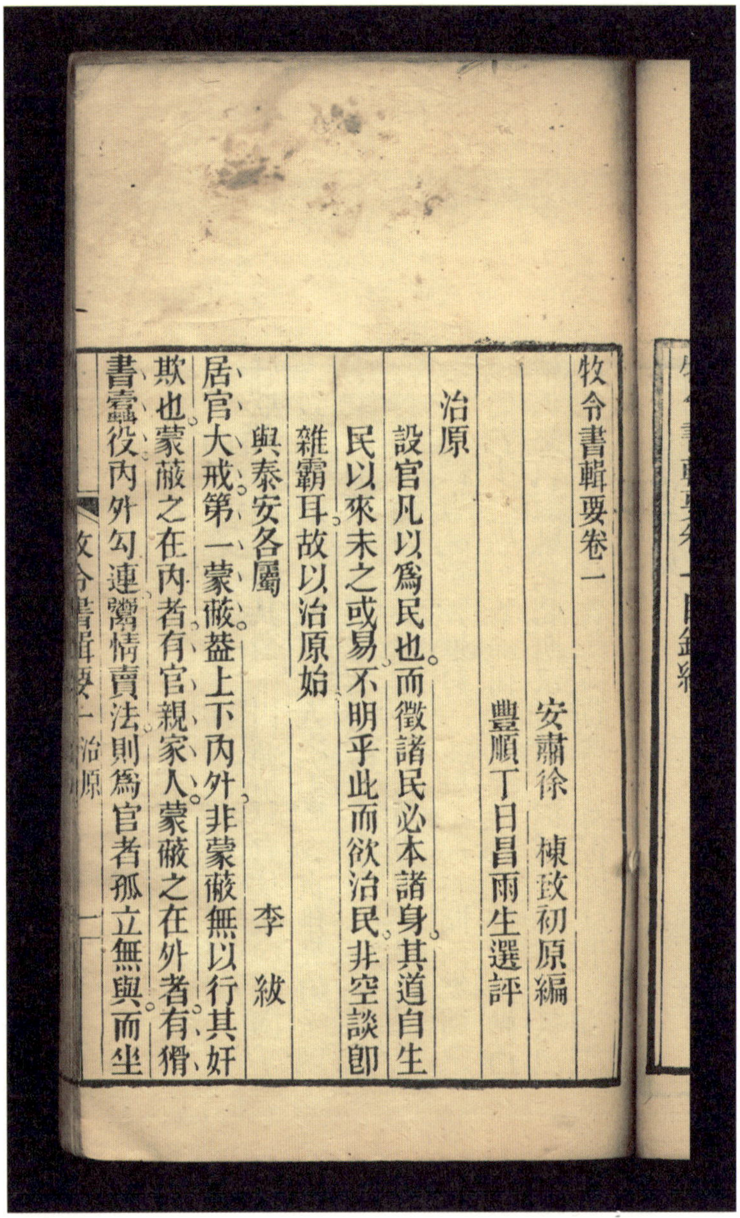
牧令書輯要卷一
安肅徐　棟致初原編
豐順丁日昌雨生選評
治原
設官凡以爲民也而徵諸民必本諸身其道自生
民以來未之或易不明乎此而欲治民非空談卽
雜霸耳故以治原始
與泰安各屬　李　紱
居官大戒第一蒙蔽蓋上下內外非蒙蔽無以行其奸
欺也蒙蔽之在內者有官親家人蒙蔽之在外者有猾
書蠹役內外勾連鬻情賣法則爲官者孤立無與而坐
牧令書輯要一　治原　一

丁日昌（1823—1882），字禹生，又作雨生，清末广东丰顺人。《牧令全书》是政书类丛书，辑元张养浩撰《牧民忠告》二卷、刘衡撰《刘帘舫先生吏治三书》六卷，清徐栋纂《牧令书辑要》十卷、《保甲书辑要》四卷，附清田文镜、李卫撰《钦颁州县事宜》一卷，皆为地方长官必读之书。是书为研究我国古代吏治的重要文献资料。

16. 吕氏春秋二十六卷（战国）吕不韦编（汉）高诱注
清光绪元年（1875）浙江书局刻本

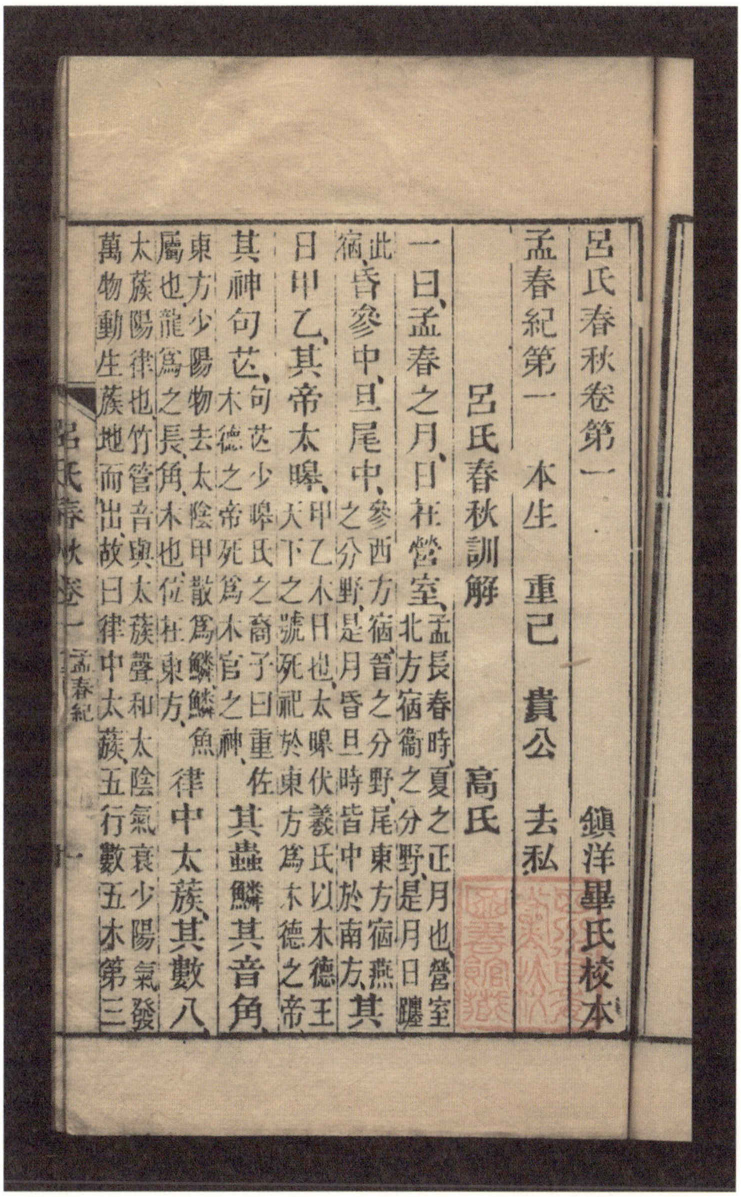
呂氏春秋卷第一　鎭洋畢氏校本
孟春紀第一　本生　重己　貴公　去私
呂氏春秋訓解　高氏
一曰孟春之月日在營室孟長春時夏之正月也營室北方宿衞之分野是月日躔此宿昏參中旦尾中參西方宿晉之分野尾東方宿燕之分野是月昏旦時皆中於南方其日甲乙其帝太皞甲乙木日也太皞伏羲氏以木德王天下之號死祀於東方爲木德之帝其神句芒句芒少皞氏之裔子曰重佐木德之帝死爲木官之神其蟲鱗其音角東方少陽物去太陰甲散爲鱗鱗魚屬也龍爲之長角木也位在東方律中太蔟其數八太蔟陽律也竹管音與太蔟聲和太陰氣衰少陽氣發萬物動生蔟地而出故曰律中太蔟五行數五木第三
呂氏春秋卷一　孟春紀

是书又名《吕览》，是战国末年秦相吕不韦集合手下的门客共同编写的。因书出众手，各记所闻，因而内容包含儒、道、墨、法、名、农、阴阳等诸家学说，后被人尊为杂家的代表作。全书二十六卷，共一百六十篇，总结了春秋战国时百家争鸣的成果。该书语言简洁、生动、形象，不少寓言脍炙人口，流传至今。最早由东汉的高诱进行注解，保存了不少语言文字的古训。

17. 蜀典十二卷 （清）张澍编
清光绪二年（1876）尊经书院刻本

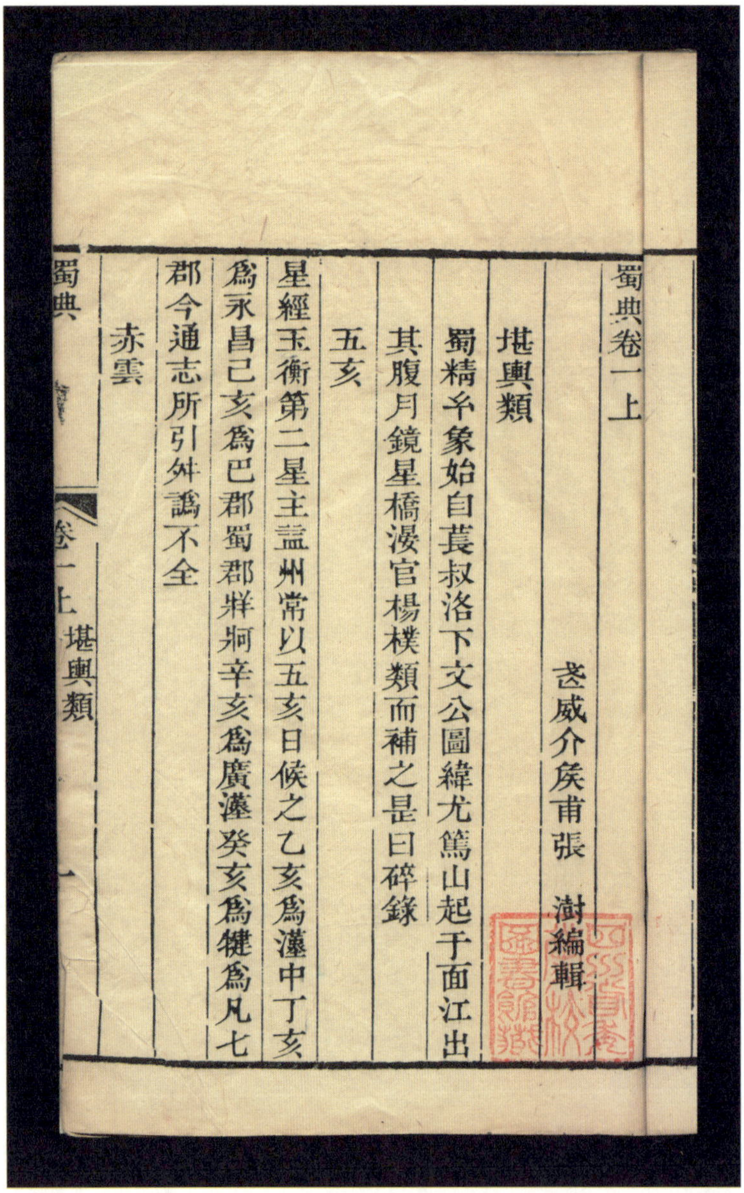
蜀典卷一上
武威介侯甫張　澍編輯
堪輿類
蜀精𠂆象始自萇叔洛下文公圖緯尤篤山起于面江出
其腹月鏡星橋漫官楊樸類而補之是曰碎錄
五亥
星經玉衡第二星主益州常以五亥日候之乙亥爲灌中丁亥
爲永昌己亥爲巴郡蜀郡牂牁辛亥爲廣漢癸亥爲犍爲凡七
郡今通志所引舛譌不全
赤雲
蜀典　卷一上　堪輿類　一

张澍（1781—1847），甘肃武威县人，字时霖，一字伯沦，号介侯，又号介白，清嘉庆初年进士。他曾多年出任四川各地知县，留心收集当地文献。是书即为补正《四川通志》而编撰，卷首有张序和总目，正文有堪舆、人物、居寓、宦迹、故事、风俗、方言、器物、动植物、著作和姓氏十一类。取材广泛，注明出处，体例简明，考证精确，尤其是对姓氏的考证约占全书的四分之一。该书是清代私修名志，为研究四川地理山川、风土人情、蜀地人物提供了重要资料，也对《四川通志》起到了纠缪和补遗的作用，具有较高的史料价值。

18. 诗韵集成十卷 （清）余照辑

清光绪八年（1882）刻本

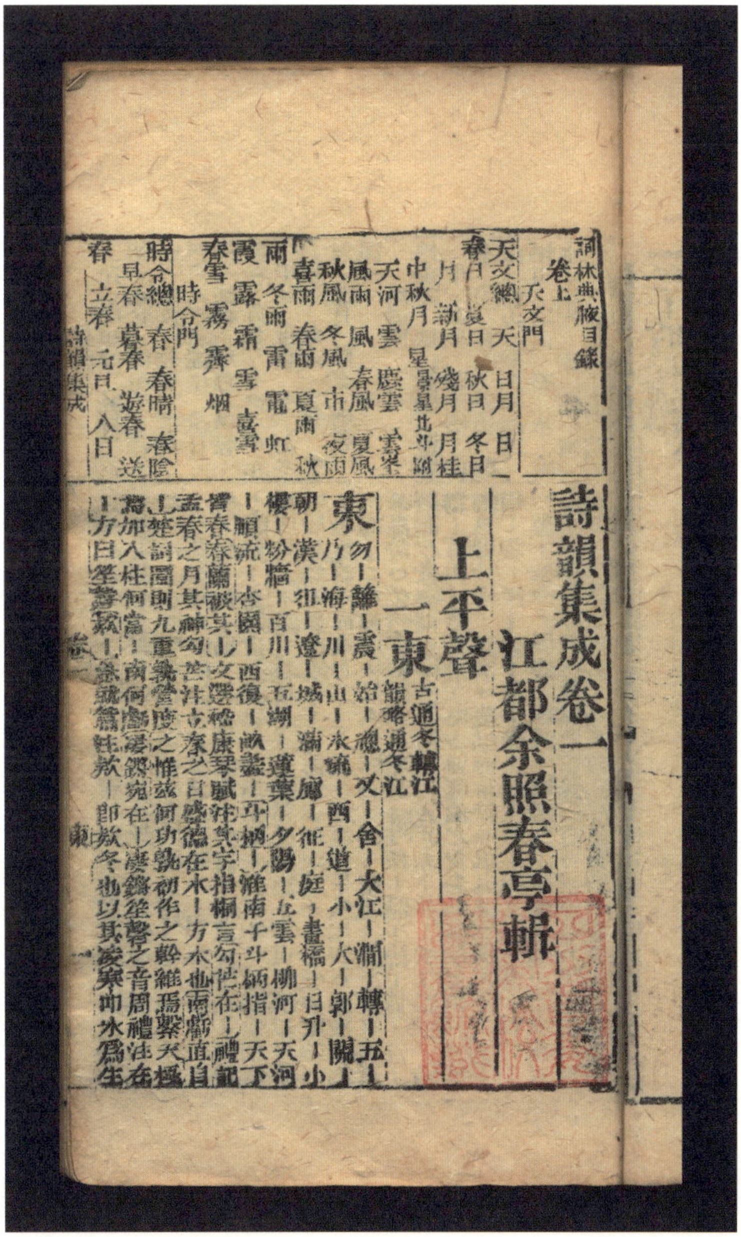
詩韻集成卷一

江都余照春亭輯

上平聲

一東

《诗韵集成》全书分为十卷，是余照另一部诗韵《诗韵珠玑》的姐妹篇。《诗韵集成》主要集中收录了旧诗韵书的写作资料。其特色在于收录韵藻的同时，配以各家诗词作为佐证。书页分上下两栏，上栏刻词林典故等，名为《词林典腋》；下栏刻诗韵，沿用清官修韵书《佩文韵府》所用“平水韵”系统编排。《诗韵集成》为初学作诗者提供写作资料，具有小型类书的功能。

19. 槐轩千家诗二卷论诗法一卷后附一卷 （清）夏世钦订
清光绪九年（1883）古香阁魏氏刻本

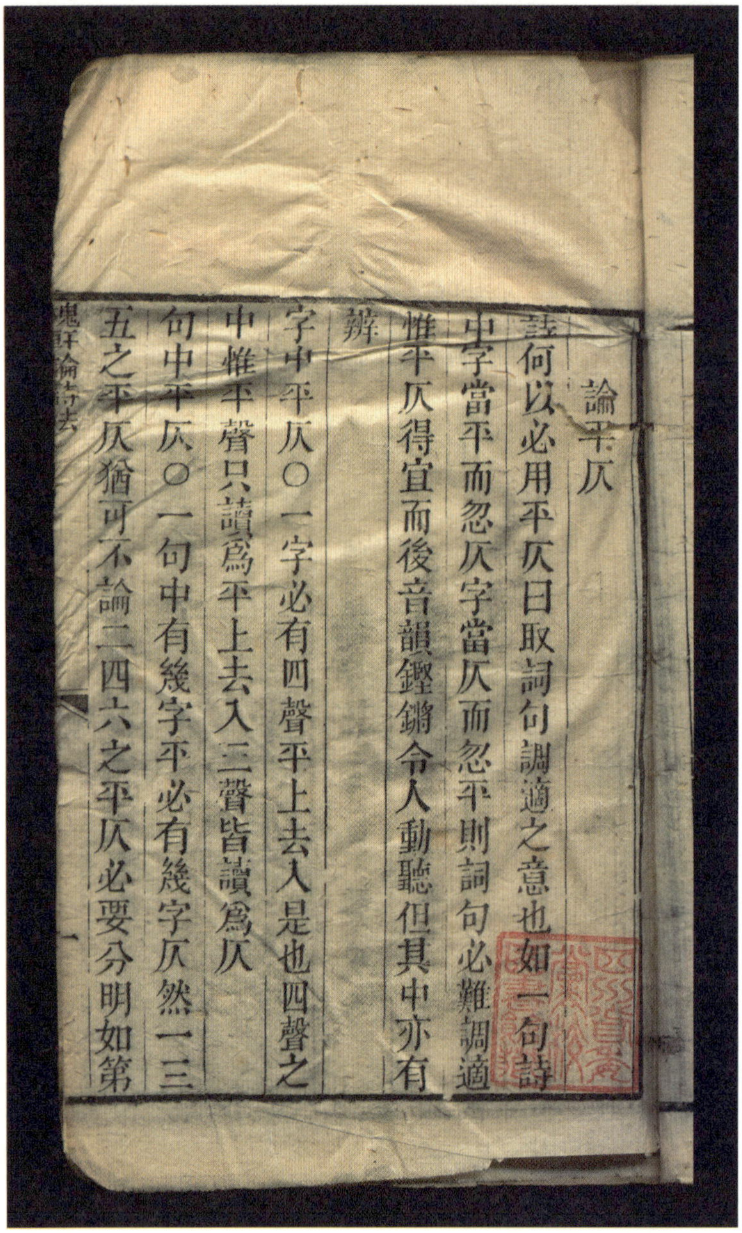
論平仄
詩何以必用平仄曰取詞句調適之意也如一句詩
中字當平而忽仄字當仄而忽平則詞句必難調適
惟平仄得宜而後音韻鏗鏘令人動聽但其中亦有
辨
字中平仄〇一字必有四聲平上去入是也四聲之
中惟平聲只讀爲平上去入三聲皆讀爲仄
句中平仄〇一句中有幾字平必有幾字仄然一三
五之平仄猶可不論二四六之平仄必要分明如第
槐軒論詩法 一

《千家诗》是我国古人的启蒙学读物，所选诗歌大多是唐宋时期的名家名篇，都是律诗和绝句，通俗易懂，题材多样，较为广泛地反映了唐宋时代的社会现实，在民间流传非常广泛，影响也非常深远。是书为清人夏世钦对《千家诗》的注释和解析。

夏世钦，字衡瞻，号槐轩，亦号怀宁睡儿，怀宁县小市镇人。

20. 历代史论十二卷　（明）张溥论正
清光绪九年（1883）都城苍松山房朱墨套印本

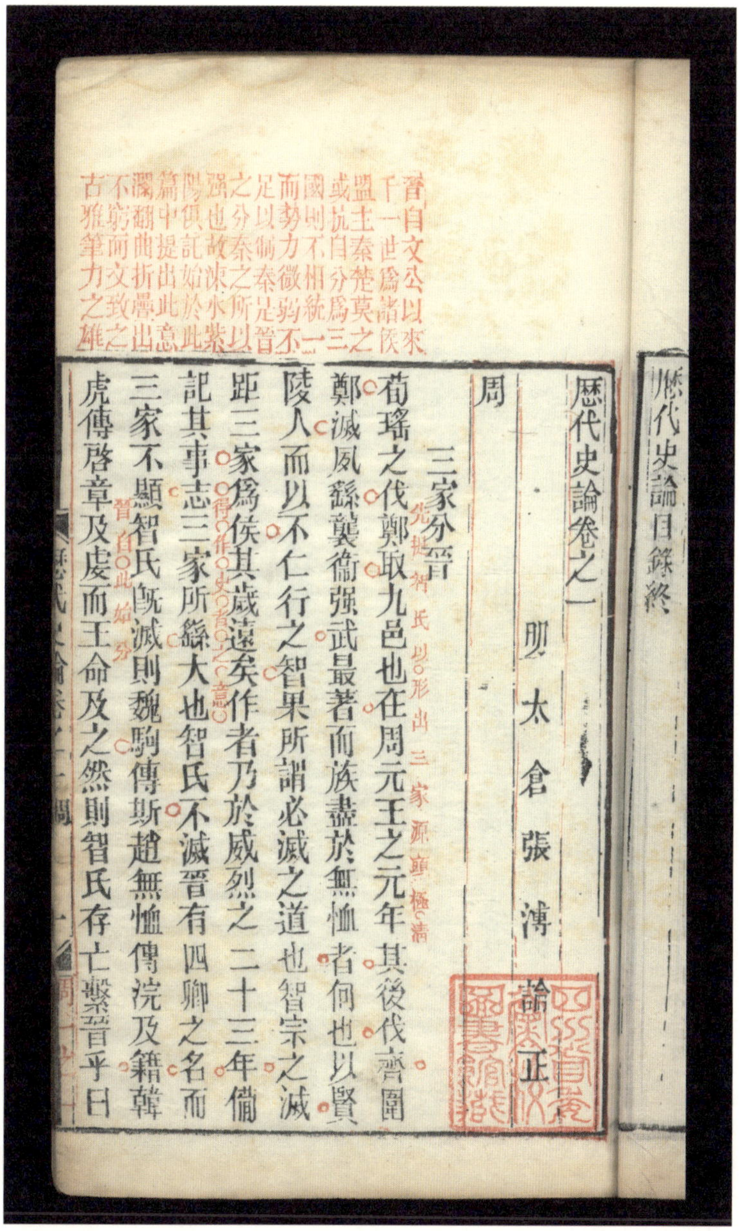

张溥（1602—1641），字乾度，后改字天如，号西铭，太仓（今江苏省太仓县）人，明末散文家、政治家。编有《汉魏六朝百三名家集》，撰有《历代史论二编》等。《历代史论十二卷》依《通鉴纪事本末》《宋史纪事本末》《演示纪事本末》编次作论，每卷一论，附于各篇之末。总论“三家分晋”至“元代诸帅之争”史实，标其大义，缀以微文。此书在清代被列为禁书，故清嘉庆年间内附精抄《通鉴纪事本末》《宋元纪事本末》各卷之后，曾删去“史论”二字。此本为清光绪朱墨套印本，刊印精良，极具文献价值和艺术价值。

21. 春秋左传旁训十八卷　（清）魏朝俊辑
清光绪十年（1884）新都魏氏古香阁刻本

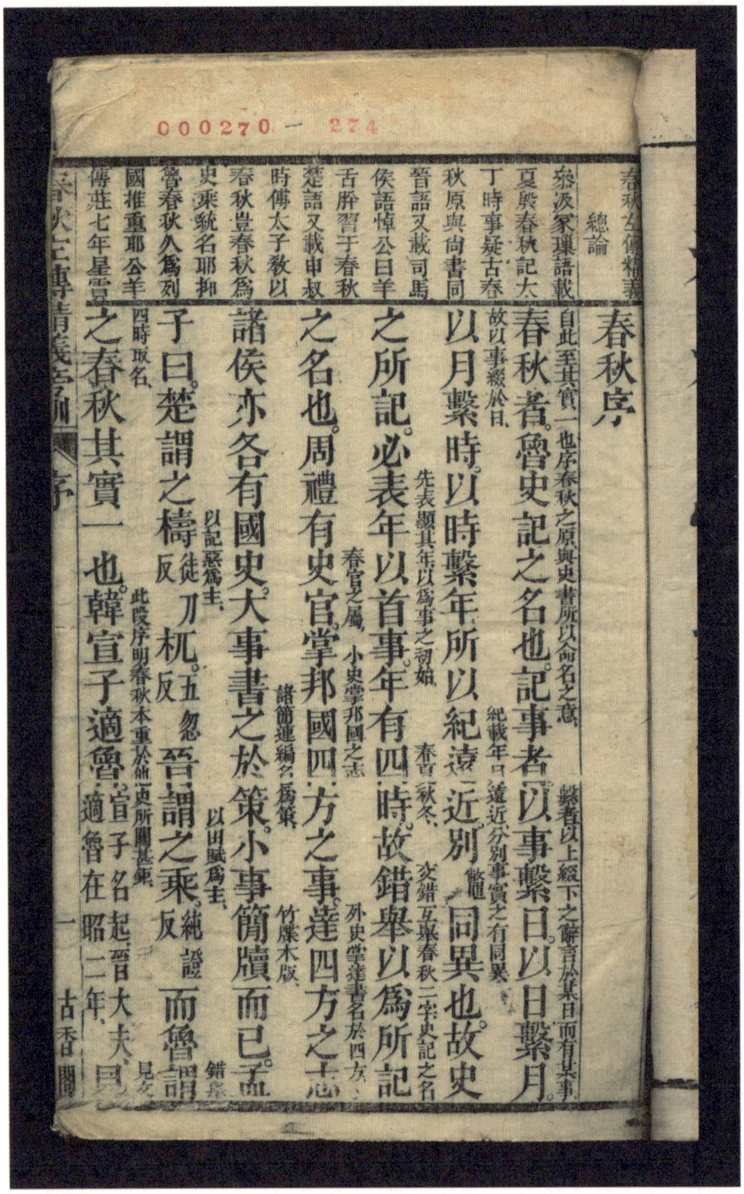
春秋序
春秋者，魯史記之名也。記事者，以事繫日，以日繫月，以月繫時，以時繫年，所以紀遠近，別同異也。故史之所記，必表年以首事。年有四時，故錯舉以為所記之名也。周禮有史官，掌邦國四方之事，達四方之志，諸侯亦各有國史，大事書之於策，小事簡牘而已。孟子曰：楚謂之檮杌，晉謂之乘，而魯謂之春秋，其實一也。韓宣子適魯

清同治至光绪间，四川书商魏朝俊在新都兴办书坊名墨耕堂，所刻线装古书，以启蒙读物及四书五经等科举读物为主，其储藏书籍及印板的地方叫“古香阁”。从清末到民国，墨耕堂刻印的书籍远销川内各地，直至民国二十年（1931）停业。墨耕堂在四川清末民国的刻书坊中颇具代表性，其“所售书籍，概系自版，并无外庄书籍”（清光绪三十四年十二月十九日《成都日报》“墨耕堂告白”）。因此，刻书注重质量，其中《四书精华》以刻印精良著称，《诗韵集成》也为刊刻上乘之作。

22. 皇朝经世文编一百二十卷姓名总目二卷 （清）贺长龄辑
清光绪十五年（1889）上海广百宋斋铅印本

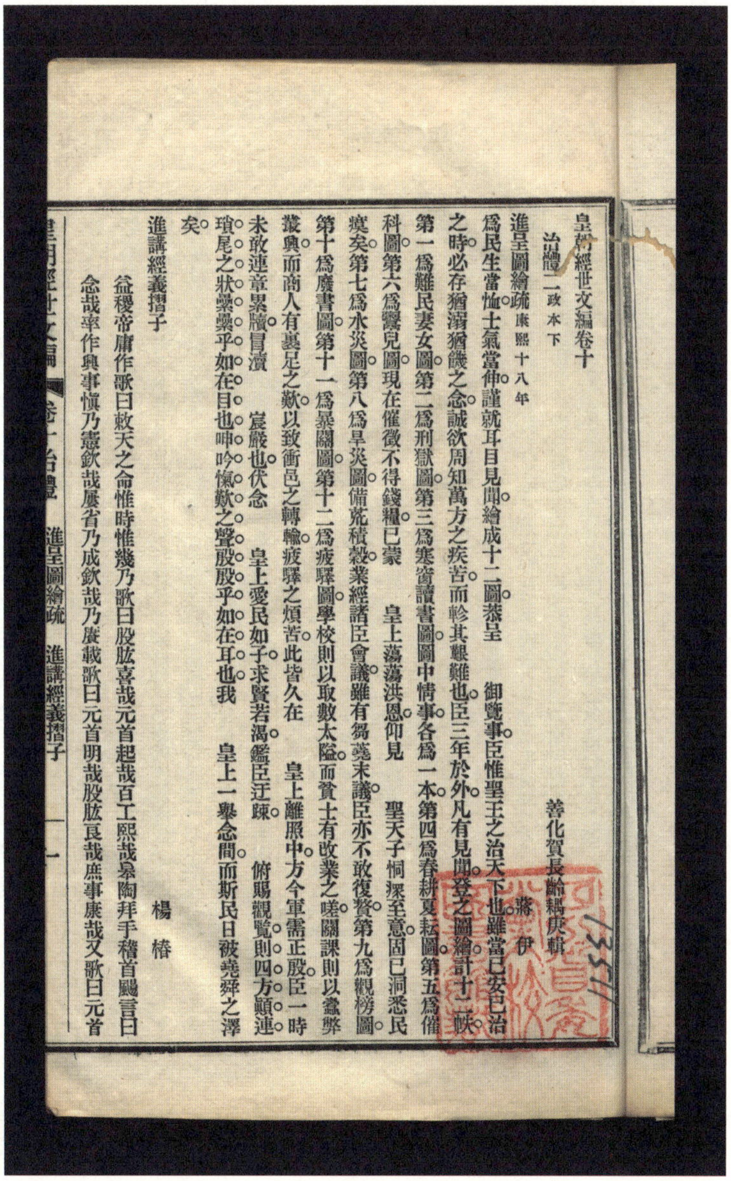

贺长龄（1785—1848），字耦耕，号西涯，晚号耐庵，湖南善化人，原籍浙江会稽。是书为清代类编性散文总集，凡一百二十卷，文章2 236篇，内容上至清初，下迄道光，分为学术、治体、吏政、户政、礼政、兵政、刑政、工政八类，类下又分子目，主要涉及官方文书、专著、述论、奏疏、书札等内容，皆系经世致用的文章，反映了清代前期和中期部分学者和官吏改革图治的愿望，是研究清代历史的重要资料。

23. 潜夫论十卷 （汉）王符撰（清）汪继培笺
清光绪十七年（1891）思贤讲舍刻本

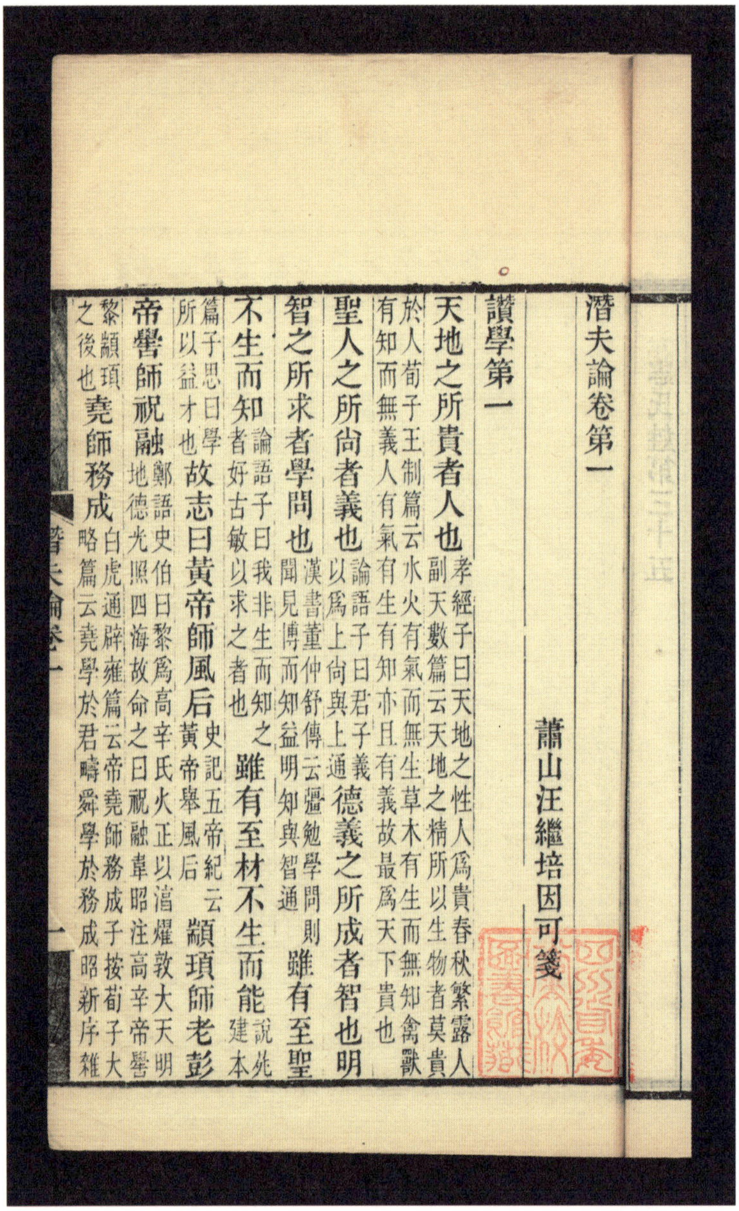
潛夫論卷第一　　蕭山汪繼培因可箋

讚學第一

天地之所貴者人也孝經子曰天地之性人爲貴春秋繁露人副天數篇云天地之精所以生物者莫貴於人荀子王制篇云水火有氣而無生草木有生而無知禽獸有知而無義人有氣有生有知亦且有義故最爲天下貴也聖人之所尚者義也論語子曰君子義以爲上尚與上通德義之所成者智也明智之所求者學問也漢書董仲舒傳云彊勉學問則聞見博而知益明知與智通雖有至聖不生而知論語子曰我非生而知之者好古敏以求之者也雖有至材不生而能說苑建本篇子思曰學所以益才也故志曰黃帝師風后史記五帝紀云黃帝舉風后顓頊師老彭帝嚳師祝融鄭語史伯曰黎爲高辛氏火正以淳燿敦大天明地德光照四海故命之曰祝融韋昭注高辛帝嚳黎顓頊之後也堯師務成白虎通辟雍篇云帝堯師務成子按荀子大略篇云堯學於君疇舜學於務成昭新序雜

潛夫論卷一　一

王符（约85—约163），字节信，东汉政论家、文学家，因见东汉王朝政治腐败，社会动荡，故终身不仕，隐居著书。《潜夫论》全书共十卷，三十六篇，内容涉及历史、政治、哲学、军事、经济、法律等各方面问题，充分揭示了东汉末期政治腐败、民不聊生等社会现象，并进行了有力批判。

24. 小方壶斋舆地丛钞正编十二帙补编十二帙再补编十二帙 （清）王锡祺辑

清光绪十七年（1891）铅印本

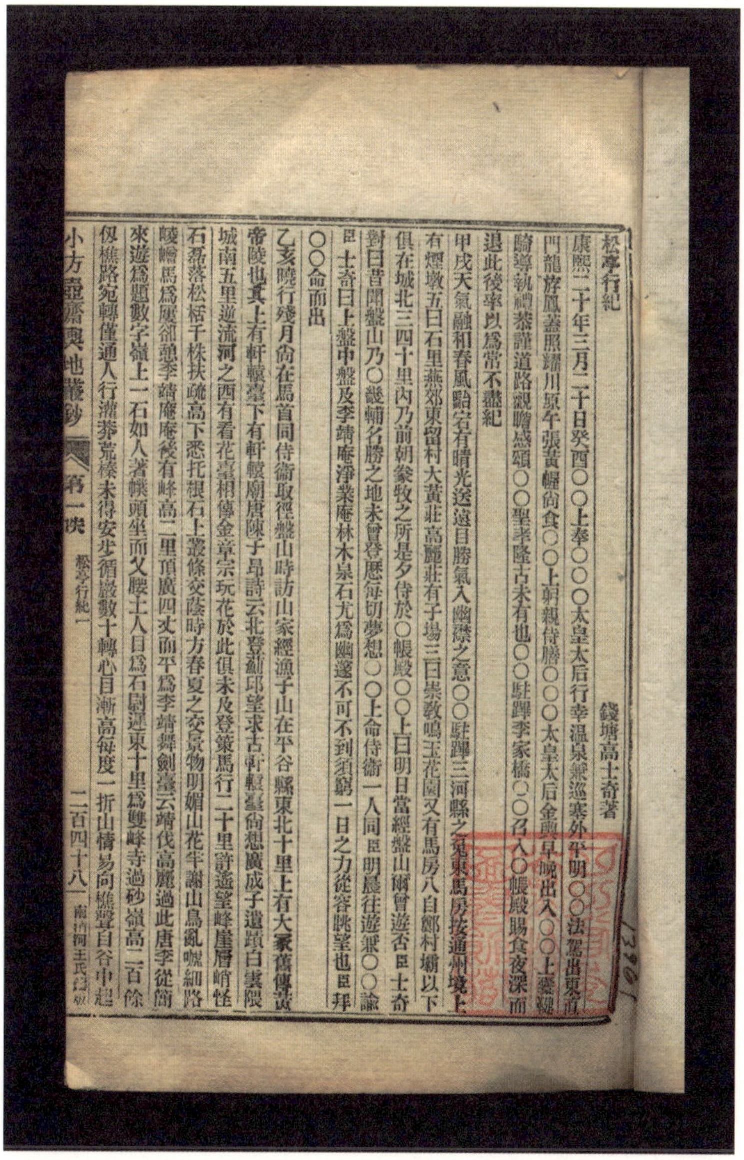
松亭行紀　錢塘高士奇著
康熙二十年三月二十日癸酉○○上奉○○○太皇太后行幸溫泉兼巡塞外平明○○法駕出東直
門龍旂鳳蓋照耀川原午張黃幄尙食○○上躬親侍膳○○太皇太后金輿早晚出入○○上鑾輿
騎導執禮恭謹道路觀瞻感頌○○聖孝隆古未有也○○駐蹕李家橋○○召入○帳殿賜食夜深而
退此後率以爲常不盡紀
甲戌天氣融和春風駘宕有晴光送遠目勝氣入幽襟之意○○駐蹕三河縣之冤東馬房接通州境上
有煙墩五曰石里燕郊東留村大黃莊高麗莊有子埸三曰崇教鳴玉花園又有馬房八自鄭村壩以下
俱在城北三四十里內乃前朝豢牧之所是夕侍於○帳殿○○上曰明日當經盤山爾曾遊否臣士奇
對曰昔聞盤山乃○畿輔名勝之地未曾登歷每切夢想○○上命侍衛一人同臣明晨往遊兼○○諭
臣士奇曰上盤中盤及李靖庵淨業庵林木泉石尤爲幽邃不可不到須窮一日之力從容眺望也臣拜
○○命而出
乙亥曉行殘月尙在馬首同侍衛取徑盤山時訪山家經漁子山在平谷縣東北十里上有大冢舊傳黃
帝陵也其上有軒轅臺下有軒轅廟唐陳子昂詩云北登薊邱望求古軒轅臺尙想廣成子遺蹤白雲隱
城南五里逆流河之西有看花臺相傳金章宗玩花於此俱未及登策馬行二十里許遙望峰崖層峭怪
石磊落松栝千株扶疏高下悉托根石上叢條交蔭時方春夏之交景物明媚山花半謝山鳥亂啼細路
嶐嶒馬爲屢卻憩李靖庵庵後有峰高二里頂廣四丈而平爲李靖舞劍臺云靖伐高麗過此唐李從簡
來遊爲題數字嶺上一石如人著幞頭坐而叉腰土人目爲石尉遲東十里爲雙峰寺過砂嶺高二百餘
似樵路宛轉僅通人行灌莽荒榛未得安步循巖數十轉心目漸高每度一折山情易向樵聲自谷中起

小方壺齋輿地叢鈔　第一帙　松亭行紀一　二百四十八　南清河王氏鑄版

王锡祺（1855—1913），字寿萱，号瘦舟，清河（今淮安）人。小方壶斋是王锡祺的书室名。全书分为三部分，即《小方壶斋舆地丛钞》《小方壶斋舆地丛钞补编》《小方壶斋舆地丛钞再补编》。这部丛书共收书 1 348 种文献，其内容包括地理总论、国内各地形势、抚绥武功、旅行纪程、山水游记、少数民族风俗等，还记录了当时世界其他各国的山川地理形势与各大洋情况，是一部清代中外地理著作汇编，堪称清代舆地丛书之最。

25. 四书集注四种　（宋）朱熹集注

清光绪二十五年（1899）渝城精宏书局刻本

（大学一卷、中庸一卷、论语五卷、孟子七卷）

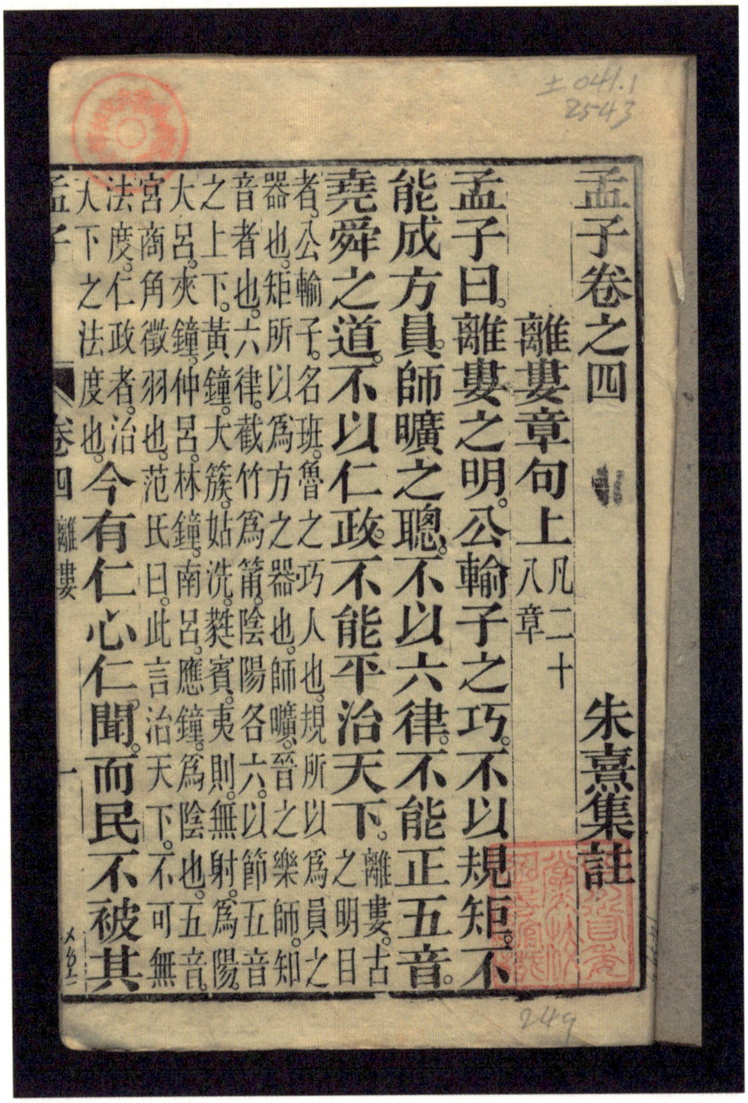

孟子卷之四　　朱熹集註

離婁章句上凡二十八章

孟子曰離婁之明公輸子之巧不以規矩不能成方員師曠之聰不以六律不能正五音堯舜之道不以仁政不能平治天下離婁古之明目者公輸子名班魯之巧人也規所以為員之器也矩所以為方之器也師曠晉之樂師知音者也六律截竹為筩陰陽各六以節五音之上下黃鐘大簇姑洗蕤賓夷則無射為陽大呂夾鐘仲呂林鐘南呂應鐘為陰也五音宮商角徵羽也范氏曰此言治天下不可無法度仁政者治天下之法度也今有仁心仁聞而民不被其

《四书集注》全称《四书章句集注》，南宋绍熙元年（1190）始，朱熹对《大学》《中庸》《论语》《孟子》集注合编，前后历时约四十年，史称“四书”。朱熹的集注，一改历代空洞繁复的注解，以简明风格灌注理学理念，受到时人追捧，渐列于“五经”之前，并成为元明清官府指定儒学经典和科举考试主要内容。故《四书集注》也成为自宋而降读者最多的儒家经典著作。

朱熹（1130—1200），字元晦，号晦庵，又称紫阳先生、考亭先生，其学传自北宋程颢、程颐，是宋代理学之集大成者。《宋元学案晦庵学案》评其“博极群书，自经史著述而外，凡夫诸子、佛老、天文、地理之学，无不涉猎而讲究也”。

26. 文献通考三百四十八卷附钦定通考考证三卷 （元）马端临著

清光绪二十七年（1901）上海图书集成局铅印本

马端临（1254—1323），字贵与，号竹洲，饶州乐平（今江西乐平）人，宋末元初杰出史学家。《文献通考》，简称《通考》，记录上古到南宋时期的典章制度史。是书以《通典》为蓝本，并对其进行补充和发展，是继《通典》和《通志》之后，规模最大的一部记述历代典章制度的著作。全书有三百四十八卷，分田赋、钱币、户口、职役、征榷、市籴、土贡等二十四门，每门之下又分若干子目。其中，经籍、帝系、封建、象纬、物异是该书的首创。《文献通考》是研究古代典章制度发展史的重要资料，具有很高的文献价值，史学界将其与《通典》《通志》并称为“三通”。

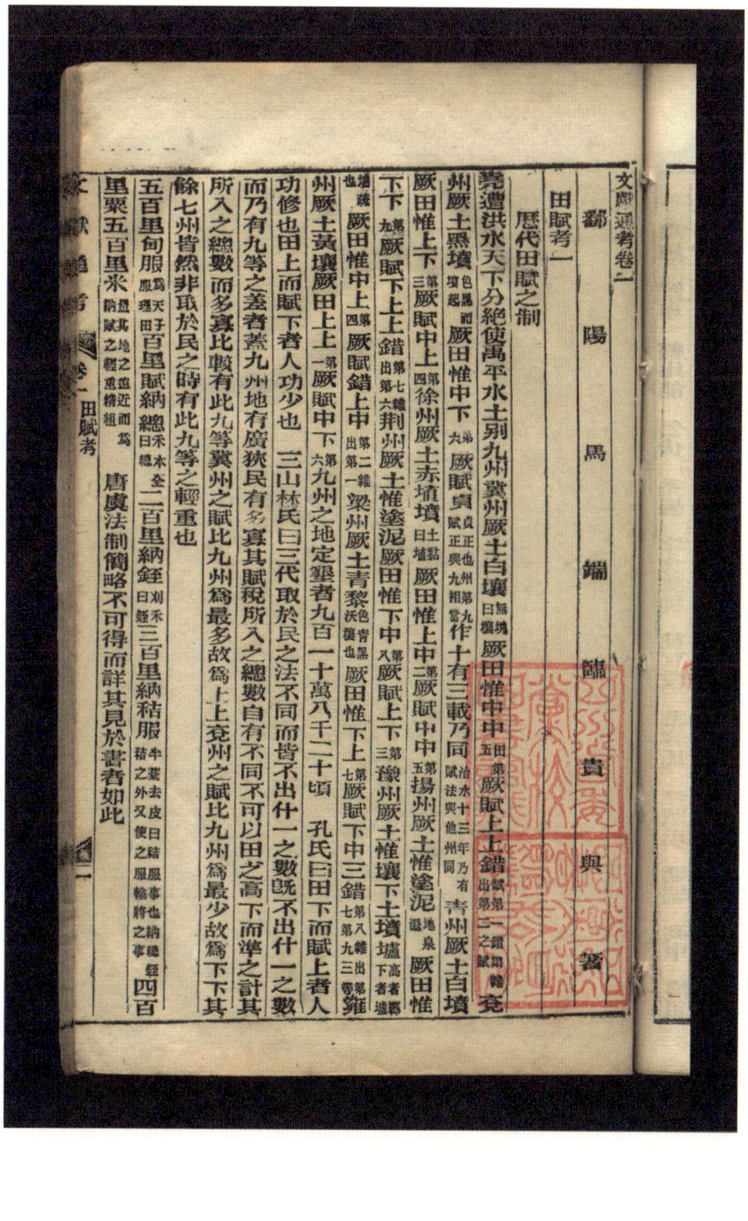
文獻通考卷二

鄱陽馬端臨貴與著

田賦考一

歷代田賦之制

堯遭洪水天下分絕使禹平水土別九州冀州厥土白壤無塊曰壤厥田惟中中田第五厥賦上上錯賦第一錯雜出第二之賦兗州厥土黑墳色黑而墳起厥田惟中下第六厥賦貞貞正也州第九賦正與九相當作十有三載乃同治水十三年乃有賦法與他州同青州厥土白墳厥田惟上下第三厥賦中上第四徐州厥土赤埴墳土黏曰埴厥田惟上中第二厥賦中中第五揚州厥土惟塗泥地泉濕厥田惟下下第九厥賦下上上錯第七雜出第六荊州厥土惟塗泥厥田惟下中第八厥賦上下第三豫州厥土惟壤下土墳壚高者壤下者墳壚疏也厥田惟中上第四厥賦錯上中第二雜出第一梁州厥土青黎色青黑沃壤也厥田惟下上第七厥賦下中三錯第八雜出第七第九三等雍州厥土黃壤厥田上上第一厥賦中下第六九州之地定墾者九百一十萬八千二十頃 孔氏曰田下而賦上者人功修也田上而賦下者人功少也 三山林氏曰三代取於民之法不同而皆不出什一之數既不出什一之數而乃有九等之差者蓋九州地有廣狹民有多寡其賦稅所入之總數自有不同不可以田之高下而準之計其所入之總數而多寡比較有此九等冀州之賦比九州為最多故為上上兗州之賦比九州為最少故為下下其餘七州皆然非取於民之時有此九等之輕重也

五百里甸服為天子服治田百里賦納總禾本全曰總二百里納銍刈禾曰銍三百里納秸服半藁去皮曰秸服事也納總銍秸之外又使之服輸將之事四百里粟五百里米量其地之遠近而為納賦之輕重精粗 唐虞法制簡略不可得而詳其見於書者如此

文獻通考 卷二 田賦考 一

27. 皇朝通志一百二十六卷 （清）嵇璜纂

清光绪二十七年（1901）上海图书集成局铅印本

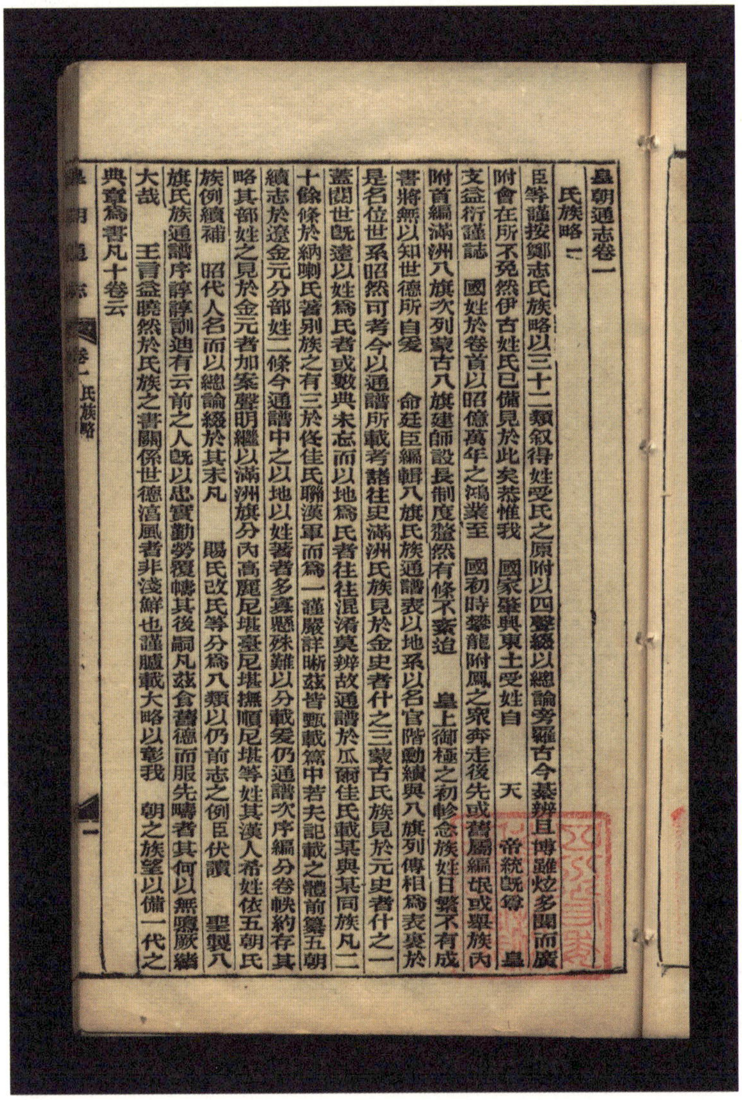

皇朝通志卷一

氏族略一

臣等謹按鄭志氏族略以三十二類敘得姓受氏之原附以四聲綴以總論旁羅古今蒐辨且博雖炫多闕而廣附會在所不免然伊古姓氏已備見於此矣恭惟我 國家肇興東土受姓自 天 帝統既尊 皇支益衍謹誌 國姓於卷首以昭億萬年之鴻業至 國初時攀龍附鳳之衆奔走後先或舊爲編氓或舉族內附首編滿洲八旗次列蒙古八旗建師設長制度釐然有條不紊迨 皇上御極之初軫念族姓日繁不有成書將無以知世德所自爰 命廷臣編輯八旗氏族通譜表以地系以名官階勳績與八旗列傳相爲表裏於是名位世系昭然可考今以通譜所載考諸往史滿洲氏族見於金史者什之三蒙古氏族見於元史者什之一蓋閱世既遠以姓爲氏者或數典未忘而以地爲氏者往往混淆莫辨故通譜於瓜爾佳氏載某與某同族凡二十餘條於納喇氏著別族之有三於佟佳氏聯漢軍而爲一謹嚴詳晰茲皆甄載篇中若夫記載之體前籑五朝續志於遼金元分部姓二條今通譜中之以地以姓著者多寡懸殊難以分載爰仍通譜次序編分卷帙約存其略其部姓之見於金元者加案聲明繼以滿洲旗分內高麗尼堪臺尼堪撫順尼堪等姓其漢人希姓依五朝氏族例續補 昭代人名而以總論綴於其末凡 賜氏改氏等分爲八類以仍前志之例臣伏讀 聖製八旗氏族通譜序諄諄訓迪有云前之人既以忠實勤勞覆幬其後嗣凡茲食舊德而服先疇者其何以無曠厥繼大哉 王言益曉然於氏族之書關係世德澆風者非淺鮮也謹臚載大略以彰我 朝之族望以備一代之典章爲書凡十卷云

皇朝通志 卷一 氏族略 一

嵇璜（1711—1794），字尚佐，晚号拙修，江苏无锡人，清朝著名水利专家。雍正八年（1730）进士，官至东河河道总督、工部尚书等，以治河有功著称。曾任《四库全书》馆正总裁，又精于书法，曾参与三希堂法帖等编纂。

《皇朝通志》即《清通志》，清乾隆三十二年（1767）奉敕撰修。此书内容始于清初，止于乾隆晚期，在体例上与《通志》《续通志》有一定差异，省去本纪、列传、世家、年谱，仅存二十略，除氏族、六书、七音、校雠、图谱、金石、昆虫草木等略，内容大致与《清通典》相同。

28. 钦定续文献通考二百五十卷总目一卷　（清）嵇璜等撰

清光绪二十七年（1901）上海图书集成局铅印本

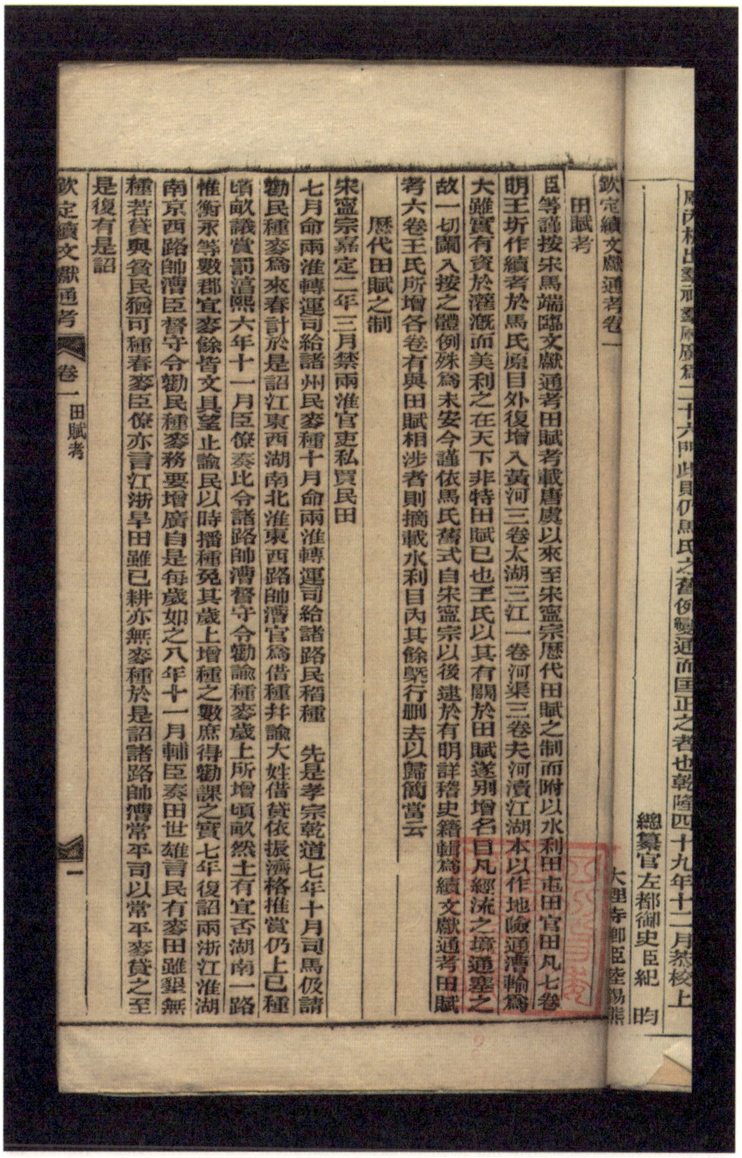
欽定續文獻通考卷一

田賦考

臣等謹按宋馬端臨文獻通考田賦考載唐虞以來至宋寧宗歷代田賦之制而附以水利屯田官田凡七卷明王圻作續考於馬氏原目外復增入黃河三卷太湖三江一卷河渠三卷夫河漕江湖本以作地險通漕輸爲大雖實有資於灌溉而美利之在天下非特田賦已也王氏以其有關於田賦遂別增名目凡經流之壅通塞之故一切闌入按之體例殊爲未安今謹依馬氏舊式自宋寧宗以後逮於有明詳稽史籍輯爲續文獻通考田賦考六卷王氏所增各卷有與田賦相涉者則摘載水利目內其餘槩行刪去以歸簡當云

歷代田賦之制

宋寧宗嘉定二年三月禁兩淮官吏私買民田

七月命兩淮轉運司給諸州民麥種十月命兩淮轉運司給諸路民稻種　先是孝宗乾道七年十月司馬伋請勸民種麥爲來春計於是詔江東西湖南北淮東西路帥漕官爲借種并諭大姓借貸依振濟格推賞仍上已種頃畝議賞罰淳熙六年十一月臣僚奏比令諸路帥漕督守令勸諭種麥歲上所增頃畝然土有宜否湖南一路惟衡永等數郡宜麥餘皆文具望止諭民以時播種免其歲上增種之數庶得勸課之實七年復詔兩浙江淮湖南京西路帥漕臣督守令勸民種麥務要增廣自是每歲如之八年十一月輔臣奏田世雄言民有麥田雖墾無種若貸與貧民猶可種春麥臣僚亦言江浙旱田雖已耕亦無麥種於是詔諸路帥漕常平司以常平麥貸之至是復有是詔

欽定續文獻通考　卷一　田賦考　一

嵇璜（1711—1794），字尚佐，江苏无锡人。《钦定续文献通考》是清乾隆十二年（1747）奉敕撰，清乾隆三十七年（1772）成书。该书沿用马端临《文献通考》之名，仿其体例，包括田赋、钱币、户口、职役、征榷、市籴、土贡、国用、选举、学校等二十六考，在内容上续接《文献通考》，主要辑录宋宁宗嘉定以后及辽、金、元、明五朝事迹。

29. 钦定续通志六百四十卷 （清）嵇璜等奉敕撰

清光绪二十七年（1901）上海图书集成局铅印本

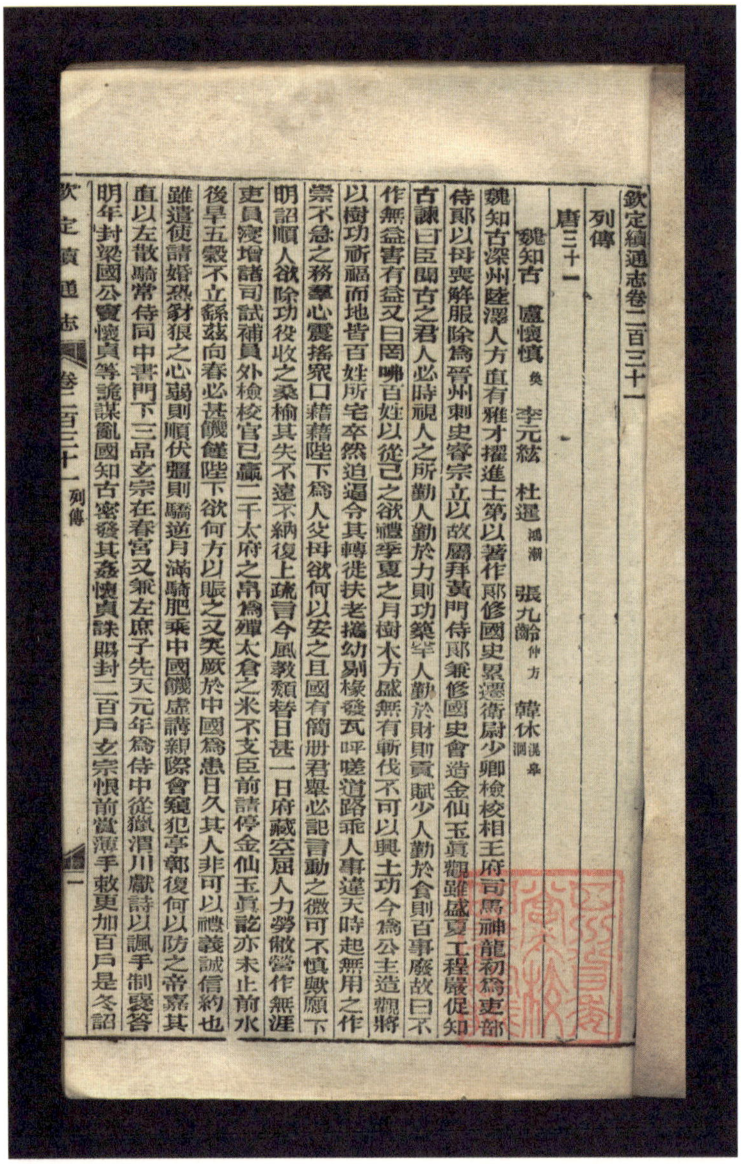
欽定續通志卷二百三十一

列傳

唐三十一

魏知古 盧懷慎奐 李元紘 杜暹鴻漸 張九齡仲方 韓休洄滉皋

魏知古深州陸澤人方直有雅才擢進士第以著作郎修國史累遷衛尉少卿檢校相王府司馬神龍初爲吏部侍郎以母喪解服除爲晉州刺史睿宗立以故屬拜黄門侍郎兼修國史會造金仙玉眞觀雖盛夏工程嚴促知古諫曰臣聞古之君人必時視人之所勤人勤於力則功築罕人勤於財則貢賦少人勤於食則百事廢故曰不作無益害有益又曰罔咈百姓以從己之欲禮季夏之月樹木方盛無有斬伐不可以興土功今爲公主造觀將以樹功祈福而地皆百姓所宅卒然迫逼令其轉徙扶老攜幼剔椽發瓦呼嗟道路乖人事違天時起無用之作崇不急之務羣心震搖衆口藉藉陛下爲人父母欲何以安之且國有簡册君舉必記言動之微可不慎歟願下明詔順人欲除功役收之桑榆其失不遠不納復上疏言今風教頽替日甚一日府藏空屈人力勞敝營作無涯吏員寖增諸司試補員外檢校官已贏二千太府之帛爲殫太倉之米不支臣前請停金仙玉眞觀亦未止前水後旱五穀不立緜茲向春必甚饑饉陛下欲何方以賑之又突厥於中國爲患日久其人非可以禮義誠信約也雖遣使請婚然豺狼之心弱則順伏彊則驕逆月滿騎肥乘中國饑虛請親際會竊犯亭鄣復何以防之帝嘉其直以左散騎常侍同中書門下三品玄宗在春宮又兼左庶子先天元年爲侍中從獵渭川獻詩以諷手制褒答明年封梁國公竇懷貞等詭謀亂國知古密發其姦懷貞誅賜封二百戶玄宗恨前賞薄手敕更加百戶是冬詔

欽定續通志 卷二百三十一 列傳 一

清乾隆三十二年（1767）奉敕撰。体例与郑樵《通志》大体相同，分本纪、列传、二十略等几大类，但无世家、年谱。全书内容与《通志》相衔接，《通志》止于唐代，该书纪、传从唐初到元末，明代纪、传因已另修《名史》，故不加纂，二十略从五代起到明末止。

30. 皇朝文献通考三百卷 （清）嵇璜纂

清光绪二十七年（1901）上海图书集成局铅印本

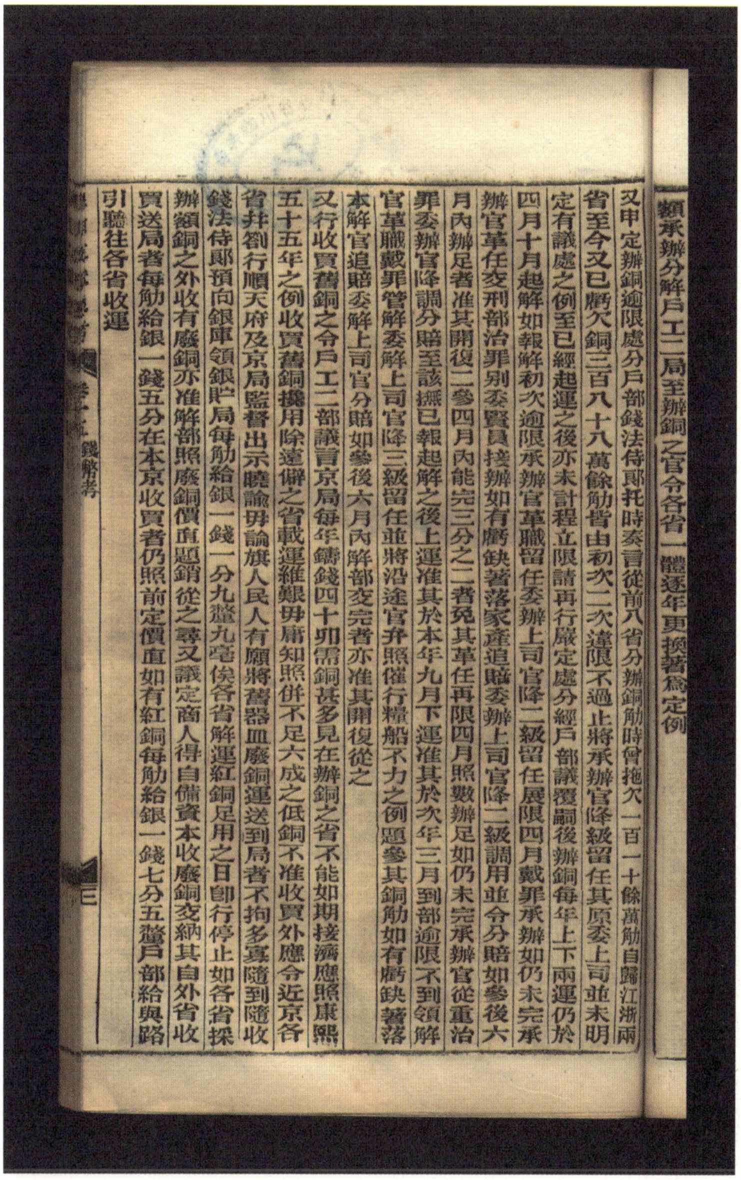
額承辦分解戶工二局至辦銅之官令各省一體逐年更換著爲定例
又申定辦銅逾限處分戶部錢法侍郎托時奏言從前八省分辦銅觔時曾拖欠一百一十餘萬觔自歸江浙兩
省至今又已虧欠銅三百八十八萬餘觔皆由初次二次違限不過止將承辦官降級留任其原委上司並未明
定有議處之例至已經起運之後亦未計程立限請再行嚴定處分經戶部議覆嗣後辦銅每年上下兩運仍於
四月十月起解如報解初次逾限承辦官革職留任委辦上司官降二級留任展限四月戴罪承辦如仍未完承
辦官革任交刑部治罪別委賢員接辦如有虧缺著落家產追賠委辦上司官降二級調用並令分賠如參後六
月內辦足者准其開復二參四月內能完三分之二者免其革任再限四月照數辦足如仍未完承辦官從重治
罪委辦官降調分賠至該撫已報起解之後上運准其於本年九月下運准其於次年三月到部逾限不到領解
官革職戴罪管解委解上司官降三級留任並將沿途官弁照催行糧船不力之例題參其銅觔如有虧缺著落
本解官追賠委解上司官分賠如參後六月內解部交完者亦准其開復從之
又行收買舊銅之令戶工二部議言京局每年鑄錢四十卯需銅甚多見在辦銅之省不能如期接濟應照康熙
五十五年之例收買舊銅攙用除邊僻之省載運維艱毋庸知照併不足六成之低銅不准收買外應令近京各
省并劄行順天府及京局監督出示曉諭毋論旗人民人有願將舊器皿廢銅運送到局者不拘多寡隨到隨收
錢法侍郎預向銀庫領銀貯局每觔給銀一錢一分九釐九毫俟各省解運紅銅足用之日即行停止如各省採
辦額銅之外收有廢銅亦准解部照廢銅價直題銷從之尋又議定商人得自備資本收廢銅交納其自外省收
買送局者每觔給銀一錢五分在本京收買者仍照前定價直如有紅銅每觔給銀一錢七分五釐戶部給與路
引聽往各省收運

《皇朝文献通考》又名《清朝文献通考》，清乾隆十二年（1747）奉敕编，乾隆五十年（1785）成书。初与《钦定续文献通考》共为一编，后因两部分内容不同，而将清代部分析出，单独成书，命名为《皇朝文献通考》。全书分为田赋、钱币等二十六考，收录了清初到乾隆时期的实录、公牍、奏章等各种文献，内容十分丰富，极具文献价值。

31. 两朝御批资治通鉴二百九十四卷 （宋）司马光编集 叙录三卷（清）胡元常辑
清光绪二十九年（1903）重庆广学书局刻本

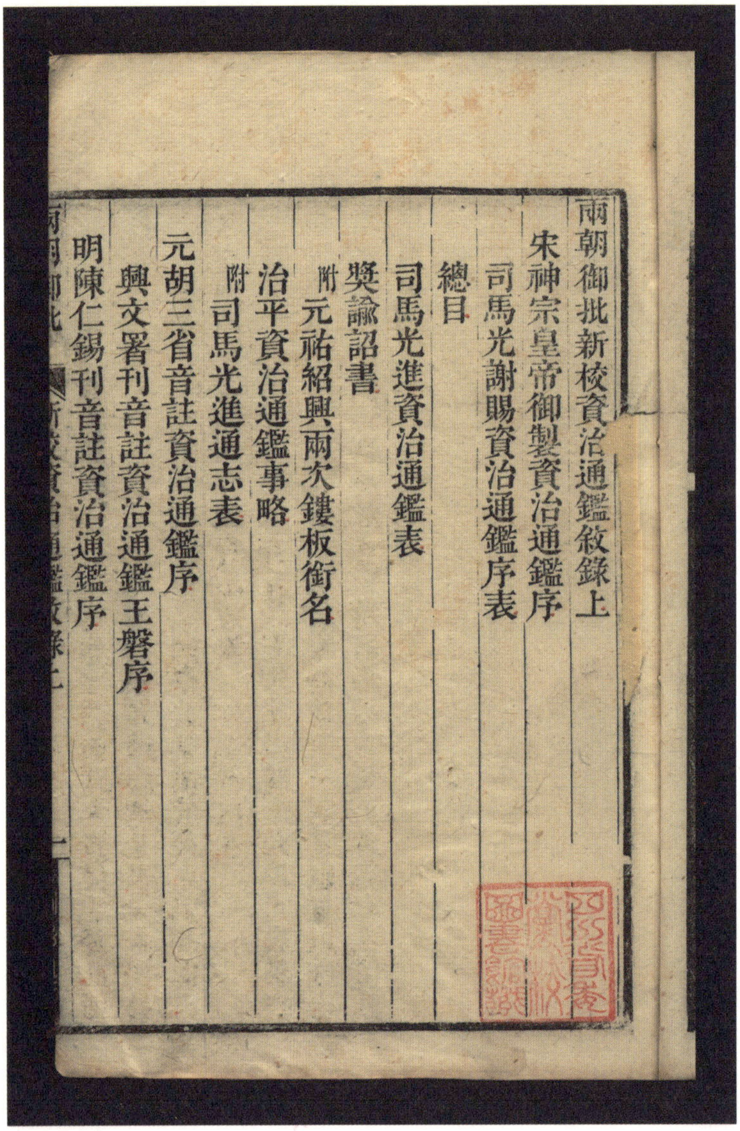
兩朝御批新校資治通鑑敘錄上
宋神宗皇帝御製資治通鑑序
司馬光謝賜資治通鑑序表
總目
司馬光進資治通鑑表
奬諭詔書
附 元祐紹興兩次鏤板銜名
治平資治通鑑事略
附 司馬光進通志表
元胡三省音註資治通鑑序
興文署刊音註資治通鑑王磐序
明陳仁錫刊音註資治通鑑序

《两朝御批资治通鉴》是由清康熙、乾隆两位皇帝对宋朝司马光等人历时十九年完成的著作《资治通鉴》亲自批注后，由清朝官方纂修的一部编年通史。从战国周威烈王二十三年（前403）到五代后周显德六年（959），按年记载了包括16个朝代的历史。其内容包含国家兴衰、民生休戚等，其目的是借鉴历史上治国理政的经验得失。康熙、乾隆帝在批语中，对君臣伦理纲常等诸多问题都发表了自己的见解。这些“御批”，既有政治性、思想性，又有学术性，全面反映了康熙、乾隆治国理政的重要理念和思想。

司马光（1019—1086），字君实，号迂叟。陕州夏县涑水乡（今山西省夏县）人，世称涑水先生。北宋名臣、文学家、史学家，历仕仁宗、英宗、神宗、哲宗四朝，他主持编纂了中国历史上第一部编年体通史《资治通鉴》。

32. ［甲辰年］外交报 外交报馆编
清光绪三十年（1904）铅印本

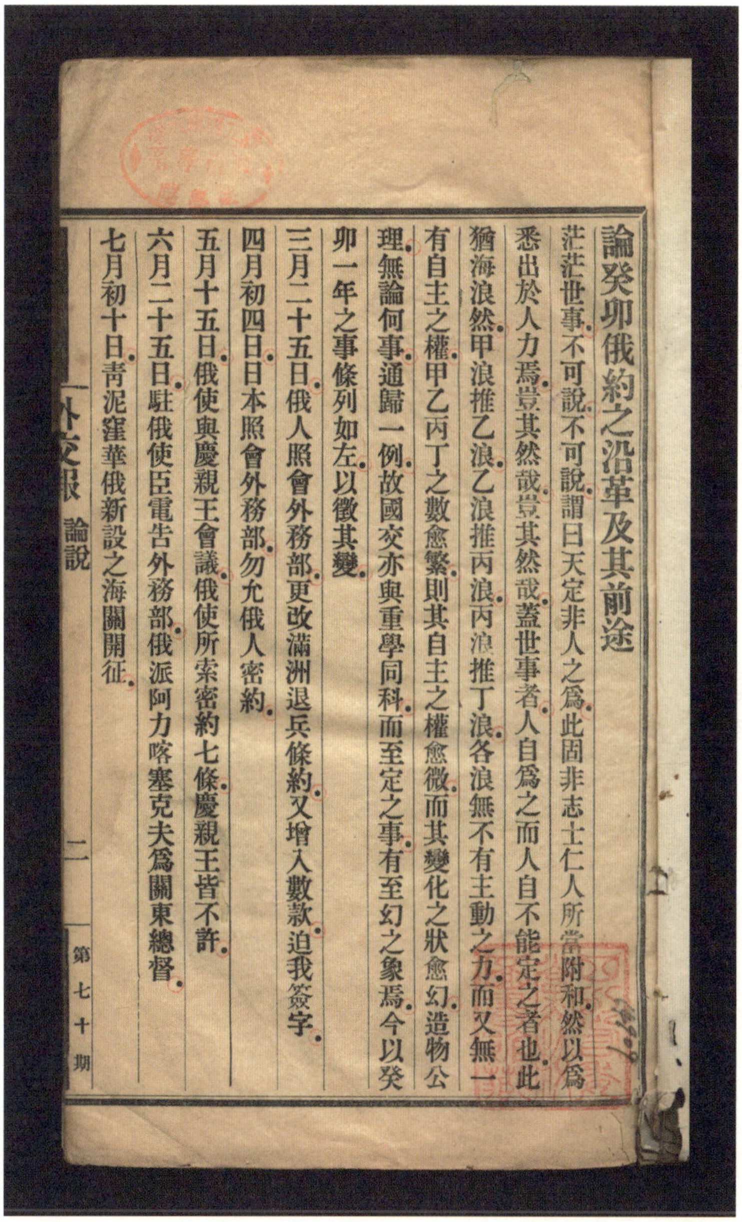
論癸卯俄約之沿革及其前途

茫茫世事不可說不可說謂曰天定非人之爲此固非志士仁人所當附和然以爲悉出於人力爲豈其然哉豈其然哉蓋世事者人自爲之而人自不能定之者也此猶海浪然甲浪推乙浪乙浪推丙浪丙浪推丁浪各浪無不有主動之力而又無一有自主之權甲乙丙丁之數愈繁則其自主之權愈微而其變化之狀愈幻造物公理無論何事通歸一例故國交亦與重學同科而至定之事有至幻之象焉今以癸卯一年之事條列如左以徵其變

三月二十五日俄人照會外務部更改滿洲退兵條約又增入數款迫我簽字

四月初四日日本照會外務部勿允俄人密約

五月十五日俄使與慶親王會議俄使所索密約七條慶親王皆不許

六月二十五日駐俄使臣電告外務部俄派阿力喀塞克夫爲關東總督

七月初十日青泥窪華俄新設之海關開征

外交報 論說 二 第七十期

《外交报》是中国近代第一份以研究国际问题为主的刊物。清光绪二十七年（1902）一月四日在上海创刊，旬刊。最初由上海“普通学书室”发行，三十九期后由商务印书馆发行。张元济任主编，蔡元培任撰述和日文翻译。《外交报》为改良刊物，在外交上，主张“文明排外”；在内政上，反对革命，主张渐变和改良。该刊最大特色是每期有一半篇幅译载外国报刊上最近发表的时文，在一定程度上起到了广开耳目的作用，受到清政府的重视。1911 年 1 月停刊，共发刊 300 期。

33. 春秋左传五十卷 （晋）杜预注释 （宋）林尧叟注释
清光绪三十一年（1905）直隶官书局刻本

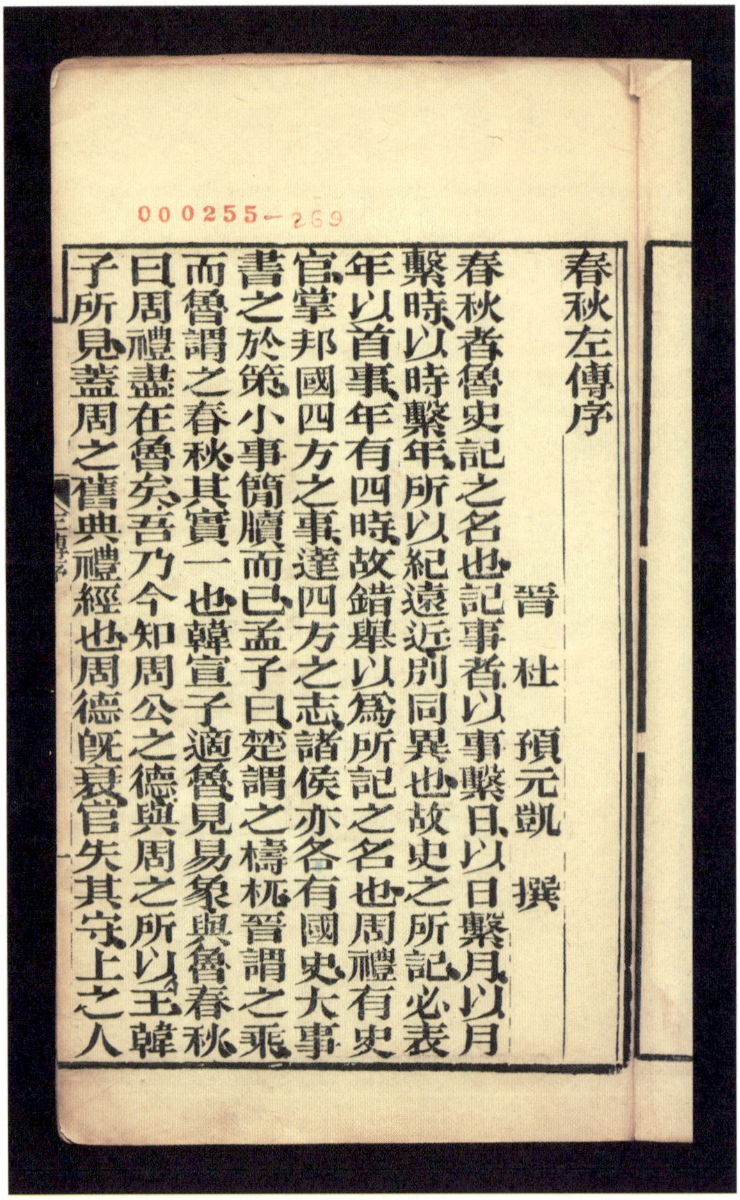

春秋左傳序
晉 杜 預元凱 撰
春秋者魯史記之名也記事者以事繫日以日繫月以月繫時以時繫年所以紀遠近別同異也故史之所記必表年以首事年有四時故錯舉以爲所記之名也周禮有史官掌邦國四方之事達四方之志諸侯亦各有國史大事書之於策小事簡牘而已孟子曰楚謂之檮杌晉謂之乘而魯謂之春秋其實一也韓宣子適魯見易象與魯春秋曰周禮盡在魯矣吾乃今知周公之德與周之所以王韓子所見蓋周之舊典禮經也周德旣衰官失其守上之人

《春秋》为我国最早的编年体史书，记载了鲁隐公元年（前722）至鲁哀公十四年（前481）间的历史，有极为珍贵的史料价值，与《礼记》《易经》《诗经》《尚书》合称“五经”，儒家经典之一。《春秋》成书后，注释该书的主要有《左传》《公羊传》《谷梁传》，合称“春秋三转”。

杜预（222—284），字元凯，京兆杜陵（今陕西西安）人。西晋著名的学者、政治家、军事家。遍览诸籍，博学多思，著有《春秋左氏经传集解》《春秋释例》等。历代注释《春秋左传》的书颇多，杜预将《春秋》与《左传》合为一编，唐孔颖达在此基础上增修，宋林尧叟发扬光大，使之成为影响后世深远的著作。

34. 农政全书六十卷 （明）徐光启著

清宣统元年（1909）上海求学斋石印本

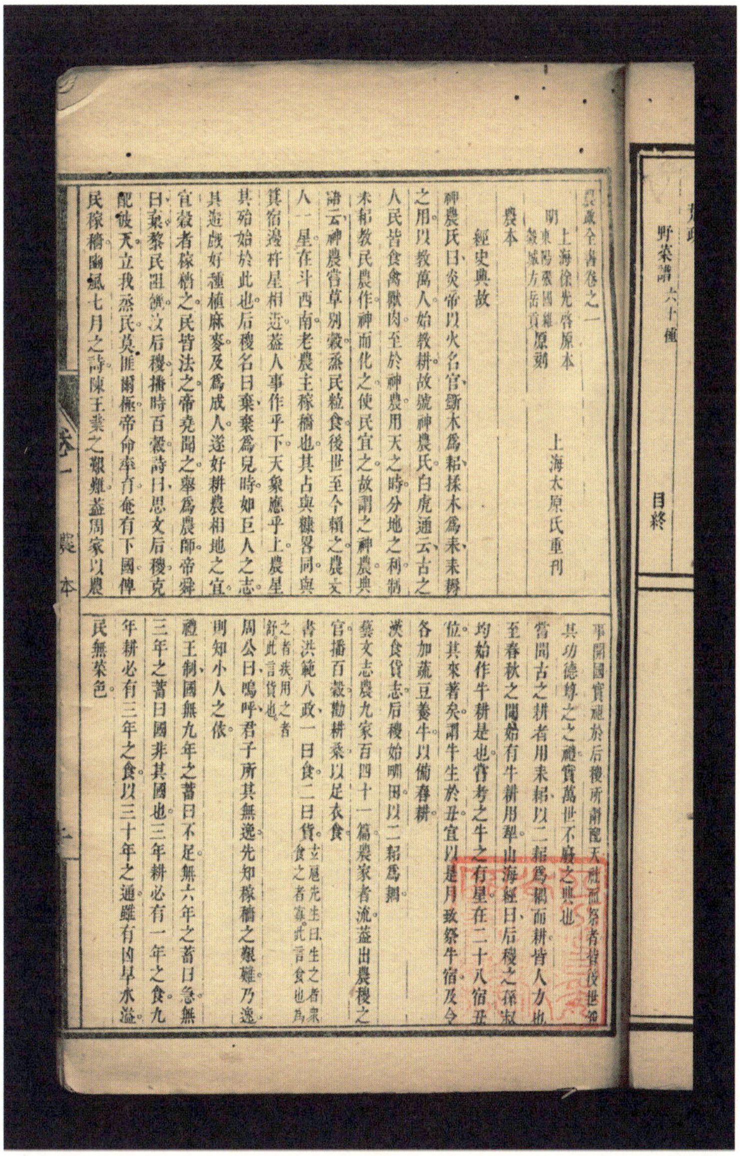

農政全書卷之一

上海徐光啓原本

明東陽張國維 穀城方岳貢 原刻

上海太原氏重刊

農本

經史典故

神農氏曰炎帝以火名官斲木爲耜揉木爲耒耒耨之用以教萬人始教耕故號神農氏白虎通云古之人民皆食禽獸肉至於神農用天之時分地之利制耒耜教民農作神而化之使民宜之故謂之神農典語云神農嘗草別穀烝民粒食後世至今賴之農丈人一星在斗西南老農主稼穡也其占與糠畧同與箕宿邊杵星相近蓋人事作乎下天象應乎上農星其殆始於此也后稷名曰棄棄爲兒時如巨人之志其遊戲好種植麻麥及爲成人遂好耕農相地之宜宜穀者稼穡之民皆法之帝堯聞之舉爲農師帝舜曰棄黎民阻饑汝后稷播時百穀詩曰思文后稷克配彼天立我烝民莫匪爾極帝命率育奄有下國俾民稼穡豳風七月之詩陳王業之艱難蓋周家以農事開國實基於后稷所謂配天社而祭者皆役世[illegible]其功德尊之之禮貫萬世不廢之典也

嘗聞古之耕者用耒耜以二耜爲耦而耕皆人力也至春秋之間始有牛耕用犁山海經曰后稷之孫叔均始作牛耕是也嘗考之牛之有星在二十八宿丑位其來著矣謂牛生於丑宜以是月致祭牛宿及令各加蒭豆養牛以備春耕

漢食貨志后稷始甽田以二耜爲耦

藝文志農九家百四十一篇農家者流蓋出農稷之官播百穀勸耕桑以足衣食

書洪範八政一曰食二曰貨玄扈先生曰生之者衆食之者寡此言食也爲之者疾用之者舒此言貨也

周公曰嗚呼君子所其無逸先知稼穡之艱難乃逸則知小人之依

禮王制國無九年之蓄曰不足無六年之蓄曰急無三年之蓄曰國非其國也三年耕必有一年之食九年耕必有三年之食以三十年之通雖有凶旱水溢民無菜色

野菜譜六十種

目終

徐光启（1562—1633），字子先，号玄扈，上海人，明末杰出的科学家。是书为我国古代大型的农业百科全书，是作者花费几十年心血，参考两百多种文献编著而成的。全书共六十卷，分农本、田制、农事、水利、农器、树艺、蚕桑、蚕桑广类、种植、牧养、制造、荒政等十二目。书中许多内容是对前代农书的摘录，但又以旁注或评语的形式将著者的经验和见解一并示于后人，对后世农业的发展提供了重要经验，也是研究我国农业史的重要文献。

35. 西藏通览 （日本）山县初男编

清宣统元年（1909）四川西藏研究会铅印本

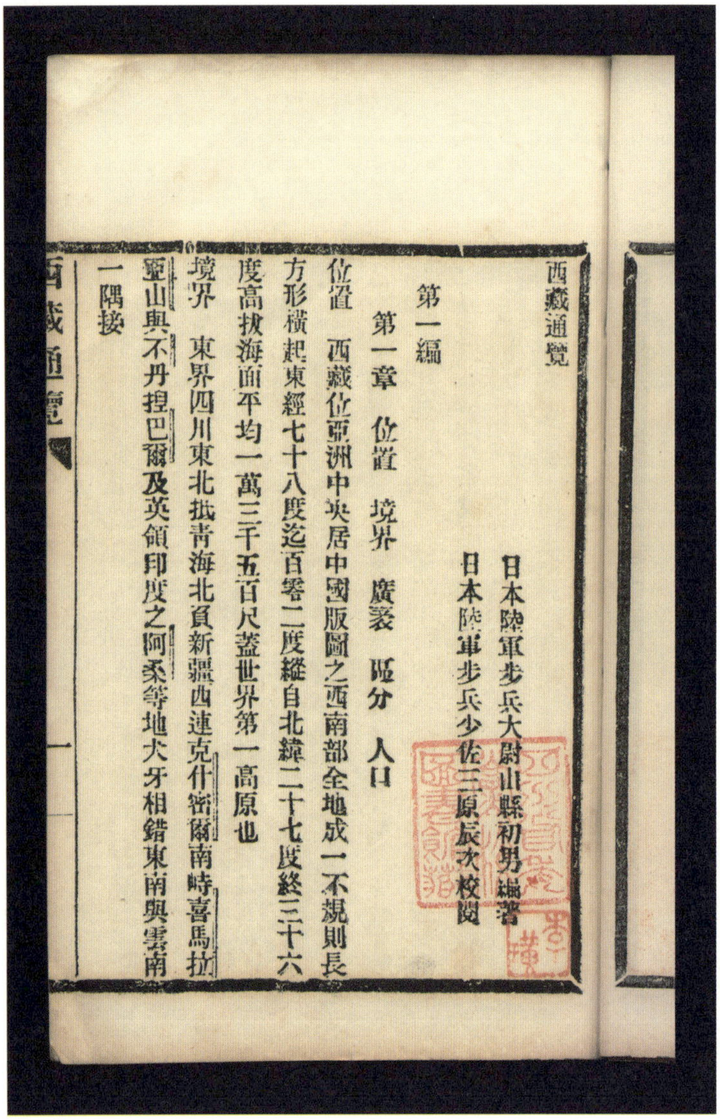
西藏通覽

日本陸軍步兵大尉山縣初男編著

日本陸軍步兵少佐三原辰次校閱

第一編

第一章 位置 境界 廣袤 區分 人口

位置 西藏位亞洲中央居中國版圖之西南部全地成一不規則長方形橫起東經七十八度迄百零二度縱自北緯二十七度終三十六度高拔海面平均一萬三千五百尺蓋世界第一高原也

境界 東界四川東北抵青海北負新疆西連克什密爾南峙喜馬拉雅山與不丹捏巴爾及英領印度之阿桑等地犬牙相錯東南與雲南一隅接

西藏通覽 一

山县初男（1873—1971），早年在军队服役，曾任日本驻暹难总领事馆武官。公务之余，他搜罗各方材料编成《西藏通览》，并于1907年在日本首次出版。1909年，该书由四川西藏研究会组织编译，出版中译本。是书编次系统条理，体例规范，内容详尽，且经过审慎精核，对研究近代西藏政治、经济、军事、文化、宗教、对外关系等多个领域都有重要意义，也对近代西藏方志编纂产生了较大影响，是一部文献价值较高的西藏志书。

36. 绣像东周列国志十二卷一百零八回首一卷 （清）冯梦龙著 （清）蔡奡评点
清宣统二年（1910）上海章福记石印本

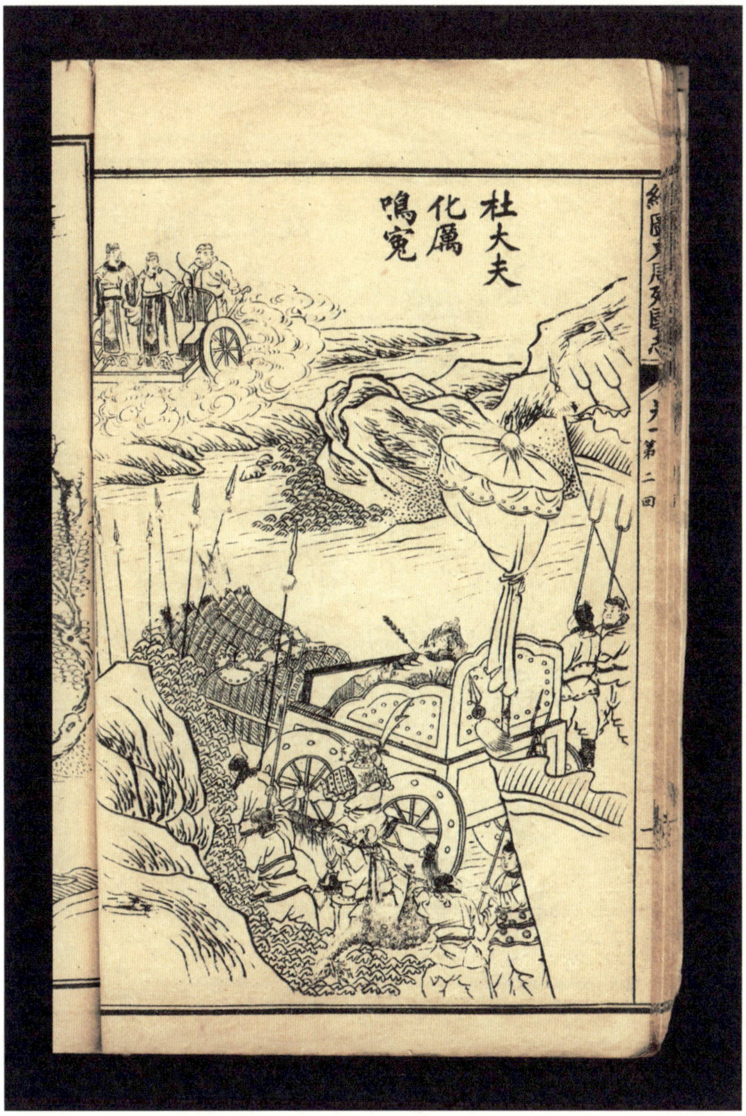

《东周列国志》是我国古典文学宝库中一部著名的长篇历史小说。早在元代就有一些有关“列国”故事的白话本，明代嘉靖、隆庆时期，余邵鱼撰辑了一部《列国志传》，明末冯梦龙依据史传对《列国志传》加以修改订正，润色加工，成为一百零八回的《新列国志》。清代乾隆年间，蔡元放对此书又作了修改，定名为《东周列国志》，书内多配有插画，对相应情节、人物进行说明与描述，图画线条精致细腻，故称《绣像东周列国志》。

37. 三苏文集四十四卷 （宋）苏洵等撰（清）邵希雍辑

清宣统二年（1910）上海会文学社石印本

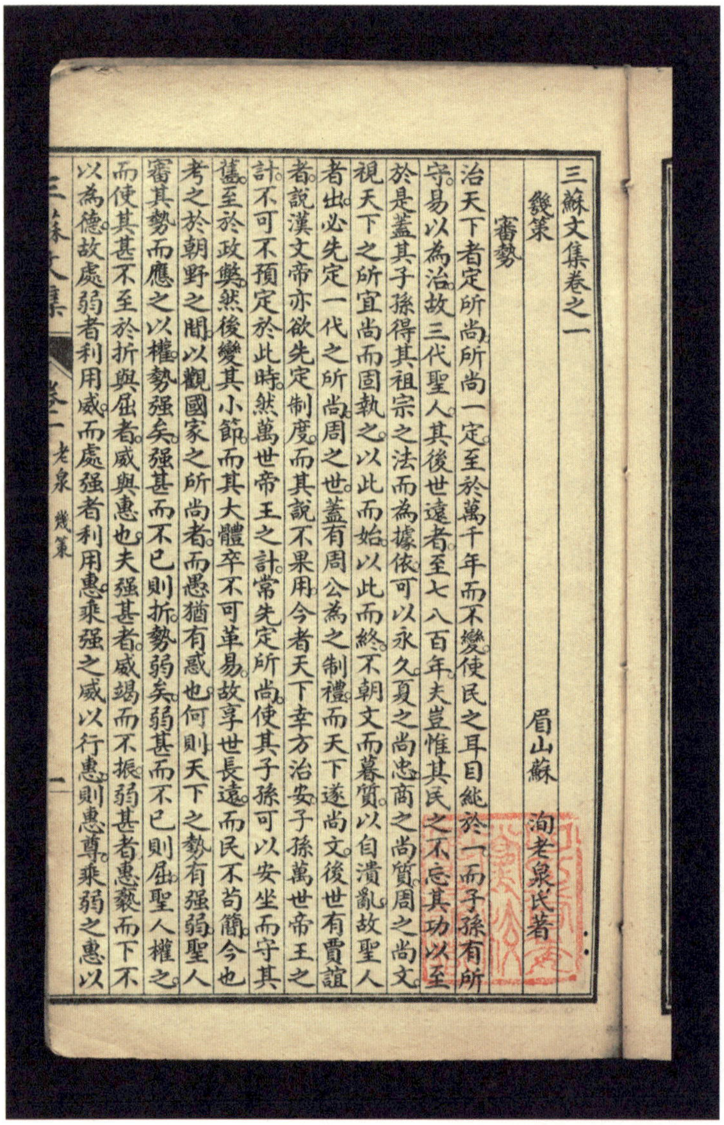
三蘇文集卷之一

幾策　眉山蘇

審勢　洵老泉氏著

治天下者定所尚所尚一定至於萬千年而不變使民之耳目純於一而子孫有所守易以為治故三代聖人其後世遠者至七八百年夫豈惟其民之不忘其功以至於是蓋其子孫得其祖宗之法而為據依可以永久夏之尚忠商之尚質周之尚文視天下之所宜尚而固執之以此而始以此而終不朝文而暮質以自潰亂故聖人者出必先定一代之所尚周之世蓋有周公為之制禮而天下遂尚文後世有賈誼者說漢文帝亦欲先定制度而其說不果用今者天下幸方治安子孫萬世帝王之計不可不預定於此時然萬世帝王之計常先定所尚使其子孫可以安坐而守其舊至於政弊然後變其小節而其大體卒不可革易故享世長遠而民不苟簡今也考之於朝野之間以觀國家之所尚者而愚猶有惑也何則天下之勢有強弱聖人審其勢而應之以權勢強矣強甚而不已則折勢弱矣弱甚而不已則屈聖人權之而使其甚不至於折與屈者威與惠也夫強甚者威竭而不振弱甚者惠褻而下不以為德故處弱者利用威而處強者利用惠乘強之威以行惠則惠尊乘弱之惠以

三蘇文集　卷一　老泉　幾策　一

宋代苏洵（1009—1066）、苏轼（1037—1101）、苏辙（1039—1112）三人以文章名世，号称“三苏”，均列入“唐宋八大家”。苏洵，字明允，号老泉，眉州眉山人。苏轼，苏洵长子，字子瞻，又字和仲，号东坡居士，诗文书画皆一代宗师。苏辙，苏洵次子，字子由，一字同叔，晚号颍滨遗老。此书是三人的诗文合集，收录了《嘉佑集》十六卷、《东坡文集》八卷、《栾城文集》二十卷，是研究“三苏”的重要历史文献。

38. 周礼六卷 （汉）郑玄注 （唐）陆德明音译
清清芬阁刻本

《周礼》原名《周官》，记载周代礼制的集大成者，儒家经典文献之一。作为古代华夏文明礼乐文化的理论形态，对礼法、礼仪作了权威的记载和解释，对历代礼制的制定与发展影响最为深远。与《仪礼》《礼记》合称“三礼”，内容涉及先秦时期社会政治、经济、文化、风俗、礼法等，是了解先秦政治制度和早期儒家思想的重要文献。《周礼》相传为周公所作，但其成书过程较长，至汉代最终定型。东汉末年，大经学家郑玄为之作注，极大地提高了该书的学术价值，使其跃为三礼之首。陆德明为隋唐时期与孔颖达齐名的经学家、训诂学家，其对儒家经典所作释文保存了大量古音资料，历来为音韵学家所重，是研究中国文字、音韵及经籍版本等的重要参考书。

郑玄（127—200），字康成，北海高密（今山东高密）人。东汉末经学家、训诂学家、教育家。随经学家马融学古文经，博通经史。受党锢之祸，隐居著述，以古文经为主，兼采今文经，遍注群经，成为汉代经学集大成者，后世称为“郑学”。他是中国古代文献、儒家经典最重要和贡献最大的研究者之一。

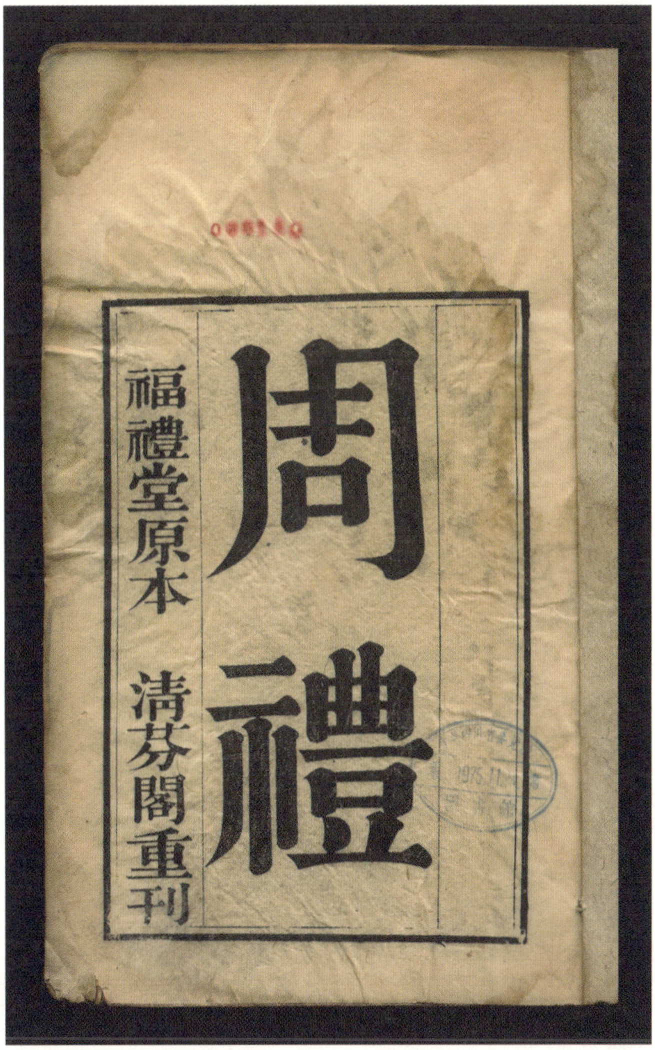

39. 御选唐宋文醇五十八卷 （清）高宗弘历选
清刻朱墨套印本

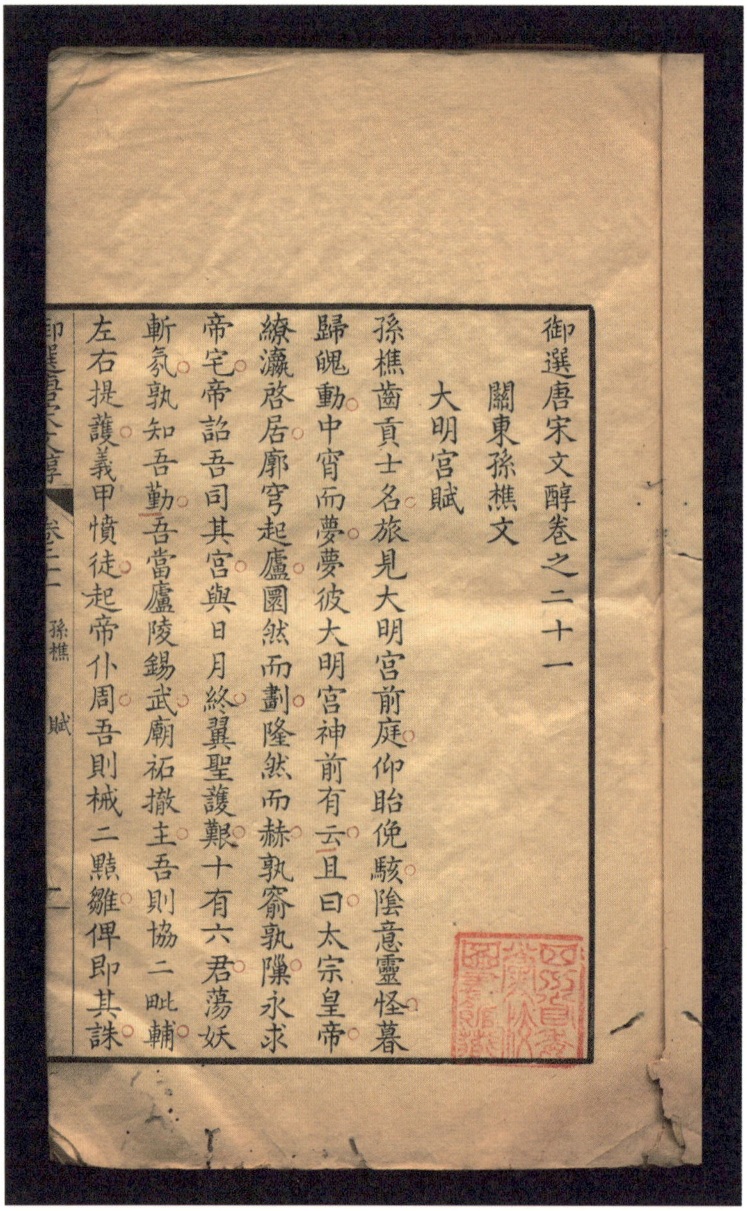
御選唐宋文醇卷之二十一

關東孫樵文

大明宮賦

孫樵齒貢士名旅見大明宮前庭仰眙俛駭陰意靈怪暮歸魄動中宵而夢夢彼大明宮神前有云且曰太宗皇帝繚瀛啓居廓穹起廬圜然而劃隆然而赫孰窬孰隳永求帝宅帝詒吾司其宮與日月終翼聖護鄰十有六君蕩妖斬氛孰知吾勤吾當廬陵錫武廟祏撤主吾則協二毗輔左右提護義甲憤徒起帝仆周吾則械二黠雛俾即其誅

御選唐宋文醇 卷二十一 孫樵 賦 二

是书乃唐宋散文总集，共录十家文，清代储欣在明代茅坤辑选《唐宋八大家文钞》的基础上新增唐李翱、孙樵两家之文，编成《唐宋十大家全集录》。乾隆皇帝命人取储欣之书为蓝本，录其言之优雅者，又作补充，重加改订，名曰《御选唐宋文醇》。书中共收录十家文四百七十四篇，凡书、序、论、记等各以类编，采各家评语，并引用正史、杂说加以考辨，御笔朱批，朱墨两色套印，刻印精美。

40. 古香斋鉴赏袖珍史记一百三十卷

（汉）司马迁撰 （南朝宋）裴骃集解 （唐）司马贞索隐 （唐）张守节正义

清末刻本

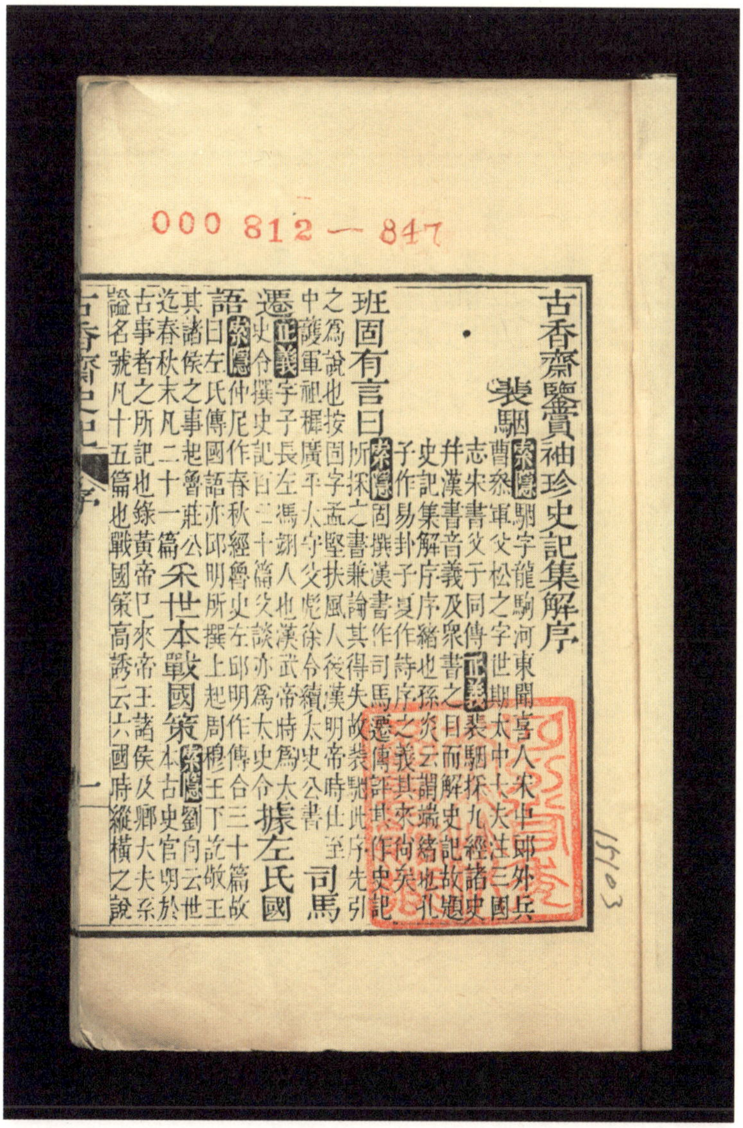

《史记》是中国第一部纪传体通史，记载了上自传说中的黄帝时代，下至汉武帝元狩元年（前122）间三千多年的历史。全书分为十二本纪、三十世家、七十列传、十表、八书，各种体例分工明确，开创了“纪传体”的先河，成为后世史书记载的主要体裁。《史记》由于时间跨度长，记载内容丰富，文字优美，不仅是研究先秦、汉初的重要历史文献，也是一部优秀的文学著作，在文学史上有重要的地位。

司马迁（前145或前135—？），字子长，夏阳（今陕西韩城）人，西汉著名史学家、文学家。历时十三年完成《史记》的创作，“欲以究天人之际，通古今之变，成一家之言”，故网罗天下旧闻，考其行事，录其始终，终成此千古名著。

41. 御纂周易折中二十二卷 （清）李光地等撰

清刻本

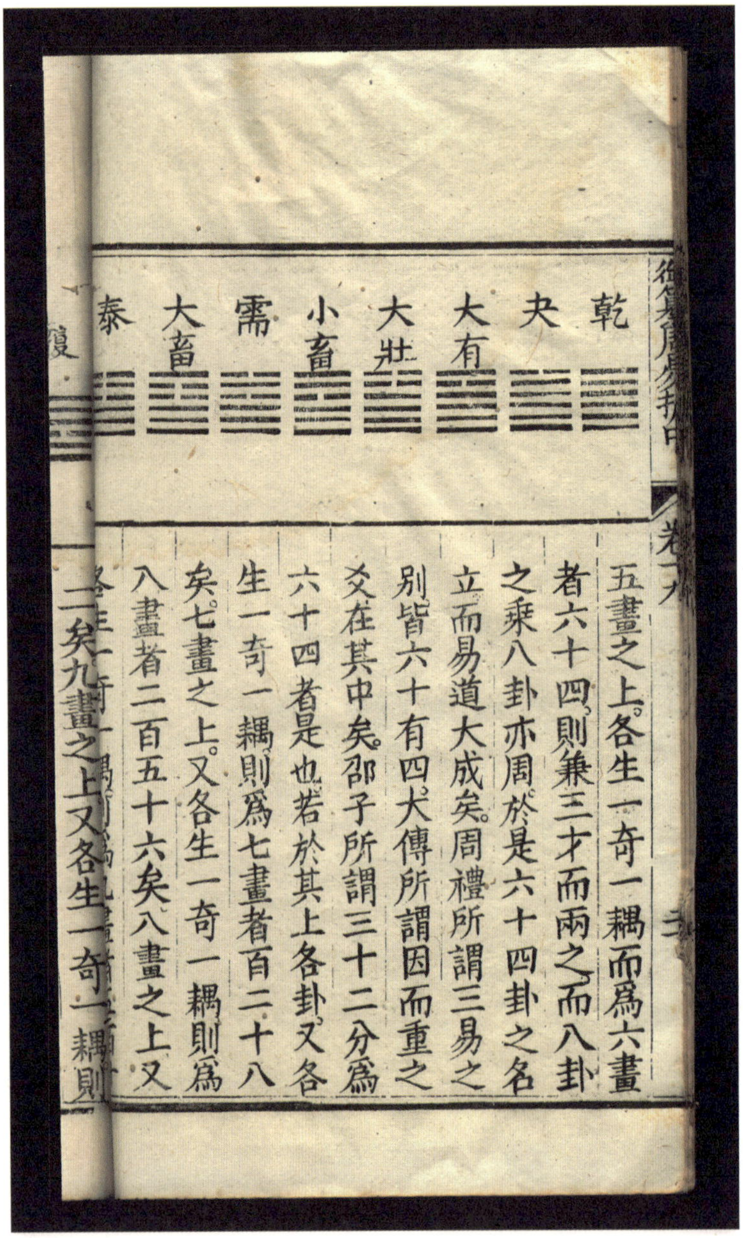

《御纂周易折中》为清李光地撰，康熙帝御纂。成书于康熙五十四年（1715），历时两年。兼容并蓄汉、晋、齐、隋、唐、宋、金、元、明二百一十八家名家易说之大成，并以“集说”“按语”“总论”等形式“折中”众家之说，提出新的见解。问世以来，即成为学习《周易》的必备文献和重要工具书。

李光地（1642—1718），字晋卿，号厚庵，别号榕村，福建泉州人，康熙九年（1670）进士，历任翰林编修、吏部尚书、文渊阁大学士等职，清朝康熙年间理学名臣。曾协助平定“三藩之乱”“统一台湾”。李光地生平著作丰富，尤其在易学方面，除《御纂周易折中》外，其个人著述还有《周易通论》《周易观象》《周易观象大旨》《象数拾遗》等。“以易学致用、以性理说易”是李光地易学的重要特色。

42. 唐明律合编三十卷 （清）薛允升编

民国十一年（1922）徐氏退耕堂刻本

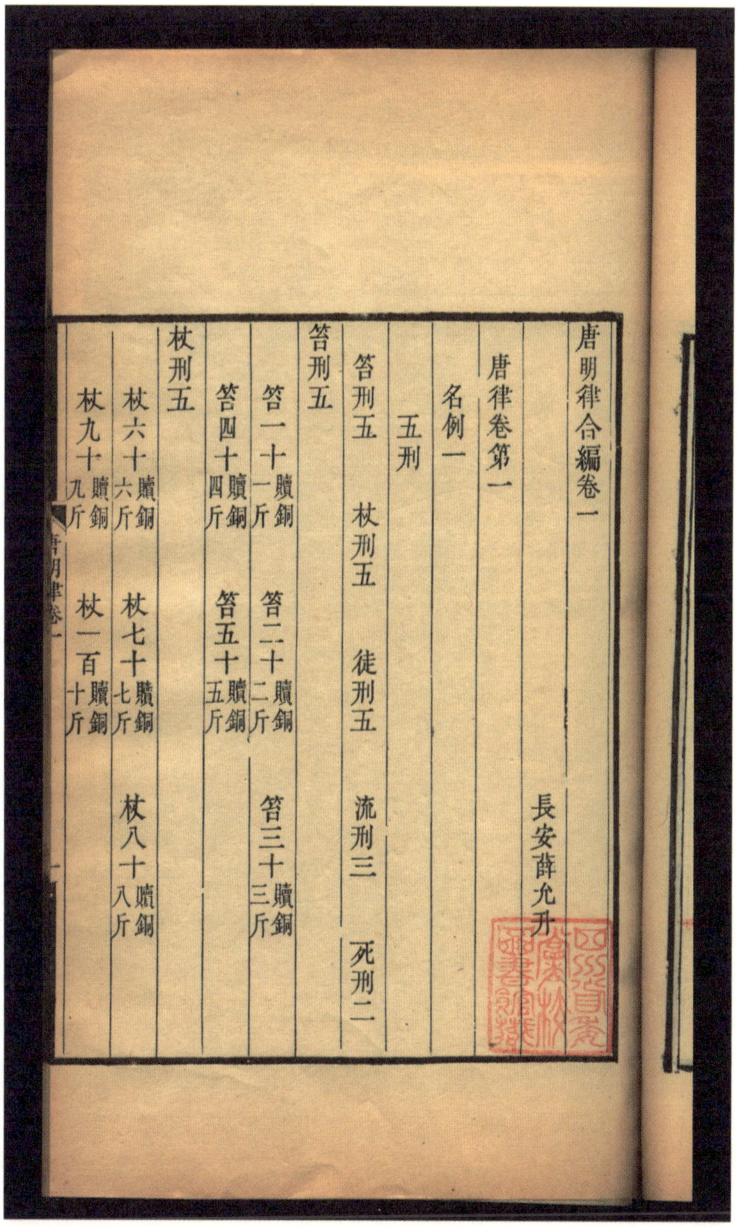
唐明律合編卷一

長安薛允升

唐律卷第一

名例一

五刑

笞刑五　杖刑五　徒刑五　流刑三　死刑二

笞刑五

笞一十一斤贖銅　笞二十二斤贖銅　笞三十三斤贖銅

笞四十四斤贖銅　笞五十五斤贖銅

杖刑五

杖六十六斤贖銅　杖七十七斤贖銅　杖八十八斤贖銅

杖九十九斤贖銅　杖一百十斤贖銅

薛允升（1820—1901），字云阶，又字克猷，陕西长安人。《唐明律合编》是在《晋宋齐梁律》《永徽法经》等书基础上的发展，薛允升在“序”中说：“兹仿班马异同及新旧唐书合钞之义，取两律之彼此参差，轻重互异者，逐条疏证，以类相从。”唐律采用沈家重刊本《唐律疏议》，明律采用隆庆陈省刊印本《大明律》。两相比较，考订其源流、沿革以及立法的宽严得失，纵横交错，论证细谨。全书以时代先后为序，按原有律目：名例、卫禁、职制、户婚等，编列唐、明律律文，对照同异，考辨定罪量刑的轻重。是书另一特色是大量引用史证和各家律注。

43. 诸子文粹六十二卷续编十卷 （清）李宝淦纂
民国十六年（1927）商务印书馆铅印本

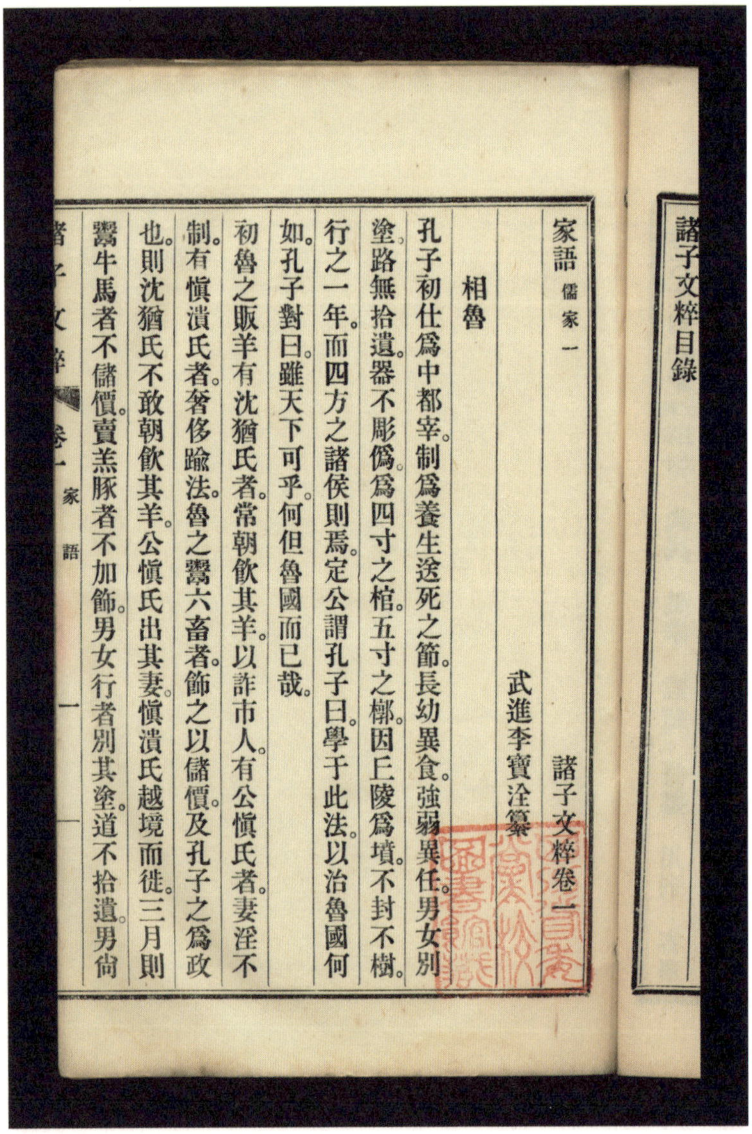
諸子文粹目錄

家語 儒家一　諸子文粹卷一
武進李寶淦纂
相魯
孔子初仕爲中都宰。制爲養生送死之節。長幼異食。強弱異任。男女別塗。路無拾遺。器不彫僞。爲四寸之棺。五寸之槨。因丘陵爲墳。不封不樹。行之一年。而四方之諸侯則焉。定公謂孔子曰。學于此法。以治魯國何如。孔子對曰。雖天下可乎。何但魯國而已哉。
初魯之販羊有沈猶氏者。常朝飲其羊。以詐市人。有公愼氏者。妻淫不制。有愼潰氏者。奢侈踰法。魯之鬻六畜者。飾之以儲價。及孔子之爲政也。則沈猶氏不敢朝飲其羊。公愼氏出其妻。愼潰氏越境而徙。三月則鬻牛馬者不儲價。賣羔豚者不加飾。男女行者別其塗。道不拾遺。男尚
諸子文粹　卷一　家語　一

此书编于清光绪二十三年（1897），为李宝淦出于利用诸子之学以经世为目的而编纂的。全书收录了儒、道、法、兵、杂、农、纵横、小说家等百余人著作。每一种虽仅选取十之三四，但精言奥指，遗漏甚少。本书的选编和印制，适应了清末民初中西文化交流及冲突、时代大变革时期的需要。

44. 六艺之一录四百零六卷续编十四卷（清）倪涛撰

民国二十三年至二十四年（1934—1935）上海商务印书馆影印四库全书珍本初集本

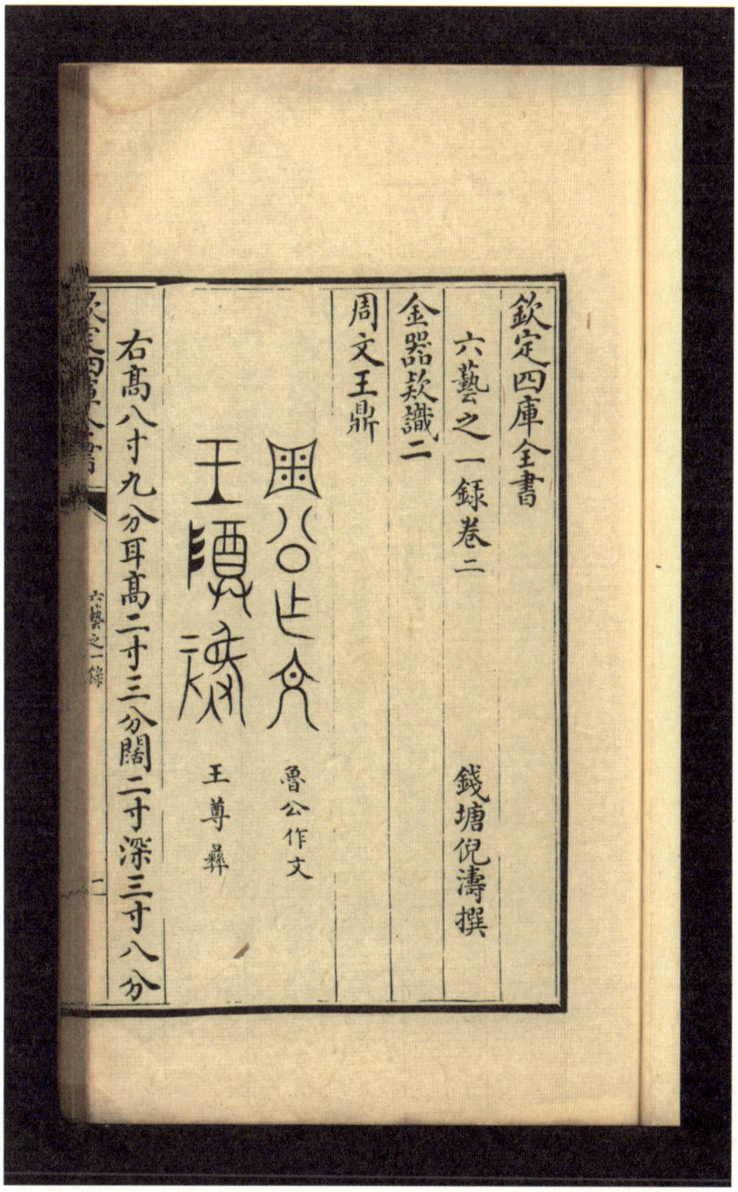
欽定四庫全書

六藝之一録卷二　　錢塘倪濤撰

金器款識二

周文王鼎

魯公作文

王尊彝

右高八寸九分耳高二寸三分闊二寸深三寸八分

倪涛，字崑渠，钱塘（今浙江杭州）人。六艺指礼、乐、射、御、书、数六种科目，是书乃书学丛辑，分为六集，依次为金器款识、石刻文字、法帖论述、古今书体、历朝书论、历朝书谱。此书收集作品甚丰，为整个书学史上所罕见，堪称集书学之大成。《清朝文献通考》言："此编上下二千年，裒辑最富……溯其源不遗其流，观其通亦穷其变，诚书家之统会、艺圃之渊林也。"受到书学志士之追捧。目前存有稿本、抄本、《四库全书》本、《四库全书珍本初集》本。

45. 西清砚谱二十四卷 （清）高宗弘历敕撰

民国二十三年至二十四年（1934—1935）上海商务印书馆影印四库全书珍本初集本

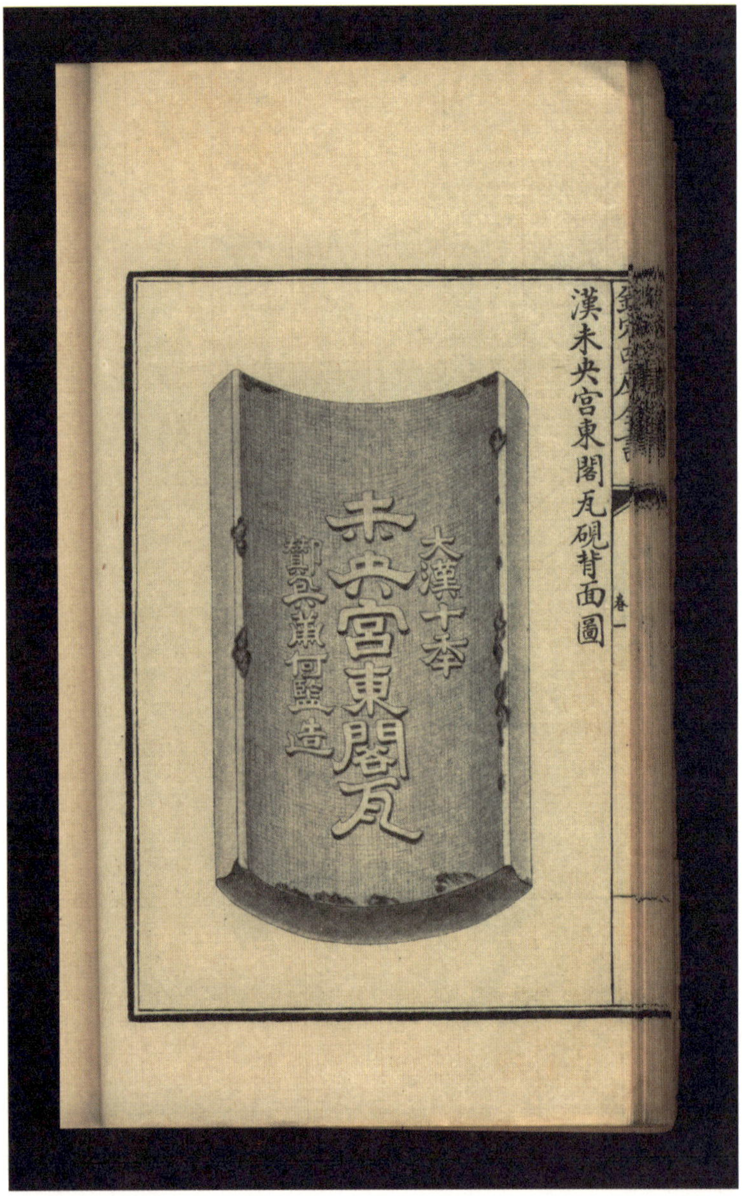

清乾隆四十三年（1778）于敏中等奉敕编定，门应兆奉敕绘图。此谱著录内府所存的历代砚品，上至汉代，下迄乾隆，图文并茂。全书分三部分：先录汉至明代的陶砚，共六卷；次录晋至清代的石砚二百方，图四百六十四幅，共十五卷；末附录其他砚品四十一方，图一百零八幅，共三卷。每砚均绘其正、背、间及侧面，凡御题、铭、玺及前人款识、跋、印记等，都按其形体临摹；每砚的尺度、材质、形制、收藏名人姓氏以及出处，都做详细考证。《西清砚谱》为研究我国古代砚史提供了极为形象与翔实的宝贵资料，是了解清宫所藏历代名砚概况及其流传经过的重要资料，极具文献价值。

46. 为学日记不分卷　刘氏著

民国三十四年（1945）稿本

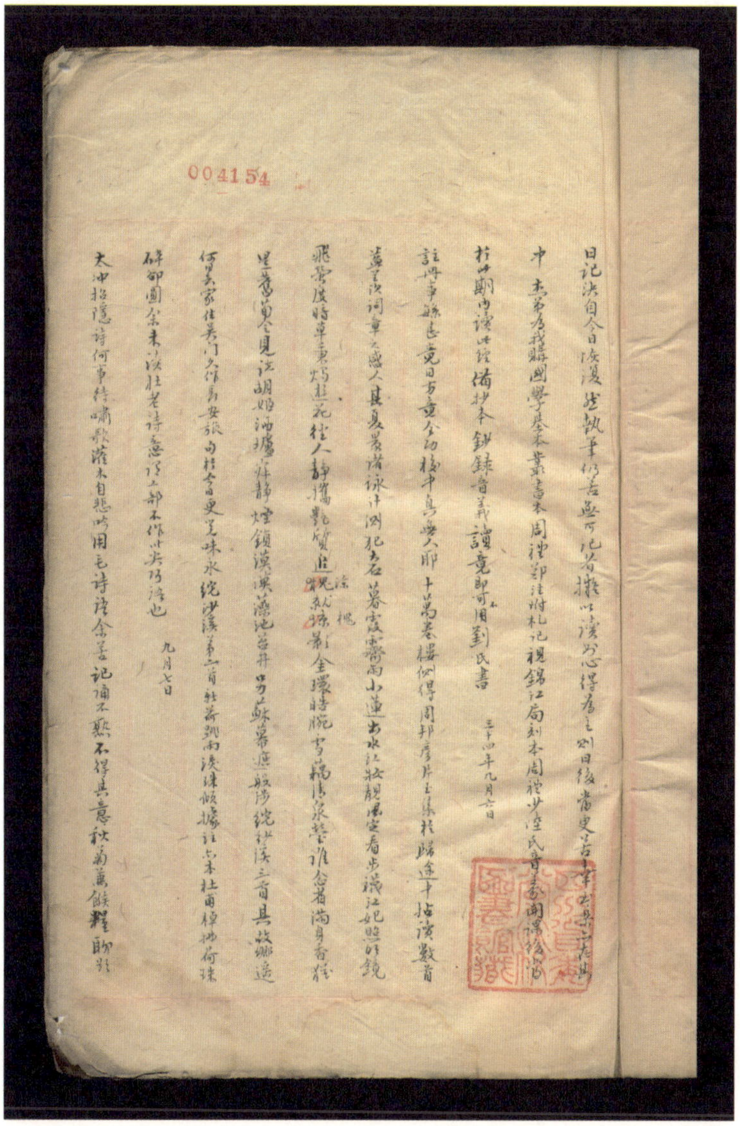

题名自拟，原书未见。是书以“读书心得为主”，记录了作者民国三十四年（1945）九月六日至三十五年（1946）六月九日间在川大师从赵少咸、庞石帚、林山腴、丁山、徐中舒、向楚诸先生读书学习之情形，极有史料价值。

47. 说苑二十卷附佚文校辑一卷 （汉）刘向撰 张国铨校注
民国三十七年（1948）稿本

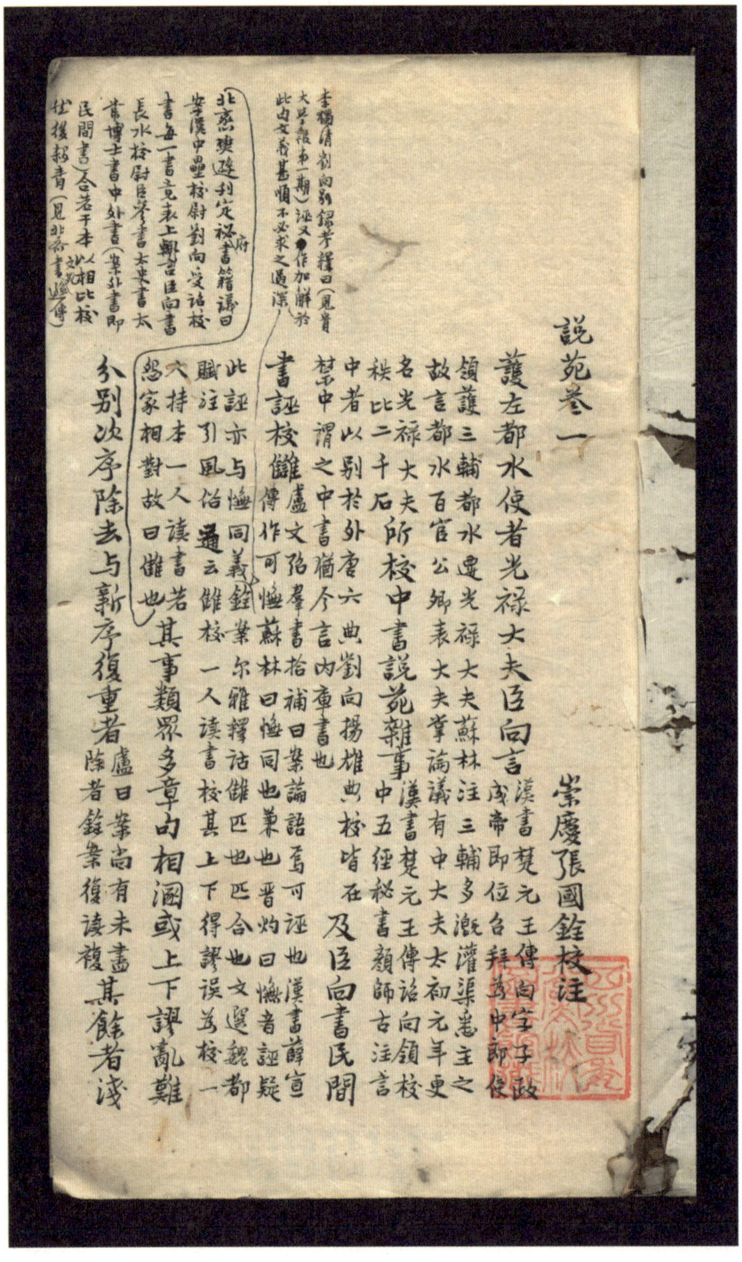

《说苑》为西汉末年经学家、文学家、政治家刘向辑录先秦至汉初遗文轶事，进行选择整理而成，具有宝贵的史料价值。全书二十卷，分君道、臣术、建本、立节、贵德、复恩、政理、尊贤、正谏、敬慎、善说、奉使、权谋、至公、指武、谈丛、杂言、辨物、修文和反质等二十主题，全书以治道为重心，以儒术为根本，以故事传达理念的表述方式，展示了刘向本人的政治思想，也呈现了汉武帝以后的政治思潮。同时，该书善于叙事，对话描写高超，文字简洁精到，具有独特的文学价值。

刘向（前77—前6），字子政，彭城人。曾校阅群书，撰成《别录》，是中国历史上最早的目录学专著。

48. 蜀伶选粹初编不分卷　中隐楼主撰述 成都涤砚斋校
民国三十八年（1949）成都新民书局铅印本

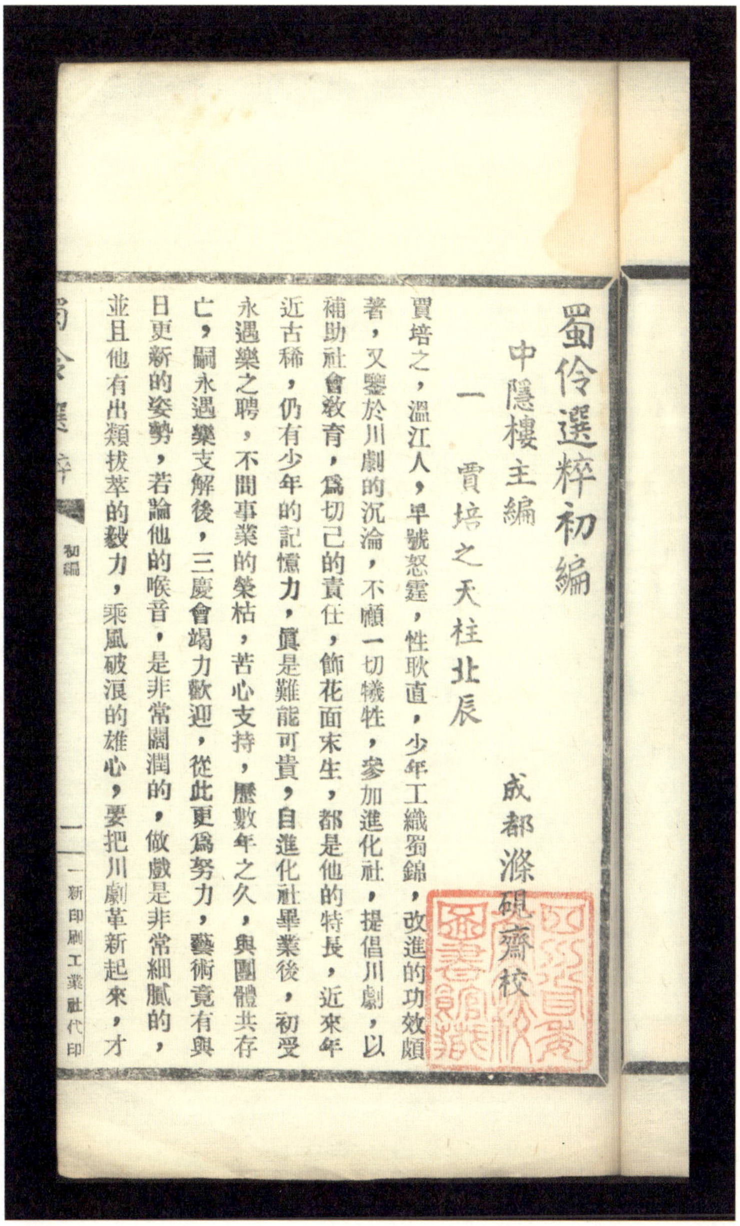
蜀伶選粹初編

中隱樓主編

成都滌硯齋校

一　賈培之天柱北辰

賈培之，溫江人，早號怒霆，性耿直，少年工織蜀錦，改進的功效頗著，又鑒於川劇的沉淪，不顧一切犧牲，參加進化社，提倡川劇，以補助社會教育，爲切己的責任，飾花面末生，都是他的特長，近來年近古稀，仍有少年的記憶力，眞是難能可貴，自進化社畢業後，初受永遇樂之聘，不問事業的榮枯，苦心支持，歷數年之久，與團體共存亡，嗣永遇樂支解後，三慶會竭力歡迎，從此更爲努力，藝術竟有與日更新的姿勢，若論他的喉音，是非常闊潤的，做戲是非常細膩的，並且他有出類拔萃的毅力，乘風破浪的雄心，要把川劇革新起來，才

蜀伶選粹　初編　一　新印刷工業社代印

是书乃川剧演员传记著作，收入贾培之、静环、筱桐凤、杨云凤、张慧霞、黄耀庭、当头棒、容玉、琼莲芳、陈书舫、小丽凤、月痕、司徒慧聪等六十人的小传，是研究四川梨园史、川剧艺术的重要文献。因梨园资料匮乏，故本书极具文献研究价值。

49. 钦定四库全书总目二百卷首一卷 （清）纪昀等编

民国粤东省城富文斋、萃文堂、聚珍堂刻本

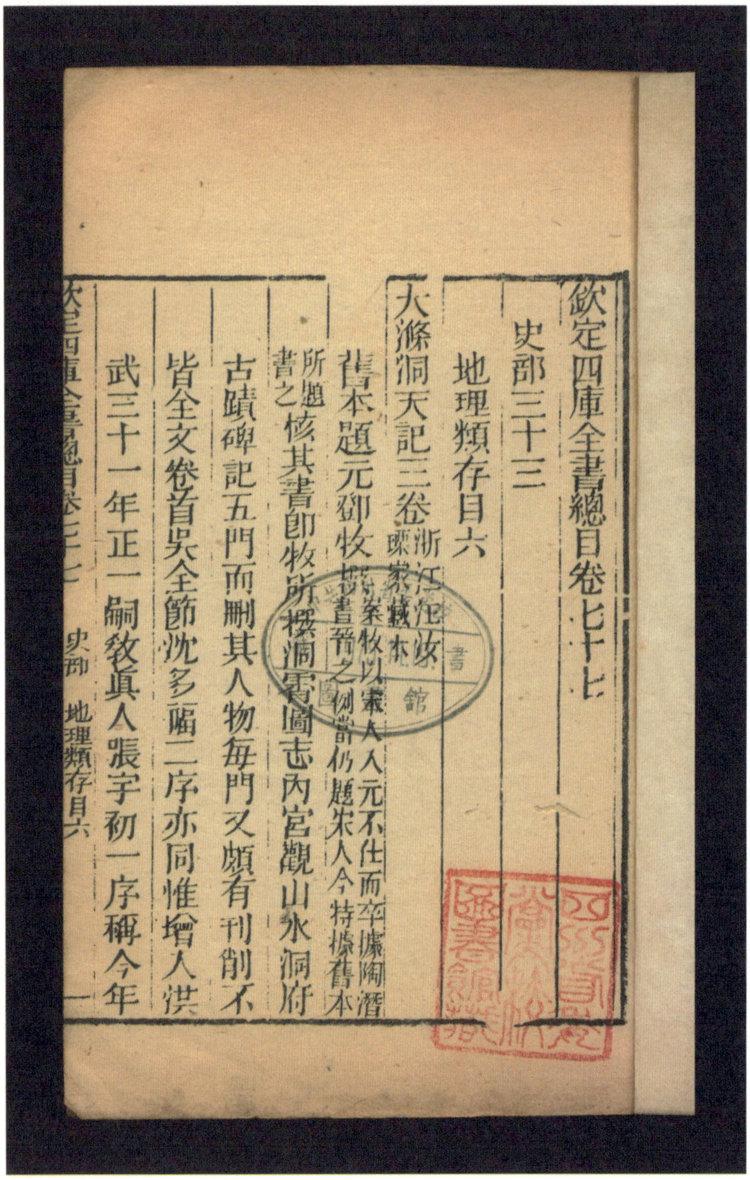
欽定四庫全書總目卷七十七

史部三十三

地理類存目六

大滌洞天記三卷 浙江汪汝瑮家藏本

舊本題元鄧牧撰 牧以宋人入元不仕而卒據陶潛書甲子之例當仍題宋人今特據舊本所題書之 核其書即牧所撰洞霄圖志內宮觀山水洞府古蹟碑記五門而刪其人物每門又頗有刊削不皆全文卷首吳全節沈多福二序亦同惟增入洪武三十一年正一嗣教眞人張宇初一序稱今年

欽定四庫全書總目卷七十七 史部 地理類存目六 一

《钦定四库全书总目提要》简称《四库全书总目》《四库总目》《四库提要》，是清代纪昀等编纂的一部大型解题书目，是中国古典目录学方法的集大成者。总目以经史子集提纲，部下分类，全书共分四部、四十四类、六十七个子目，录收《四库全书》的著作3 461种、79 307卷，又附录了未收入《四库全书》的著作6 793种、93 551卷。各书之下编有内容提要，“先列作者之爵里，以论世知人；次考本书之得失，权众说之异同；以及文字增删、篇帙分合，皆详为定辨，巨细不遗；而人品学术之醇疵、国纪朝章之法戒，亦未尝不各昭彰瘅，用着惩戒”，详为考辨。

50. 绘图永庆升平前传四卷九十七回 （清）郭广瑞编撰
后传四卷一百回题（清）贪梦道人续
民国章福记书局石印本

清代的一部白话长篇侠义小说，分为前传和后传，叙写马成龙、马孟太、顾焕章等豪杰侠士为清廷尽忠效命，围剿镇压天地会八卦教之乱的故事。书中极力讴歌“忠臣义士”，明“邪正”，彰“报应”，“灭邪教永庆升平”，从而宣扬康熙皇帝的圣明及清王朝的太平盛世，以达到“警愚劝善，感化人心”的目的。小说情节丰富，结构细致，语言质朴，图文并茂，人物刻画较简略。

51. 瓶水斋诗选注一卷　李庸撰

民国稿本

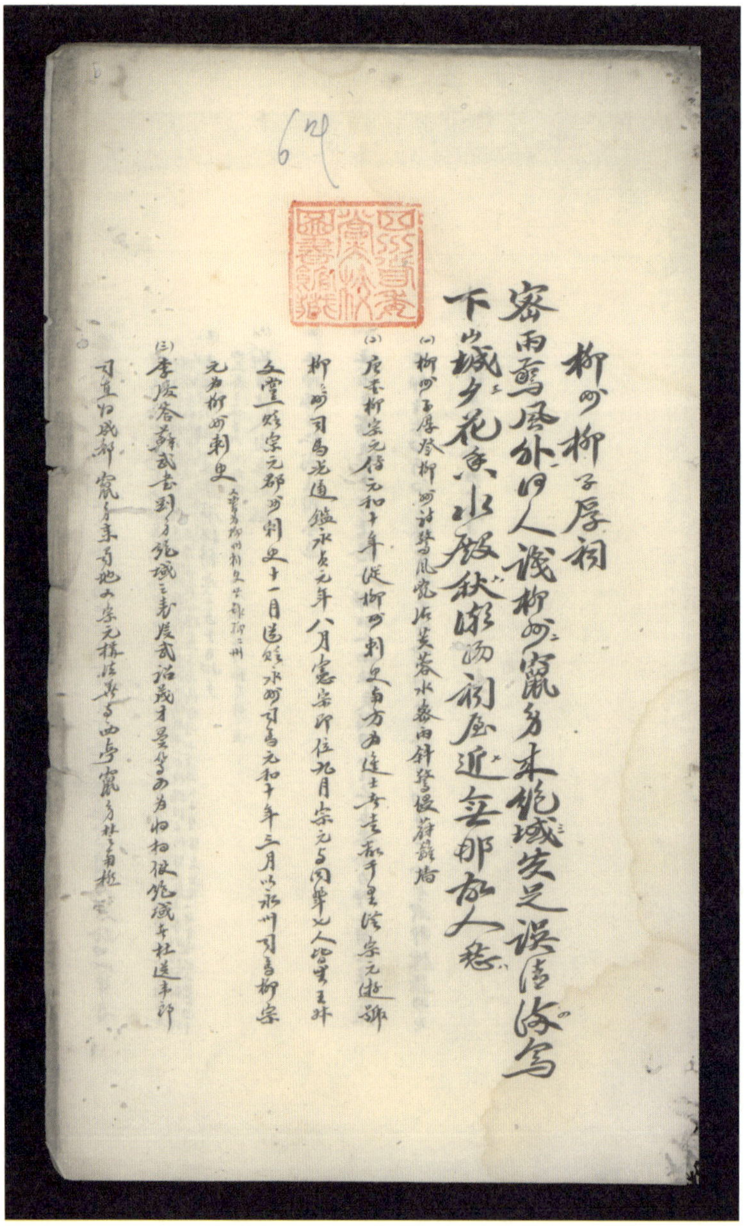

舒位（1765—1815），字立人，号铁云，清中期戏曲作家和诗人，乾隆五十三年（1788）举人，瓶水斋为其书斋名。舒位博学多闻，尤工诗，其诗新意特出，善于运用成语典故，所著有《瓶水斋诗集》《乾嘉诗坛点将录》等，又有《瓶笙馆修箫谱》，收入其所作杂剧四种。是书为李庸节选抄录《瓶水斋诗集》，并进行注解。

李庸，字辛夫，成都人，民国二十九年至三十四年（1940—1945）为私立英井中学（今重庆永川中学）初中国文教员，蒲仲山弟子。

CHAPTER THREE

馆藏线装书书目索引

D

E

F

G

H

J

M

N

O

P

Q

T

W

Y

Z